中国社会科学院学部委员专题文集
ZHONGGUOSHEHUIKEXUEYUAN XUEBUWEIYUAN ZHUANTI WENJI

尚朴堂文存

冯 时 ○著

中国社会科学出版社

图书在版编目(CIP)数据

尚朴堂文存/冯时著．—北京：中国社会科学出版社，2021.8
（中国社会科学院学部委员专题文集）
ISBN 978-7-5203-8715-6

Ⅰ.①尚…　Ⅱ.①冯…　Ⅲ.①社会科学—文集　Ⅳ.①C53

中国版本图书馆 CIP 数据核字（2021）第 136941 号

出 版 人	赵剑英
责任编辑	王　琪
责任校对	季　静
责任印制	戴　宽

出　　版	中国社会科学出版社
社　　址	北京鼓楼西大街甲 158 号
邮　　编	100720
网　　址	http://www.csspw.cn
发 行 部	010-84083685
门 市 部	010-84029450
经　　销	新华书店及其他书店
印刷装订	北京君升印刷有限公司
版　　次	2021 年 8 月第 1 版
印　　次	2021 年 8 月第 1 次印刷
开　　本	710×1000　1/16
印　　张	25.25
字　　数	403 千字
定　　价	128.00 元

凡购买中国社会科学出版社图书，如有质量问题请与本社营销中心联系调换
电话：010-84083683
版权所有　侵权必究

《中国社会科学院学部委员专题文集》编辑委员会

主　任　谢伏瞻

委　员　(按姓氏笔画排序)

　　　　马　援　王　巍　李　扬　李培林
　　　　卓新平　周　弘　赵剑英　郝时远
　　　　高培勇　朝戈金　谢伏瞻　蔡　昉

统　筹　郝时远

编　务　李　沫　黄海燕

前　言

哲学社会科学是人们认识世界、改造世界的重要工具，是推动历史发展和社会进步的重要力量。哲学社会科学的研究能力和成果是综合国力的重要组成部分。在全面建设小康社会、开创中国特色社会主义事业新局面、实现中华民族伟大复兴的历史进程中，哲学社会科学具有不可替代的作用。繁荣发展哲学社会科学事关党和国家事业发展的全局，对建设和形成有中国特色、中国风格、中国气派的哲学社会科学事业，具有重大的现实意义和深远的历史意义。

中国社会科学院在贯彻落实党中央《关于进一步繁荣发展哲学社会科学的意见》的进程中，根据党中央关于把中国社会科学院建设成为马克思主义的坚强阵地、中国哲学社会科学最高殿堂、党中央和国务院重要的思想库和智囊团的职能定位，努力推进学术研究制度、科研管理体制的改革和创新，2006年建立的中国社会科学院学部即是践行"三个定位"、改革创新的产物。

中国社会科学院学部是一项学术制度，是在中国社会科学院党组领导下依据《中国社会科学院学部章程》运行的高端学术组织，常设领导机构为学部主席团，设立文哲、历史、经济、国际研究、社会政法、马克思主义研究学部。学部委员是中国社会科学院的最高学术称号，为终生荣誉。2010年中国社会科学院学部主席团主持进行了学部委员增选、荣誉学部委员增补，现有学部委员57名（含已故）、荣誉学部委员133名（含已故），均为中国社会科学院学养深厚、贡献突出、成就卓著的学者。编辑出版《中国社会科学院学部委员专题文集》，即是从一个侧面展示这些学者治学之道的重要举措。

《中国社会科学院学部委员专题文集》（下称《专题文集》），是中国社会科学院学部主席团主持编辑的学术论著汇集,作者均为中国社会科学院学部委员、荣誉学部委员,内容集中反映学部委员、荣誉学部委员在相关学科、专业方向中的专题性研究成果。《专题文集》体现了著作者在科学研究实践中长期关注的某一专业方向或研究主题,历时动态地展现了著作者在这一专题中不断深化的研究路径和学术心得,从中不难体味治学道路之铢积寸累、循序渐进、与时俱进、未有穷期的孜孜以求,感知学问有道之修养理论、注重实证、坚持真理、服务社会的学者责任。

2011年,中国社会科学院启动了哲学社会科学创新工程,中国社会科学院学部作为实施创新工程的重要学术平台,需要在聚集高端人才、发挥精英才智、推出优质成果、引领学术风尚等方面起到强化创新意识、激发创新动力、推进创新实践的作用。因此,中国社会科学院学部主席团编辑出版这套《专题文集》,不仅在于展示"过去",更重要的是面对现实和展望未来。

这套《专题文集》列为中国社会科学院创新工程学术出版资助项目,体现了中国社会科学院对学部工作的高度重视和对这套《专题文集》给予的学术评价。在这套《专题文集》付梓之际,我们感谢各位学部委员、荣誉学部委员对《专题文集》征集给予的支持,感谢学部工作局及相关同志为此所做的组织协调工作,特别要感谢中国社会科学出版社为这套《专题文集》的面世做出的努力。

《中国社会科学院学部委员专题文集》编辑委员会
2012年8月

自 序

这部文集所收的文章,是在我已经发表的两百多篇论文中选出的,涉及古文字学、天文考古学、民族古文字学、先秦史、天文年代学、历史文献学和先秦思想史等不同领域,旨在反映我自己对相关问题的一些思考。有的文章因发表时间过早,至今已历三十年,故稍事修订,其他文章则一仍其旧,或只做了文字的订正和体例的统一,个别插图有所移换。论文根据主题的不同约略进行了分类,并没有严格的学科畛域。事实上,人文科学本以文史哲统属一体,是不应有分界的。

我初涉学,即以乾嘉考据文章作为范本,力求每有议论,必言之有据,受益无穷。学术研究则自小学入经学史学,后因治甲骨学而究殷周历法,涉猎天文年代学;更旁及古天文学,以其审视考古遗存,创立中国天文考古学这一新学科。至于古文字学研究,则广泛留意甲骨文、金文、战国文字、古文字学理论及民族古文字学,并以古文字材料作为史料解决商周考古与商周史问题,而于经学及古典哲学也有志探索。其中古文字学研究已有《中国古文字学概论》专著出版,天文考古学研究则有《中国天文考古学》、《文明以止——上古的天文、思想与制度》、《中国古代的天文与人文》等专著出版,殷周年代学研究也有《百年来甲骨文天文历法研究》专著问世,故相关问题的研究在这部文集中仅酌取数文,以示我在这些方面曾经做过的工作而已,读者如有需要了解更多的内容,可以参考上述著作。

我治学崇尚朴学,故根植于古文字学和古天文学。文字作为古人的知识之源,天文作为古人的智慧之源,实为中国文化的渊薮。老子说"见素抱朴",又以为"企者不立,跨者不行",主张朴质虚受,脚踏实地。昔自题书斋"尚朴堂",今取此以名文集,用以自戒。集内所辑论文皆属探索,其中是非不敢自负。所说若犹有可存,我之幸也。

旧作之整理编纂,莘东霞同志用力尤勤,录入文稿,造字制图,事多繁难。今拙作付梓,重申谢忱!

己亥上巳作者识于尚朴堂

目　　录

试论中国文字的起源 …………………………………………（1）
山东丁公龙山时代文字解读 …………………………………（15）
巴蜀印章文字考释
　　——巴蜀文字释读方法探索 ……………………………（51）
殷代占卜书契制度研究 ………………………………………（60）
甲骨文"震"及相关问题 ……………………………………（108）
周初二伯考
　　——兼论周代伯老制度 …………………………………（130）
周廷遗妃与献妇功 ……………………………………………（153）
古文字所见之商周盐政 ………………………………………（170）
释辰、永
　　——中国古人对脉的认识 ………………………………（205）
孔子修作《春秋》考 …………………………………………（213）
六经为教与儒学的形成
　　——论孔子正《诗》与《诗》教之重建 ……………（227）
《郑子家丧》与《铎氏微》 …………………………………（254）
天文考古学与上古宇宙观 ……………………………………（268）
殷历岁首研究 …………………………………………………（329）
西周金文月相与宣王纪年 ……………………………………（366）

试论中国文字的起源

　　汉字作为华夏民族普遍使用的文字，这一事实显然是伴随着华夏文明的发展逐渐形成的。因此，有关中国文字起源的研究，绝不能简单地理解为仅仅是指汉字起源的研究。换句话说，探讨中国文字的起源不仅要关注汉字的起源问题，而且也同样应该关注生活在黄河和长江流域的古代先民所使用的非汉字系统的文字的起源问题。随着考古资料的积累，中国文字起源的多源特点已愈来愈清楚。

　　文字如果仅仅以是否具有书面语的形式作为判别的标准，显然并不能准确地反映早期文字的特点。因此，对于早期文字的定义，至少应该包括三项主要的内容。其一，文字必须具有固定的字形、字义和读音；其二，文字应该以书面语的形式出现；其三，文字必须体现超时空和超方言的特点。但是必须强调的是，由于词性的局限，早期文字的书面语形式与我们习惯接受的传统书面语形式并不相同，它其实并不以不同文字的有序排列构成对于语言的记录为特征，而只通过少数甚至单个名词的非固定的组合所传达的字义或字义之间的联系而完成语意的表达。这种现象在商代的金文中仍然留有孑遗。正像"史父丁"（《集成》4941）三字并不简单地反映这三个字的字面意义，如"史族的父丁""史氏的父丁"或"史官父丁"，而是要通过这三个特定的文字表达"史氏作器用于对其庙号为丁的先父的祭祀"这样一个完整的概念，至于这三个文字所构成的书面语形式却相当自由，"史"字既可以写于庙号之上，也可以写于庙号的左右甚至之下（《集成》7106），其所传达的语意却并不会因为这种文字位置的颠倒而有丝毫改变。就像"亚某"的称谓可以允许将氏名写于"亚"字的上下，当然也同样允许将氏名甚至其他相关的文字写于"亚"字之中一样；而"光"作为氏名与庙号连称，既可以写为"光父乙"（《集成》

4927；图1，1），也可以写作"父辛光"（《集成》8600；图1，2）；"佣"作为氏名与庙号连称，既可以写为"佣父丁"（《集成》1592；图1，5），也可以写为"父癸佣"（《集成》3214；图1，3），甚至庙号的位置也可以出现变化而作"丁父佣"（《集成》1838；图1，4）。这种朴素的书面语形式有时是以图案化的形式出现，有时又以合文的形式存在，其实正体现了早期文字的书面语特点。

图1 金文款识

1.《集成》4927 2.《集成》8600 3.《集成》3214
4.《集成》1838 5.《集成》1592

先民创制文字的目的首先是为实现人神之间的沟通，其后发展为人与人之间的交流工具，才逐渐成为记录语言的符号。从人类早期文字的普遍特点分析，文字的创造源于象形，这其实是人们建立起人与神对于文字字义具有共同理解标准和认知内涵的基本条件。因此在我们有能力确凿无误地证认一种文字体系之前，任何不具有象形意义而独立存在的符号，都无助于自我判明其是否具有表意或记录语言的功能。换句话说，那些在结构上不能完整地体现依类象形特点的符号，其实也将无法证明它们是为表达某些相对复杂的概念而有意识地创制的作品。很明显，这些书契资料并不足以表明它们的性质一定属于文字。从这一意义上讲，以殷商甲骨文为代表的汉字体系无疑已是一种相当成熟的文字，这种文字体系不仅单字的数量已非常可观①，而且普遍采用形声字的造字方法，从而表明其必然经历了漫长的形成和发展过程。所以，追溯甲骨文之前的古老汉字的起源，一直都是学术界所关注的热点问题。

殷墟发现的甲骨文的年代约当公元前十三世纪至前十一世纪的商代晚期，但这显然不是这种文字的使用年代。按照甲骨文的传统分期成果，被纳入第一期的殷王虽然包括盘庚、小辛、小乙、武丁两代四王，但真正能够确定为武丁以前的甲骨文资料却数量极少。学者虽不遗余力地对这一问题进行探索②，但所提出的为数不多的若干资料，对其时代的判断迄今仍难取得共识。当然，这并不意味着武丁以前没有文字，新资料的出土和研究方法的创新都可能使旧有的认识大为改变。

早于殷墟时期的商代甲骨文虽然自二十世纪五十年代以后就陆续在郑州二里冈等遗址有零星发现③，而且属于武丁以前的铜器铭文与陶器文字也基本可以得到证实④，但河南郑州小双桥商代中期遗址陶器上发现的朱书文字显然对于追溯汉字的来源更有意义。这些文字或一字独书，或数字并存，可辨识的有"尹"、"天"、"东"等文字（图2），时代约属公元前十五世纪⑤，这些文字不仅与甲骨文明确属于同一体系，而且其时代也较殷墟甲骨文更早。

---

① 据学者最新统计，甲骨文单字的数量近 4100 个，如计异体字，则逾 6000 个。见沈建华、曹锦炎《新编甲骨文字形总表》，香港中文大学出版社 2001 年版。

② 胡厚宣：《甲骨续存·序》，群联出版社 1955 年版；刘一曼、郭振禄、温明荣：《考古发掘与卜辞断代》，《考古》1986 年第 6 期；彭裕商：《殷墟甲骨断代》，中国社会科学出版社 1994 年版；曹定云：《殷墟田野发掘与卜辞断代》，《考古学集刊》第 15 集，文物出版社 2004 年版；中国社会科学院考古研究所安阳工作队：《1998 年—1999 年安阳洹北商城花园庄东地发掘报告》，《考古学集刊》第 15 集，文物出版社 2004 年版。

③ 河南省文物局文物工作队：《郑州二里冈》，图版拾陆，6，科学出版社 1959 年版，第 38 页；裴明相：《略谈郑州商代前期的骨刻文字》，《全国商史学术讨论会论文集》，殷都学刊增刊，1985 年；《郑州商城考古新发现与研究》，中州古籍出版社 1993 年版。

④ 曹淑琴：《商代中期有铭铜器初探》，《考古》1988 年第 3 期；刘一曼：《殷墟陶文研究》，《庆祝苏秉琦考古五十五年论文集》，文物出版社 1989 年版；中国社会科学院考古研究所：《殷墟的发现与研究》，科学出版社 1994 年版。

⑤ 宋国定：《郑州小双桥遗址出土陶器上的朱书》，《文物》2003 年第 5 期。

图 2　郑州小双桥陶器朱书文字
1. 大型陶缸朱书　2. 小型陶缸朱书

小双桥的朱书文字并非最原始的汉字当然可以肯定，约属公元前二十世纪的陶寺文化陶背壶上已经发现朱书文字（图3）①，也与甲骨文属同一体系。陶寺二字朱书释为"文邑"，"文邑"的含义似与禹名"文命"及夏邑有关②，这意味着以商代甲骨文为代表的汉字系统事实上是在继承夏代文字的基础上发展而成的③，这一事实可以通过殷墟到陶寺文化的相关文字资料清晰地追溯出来。

河南汝州洪山庙遗址的年代大约与夏代同时或稍早④。该遗址发现的用于瓮棺的陶缸上有些绘有图画，有些则书契文字。其中编号为W136∶1的陶缸上腹刻有一字，字形结构与殷商甲骨文的"帝"字极其相似（图4，1），可以考虑其为汉字的祖先。由于遗址中同出的瓮棺上多绘男根的图像，具有明显的郊禖祈生的宗教意义，而帝是主宰万物的至上神，所以

---

① 《陶寺建筑基址是否城址定论尚早》，《光明日报》2000年6月14日第A3版；梁星彭：《陶寺遗址发现夯土遗存》，《中国文物报》2000年7月16日第1版。

② 冯时：《夏社考》，21世纪中国考古学与世界考古学国际学术讨论会论文，2000年8月，北京，收入《21世纪中国考古学与世界考古学》，中国社会科学出版社2002年版；《"文邑"考》，《考古学报》2008年第3期。

③ 冯时：《文字起源与夷夏东西》，《中国社会科学院古代文明研究中心通讯》第3期，2002年。

④ 河南省文物考古研究所：《汝州洪山庙》，中州古籍出版社1995年版。

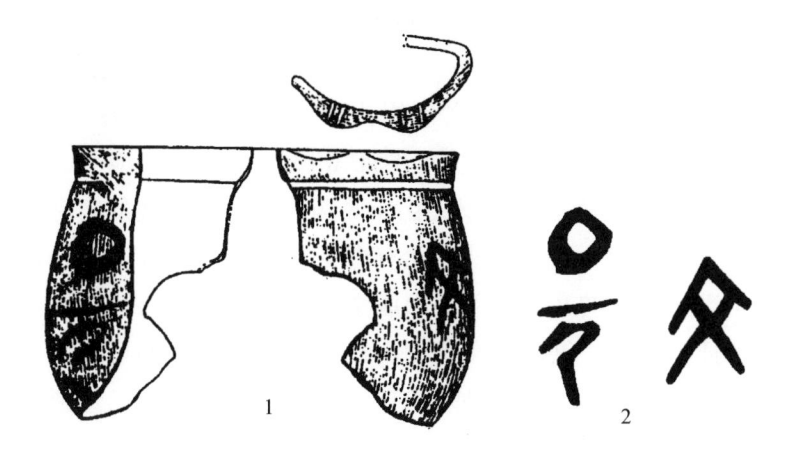

图 3　陶寺文化陶背壶朱书文字
1. 采自《中国社会科学院古代文明研究中心通讯》第 1 期李健民文　2. 笔者自摹

帝作为禘祀的对象以郊禖为配，与祈生的宗教内涵至为吻合。《诗·大雅·生民》毛《传》："去无子求有子，古者必立郊禖焉。"郑玄《笺》："姜嫄之生后稷如何乎？乃禘祀上帝于郊禖，以祓除其无子之疾而得福也。"很明显，古礼禘祀上帝于郊禖正可以视为对洪山庙"帝"与郊禖共

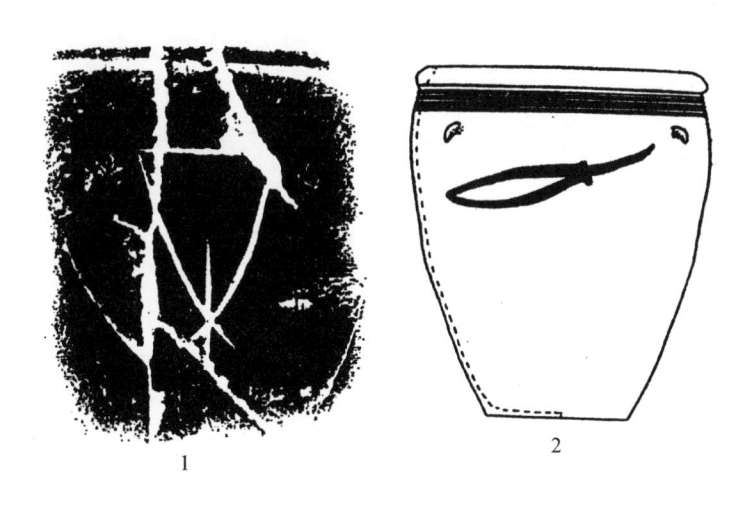

图 4　河南汝州洪山庙遗址出土陶器文字
1. W136：1　2. W104：1

出现象的绝好诠释。不仅如此，遗址同出的另一件瓮棺（W104∶1）上腹墨书一颇似甲骨文"屯"的文字（图4，2），似可释为"屯"。"屯"字本取种子抽芽生长之形，甲骨文又用为表示万物生长的春季名。显然，"屯"与郊禖祈生内容的并存，恰可助证 W136∶1 的文字应为表现至上神的"帝"字。洪山庙遗址属仰韶文化庙底沟类型，而稍晚的陶寺文化也与由仰韶文化发展出的庙底沟二期文化有着密切关系。陶寺文化目前已发现了明确属于汉字系统的文字，而洪山庙文字显然也具有与汉字体系一脉相承的结构特征。因此，洪山庙文字的出现不仅意味着我们可以将华夏文字的起源年代追溯得更远，而且必须承认，当时的人们甚至已经形成了生养万物的至上神的宗教观念。

诚然，目前的考古资料尚不足以为我们寻找夏代文字的渊源提供更多的依据，尽管汉字起源于象形的事实曾使学者认为仰韶文化的彩陶图像有可能体现着早期汉字的原始形态①，但依类象形的造字方法却并不仅仅为汉字所独有②。当然，如果从文化地理和考古学文化面貌等因素作为一种文字形成的文化背景的角度加以分析，这种比较仍然具有积极的价值。

与夏代文字同时并存的另一种文字显然不属于汉字的系统，其中的一件重要物证就是发现于山东邹平丁公遗址的属于龙山时代的陶文③。陶文以利器刻于大平底盆上，尚存 11 字，时代约为公元前二十一世纪。

由于丁公陶文的字形结构明显区别于以甲骨文为代表的汉字体系，而与古彝文绝多相同，因而属于古彝文④。对其文字的释读，我们曾有详尽的讨论⑤。11 字自上而下，自右至左汉译为："魅卜，阿普渎祈，告。吉长，百鸡拐爪……"性质为招祖护佑，驱邪求吉的卜辞。其中"魅卜"意

---

① 郭沫若：《古代文字之辩证的发展》，《考古学报》1972 年第 1 期；李孝定：《中国文字的原始与演变》（上、下篇），《历史语言研究所集刊》第四十五本第二分、第三分，1974 年；《再论史前陶文和汉字的起源问题》，《历史语言研究所集刊》第五〇本第三分，1979 年。
② 古彝文、纳西象形文也源于象形。
③ 山东大学历史系考古专业：《山东邹平丁公遗址第四、五次发掘简报》，《考古》1993 年第 4 期。
④ 冯时：《龙山时代陶文与古彝文》，《光明日报》1993 年 6 月 6 日"文物与考古"。
⑤ 冯时：《山东丁公龙山时代文字解读》，《考古》1994 年第 1 期。

即卜魅①，"魅"为占卜对象，意即为恶鬼诸邪而卜。"阿普渎祈"意即祈求阿普渎，"阿普渎"为洪水后的彝族始祖。"告"为祭名。"吉长"意即长吉，犹殷卜辞所言之"引吉"。"百鸡拐爪"意为以鸡骨卜卦，属彝人传统的占卜形式。陶文反映了彝族百解祭中禳病除邪的祭仪。

彝族自称 ni^{21}，为古称，汉译为"夷"，字与古彝文"人"字同源，"人"为本字，"夷"为后起字。而且古彝文"人"字本又为彝族始祖之名，所以彝族的族名实际来源于始祖之名，即彝人以其始祖之名作为族称②。将这一事实与甲骨文所反映的殷夷争胜的史实对观，显然有助于我们梳理夷史的源流。殷人以其时位居海岱地区的方伯称为"人方"，这与夷人的族称及所居地望恰好密合。这些事实不仅印证了丁公陶文属于古彝文的文字体系，而且直接涉及到对于新石器时代乃至商周时期分布或部分地分布于海岱地区的先民族属的认识。

我们曾经通过对新石器时代先民创造的一种特殊八角图形的研究，讨论了自内蒙古东部以至山东、江苏、湖南和江西地区分布的小河沿文化、大汶口文化、马家浜文化、崧泽文化、良渚文化和大溪文化之间的文化联系③，这个经东北而历长江中下游的广大地区确实表现出一种非常鲜明的文化共性，与西部以仰韶文化为代表的原始文化有着极大的不同，这些文化正是孕育出独立于夏文字之外的彝文字的文化母体④。

当我们以太行山为界而将分布于东西两域的考古学文化加以对比的时候，它们之间所表现出的宏观差异相信会被每个人所认同，这种文化差异如果与不同的族属联系起来考虑显然更有意义，而不同文化的形成应该正是夷夏两种不同文字创造和产生的沃土。很明显，假如我们还没有理由将夷夏两种文化的起源年代追溯得更早的话，那么至少到新石器时代晚期，

---

① 彝语语法只有宾语前置于动词的一种形式，馀同。
② 彝族传统文献始终自以"夷"为族称。新中国成立后，误以"夷"有歧视之意，遂改为"彝"，但彝族对于族称的这种改变至今仍存异议。
③ 冯时：《史前八角纹与上古天数观》，《考古求知集》，中国社会科学出版社1997年版；《中国天文考古学》第八章第二节，社会科学文献出版社2001年版。
④ 冯时：《文字起源与夷夏东西》，《中国社会科学院古代文明研究中心通讯》第3期，2002年。

以傅斯年先生的夷夏东西史观去重建这一时期的历史应是谨慎和客观的做法①，同时，这种观念必然关系到我们对相关考古学文化出土文字的解读方法的思考。当然，对于这样一个重要问题的阐释，新的古彝文资料的发现和文字释读成果的积累都是至关重要的。

河南舞阳贾湖新石器时代遗存是一支距今9000—7800年的原始文化，虽然其陶器特征与裴李岗文化十分接近，但占卜用龟及獐牙随葬的风俗却与大汶口文化及薛家岗文化相似，至于其稻作农业，则更与江淮流域的新石器文化相一致，却不见于黄河流域，足见其与东方夷文化的密切联系。值得注意的是，在贾湖遗址出土的三件龟甲上分别发现契刻的三个文字，其中一件完整龟腹甲（M344:18）上的文字作"⬬"形（图5，1）②，与殷商甲骨文的"目"字相似。这个字形不仅已具有了完整的象形结构，而且在数千年后的良渚文化遗物上也曾出现，这种存在于异时异地但结构却一成不变的符号已经显示了其所具有的超时空和超方言的定型文字的特征，应该可以区别于简单的记事符号。但问题是，如果我们以甲骨文为标准判读此字就是"目"字，尽管在字形上并不存在太大的问题，但古人缘何独以"目"字契刻于占卜的龟甲，其用意却似乎难以解释。况且类似的文字还见于良渚文化的玉璧之上（图5，2、3）③，而玉璧作为礼天之器，契刻"目"字更于理难通。然而当我们用古彝文作为研释标准解读这个文字的时候，疑问便可迎刃而解。因为古彝文"吉"字与贾湖龟甲上的目形文字形构完全一致，字读为 va^{55}，与汉字"目"的古音极为接近，证明古彝文"吉"字的造字本义即取眼目之象形，用为吉凶之吉，而"吉"字契刻于用以占卜的龟甲和祭天的玉璧，甚合情理。故据古彝文，将贾湖龟甲和良渚文化玉璧上的契刻文字释为"吉"，意义畅达。

大汶口文化契刻于大口陶尊上的符号，据目前所见已有九种，有些经

---

① 傅斯年：《夷夏东西说》，《庆祝蔡元培先生六十五岁论文集》下册，中央研究院历史语言研究所集刊外编第一种，1935年。
② 河南省文物考古研究所：《舞阳贾湖》上册，科学出版社1999年版。
③ 邓淑苹：《中国新石器时代玉器上的神秘符号》，《故宫学术季刊》第十卷第三期，1993年。

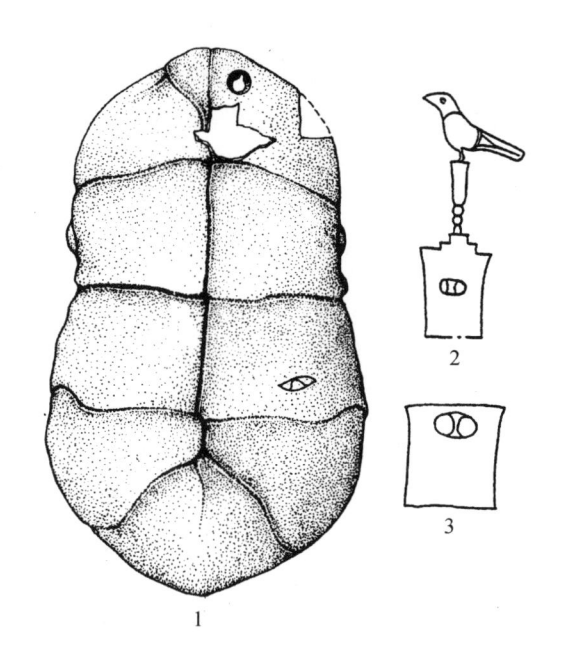

图5 新石器时代文字
1. 河南舞阳贾湖遗址出土龟甲文字 2、3. 良渚文化玉璧上的雕刻图像及文字
（佛利尔博物馆藏）

过特别的涂朱处理①。这些符号的性质可能并不单纯，其中一些构图复杂的图像是否属于文字显然还需要研究，但另一些构图明朗、结构稳定的符号应该已经具有了文字的性质。譬如一种文字的字形呈现有翼太阳的形象，或在有翼太阳的下方绘刻一山形（图6，1、2）。这个文字不仅出现于山东的莒县和诸城，而且远至安徽蒙城的尉迟寺②、湖北天门石家河文化的肖家屋脊遗址也有发现③，甚至晚至良渚文化的玉器上仍偶有所见④，足见其有着固定的字形和超时空的特点，属于早期文字当无疑问。长期以

---

① 山东省文物管理处、济南市博物馆：《大汶口》，文物出版社1974年版；王树明：《谈陵阳河与大朱村出土的陶尊"文字"》，《山东史前文化论文集》，齐鲁书社1986年版。
② 中国社会科学院考古研究所：《蒙城尉迟寺——皖北新石器时代聚落遗存的发现与研究》，科学出版社2001年版。
③ 郑中华：《论石家河文化的刻划符号》，《江汉考古》2000年第4期。
④ 邓淑苹：《中国新石器时代玉器上的神秘符号》，《故宫学术季刊》第十卷第三期，1993年。

来，这类文字一直被作为探讨汉字起源的直接证据。学者考释此字为"旦",认为这个文字乃是由日、云气和五峰山三个偏旁构成的会意字①。或将有山与无山的两类文字分别考释为"䐁"和"炅",并将"炅"视为"䐁"字的简体②。事实上,这个文字在大朱家村及尉迟寺遗址所见的相同字例中却存在着种种变体③,其中不仅山形的底部横画可以由方折变成圜曲(图6,3),这种特点在汉字"山"字的结构演变中是不曾出现的,从而意味着其与汉字并不属于同一文字体系;甚至日下的山形有时也可以被其他的图像所替换(图6,4),说明有翼的太阳与山形并不构成一个具有固定结构的文字,而应是两个不同文字的组合。这种与汉字结构特点的重要区别显示出大汶口文化文字并不是汉字的祖先,相反,这些文字却反映着与古彝文极其相似的结构,应该属于古彝文。准确地说,这种由有翼太阳与山形共同组成的图像其实是古彝文"天"、"地"二字的组合,其所表达的含义应该与沟通天地的巫术有关。

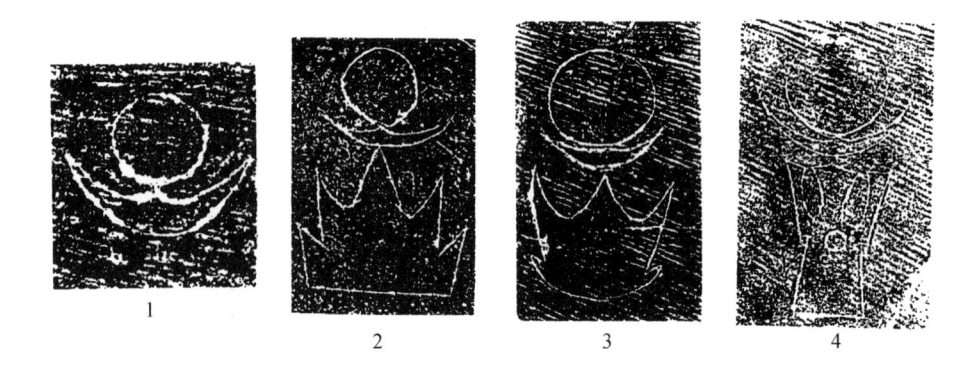

图6 大汶口文化陶器文字
1. 陵阳河 M19:40 2. 陵阳河采集 3. 大朱家村 H14 4. 尉迟寺 M177:1

---

① 于省吾:《关于古文字研究的若干问题》,《文物》1973年第2期。
② 唐兰:《从大汶口文化的陶器文字看我国最早文化的年代》,《大汶口文化讨论文集》,齐鲁书社1981年版。
③ 中国社会科学院考古研究所:《蒙城尉迟寺——皖北新石器时代聚落遗存的发现与研究》,科学出版社2001年版。

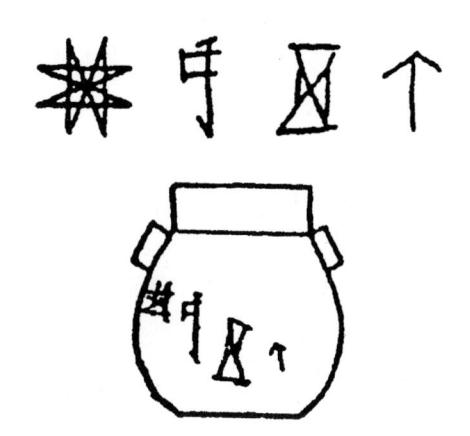

图7 江苏吴县澄湖遗址出土良渚文化陶器文字

江苏吴县澄湖良渚文化遗址出土陶罐外腹刻有四个符号①，其中居左的特殊八角图像乃八卦与九宫的象征。彝语称述八卦即为八角，有关问题我们已有详细讨论②。而八角图像的右侧则有三个文字（图7），其中第一字象斧钺之形，此字最早见于大汶口文化陶尊（图8）③，而晚可见于战国巴蜀文化铜盆④，字形结构一脉相承。相同字形的文字于古彝文读为ndzo^{11}，意为领袖。这当然为我们提供了讨论其造字本义的机会，因为甲骨文的"王"字来源于作为王权象征的斧钺仪仗的形象⑤，而古彝文表示领袖或首领的文字竟也恰好再现了这一特点。此字见于大汶口文化陶尊，似乎又与郑州小双桥陶器上独书"尹"字的寓意相同，因为甲骨文"尹"字的意义有时正可以理解为"君"⑥。毫无疑问，夷夏两种"王"字取形的共同来源不仅反映了不同民族对于权力象征的共同认识，而且反映了两

---

① 张明华、王惠菊：《太湖地区新石器时代的陶文》，《考古》1990年第10期。
② 冯时：《史前八角纹与上古天数观》，《考古求知集》，中国社会科学出版社1997年版；《中国天文考古学》第八章第二节，社会科学文献出版社2001年版。
③ 高明：《古陶文汇编》，中华书局2004年版。
④ 四川省文管会、雅安地区文管所、宝兴县文管所：《四川宝兴汉塔山战国土坑积石墓发掘报告》，《考古学报》1999年第3期。
⑤ 林沄：《说"王"》，《考古》1965年第6期。
⑥ 李学勤：《释多君、多子》，《甲骨文与殷商史》，上海古籍出版社1983年版。

种文化的密切联系。事实上，假如古彝文的领袖或首领可以与汉字的"王"具有相同的含义的话，那么它将有助于我们思考中国早期文明中由"帝"到"王"的政治转变的历史。

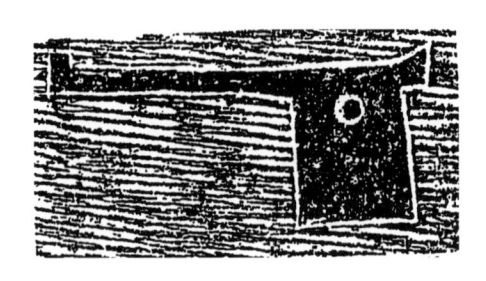

图 8　大汶口文化陶尊契刻文字

运用古彝文解读上述文字资料，在使文字本身得到圆满解释的同时，更可使文字与其载体之间的关系得到合理的说明。这充分证明了以丁公陶文为代表的彝文字体系是与夏文字同时共存的古老文字[①]。

在东方的彝文字与西方的夏文字流行的同时，夷夏地区普遍存在着一种用于记事的简单符号。这些符号基本上都契刻于陶器之上，而且一件陶器往往也只刻有一个符号。陶符的数量比之我们有机会讨论的早期文字资料丰富得多，从而成为学者长期以来探索中国文字起源，准确地说是探索汉字起源的基本材料，并认为这些刻划符号乃是文字起源阶段所产生的简单文字，或者中国原始文字的孑遗[②]，甚至由此提出汉字源于指事与象形的"二元"论点[③]。事实上，这类陶符在形构上既与夏文字大别，也与彝文字不同，而在流行的时间上，则自新石器时代开始，一直延续到汉字已经广泛使用的战国时代。陶符与汉字共存的现象足以说明，这类长期被学者怀疑为文字的陶符其实与汉字存在着严格的区别，至于其与古彝文的关系，则尚待研究。学者或将此类早期陶符与陶文加以区分，并指出其非属

---

① 有关古彝文资料的汇集研究，容另文讨论。
② 郭沫若：《古代文字之辩证的发展》，《考古学报》1972年第1期；于省吾：《关于古文字研究的若干问题》，《文物》1973年第2期。
③ 杨建芳：《汉字起源二元说》，《中国语文研究》第三辑，香港中文大学，1981年。

汉字的性质①，乃真知灼见。

正像考古学研究必须首先区分不同的考古学文化一样，对于中国文字起源的研究也不可能将文字与其所属的文化相割裂。不同的考古学文化可能反映了古代族群的多样性，这实际决定了文字起源的多源性。考古学证据显示，三代及其以前尚未形成华夏一统的政治格局，这意味着人们长期习惯于利用殷商甲骨文作为解读早期文字的唯一手段的做法需要重新检讨，因为这无异于承认以甲骨文为代表的文字体系乃是早期社会通行的唯一文字。显然，山东丁公龙山时代陶文的发现已使我们认识到在对待文字起源的问题时不能如此简单，中国文字的起源研究能否摆脱"大一统"观念的束缚，则是我们必须慎重思考的问题。事实上，我们只有跳出汉字一统的传统窠臼，将可供研究文字起源的原始史料置于不同考古学文化的背景下加以讨论，才可能在正确区别不同文字体系的基础上研读文字，并进而获得客观的结论。理由很简单，文字起源于象形的事实并不意味着相同的字形在不同的文字体系中具有相同的字义和读音。显然，文字的释读工作必须在相应的文字体系的框架下进行，而文字系统的区隔不可能不以使用这些文字的考古学文化为基础，这一点应该显而易见。丁公陶文的出土则为中国文字的起源研究提供了重要契机，这不仅因为陶文成组出现，从而明确显示出其所具有的记录语言的功能，这当然与大量独立契刻于陶器上的符号形成了本质的区别。同时更重要的是，陶文的形构完全不同于以殷商甲骨文为代表的汉字体系，这意味着如果我们可以正确地解读这种文字，那么我们就有可能对中国早期文字的发展状况获得新的认识，进而建立起与已知的甲骨文体系或同或异的有关文字起源的分析标准，并寻找到正确的研究方法。

《世本·作篇》："沮诵、仓颉作书。""沮诵"也即祝融②。这种以祝融与仓颉共同造字的记载其实已经暗示了中国文字起源的多源特点。显然，仓颉如果被视为汉字的创造者的话，那么祝融以其在古史系统中所代表的文化传统来看，应该可以被视为夷文字的创造者。这个重要记载与考

---

① 高明：《论陶符兼谈汉字的起源》，《北京大学学报》1984年第6期。
② 唐兰：《中国文字学》，上海古籍出版社1981年版，第52页。

古学所呈现的夷夏交胜的文化面貌不仅一致，而且也与夷夏文字并存的史实相符。

我们曾经指出，陶寺文化的朱书文字明确显示了其与商代甲骨文属于同一体系的文字，因此它无疑应是以商代甲骨文为代表的汉字的直接祖先。而山西陶寺文化文字与山东丁公龙山时代文字并存的事实，则已明确证明了中国文字的起源至少具有两个独立的系统（巴蜀文字可能属于另一新的系统），即以山东丁公龙山时代文字为代表的东方夷（彝）文字系统和以山西陶寺文化文字为代表的西方夏文字系统。其后殷承夏制，周承殷制，夏文字随着夏、商、周三代政治势力的强大，逐渐成为华夏民族的正统文字而得到强劲的发展。而彝族文化则随着商周民族对于东夷、淮夷、南淮夷、南夷的不断打击，或融合，或南徙，使其文字最终成为偏守一隅的彝民族使用的文字而得以流传。这些史实清楚地表明，早期文字作为实现人与神灵沟通的媒介，因此对于前代文字的继承显然已是统治者获得神权庇佑的重要象征和有效的方式。事实上，观象授时的悠久传统早已使人们建立起帝居中央的原始宗教思想，而朴素的时空观则孕育出居中而治方能直袭帝位并享有正统的朴素政治观，这使对于中原文字的掌握成为获取天命的唯一手段。很明显，在统治者实现其政治扩张和王权统一理想的过程中，文字充当了最主要的奠定王权与文治教化的工具。

2007 年 1 月 3 日
（原载《韩国古代史探究》创刊号，2009 年 4 月）

山东丁公龙山时代文字解读

一 绪论

由于殷商甲骨文的发现以及对它的成功解读,殷商文化得以确认。作为文明时代的重要标志之一,早期文字的揭示对于探讨和解决考古学中的重大问题往往具有决定性的意义。经过考古工作者多年的努力,我们终于发现了迄今所见中国最古老的文字①,这对深入研究中国文明的起源以及与此相关的一系列重大问题具有十分重要的意义。

丁公陶文发现于山东省邹平县苑城乡丁公村的一座龙山文化城址,文字契刻于一件龙山文化晚期的大平底陶盆之上。今陶盆仅存残片,文字共五行11字,右端一行3字,其馀四行每行2字。此外,陶片左上角尚隐约可见字迹,惜磨泐过甚,无法辨识;陶片左下角也残有短线刻划(图1)。这些迹象表明,陶器上原有文字当不止11字。

丁公陶文与以往发现的新石器时代陶器刻符不同,后者多单字契刻于某件陶器,字与字之间缺乏内在联系,尽管某些刻符已具有一定的结构,但仍使人难以判明它们是否真正具有记录语言的功能。而丁公陶文则成组出现,行款整齐,字形结构完整,字与字之间联系紧密,已经具备了书面语的形式。因此这些刻符显然是为记录语言而使用的,而这一点恰是文字区别于符号的最重要的特征。我们完全有理由认为,丁公陶文绝非简单的记事符号,它已是一种较成熟的文字。

---

① 山东大学历史系考古专业:《山东邹平丁公遗址第四、五次发掘简报》,《考古》1993年第4期。

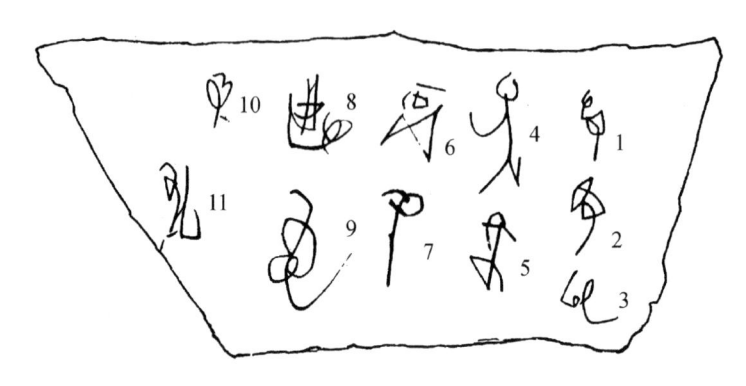

图 1　山东邹平丁公龙山文化遗址出土陶文（摹本）

丁公陶文虽是文字，但它与目前确知的最早的汉字体系的代表殷商文字存在明显的差异。就基本笔画而言，丁公陶文普遍具备曲笔、圆笔和弧笔，如陶文第 1、2、5、7、9、10 字，这种笔画在殷商文字中是绝不出现的；就字形结构而言，丁公陶文与殷商文字的差异则更大，二者字形迥异，仅陶文第 4 字可考虑与甲骨文进行比较，但其结构特点仍与甲骨文有着显著区别。因此，如果将丁公陶文纳入汉字体系，那么，它与殷商文字之间明显缺乏发展的连续性，这意味着丁公陶文并不是汉字的祖先。

如果抛开上述字形结构的差异不谈，仅就丁公陶文所代表的文字体系而论，它与以殷商文字为代表的汉字体系也还存在一定的共性。第一，丁公陶文是由独体或合体字组成的方块字，因此它与汉字一样，都应属于方块字系统；第二，据造字原则分析，陶文第 2 字和第 4 字明显具有象形字的特点，这显示了以丁公陶文为代表的文字体系存在一部分象形字。这些特点表明，丁公陶文可能同汉字一样，同属单音节的表意文字。事实上，丁公陶文所具有的这些特点，既是汉藏语系诸语言的特点，同时也体现了早期文字发展的某些规律。

通过对陶文上述特点及字形结构的分析，我们认为，它与古彝文有着极其密切的关系。本文拟对丁公陶文试做初步解读。

二　古彝文的起源及其特点

分布于我国滇、川、黔、桂地区的彝族具有自己独特的语言文字。彝族属汉藏语系藏缅语族彝语支,古彝文是一种超方言的单音节表意文字。在汉文典籍中,古彝文被称为"夷文"、"爨文"、"倮文"、"韪书"等,在彝文典籍中则称为"诺苏补玛"、"纳苏诉讷"、"尼斯"、"阿哲斯诉"、"聂苏斯"等。它是彝族历史上逐渐形成的一种独立的文字体系。

彝文有着悠久的历史,这一点在学术界已成公论。但有关它的起源,向无定说。彝文文献中有关的记述很多①,其中《帝王世纪·人类历史》中写道,彝族至二十九代武老撮之时,"祀典兴,燕礼成,祭帝与祭神"。该经译者罗文笔在前言中说:"从人类始祖希母遮之时,直至撮侏溴之世,共有三十代人。此间并无文字,不过以口授受而已。流于二十九代武老撮之时,承蒙上帝差下一祭司宓阿叠者,他来兴奠祭,造文字,立典章,设律科,文化初开,礼仪始备。"②《说文·治国论》亦记:"阿昔中古世,潢光武时代。……昔时宓阿叠,治国安邦经,他已略论咯。"③ 知在东汉初年,宓阿叠创造彝文的传说已经存在,并且他同时创造了《治国安邦经》。这些文字虽不足尽信,但可说明彝文的起源确是相当古老的。研究表明,《后汉书·西南夷列传》所收的《白狼歌》,其原本可能就是彝文,因歌中汉字记音所反映的语音特点与彝语极近④,从今日彝语支的文字来看,也只有彝文与此适合⑤。就现有资料而言,今存较早的古彝文文献见于南宋⑥,有些文献或可追溯到蜀汉时期⑦。这些证据表明,彝文在东汉时期已经发展成为一种极成熟的文字,而它的创制时代无疑当远在此之前。

贵州《大定县志》卷十三记:彝文"亦有象形、会意诸义"。古彝文属方块字,字形可分析出一个主体结构和若干附加符号,除独体字外,还有部分由独体字组成的合体字。据造字原则分析,大致包括象形、会意和

---

① 武自立、纪嘉发、肖家成:《云贵彝文浅论》,《民族语文》1980年第4期。
② 丁文江:《爨文丛刻》(甲编),上海商务印书馆1936年版。
③ 丁文江:《爨文丛刻》(甲编),上海商务印书馆1936年版。
④ 丁文江:《爨文丛刻》(甲编),上海商务印书馆1936年版。
⑤ 马学良、戴庆厦:《〈白狼歌〉研究》,《民族语文》1982年第5期。
⑥ 《栏龙桥碑记》,刻于南宋开庆己未年(公元1259年),今存589字。见《彝文金石图录》,四川民族出版社1989年版。
⑦ 《妥阿哲纪功碑》,今存176字。据《贵州名胜古迹概说》记,此碑"相传为蜀汉时济火所立,碑上有建兴年号"。见《彝文金石图录》,四川民族出版社1989年版。

假借三类。象形字与会意字均属表意性质，而假借字则属表音性质。

古彝文在长期的使用和流传过程中逐渐形成了一种独特现象，即许多文字的书写位置存在转位，某一字既可横书，也可侧书，既可正书，也可倒书，转位方向变化很大。这种现象显示了古彝文的两种不同发展趋势，对于某些文字而言，转位则意味着一种新的造字法的运用①，但是对于另一些文字，它只是重复创造了更多的异体字②。

以转位法创制新字，是古彝文造字原则的又一特点，它是通过对一个字的不同书写位置的处理，从而赋予该字新的字义，甚至读音。如古彝文插 dzɯ↓（A1），经上下转位，其意为安装 tse↑（A2）；擒 K'ɯ↑（A3），经上下转位，其意为耙 tɕiɛ↑（A4）；龙 lo↓（A5），经左右转位，其意为月 lo↑（A6）；徒 tɯ↓（A7），经上下转位，其意为外祖父 p'u↑（A8），经右侧转位，其意为发炎 ɬi↑（A9），经左侧转位，其意为摆 pɛ↓（A10）；刃 t'iɛ↑（A11），经斜转位，其意为刹 to↑（A12）③。这种方法在汉字的创制中十分罕见，从形式上讲，甲骨文"大"（大）、"屮"（屮）二字与此相似，属上下转位，但从造字原则分析，它们仍属表意的范畴。

A 例　古彝文以转位法创制新字举例

---

① 马学良：《再论彝文"书同文"的问题——兼论彝文的性质》，《中央民族学院学报》1986 年第 2 期。
② 闻宥：《川滇黔倮文之比较》，《中国文化研究汇刊》第七卷，1948 年。
③ 马学良：《再论彝文"书同文"的问题——兼论彝文的性质》，《中央民族学院学报》1986 年第 2 期。

然而，因转位造成大量异体字，则是古彝文更为普遍的现象，这种现象不仅存在于彝语的六个方言区，甚至同一方言区内，彝文的书写位置也并非完全固定①。事实上，这种现象在统一和规范之前的汉字中也大量存在，殷周文字中此类例证极多。这有助于说明，古彝文的这种现象乃是其长期未经统一和规范的结果，同时也证明，彝文在历史上曾是一种统一的和超方言的文字②。

综上所述，古彝文的造字方法主要有三种，即象形、会意和转位法。至于假借法，对于后期借汉字为彝字的做法尚属造字的方法，而对于其他的同音借代的彝字，严格地说只能是一种用字方法。

B 例　古彝文基本笔画及部分变态笔画

古彝文的基本笔画并不像汉字那样多具直笔和横笔，而是以圆笔、弧笔和曲笔为主，具有强烈的自身特点。B 例归纳了古彝文的基本笔画和部分变态笔画③，将其与丁公陶文比较，可明二者的密切联系。如 B4 或 B12 见于陶文第 5 字，B8 见于陶文第 8 字，B10 见于陶文第 2 字，B11 见于陶文第 11 字，B13 见于陶文第 1、第 2 和第 9 字，B14 见于陶文第 5 和第 7 字，B16 见于陶文第 4 字，B17 见于陶文第 6 字，B18 见于陶文第 10 字。很明显，丁公陶文的笔画系统与古彝文的笔画系统是相同的，这为进一步解读陶文奠定了基础。

---

① 果吉·宁哈：《论滇川黔桂彝族文字》，民族出版社 1988 年版。
② 武自立、纪嘉发、肖家成：《云贵彝文浅论》，《民族语文》1980 年第 4 期。
③ 果吉·宁哈：《论滇川黔桂彝族文字》，民族出版社 1988 年版；陈士林、边仕明、李秀清：《彝语简志》，民族出版社 1985 年版。

三　丁公陶文解读

由于历史的各种原因，古彝文字体未能获得像汉字字体那样大的演变条件，因而彝文字体的演变非常缓慢①。这使我们有可能以今存古彝文资料为基础，对比研究丁公陶文。需要指出的是，我们在前节提到的古彝文转位的特点应该特别加以注意，这对比较丁公陶文与古彝文的字形结构是有益的。

（一）陶文第 1 字与第 9 字

陶文第 1 字与第 9 字字形结构相同，唯书写位置相反，第 1 字向左起笔收笔，第 9 字反之。因此，二字明显地构成一组转位关系。

转位造成异体字的现象是彝文长期使用和流传的结果，因此它的出现与彝文创制的初期应该有着相当的距离。况且在同一篇辞章中，尤其是像丁公陶文这样的短句，同时使用异体字的可能也应很小。这意味着陶文第 1 字与第 9 字的转位并不是构成异体字的做法，而应体现了创制新字的原则。准确地说，陶文第 1 字与第 9 字不应视为同一字的异体，而应考虑为具有不同意义的两个字。

根据陶文此二字的转位现象，我们可以通过字形比较的方法，首先确定两字中的任意一字，然后根据与此字具有转位关系的字，确定另一字。

我们首先确定陶文第 9 字，古彝文"长"与此字形结构相同，比较如下：

古彝文"长"笔势向右起笔收笔，唯字体较陶文略有偏转。其中 001 例至

---

① 丁椿寿等：《现代彝语》，中央民族学院出版社 1991 年版。

003 例与陶文字形全同。

之后，根据转位原则，我们需要在古彝文中找出与古彝文"长"具有转位关系的字，我们发现，古彝文"魅"字具有这样的性质。兹将此字与陶文第 1 字比较如下：

010　011

古彝文"长"、"魅"二字的转位关系，通过 006（007）与 010、008（009）与 011 两组字表现得非常清楚。古彝文"魅"字与陶文第 1 字的字形结构也相一致，古彝文笔势向左起笔收笔。尽管字形的演变尚缺少像在"长"字的演变过程中 001 例那样的过渡字形，但"长"字的演变足以助证这种过渡的存在。

陶文第 1 字与第 9 字之间所具有的这种转位关系，恰恰也是古彝文"长"与"魅"字之间具有的关系，而且它们的字形结构分别相同。这个事实充分证明，古彝文"长"、"魅"二字的祖型当为同字，换句话说，无论"长"、"魅"孰为本字，其后起字都是根据这个本字采用转位的方法创制的。

古彝文"长"音ɡeɬ 或 ɕeɬ，"魅"音ɡeɬ，读音相同，可以助证上述判断。

准此，陶文第 1 字当释"魅"，第 9 字当释"长"。

（二）陶文第 2 字

此字当释"雉"，古彝文"雉"字与陶文比较如下：

012　013　014　015　016

比较可知，古彝文"雉"与陶文字形全同，其中 012 例与陶文字形别无二致。016 例为"雉"字的又一种写法。

据陶文和古彝文字形分析，"雉"应为象形字。彝文"雉"意为野鸡，而陶文字形的上部正显示了禽首的特征。试以殷商甲骨文的相关字例比较参考。

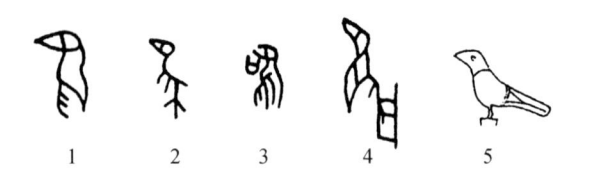

1. 鸟（《乙编》6664）　2. 集（《后下》6.3）　3. 鸣（《后下》6.13）
4. 雇（《佚》524）　5. 良渚文化玉琮刻符

很明显，陶文"雒"字的上部象征雒首，此与甲骨文禽类诸字的首部相同，而下部的符号则是对禽类身爪的概括描写。若比较良渚文化玉琮上之鸟形徽饰，可明陶文制字之取意。

古彝文"雒"音 tɕeꜗ 或 ʂuꜘ。

在古彝文中，"雒"字与"绳"字具有极密切的关系，二字不仅字形相同，读音一致，甚至同一彝字兼有两意。古彝文"绳"字作：

017　　018　　019　　020　　021

字形与古彝文"雒"全同，其中 019、020 两例明显是自 018 例孳乳而得，021 例也显示了自 016 例的演变痕迹。

二字字义也联系密切，017 例收于果吉·宁哈《论滇川黔桂彝族文字》，兼具"雒"、"绳"两意。

古彝文"绳"音 tɕeꜗ、ʂɔꜗ，或音 tʂaꜗ(tʂaꜘ)，《猓猡译语》（《华夷译语》乙种本）注音"渣"或"查"①。第一音同于古彝文"雒"字第一音，第二音与"雒"字第二音声母相同，韵母 u 与 ɔ 均为圆唇的后元音，读音极近。tɕ 属舌面音，ʂ 属舌尖后音，古彝文"雒"、"绳"二字兼读两音，反映了舌面音与舌尖后音的联系与转化。"绳"字第三音，其声母 tʂ 亦属舌尖后音。舌面音与舌尖后音的共存，显示了古今音的不同。限于资料，目前对彝语古音的研究还很不够，以汉语古音的研究作为参考，舌面音 tɕ 与舌尖后音 tʂ 或 ʂ 在中古同属正齿的照系字，发音部位相同。所以古

---

① 《猓猡译语》，《华夷译语》乙种本，清抄本，北京故宫博物院藏。

彝文"雉"、"绳"二字音理相同,读音一致。事实上,《猓猡译语》的汉字注音已充分证明了这一点。形、音、义三方面的相互联系,明确显示了古彝文"雉"、"绳"二字本为同字。

"绳"字在彝文典籍中可通作占卜之"卜",古彝文"卜"字作:

022　023　024　025

字形与古彝文"绳"字全同,其中022例至024例同于"绳"字之020例,025例同于021例。025例收于果吉·宁哈《论滇川黔桂彝族文字》,同兼"绳"、"卜"两意,直接证明"绳"、"卜"字通。

古彝文"卜"音 tṣaɬ 或 ʂoɬ,《猓猡译语》(《华夷译语》乙种本)注音"渣"或"查",与"绳"同音。a 是紧喉韵母,发音时喉头只比 a 略有紧缩(laryngeal constriction),故古彝文"绳"、"卜"二字双声叠韵,同音可通。推究文义,陶文"雉"字当假为"卜"。

(三)陶文第4字

此字象猴形,当释"祖",古彝文"祖"字与陶文字形比较如下:

026　027　028　029　030
031　　　032

比较可知,古彝文"祖"与陶文字形全同,其演变过程清晰可辨,其中026例尚留陶文的痕迹。

古彝文"祖"音 pʻɤ˥,音译为"普"。

陶文此字为猴子之象形字。彝人认为,人类乃由猴子演变而成,有关内容集中记载于彝文《勒俄特依》(历史真象)和《彝族创世史》(阿赫希尼摩)等文献之中。

《勒俄特依·雪子十二支》在谈到人类起源时首先指出,生物是由雪逐渐演化而成的,雪族子孙有十二种,"无血的六种"为各种花木植物,

"有血的六种",即一蛙、二蛇、三鹰、四熊、五猴、六人①。这种观点不仅体现了生物由低级到高级的演化过程,甚至完全符合进化论学说。文中指出,"猴为第五种,人为第六种",这无疑认为人猿为近亲,人类是由猿猴演变而成的②。

《勒俄特依·居子猴系谱》则更生动地反映了从猴到人的演变轨迹,文中写道:"到了九代时,阿吕居子啊!形状虽像人,叫声似猴音,树叶当衣穿,野果当饭吃,有眼不看路,有嘴不吃牛,有手不做工,如熊掰树梢,如猴爬树顶,不能成人类。"文中描写的猿猴形象显然是一种介于人猿之间的动物,它既不同于原来的猿,也还不是真正的人③。这真切地反映了猿猴向人的进化过程。

在《彝族创世史》(阿赫希尼摩)中,猴为人祖的观念得到了彻底的阐释。该书序歌中写道:"人祖与猴子,两者有渊源。"在具体谈到人类起源时,该书又写道:"猴子渐演变,变成了人样。猴子指依若④。先把人来变,变成独眼人。阿赫希尼摩⑤,看看独眼人,独手又独脚。只长一只眼,无法认道路;只有一只脚,无法把路走;只有一只手,无法把活做。猴子指依若,变人未变成,不久便夭折。猴子又演变,变成竖眼人,双眼直直竖,双脚一样长,双手一般粗,变化七十二,才把人变成。"⑥ 彝人明确提出的这种"人猿同祖"的朴素思想,似乎正可以解释彝人以猴子的象形字创造"祖"字的原因。

(四)陶文第 5 字

此字当释"人",古彝文"人"字与陶文字形比较如下:

---

① 见《凉山彝文资料选译》第一集,1978 年。
② 李延良:《彝族史诗〈勒俄特依〉的哲学思想》,《中央民族学院学报》1981 年第 4 期。
③ 李延良:《彝族史诗〈勒俄特依〉的哲学思想》,《中央民族学院学报》1981 年第 4 期。
④ "指依若",彝语音译,为古时一只猴子的名字。
⑤ "希尼",彝语音译,即指"阿赫希尼摩"。"阿赫"为姓氏,"希尼"为名,"摩"意为母。因希尼为万物之母,故称"希尼摩"或"阿赫希尼摩"。
⑥ 云南省少数民族古籍整理出版规划办公室编:《彝族创世史——阿赫希尼摩》,云南民族出版社 1990 年版。

033　034　035　036　037　038

比较可知，古彝文"人"与陶文字形全同，虽古彝文字体已经转位，但演变过程十分清晰。一、陶文下方的圆弧连笔在古彝文中逐渐分断；二、陶文左上方的交叉笔画在古彝文中逐渐转位，并由合而分。这些变化在古彝文字体演变过程中十分常见，如古彝文挖作 C1 例，又作 C2 例；伤作 C4 例，又作 C5 例；象作 C6 例，又作 C7 例。可证古彝文圆弧连笔与断笔无异。古彝文骑作 C8 例，又作 C9 例，可证交叉笔画的分合无异。古彝文"人"字 035 及 036 例之交叉笔画尚留陶文馀迹。

C 例　古彝文字体演变举例

古彝文"人"字为彝文古语。彝文经典多用古语，犹汉语之文言①。"人"字彝音 dy˩ 或 du˩，音译"渎"（笃）。此字于彝经中有两种用法，一用为本字，一用为人名，用为人名时则取其音。彝文《作祭献药供牲经》云：

dy˩　sa˧　tṣʻa˧　le˧　pʻy˩　dy˩　li˧　ke˧　ɣa˧　tu˧
渎　　撒　　查　　　敬　　人　　　　　　　置

---

① 马学良：《倮文作斋经译注》，《中国科学院历史语言研究所集刊》第十四本，1949 年。

汉意"敬奉渎撒查，置于人世间"，"渎撒查"为神名①。前一ɖy˩字用为人名，后一ɖy˩字用为本字。彝文《彝汉教典》云：

$$\text{ɖy˩ mɣ˩ sa˧ zu˧ ɖi˧}$$
渎　姆　的　苗　裔

"渎姆"为彝祖名。ɖy˩字用为人名。

$$\text{tɯ˧ ke˧ ɖy˩ kɯ˧ nt'ɿ˧}$$
生　命　人　下　押

汉意"君主命运属民操"②。ɖy˩字用为本字。彝文《西南彝志》卷四云：

$$\text{bu˩ m̩˩ ɖu˩ zei˧ ɦi˧}$$
布　慕　笃　仁　呢

"布慕笃仁"为人名。ɖu˩字用为人名。

$$\text{ɖu˩ zo˧ ɦi˧ sə˩ dzei˩}$$
人　生　也　知　备

汉意"人有知识了"③。ɖu˩字用为本字。陶文第5字缀于"祖"字之后，当用为人名。彝文《作祭献药供牲经》篇首即云：

$$\text{ɖy˩ le˧ ni˧ k'u˧ kɯ˧}$$
渎　来　二　年　间

"渎"即洪水后彝族之始祖④。陶文"渎"当即此人。

关于洪水后彝族之始祖，学者或认为即撮侏渎⑤。《帝王世纪·人类历史》云："希母遮乃一，遮道公乃二，……武老撮二九，撮侏渎三

---

① 马学良：《倮文作祭献药供牲经译注》，《中央研究院历史语言研究所集刊》第二十本上册，1948年。
② 中央民族学院彝文文献编译室编：《彝文文献选读》，中央民族学院出版社1992年版。
③ 毕节地区民族事务委员会编：《西南彝志》，贵州民族出版社1991年版。
④ 马学良：《倮文作祭献药供牲经译注》，《中央研究院历史语言研究所集刊》第二十本上册，1948年。
⑤ 马学良：《倮文作祭献药供牲经译注》，《中央研究院历史语言研究所集刊》第二十本上册，1948年。

十。……祀典兴，燕礼成，祭帝与祭神，武老撮始兴。渎母逆上推，造有三十代。祭司宓阿典，到了才兴起。后天之渎母，又述说一吓。武老撮之子，撮侏渎是矣。撮侏渎世代，取妻南浴女。南浴女东是，南浴女有娠，生子渎母吾。渎母吾世代，娶妻是三个，生子有六人。……武占二长子，母亚考、母亚怯是矣；闹衡二次子，母亚奢、母亚卧是矣；卜美三次子，母客客、母齐齐是矣。"① 依这段谱系，可排出武老撮、撮侏渎和渎母吾（渎母，或译渎姆）父子相承的三代世系。罗文笔在前序中说，自人类始祖希母遮至撮侏渎共三十代，"此间当有洪水略解，余无此书，不能备载"。据此可知，洪水之事似发生于撮侏渎以上的三十代内，而此间名渎者唯撮侏渎一人。

彝族撮侏渎被有些彝人称作渎阿木 ɦymlaʃlyɻ 或渎阿普 dylʔalpʼyɻ。彝语"阿普"意为祖公，渎阿普盖讳称全名而称以祖公渎。据马学良先生调查，彝族传说咸谓当洪水时渎阿普蒙太白星神指示获救，并蒙其作伐，与天上下界沐浴之仙女成婚，与《帝王世纪》所载撮侏渎"娶妻南浴女"正合。撮侏渎为洪水后彝族之始祖，故今日彝经中所记之史事，多自撮侏渎叙起②。据彝经记载，洪水后世界上仅剩撮侏渎一人，蒙太白星神相助，人类开始由他接续后代。于是彝人以祖名代"人"字，并尊称其为"渎阿普"，直译为祖公渎，汉意即人祖③。

但在有些彝文典籍中，渎阿木实即渎姆，乃撮侏渎之子渎母吾。彝文《尼苏夺节》在谈到洪水之后的情景时说："这次发洪灾，利一人一鸟。人剩渎阿姆，飞的剩鹭鸶。……渎姆见三生，啼哭把苦诉。"《西南彝志》、《彝族创世史》等文献的有关记载也都认为洪水后世上仅剩渎姆，他不仅是洪水后彝族之始祖，而且也是彝族六祖之祖。彝文《洪水泛滥》云"渎姆是人祖"，《彝汉教典》亦载彝族自称"渎姆之苗裔"，均可证明彝人尊奉渎姆为人祖。

陶文"人"字用为人名，即《作祭献药供牲经》所记之"渎"，为洪

---

① 丁文江：《爨文丛刻》（甲编），上海商务印书馆1936年版。
② 马学良：《倮文作祭献药供牲经译注》，《中央研究院历史语言研究所集刊》第二十本上册，1948年。
③ 马学良：《彝文和彝文经书》，《民族语文》1981年第1期。

水后彝族的始祖之名,"渎"作为祖名的简称,他的身份可能是指撮侏渎,也可能指渎姆。

研究表明,陶文"人"字与古彝文"彝"、"子"二字同源。兹以"彝"字比较如下:

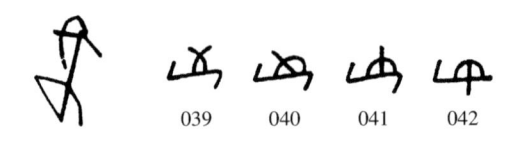

039　040　041　042

字形结构与陶文相同,陶文左上方的交叉笔画仍被保留,唯陶文下方的圆弧连笔已经减省。这种简化在古彝文字体的演变过程中也很常见,古彝文"人"字本身的演变就存在这种简化(033、034)。此外,古彝文挖作C1例,又作C2、C3例,集中体现了陶文字形的演变;摇作C10例,又作C11例,也可为证。

"彝"字古读ni˩,为族称,今云南彝族支系尚自称n˩(如撒尼),显然是同一词的方言变体,东部方言也音ɲi˩。论其声母,n 与 ɖ 同为舌尖音,旧名舌头音,发音部位相同。ɲ 属舌面音,旧名舌上音。古今音有不同,参考汉语古音,ɲ 属娘纽,n 属泥纽,汉语上古音无舌头舌上之分①,其声相同。论其韵母,ɣ与i皆为高元音。故古彝文"人"、"彝"二字读音极近。彝文《彝族源流》卷六云:

ɖi˩　ɣa˧　nɤ˥　ni˩　ŋu˩
能　阿　能　乃　五

汉意"五世能阿能"②。两"能"字皆音译,实同为"彝"字,作040例,但分读 ɖi˩、nɤ˥两音,这不仅为声母 ɖ、n 相通提供了确证,而且直接建立了古彝文"人"、"彝"二字语音上的渊源关系。

古彝文"人"、"彝"二字于意互通,彝文《西南彝志》卷四云:

tʰɯ˧　dzi˩　ɭiŋ˩　tʂʰɯ˧
世　上　人　间

---

① 钱大昕:《舌音类隔之说不可信》,《十驾斋养心录》卷五,上海书店1983年版。
② 毕节地区民族事务委员会编:《彝族源流》,贵州民族出版社1991年版。

汉意"撒到人世间"①。"人"字作042例，可证古彝文"人"、"彝"字通。彝文《作斋经》云：

lɯ˥	sɿ˧	dzu˦	ne˧	sɿ˧	dzu˦	tʂa˧	le˧
洞	行	道	祖筒	行	道	沿	来

汉意"沿洞道祖道来"②。"祖筒"作040例，与"彝"字形音俱同。祖筒是用化桃木制的盛放祖灵的祭器。据彝经载，古代洪水泛滥之时，世人俱亡，唯彝祖渎阿普蒙太白星神指示，刳化桃筒避身其中，方得脱险。洪水退后，木筒挂于比古阿斥崖上，进退维谷，又蒙太白神相救，并成婚繁衍后代。后彝人为纪念始祖当时蒙难之情形，于是仍用化桃筒庇护祖灵，祠堂亦仍设于峭崖之上，意在追溯本源，数典不忘其祖。"彝"字兼有祖筒之意，正是对古彝文"人"（渎）、"彝"二字同源的绝好诠释。

彝族自称 ni↓，汉译作"夷"③，"彝"乃新中国成立后更制的新名。彝人不喜汉人叫他们"猡猡"而要称为"夷人"④，或不许别人称他们"蛮子"而要称为"黑夷"（时按：彝人尚黑）⑤。这种现象表明，"夷"字本不含有歧视的成分。

古彝文"人"、"子"二字的同源关系，囿于篇幅，不详论。

准上，陶文第 5 字当释"人"，用为祖名"渎"。古彝文"人"、"彝"、"子"三字同源，字形演变如下：

---

① 毕节地区民族事务委员会编：《西南彝志》，贵州民族出版社 1991 年版。
② 马学良：《倮文作斋经译注》，《中国科学院历史语言研究所集刊》第十四本，1949 年。
③ 《猓猡译语》，《华夷译语》乙种本，清抄本，北京故宫博物院藏。
④ 称彝族为猡猡或猓猓，见诸文字，始于元代，经明清两代直沿用至新中国成立前夕。
⑤ 杨成志：《中国西南民族中的罗罗族》，《地学杂志》1934 年第 1 期。"猡猡"、"蛮子"都是对彝人的歧视性称呼。

（五）陶文第3字

陶文第4字释为"祖"，第5字释为"人"，用为祖名，以彝经推勘，陶文第3字可以解读。

彝经凡尊称祖先之名者，于"祖"前多冠以词头"阿"，彝音 a˩。彝文《尼租谱系》云：

$$\text{a˩} \quad \text{p'u˩} \quad \text{tu˩} \quad \text{mu˩} \quad \text{dze˩}$$
$$\text{阿} \quad \text{普} \quad \text{渎} \quad \text{姆} \quad \text{剩}$$

汉意"剩祖公渎姆"①。"渎姆"即彝族始祖。彝文《指路经》云：

$$\text{a˩} \quad \text{p'u˩} \quad \text{tsʅ˩} \quad \text{dzu˩} \quad \text{mo˩}$$
$$\text{阿} \quad \text{普} \quad \text{兹} \quad \text{钟} \quad \text{见}$$

汉意"见祖公兹钟"②。彝文《南诏后裔张兴癸宗谱》云：

$$\text{a˩} \quad \text{p'u˩} \quad \text{p'a˧} \quad \text{tca˧} \quad \text{du˩}$$
$$\text{阿} \quad \text{普} \quad \text{傍} \quad \text{加} \quad \text{独}$$

汉意"祖公傍加独"③。"兹钟"、"傍加独"皆古人名。此类例证极多，不备举。

"阿普"为彝经习语，汉译为阿祖，意即祖公，其独立使用的例子也很常见。彝文《作祭献药供牲经》云：

$$\text{se˩} \quad \text{ya˧} \quad \text{p'y˩} \quad \text{xwɔ˩} \quad \text{ntʂ˨} \quad \text{ly˨} \quad \text{hay˧} \quad \text{le˧}$$
$$\text{阿} \quad \text{普} \quad \text{领} \quad \text{礼} \quad \text{享} \quad \text{来}$$

汉意"领导祖公享药礼"。

$$\text{se˩} \quad \text{ya˧} \quad \text{p'y˩} \quad \text{xwɔ˩} \quad \text{ts'ɿ˧} \quad \text{ntʂ˨} \quad \text{hay˧} \quad \text{dzʅ˨}$$
$$\text{阿} \quad \text{普} \quad \text{领} \quad \text{药} \quad \text{礼} \quad \text{享}$$

---

① 中央民族学院彝文文献编译室编：《彝文文献选读》，中央民族学院出版社1992年版。
② 中央民族学院彝文文献编译室编：《彝文文献选读》，中央民族学院出版社1992年版。
③ 中央民族学院彝文文献编译室编：《彝文文献选读》，中央民族学院出版社1992年版。

汉意"领导祖公享药祭"①。

　　诸证显示，冠于陶文"祖渎"之前的陶文第3字当读为"阿"。

　　古彝文"阿"音 aɭ、ɣa˧，或音 ʔiɭ，作为彝语词头，主要用于名词、指示代词、形容词、副词和叹词，本身无实际的词汇意义，只表示附加的意义色彩。词头 a-在名词里主要和单音节词根结合，构成人名、亲属称谓、家族名称、身体部位名称、家具名称和一些与人有一定联系的动植物名称，表示一种亲密的意义。在用于亲属称谓时，除表示亲密的意义之外，还有尊敬的意义。此外在表示远近关系时，如与一些表示时间意义的词连用，a-的用法特征也比较明显，在这类词里，词头 a-和 i-交替使用，a-表远时，如"昨天"aɭndi˧hi˧，i-表近时，如"今天"iɭȵi˧②。"阿"字在亲属称谓中表示亲密的意义，有时可读作 ʔiɭ，或许是受这一特征的影响。由此可证，陶文"阿"与单音节词根结合而构成亲属称谓，表示亲密和尊敬的意义，陶文"阿普"之意实即高祖。

　　作为词头，"阿普"之"阿"的古彝文用字在彝文典籍中多有不同，大致可归纳为以下几种：

　　　　万　　艹　　乙　　𠃊
　　　043　　044　　045　　046

043 例至 045 例读作 aɭ 或 ɣa˧，046 例读作 ʔiɭ。043 例为词缀；044 例本义为鸡，与 043 例同音互通；045 例为词缀，又意为自己，或读 ʔaɭ，意为只有；046 例意为这。这种现象表明，词头"阿"字在构成"阿普"一词使用时，其字形、字义与其读音是分离的，只要读音同为 a，用字的变化并不影响"阿普"一词的本义。显然，由于"阿"字作为词头本无实际意义，而只表示附加的意义色彩，因此在此只是出于表音的需要。

　　理论上讲，表音形式应是彝语发展到成熟阶段的产物，而并不是彝语的原始形态。事实上，彝语词头 a-为何而具有亲密的意义这一问题至今尚未彻底解决，对上录"阿"字用字的比较，或许可为深入探讨这一问题提

---

①　马学良：《倮文作祭献药供牲经译注》，《中央研究院历史语言研究所集刊》第二十本上册，1948 年。

②　朱建新：《试论凉山彝语词头 a-》，《民族语文》1984 年第 6 期。

供一些线索。045、046两例意为自己和这，都具有表示自身及与自身接近的意义，这显示了词头a-的原始形式至少应具有这样两种属性，即读音为aㄒ以及具有与自身关系接近的意义。

据字形分析，将陶文"阿"与上录古彝文"阿"字的四例字形比较，除044例外，其他诸例均不相合①。古彝文044例本义为鸡，有以下几种形体：

     047   048   049   050   051   052   053

本为象形字，其演变过程在彝文《诺苏》中表现得非常清楚。从其原始字形看，显然也与陶文不同。

假如根据我们确定的词头a-的原始形式所具有的双重属性的原则，进一步分析陶文和古彝文的字形结构，我们认为，古彝文"后"字与陶文相合，其字形比较如下：

     054   055   056   057   058   059

054例至056例为基本字形，057例为形声字，058和059例为该字的又一写法。比较可知，古彝文"后"字的基本字形与陶文相同，唯衍一点。可以认为，陶文应为古彝文"后"字的早期写法，且略显草率。

古彝文"后"随着字形的分化和方言的变异，读音比较复杂，主要有ɣaㄒ(aㄒ)、ɣɯㄒ或ɣʊㄌ三个读音。三音声母相同，韵母均为后元音，显示了读音演变的特点。事实上，据057例字形分析，ɣaㄒ正为"后"字的原始读音。此形为合体形声字，字由两部分构成，左形为"鸡"字052例，右形为"后"字055例。055例为054例的简化形式，为独体字，后加声符ɣaㄒ而孳乳为形声字。这种以原独体字为形符，其后增益声符而为形声字

---

① 鉴于这一问题的讨论比较复杂，而词头a-在古彝文中只侧重表音，相对而言，其字义与字形的关系较为次要，所以我们在过去的考释中，囿于篇幅，暂以044例字代之（参见冯时《龙山时代陶文与古彝文》，《光明日报》1993年6月6日"文物与考古"）。事实上，尽管此例字与陶文有着密切的关系，但它并不是陶文的后起字。

的现象，在汉字的演进过程中也很普遍。如甲骨文"其"本为象形字，后增声符"丌"而为形声字；"凤"本为象形字，后增声符"凡"而为形声字，且读音均不改变。以此例彼，可以证明，古彝文"后"字的原始读音当为ɣɑ˦。

古彝文"后"意为前后之后，又有古今之今意。《帝王世纪·人类历史》云：

duɹ mɨ˦ Lozɹ ɣˇˇ Lʋɹ
渎 姆 在 以 后

汉意"在渎姆以后"。

duɹ mɨ˦ ɣʋɹ Lɹ˦ tʻɹ˦ duɹ mɨ˦ ɣʋɹ tsʻɨ˦ Lʋɹ
渎 姆 后 只 叙 渎 姆 后 代 始

汉意"渎姆后只叙，渎姆的后代"①。彝文《宇宙人文论》云：

ɣʋɹ Lɨɹ tʻaɹ n̠iɹ ɣ
后 以 一 天

汉意"后来有一天"②。诸 ɣʋɹ 字意均为后。彝经又云：

ɣɯ˥ Lez˦ ɣʋɹ Lɯɹ
古 世 今 世

ɣʋɹ 意为今③。"后"、"今"二意在时间上都具有较自身接近的意义。

上述"后"字音义的特征与我们确定的古彝文词头 a- 的两种属性均相吻合。事实上，作为词头的古彝文"阿"字本也有"后"意，两字在彝文典籍中通用无别。彝文《孜孜"美女"·孜孜尼乍》云：

n̠iɹ ɣɑ˦ naɹ lɨ˦ lɨ˦ lɨ˦ ɦez˦ ɦez˦ naɹ
春 后 病 乃 呻 呻 吟 吟 病

汉意"春天病得呻呻吟吟的"。

---

① 马学良主编，罗国义审订：《增订爨文丛刻》上册，四川民族出版社1986年版。
② 罗国义、陈英译，马学良审订：《宇宙人文论》，民族出版社1984年版。
③ 贵州省毕节地区民委彝文翻译组：《彝文字典》，1978年。

$$ts'ʅ˦\ pu˧˩\ ts'ʅ˦\ ɣa˦\ si˦$$
他　　转　　他　　后　　杀

汉意"下来向下杀"。两 ɣa˦ 字俱作 043 例，其意为后。同经又云：

$$bu˧˩\ dzi˦\ li˦\ ɣa˦\ nə˦$$
日　　斜　　之　　后　　呵

汉意"下午的时候"①。ɣa˦ 字作 059 例，意也为后，可证"阿"、"后"二字音义俱通。

除此之外，古彝文"后"字在彝文典籍中尚用作语气词，保留了词头 a- 的特殊用法。在这方面，"后"字与"阿"字 043 例和 044 例互用无别。《帝王世纪·人类历史》云：

$$a˧˩\ p'u˧˩\ ɣˇ\ su˧˩\ mu˧˩$$
阿　　普　　额　　勺　　母

汉意"额勺阿祖母"。a˧˩ 字为词头，表示亲密与尊敬之意。

$$k'o˦\ ʅu˦\ tso˦\ a˧˩\ he˦$$
考　　姆　　宗　　阿　　女

汉意"考姆宗之女"。a˧˩ 字为语气词。用为"之"。两 a˧˩ 字俱作 043 例。同经又云：

$$bi˦\ ɣˇ\ mo˧˩\ ɣʊ˦\ mu˧˩$$
必　　额　　莫　　之　　母

汉意"必额莫之母"。

$$du˧˩\ ʅu˦\ ɣʊ˦\ zɛ˦\ no˦$$
渎　　姆　　之　　世　　呢

汉意"渎姆这一代"②。两 ɣʊ˦ 字俱作 055 例，知古彝文"后"字亦用为"之"，与"阿"用法相同。彝文《祭神谱》云：

---

① 中央民族学院彝文文献编译室编：《彝文文献选读》，中央民族学院出版社 1992 年版。
② 马学良主编，罗国义审订：《增订爨文丛刻》上册，四川民族出版社 1986 年版。

$$\text{ȵi˧ tɕʻu˧ nts'ɯ˧ fo˧ a˧ ma˧}$$
家　六　君　王　之　佑

汉意"家承六神庇佑"①。a˧字作043例。彝文《宇宙人文论》云：

$$\text{mi˨ fa˨ Lo˧ tsʻo˨ ya˧ mi˨}$$
天　产　人　之　本

汉意"人本天所生"②。ya˧字作044例。彝文《彝汉教典》云：

$$\text{tɕʻu˨ fa˨ Lɕ˨ ȵo˧ a˧ dzu˨}$$
记　易　思　之　中

汉意"思故知新，言语谦逊"③。a˧字作059例。三字俱用为"之"，可证"阿"、"后"通用不别。

同时，古彝文"后"字也用为语气词"啊"，这种用法于古彝文"阿"字也十分常见。彝文《宇宙人文论》云：

$$\text{di˨ li˨ dza˧ yɯ˨ fon˨}$$
讲　来　有　啊　是

汉意"说来有道理"④。yɯ˨字作055例。彝文《西南彝志》卷四云：

$$\text{tʻi˨ ȵi˧ Lɯ˨ ya˧ ndzi˨}$$
他　俩　又　啊　交

汉意"清浊二气相结合"⑤。ya˧字作044例。二字俱用为"啊"，可证"阿"、"后"相通无别。

有关"阿"、"后"二字直接通用的例证在彝文典籍中也并不鲜见。彝文《西南彝志》卷五云：

---

① 中央民族学院彝文文献编译室编：《彝文文献选读》，中央民族学院出版社1992年版。
② 罗国义、陈英译，马学良审订：《宇宙人文论》，民族出版社1984年版。
③ 中央民族学院彝文文献编译室编：《彝文文献选读》，中央民族学院出版社1992年版。
④ 罗国义、陈英译，马学良审订：《宇宙人文论》，民族出版社1984年版。
⑤ 毕节地区民族事务委员会编：《西南彝志》，贵州民族出版社1991年版。

ɬɯˇ muˋ ɣʊˍ loˋ kʻɯˋ
渎　　姆　　得　　呀　　到

ɣʊ字作055例。同经卷八又云：

ɬɯˇ muˋ ɣaˍ loˋ kʻɯˋ
渎　　姆　　得　　呀　　到

ɣaˍ字作044例①。"阿"、"后"互易，直接证明二字本相通用。

古彝文"阿"、"后"二字通假的基础主要是读音相同，"后"本音ɣaˍ，与"阿"同音，稍闭口即读ɣʊ，其音变甚合音理。综上所考，陶文第3字当释为古彝文"后"，用为词头"阿"。

陶文"阿普"与祖名"渎"连称为"阿普渎"，以彝经观之，彝人称其始祖即为"渎阿普"。"阿普"或可在祖名之前，彝文《尼租谱系》、《赊壹榷濮》、《夷僰榷濮》、《洪水泛滥》等文献均称"阿普渎姆"，《彝族创世史》（阿赫希尼摩）称"阿普渎阿木"，词序正与陶文同。故陶文"阿普渎"即彝人对其始祖的尊称。

（六）陶文第6字

此字当释"乞"。古彝文"乞"本为讨要之意。字形与陶文比较如下：

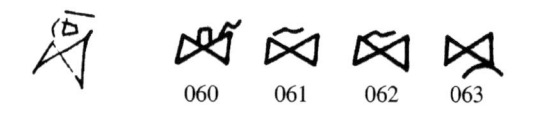

　　　　060　　061　　062　　063

比较可知，古彝文"乞"与陶文字形相同，演变过程清晰。陶文中部的圆形符号后与下方的蝶形符号部分重合，左侧的短弧笔变为波形或弧形笔画，且上端的横笔逐渐消失。这些现象在古彝文字体的演变过程中经常可以见到。如古彝文飞作C12例，又作C13例；尸作C14例，又作C15例；双作C16例，又作C17例，可证字中的圆形符号与字的主体部分或分或合无异。古彝文看作C18例，又作C19例；抬作C20例，又作C21例；嫁作

---

① 中央民族学院彝文文献编译室编：《彝文文献选读》，中央民族学院出版社1992年版。

C22 例，又作 C23 例，可证字端的横画或增或减无别。以此推之，陶文应为"乞"字的早期写法。

古彝文"乞"音 ta˥、ta˦，或音 tu˦。字体转位，正反无别。

"乞"在彝经中通作祈求之"祈"，为引申意。彝文《作祭献药供牲经》云：

la˦　yu˥　ta˥　le˦　lɛ˦
药　　礼　　祈　　来

汉意"来此祈药礼"。

ntʂʻʐ˧˨　ta˥　sə˦　nɛ˦　ma˦
酒　　　祈　神　善　吉

汉意"祈礼主清吉"①，两"祈"字俱作 062 例。推究文义，陶文"乞"字当用为"祈"。

（七）陶文第 7 字

此字当释"告"，古彝文"告"字与陶文字形比较如下：

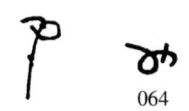

064

比较可知，古彝文"告"与陶文字形全同，唯彝文字体出现转位，如将其逆时针转动 90 度，则与陶文一致。

古彝文"告"音 guɯ˥，意为祝告。

可与陶文第 7 字比较的字例尚有古彝文"雁"、"茜"、"邪"三字。研究表明，三字均由陶文第 7 字演变而成，与"告"字同源而别义。囿于篇幅，此不详论。

（八）陶文第 8 字

此字当释"兵"，古彝文"兵"字与陶文比较如下：

---

① 马学良：《倮文作祭献药供牲经译注》，《中央研究院历史语言研究所集刊》第二十本上册，1948 年。

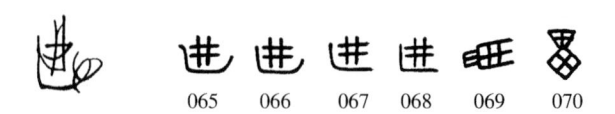

065　066　067　068　069　070

比较可知，古彝文"兵"与陶文字形相同，唯陶文收笔处有带笔，这种写法属古彝文的一种装饰笔画。若不将其视为带笔，则古彝文"霉"字可与陶文比较：

071

比较可知，古彝文"霉"与陶文字形全同，陶文收笔处的写法在此仍被保留。

古彝文"兵"音 maʌ 或 maㄥ，"霉"音 maㄥ，二字双声叠韵，读音相同。

"兵"字与古彝文"不"字关系密切，二字于彝经通用不别。古彝文"不"字较常见的字形作：

072　073　074　075　076　077
078　079

彝音 maㄥ，与"兵"双声叠韵，读音亦同。二字语音上的联系在义训方面也得到了充分印证，古彝文"兵"、"不"二字于彝经互用不别。彝文《祭神谱》云：

niʌ　ɬuʌ　Lam　ɦiʌ
畜　　牧　　不　　饥

汉意"六畜兴旺"①。"不"字作 072 例。明《成化钟》铭云：

tʻiʌ　loʌ　Lɛm　kʻuʌ　Liʌ
他　　呢　　不　　佑　　怕

---

① 中央民族学院彝文文献编译室编：《彝文文献选读》，中央民族学院出版社 1992 年版。

汉意"恐其不获庇佑"①。"不"字作 073 例。此类例证极多，不备举。"兵"、"不"二字在作为偏旁出现的时候，也互为通用，古彝文包字作 C24 例，字从 077 例，又作 C25 例，字从 067 例。诸证表明，古彝文"兵"、"不"本为同源之字，分析其字形的演变，可明确这种认识。囿于篇幅，此不详论。

"兵"、"不"二字在彝文典籍中与"吉"字具有广泛的通假关系。古彝文"吉"音 maˠ 或 maˠ，ɑ 是紧喉韵母，发音时喉头只比 a 略有紧缩，故"兵"、"不"与"吉"双声叠韵，同音可通。彝文《祭神谱》云：

$$hi˩ \quad yu˥ \quad ɦɤ˩ \quad ma˧ \quad tsʻ˥$$
$$八 \quad 乃 \quad 含 \quad 吉 \quad 神$$

汉意"八乃智慧神"。"吉"字作 065（072）例。此"兵"、"吉"二字通用之证。《祭神谱》又云：

$$dv˥ \quad tsʻɤ˩ \quad ma˧ \quad ji˧$$
$$后 \quad 稻 \quad 吉 \quad 兆$$

汉意"方能五谷丰登"②。"吉"字作 079 例。彝文《武定罗婺夷占吉凶书》云：

$$tʻe˧ \quad mY˥ \quad ma˧ \quad hɯ˧ \quad je˧$$
$$说 \quad 作 \quad 吉 \quad 个 \quad 贤$$

汉意"名声跟德贤"③。"吉"字作 076 例。彝文《作祭献药供牲经》云：

$$te˧ \quad nu˧ \quad lin˧ \quad ɬu˥ \quad la˧$$
$$缚 \quad 牲 \quad 畜 \quad 吉$$

汉意"设灵牲畜吉"④。"吉"字作 077 例。彝文《劝善经》云：

---

① 贵州省毕节地区民委、六盘水市民委、大方县民委编：《彝文金石图录》，四川民族出版社 1989 年版。
② 中央民族学院彝文文献编译室编：《彝文文献选读》，中央民族学院出版社 1992 年版。
③ 马学良主编，罗国义审订：《增订爨文丛刻》下册，四川民族出版社 1987 年版。
④ 马学良：《㑩文作祭献药供牲经译注》，《中央研究院历史语言研究所集刊》第二十本上册，1948 年。

mv˩ ŋɤ˥ dɯ˩ ma˩ ɣɯ˩ le˩
作　多　庆　吉　得　来

汉意"久之必获吉庆"①。"吉"字作 077 例。此"不"、"吉"二字通用之证。推究文义，陶文"兵"字当假为"吉"。

（九）陶文第 10 字

此字当释"养"，古彝文"养"与陶文比较如下：

080　081　082

比较可知，古彝文"养"与陶文字形全同。082 例为"养"字的又一写法。

古彝文"养"音 ʔhũ˩ 或 ho˩。

"养"字于彝经可通作"百"。彝文《作斋经》云：

ʔhũ˩ dzi˩ ʔhũ˩ ŋu˩ bu˩ ʔhũ˩ p'a˩ ja˩ dze˩ ɔɣ˩
百　　确　　百　　木　　卦　　百　　膀骨　图　　在　　见

汉意"众象木卦验，众象骨图见"②。"百"字俱作 082 例。云南禄劝彝文"百"字作：

083

字形与陶文相似。

古彝文"百"音 ʔhũ˩ 或 ho˩，与"养"字双声叠韵，同音可通。推究文义，陶文"养"字当假为"百"。

（十）陶文第 11 字

此字当释"鸡拐爪"，古彝文此字与陶文比较如下：

---

① 马学良等：《彝文〈劝善经〉译注》，中央民族学院出版社 1986 年版。
② 马学良：《倮文作斋经译注》，《中国科学院历史语言研究所集刊》第十四本，1949 年。

比较可知，古彝文"鸡拐爪"与陶文字形全同。086例明显为前两例的变体。从陶文到古彝文，字形的演变十分清晰。

古彝文"鸡拐爪"音 daɿ 或 daɟ。

综上所考，可将陶文释写如下：

魅卜，阿普渎祈，告。吉长，百鸡拐爪……

根据彝语语法，宾语只有前置于动词的一种形式。陶文"卜"、"祈"均为谓语动词，位于宾语之后，词序正合。彝经有言"霜卜与雪卜"①，汉意即"卜霜又卜雪"；又有言"礼祈神善吉"②，汉意即"祈礼主清吉"。均可与陶文相互印证。彝语形容词作定语时，位置多于被修饰的词语之后，陶文"长"修饰"吉"，词序亦合。彝经有言"富裕寿长"③，汉意即"富欲长寿"。亦可与陶文互证。准此，陶文的性质当属卜辞。

魅卜　汉意即"卜魅"。"魅"是恶鬼邪怪，为占卜对象，此句意即为恶鬼诸邪而卜，当系卜辞命辞。

阿普渎祈　汉意即"祈阿普渎"。"阿普"意为祖公，"渎"即洪水后彝族之始祖。此句意即祈求彝族之祖公渎。

告　祭祀名称。彝文《呗耄献祖经》云："早晨鸡公祭，用告用净鸡作给。"汉意"晨用白公鸡，作为祈祷祛秽品来祭"④。彝族较重要之祭典，普遍存在告祭仪式，如彝人在作斋之前，先由呗耄用红色雄鸡一只，祝告天地，杀后取鸡股骨占卜吉凶，陶文之"告"意盖近此。陶文前言祈

---

① 贵州省毕节地区民委彝文翻译组：《彝文字典》，1978年。
② 马学良：《倮文作祭献药供牲经译注》，《中央研究院历史语言研究所集刊》第二十本上册，1948年。
③ 《玄通大书·占二十八宿星图》，见马学良主编，罗国义审订《增订爨文丛刻》下册，四川民族出版社1987年版。
④ 马学良主编，罗国义审订：《增订爨文丛刻》下册，四川民族出版社1987年版。

请彝族祖公渎，知祖公渎为祝告之受祭者。

殷卜辞习见告祭，受祭者多为先公先王和自然神祇。卜辞云：

1. 乙巳贞：酌彡其吾小乙？兹用。日有蚀，夕告于上甲，九牛。
《甲编》755

2. 贞：告土方于上甲？　　《粹编》1107
3. 癸巳卜，殻贞：子渔疒目，祼告于父乙？　　《佚》524
4. 甲申卜，宾贞：告螽于河？　　《佚》525

辞1为天象而告，辞2为战事而告，辞3为疾病而告，辞4为蝗灾而告。"上甲"、"父乙"为殷人先王，"河"为自然神祇。从陶文内容分析，当属为疾病而祝告彝祖之辞。

吉长　汉意即"长吉"，犹汉文古文献中之"引吉"。《周易·萃》："六二，引吉，无咎。"殷卜辞亦云：

5. 甲申卜，殻贞：妇好娩，嘉？王占曰："其唯丁娩，嘉。其唯庚娩，引吉。"三旬又一日甲寅娩，不嘉，唯女。　　《丙编》247
6. 其唯今九祀正（征），馘？王占曰："引吉。"
《前编》3.28.3
7. 壬午王[卜]，贞：田䂮，往来亡灾？王占曰："引吉。"
《遗》1127
8. 癸丑王卜，贞：旬亡祸？王占曰："引吉。"甲寅，祭戔甲，酓小甲。　　《遗》247

《尔雅·释诂上》："引，长也。"《释训》："子子孙孙，引无极也。"陆德明《释文》："引，长也。"《诗·小雅·楚茨》："勿替引之。"毛《传》："引，长也。"故"引吉"就是长吉，陶文"吉长"与此同意，均言长久有吉。殷卜辞"引吉"皆为占辞，以此推之，陶文"吉长"亦应属占辞。

百鸡拐爪　辞下有缺文。"百"意为众，"鸡拐爪"意当以鸡骨卜卦。彝族设祭，一般皆先占卜吉凶，卜法主要有三种，即鸡骨卜、胛骨卜和木卦卜。彝人对鸡极为重视，几视为神禽，鸡头、鸡嘴、鸡股骨皆为卜卦对象。据彝经记载，洪水之时，彝族始祖渎阿普刳木筒避身其中，得免于难。然而渎阿普密闭于筒中，又何以能知洪水退落之期？原来太白星神曾示渎阿普于腋下怀一鸡蛋，俟鸡孵出鸣叫时再出筒，洪水即已退去，果然得验。于是彝人以鸡为最灵验之禽，可预知未来。在鸡骨卜中，以鸡股卜为最重要之卜法。在举行某种祭祀时，凡卜问某事，先由经师呗耄诵经，取雄鸡或雌鸡，以酒洗净鸡嘴和鸡爪，然后杀之，继而取鸡的左右两股骨，刳净骨上血肉，将两骨平头排齐，插竹签于股骨上原有之小窍孔中，即成一图像。因竹签插入方向和鸡股骨上窍孔之数目不同，故可成之象共八十二个，即八十二卦①，最后据此图像查验鸡卦经，以断吉凶②。

彝文《作斋经》云："鸡腿骨月分吉。"汉意"鸡卦卜吉月"③。陶文"鸡拐爪"当即经中所言之"鸡腿骨"，为以鸡腿骨占卜吉凶之辞。《作斋经》又云："百确百木卦，百膀骨图在见。"汉意"众象木卦验，众象骨图见"④。"木卦"和"膀骨"即彝人常设之木卦卜和胛骨卜，经文是说各种木卦卜和胛骨卜均已应验。其中"百木卦"和"百膀骨"，与陶文"百鸡拐爪"词序全同，它们正反映了彝族主要的三种占卜方法。故以彝经推之，陶文"百鸡拐爪"虽有缺文，但意当类此，谓各种鸡卦均已应验。

从卜辞的性质分析，此句实即对"吉长"一辞的补充说明，故仍属占辞，并非验辞。陶文设卜之事为"魅"，如有验辞，应对此而言，惜已缺佚。但也可能陶文实本未记验辞。这种不记验辞的卜辞，在殷卜辞中亦大量存在。

以上研究表明，丁公陶文系古彝文，陶文性质为招祖护佑，驱邪求吉的卜辞。文中最重要的内容是出现了彝族始祖之名"渎"，彝人尊称其为"阿

---

① 《武定罗婺夷占吉凶书》（说明），见马学良主编，罗国义审订《增订爨文丛刻》下册，四川民族出版社1987年版。
② 马学良：《倮民的祭礼研究》，《学原》第二卷第二期，1948年。收入马学良《云南彝族礼俗研究文集》，四川民族出版社1983年版。
③ 马学良：《倮文作斋经译注》，《中国科学院历史语言研究所集刊》第十四本，1949年。
④ 马学良：《倮文作斋经译注》，《中国科学院历史语言研究所集刊》第十四本，1949年。

普渎",文中同时可见以鸡骨占卜之俗。这些内容均可与彝文文献一一印证!

四 馀论

(一) 丁公陶文的书写格式

丁公陶文解读之后,可知其书写格式以右为上首,直书左行,与汉字的书写格式相同。丁公陶文是古彝文,古彝文则是有名的"左翻"右行书,除四川凉山一带彝文由右向左横书外,一般均以左为上首,直书右行。丁公陶文所表现出的与古彝文书写格式的差异究竟应该怎样理解?我们认为,随着文字的起源和发展,其书写格式经历了一个由自由式向固定式的选择过程。早期文字的书写基本上处于自由式阶段,现存古文字资料可充分证明这一点。殷商甲骨文虽已显示了汉字左行的书写趋势,但同时也普遍存在右行书,这种情况直至春秋以后才逐渐消失。殷卜辞已非原始文字,其距汉字的初创期应有相当的距离,显然在更早的时代,文字的书写格式应更为随意。与此相同,古彝文的书写格式也应经历过一个类似于汉字的演变过程,易言之,现存古彝文所表现出的右行格式,并不意味着只是古彝文发展过程中被人接受的唯一的书写形式。丁公陶文的时代比殷卜辞更为古老,当时存在不同的书写格式十分自然。诚然,正如我们还不清楚汉字为什么最终选择了左行格式一样,我们也同样不清楚古彝文为什么最终选择了右行格式。

(二) 丁公陶文所反映的早期祭祀

丁公陶文虽属卜辞,但它并不像殷商时代同类性质的卜辞那样镌契于龟甲或兽骨,而是刻于陶盆之上。从陶片保留的残断笔画及陶文在陶片上所居的位置分析,陶盆应系刻字之后被有意打碎的,这意味着刻字陶盆与陶文的内容或许存在某种联系。事实上,这种联系正是彝族早期祭祀的反映。

彝族有一种以驱邪禳灾为目的的祭祀,名叫"百解祭","百解"之意即解除一切祸祟。彝人重鬼神,凡遇疾病或灾祸,即以为冥冥之中有鬼神作祟，唯一的办法就是请巫师呗耄举行百解祭①。百解也有时祭一种，即未遭凶祸之家，亦必于秋冬举行一次百解祭，禳除祸祟，消灾求福。

丁公卜辞表明，命辞"魅卜"意为驱鬼除邪而卜，此点恰与百解祭性质相合。联系陶文契刻于陶盆的现象，我们认为，卜辞反映了彝族百解祭中禳病除邪的祭仪。

彝人认为，疾病乃因鬼神作祟，生时不得求医问药，必须延巫祓除，禳祷除魔。《云南通志》谓黑彝"病不医药，用'必磨'倮族巫师翻书扣算病者生年及获病日期，注有牛羊猪鸡等畜，即照所注记祝之。"但至禳鬼除邪无效，患者因病而死，则死者亲属乃不安于心，以为抱病而亡，死后将永成病鬼，故必请巫师，按死者生前所患之病，配阴药医治鬼病。因此，彝人患病，生时求鬼神，不得医药，死后才可服药，即将亡人作灵位，举行献药之祭。

丁公卜辞首言"魅卜"，同时祈祖护佑，与彝人观念契合。彝文《作祭献药供牲经》云：

tʂʻiɭ kʻɯɹ bɣɭ beɭ tsʻiɬ nɛɭ veɬ
阴　 火　 盘　离　邪　药　是

汉意"恶鬼杂邪药"②。经中所言之"阴火盘"是彝人禳病除邪的法器，可能正相当于陶文所契刻的陶盆，反映了较原始的彝俗。今彝人患病，则取瓦一片，上燃谷糠，并烧臭骨，臭气缭绕，一人捧之送出，意为将恶鬼诸邪送出③。丁公文字为除邪而卜，且契刻于陶盆，甚合此俗！

（三）彝族族称与商代"人方"

彝族自称 niɭ，为古称，汉译为"夷"，字与古彝文"人"字同源，"人"为本字，"夷"为后起字。且古彝文"人"本又为彝族始祖之名，

---

① 马学良：《倮族的巫师"呗耄"和"天书"》，《边政公论》第六卷第一期，1947年。收入马学良《云南彝族礼俗研究文集》，四川民族出版社1983年版。

② 马学良：《倮文作祭献药供牲经译注》，《中央研究院历史语言研究所集刊》第二十本上册，1948年。

③ 马学良：《倮文作祭献药供牲经译注》，《中央研究院历史语言研究所集刊》第二十本上册，1948年。

因阿普渎于洪水后接续人类，为彝人之祖，故以"人"意赋予祖名。古彝文"人"、"夷"二字同源的现象明确显示了这样一个事实，即彝族族称当源于彝人对其始祖的称谓，也就是说，彝人以其始祖之名作为族名。

山东龙山文化是我国黄河下游的一支重要的新石器时代晚期文化，主要分布于山东省东、中部和江苏省的淮北地区。殷商时代，在与山东龙山文化相同的分布范围内，活动着一支著名的集团，这就是甲骨文所记之"人方"。殷代甲骨文及殷周金文之"人"、"夷"同字，"人"作直立侧视之形，"夷"字与"人"字相同，唯人体股胫弯曲。殷代作册般甗记"王宜人方"，甲骨文更屡见"征人方"及"王来征人方"，"人"字两形兼作，知"人"、"夷"初本无别。西周金文数见征伐东夷之事，证其文义确为夷，验其字体则为人。与殷卜辞之"人方"同校，知"人方"即为史称之东夷。

"人"字在甲骨文中作为方伯名称，同时在古彝文中又是彝族始祖之名，由于彝人以其始祖之名作为族名，故彝族本称亦当为"人"。这些证据显示，殷商甲骨文及金文中的"人方"（乃至西周金文及早期文献中的东夷），实际正是彝族的族称！古彝文与殷商史料之记载若合符节。

在殷周文字中，"人"、"夷"二字音义俱通，但验其字形，仍有小别，两字俱写人形，然"夷"字以股胫弯曲为其特点，象人侧身蹲踞之状。学者认为，此形当反映了夷人蹲踞之俗。我们认为，此俗之产生当源于洪水之时彝族始祖阿普渎避身蹲踞于木筒中之形象，后人为纪念始祖蒙难时之情形，于是以蹲踞之姿怀祖，久而成俗。法国巴黎赛努奇博物馆藏有一件山东龙山文化玉雕人像[①]，正作蹲踞之状（图2），与甲骨文及金文"夷"字反映的形象全同。察其冠饰，

图2　山东龙山文化玉雕人像

---

① Alfred Salmony, *Chinese Jade Through the Wei Dynasty*, The Ronald Press Company, New York, 1963. 时代推定参见李学勤《海外访古续记》（三），《文物天地》1993年第1期。

我们认为此像所雕可能正是彝族始祖阿普渎①。今彝人祭祖，仍供奉雕刻的祖像为祖灵，龙山文化玉雕祖像的用途亦当同此。由此可见，华夏先民以彝族始祖蒙难之形（亦即夷俗）创造了"夷"字，并特称夷（彝）人，直沿用至今。

丁公陶文的时代属龙山文化晚期，时间约当中国历史上夏王朝的初期或者更早，它的解读不仅使我们找到了迄今所见中国最古老的文字，而且直接涉及了对山东龙山文化性质的重新认识。

我们曾经指出，大汶口文化、山东龙山文化以及殷周时期的东夷文化，都应是早期的彝族文化②。同时在文献方面，彝族族称与商代"人方"的联系，足以将早期彝人的活动上溯到古本《竹书纪年》所记夏代之东夷族。事实上，彝文文献中有关反映彝族具有悠久历史的证据相当充分。汉彝两族均重世次，《史记》夏殷本纪所建世系有秩，且因有卜辞参证，知《殷本纪》世系本无大误。彝人亦然，其颇重父系亲属关系，疏于母系，对父系世次可追溯很远，一般都在几十代以上。新中国成立以前，每个彝族男孩都必须从小学会背诵父系家谱，因此，彝族历史可由其世系初步推知。据《帝王世纪·人类历史》所记水西土司安氏家谱可知，自人类始祖希母遮到撮侏渎之世共三十代，撮侏渎之子渎母吾传八十四代到安坤，于康熙四年（公元 1665 年）被吴三桂所灭，安坤以后到民国十九年又传六代，共计一百二十代。参考孔子世系，每代可以三十二年计，彝族历史已有三千八百年以上。若参考安坤以后至民国十九年有确切纪年的彝族世系，每代可以四十四年计，则彝族历史至少已有五千年。马长寿先生认为，渎母吾至六祖之间遗漏代数甚多，不能衔接③。如此则彝族历史当

---

① 比较典型的同类雕像还见于两件山东龙山文化的玉斧，见邓淑苹《"国立"故宫博物院藏新石器时代玉器图录》（台北故宫博物院，1992 年），人物头像雕于斧之一面和一侧。此外，美国华盛顿弗利尔美术馆藏有一件大型玉刀，其上也有相同的人面雕像，见 Alfred Salmony, *Carved Jade of Ancient China*, Gillick Press, Berkeley, California. 1938. 玉刀的年代属山东龙山文化，见林巳奈夫《所謂饕餮紋は何を表はしたものか——同時代資料による論証》，《東方學報》第五十六册，1984 年。观其形象，与赛努奇玉人完全一致。斧钺作为礼器象征着王权，其上雕饰祖像，于理甚合。相同面饰的雕像及蹲踞人像已发现许多，有关问题将另文讨论。
② 冯时：《龙山时代陶文与古彝文》，《光明日报》1993 年 6 月 6 日"文物与考古"。
③ 马长寿遗著，李绍明整理：《彝族古代史》，上海人民出版社 1987 年版。

更为悠久。值得注意的是，假如我们将大汶口文化中期出现的陶鬶与洪水之后彝人对鸡的重视心理联系起来考察①，那么，彝文文献所反映的历史年代就恰与考古学年代相吻合②。

探讨黄淮流域史前文化的性质十分重要。许多迹象表明，大汶口文化与山东龙山文化所表现的诸多因素，如文字的类型，陶鬶、薄胎陶、竹节形装饰和八角星纹的意义，拔牙和尚黑习俗以及人种特征等，都显示了与彝族文化的密切联系③。相关问题容另文讨论。

---

① 冯时：《龙山时代陶文与古彝文》，《光明日报》1993年6月6日"文物与考古"。
② 有关彝族族源及历史年代等问题至今尚未彻底解决。限于资料，对于彝族家支谱系年限的计算一度成为推算彝族历史年代的主要手段，人们对于彝族历史年代上限的估计也曾比较保守。据水西安氏谱系，如每代以二十五年计，至渎姆时代则约为公元前五世纪，可与《华阳国志·蜀志》所记其时蜀有水患相联系，故有学者据此认为彝族始祖渎姆为此时之人。事实上，以二十五年计算一代既不符合彝族的实际情况，也与现知的一些古代谱系存在明显矛盾。近来有学者指出，彝族家支谱系的年限至少应以一代三十年计为妥，这是由彝族婚俗和宗法制度决定的（参见伍精忠《凉山彝族社会历史研究中的几个具体问题》，《凉山民族研究》1992年创刊号）。不仅如此，以渎姆时代与蜀洪水相联系的观点也与彝族族源的认识相抵牾。人们普遍承认，彝族并非西南土著，乃后世迁徙而来，如此则始祖渎姆当不应在蜀。假如将考古学资料与彝族文献结合起来考察，确可将渎姆时代上溯至汉文献所载的史前洪水期，如渎姆与鸡、鸡彝及彝人鸡崇拜的关系等（参见冯时《龙山时代陶文与古彝文》，《光明日报》1993年6月6日"文物与考古"），这些问题都有待深入研究。此外，有关史前洪水的研究及年代可参见王宗涛《浙江海岸全新世海面变迁》，刊《海洋地质研究》第2卷第2期，1982年；耿秀山《中国东部晚更新世以来的海水进退》，刊《海洋学报》第3卷第1期，1981年；赵宗涛等《中国全新世海面变化及其与气候变迁和海岸演化的关系》以及韩有松等《华北沿海中全新世高温期与高海面》，两文均见施雅风主编《中国全新世大暖期气候与环境》，海洋出版社1992年版。值得注意的是，由于古蜀的洪水神话与中原的远古洪水神话存在诸多相同之处，因此曾有学者认为这两个神话确有联系，其中不排除古蜀的洪水神话传自于中原的可能。参见程仰之《古蜀的洪水神话与中原的洪水神话》，刊《说文月刊》第三卷第九期，1943年。
③ 古代鸡骨卜习俗的承传对于探讨海岱地区古代文化与彝族文化的关系也很有启发。据文献记载，以鸡牺祷神古为东方民族的传统。《左传·昭公二十二年》："宾孟适郊，见雄鸡自断其尾，问之侍者，曰：'自惮其牺也'。"《墨子·迎敌祠》："敌以东方来，迎之东坛。……其牲以鸡。"《风俗通义·祀典》："《青史子》书说：'鸡者，东方之牲也，岁终更始，辨秩东作，万物触户而出，故以鸡祀祭也。'……《山海经》曰：'祠鬼神皆以雄鸡。'鲁郊祀常以丹鸡。"这种习俗于后世在西南地区仍很流行。唐柳宗元《柳州峒氓》诗有"鹅毛御腊缝山罽，鸡骨占年拜水神"句（见《全唐诗》卷三百五十二）。宋周去非《岭外代答》叙其事甚详，该书卷十《志异》云："南人以鸡卜，其法以小雄鸡未孳尾者，执其两足，焚香祷所占而扑杀之，取腿骨洗净，以麻线束两骨之中，以竹梃插所束之处，俾两腿骨相背于竹梃之端，执梃再祷。左骨为侬，侬者，我也；右骨为人，人者，所占之事也。乃视两骨之侧所有细窍，以细竹梃长寸馀者遍插之，或斜或直，或正或偏，各随其斜直正偏而定吉凶。其法有一十八变，大体直而正或附骨者多吉，曲而斜或远骨者多凶。"所述与彝族鸡骨卜基本相同。

最后需要特别指出，目前学术界对丁公陶文的真伪问题尚有争议，其中重要的原因是陶文未能在田野工作中发现。事实上，正如许多甲骨文和铜器铭文是在室内整理时被发现的一样，丁公陶文于室内整理时发现，也是田野考古工作所允许的。刻字陶片出自一龙山文化灰坑，该坑被另一龙山文化灰坑打破。据发掘者介绍及学者目验，刻字陶片属于龙山文化晚期的大平底盆残片，且灰坑出土物单纯，未见任何晚于龙山时代的遗物，这实际排除了有晚期遗物混入的可能①。刻字陶片的硬度为2.5度，在莫氏十度硬度表（Mohs hardness）上属偏软的质料，它不仅略低于铜的硬度，而且更低于一般玉石器的硬度。准确地说，除滑石（1度）和石膏（2度）等少数较软的石质外，大量的玉石器及铜的硬度都要高于2.5度，以这些材料制成的工具，如燧石器或玉刀等，在陶片上施刻都游刃有馀，所以陶文的契刻是不成问题的。此外，有良渚文化玉器上契刻着结构复杂的图案和符号，刀锋流畅，也显示了当时应该已经出现更为坚利的契刻工具。况且陶片与玉器的硬度不同，同样的工具在不同的材料上施刻，也必然会产生不同的效果。因此，某些玉器符号所表现出的刀锋细碎的现象是不难理解的。有鉴于此，我们认为丁公陶文的时代是真实可靠的。

丁公文字的解读带给了我们多方面的思考，对于考古学、民族学及古文字学的研究，都不啻为一个强大的冲击。同时，由于文字的出现乃是文明时代最重要的标志，因此，它的解读无疑使中国文明的起源研究步入了一个崭新的阶段。诚然，龙山时代的文字资料尚不丰富，我们根据11字陶文所做的初步解读也只是一种新尝试。虽然可供比较的古彝文资料很多②，但却缺少与丁公陶文同时代文字的比较研究，这是在目前的情况下难以弥补的缺憾。将来随着资料的积累，我们希望

---

① 山东大学历史系考古专业：《山东邹平丁公遗址第四、五次发掘简报》，《专家笔谈丁公遗址出土陶文》，俱载《考古》1993年第4期。

② 这种比较更多地仅限于字形，字义的联系则偏重于用法。原因在于，古彝文文献中假借字的现象十分严重，古彝文一字多意的情况也十分普遍，彻底澄清每一字的本义和引申意还比较困难。古彝文体系尚待全面地整理研究，而早期彝文的发现对正确理解古彝文本义具有重要意义。在这方面，丁公陶文的解读已经显示了其积极的作用。

对这个初步意见加以补充或修正。

说明：a 是不圆唇的后元音 ɑ，ɐ 是很后略带圆唇的 ɑ，依国际音标应写作 [ɑ] 和 [ɒ]，为便于印刷，均排成 a 和 ɐ。

1993 年 7 月

（原载《考古》1994 年第 1 期）

巴蜀印章文字考释

——巴蜀文字释读方法探索

目前所知的中国早期文字，除夷、夏两系之外①，巴蜀文字无疑属于另一新的文字系统。一般认为，巴蜀文字主要分布于川西平原的蜀地、川东巴地和湘西山区，最早的物证大约相当于春秋晚期②，下限则到战国末叶秦灭巴蜀之后③。不过这个年代或许并不反映巴蜀文字的形成年代④，其早期材料可能早至西周，同时在秦灭巴蜀以后，一些铭有巴蜀文字的器物仍在家族内继续流传，直至西汉早期的墓葬，仍时有此类遗物出土⑤。

巴蜀文字包括两种截然不同的形体，一种是具有强烈图案化特征的象形符号，这种文字更多地出现于印章或作为青铜器上的简单图案；而另一种则已完全摆脱了象形的特点，并且常以书面语的形式出现。这两种形体的文字都具有文字的性质应该没有问题，学者或将前一种形体的文字称为"巴蜀文字甲"，而后一种形体的文字称为"巴蜀文字乙"⑥。"巴蜀文字甲"的单字数量，目前所见尚不足二百个，因此对这种文字性质的看法，学术界还存在分歧。不过从"巴蜀文字甲"分布地域广泛，

---

① 参见冯时《山东丁公龙山时代文字解读》，《考古》1994 年第 1 期；"文邑"考》，《考古学报》2008 年第 3 期；《试论中国文字的起源》，《韩国古代史探索》创刊号，2009 年 4 月。
② 童恩正、龚廷万：《从四川两件铜戈上的铭文看秦灭巴蜀后统一文字的进步措施》，《文物》1976 年第 7 期。
③ 李复华：《四川郫县红光公社出土的战国铜器》，《文物》1976 年第 10 期。
④ 段渝：《巴蜀古文字的两系及其起源》，《考古与文物》1993 年第 1 期。
⑤ 四川省博物馆、绵竹县文化馆：《四川绵竹县西汉木板墓发掘报告》，《考古》1983 年第 4 期；四川省博物馆：《四川犍为县巴蜀土坑墓》，《考古》1983 年第 9 期。
⑥ 李学勤：《论新都出土的蜀国青铜器》，《文物》1982 年第 1 期。

流行时间较长，而且于秦统一文字之后便基本废止的现象分析，其为巴蜀民族使用的文字应该没有太大的问题。况且这类文字的印章形式或与汉文印章相同①，也可证明其本具有文字的性质②。而"巴蜀文字乙"则与良渚文化的某些文字颇多相似③，这是否可以提供此种文字来源的线索，需要进一步研究。

由于巴蜀文字至今还无法解读，因此，"巴蜀文字甲"的象形符号究竟是用来表意还是表音，目前还不易判断。学者或主张其中的一部分符号用以代表字义，而另一些符号则用以表音④。这种思路如果对正确解读巴蜀文字有所帮助，则是学术界期待的成果。不过根据具有相互影响的巴蜀文字印章与汉文印章的比较，或许可以为巴蜀文字的解读方法进行一些探索。

四川巴县冬笋坝50号墓出有五方印章，其中巴蜀文字印2方（冬M50∶17、39），汉文印2方（冬M50∶14、15），肖形印1方（冬M50∶16）。从印章形制观察，尽管发掘报告仅刊布了冬M50∶16、17、39三印的钮式及钤本，但据文字介绍可知，冬M50∶39的巴蜀文字印为鼻钮长方形印，其与同墓所出的两方汉文印的形制应基本相同。同时可以参考比较的还有冬M49所出汉文半通日字格印，其镌白文"富贵"二字（冬M49∶14），与冬M50所出两方汉文印的印文款式一致（图1，1、2、4）。事实上，这种传统的汉印形式也正体现了冬M50∶39巴蜀文字印的基本形制（图2），这意味着巴蜀文字印的制作很可能是在模仿汉文印的基础上完成的。四川省博物馆编《四川船棺葬发掘报告》指出，与船棺葬共存的两类印章中，汉文印章应由中原传入，时代较早。而巴蜀文字印则系模仿汉文印在本地仿铸的，时代应相对较晚⑤。这一分析无疑是正确的。

---

① 四川省博物馆编：《四川船棺葬发掘报告》，文物出版社1960年版。
② 李学勤：《论新都出土的蜀国青铜器》，《文物》1982年第1期。
③ 何天行：《杭县良渚镇之石器与黑陶》，黑陶文字图版，第15页，吴越史地研究会，1937年。
④ 李学勤：《论新都出土的蜀国青铜器》，《文物》1982年第1期；罗伯特·琼斯：《四川出土青铜晚期印章》，杨秋莎译，秦学圣校，《四川文物》1992年第2期。
⑤ 四川省博物馆编：《四川船棺葬发掘报告》，文物出版社1960年版，第59页。

图 1　印文钤本

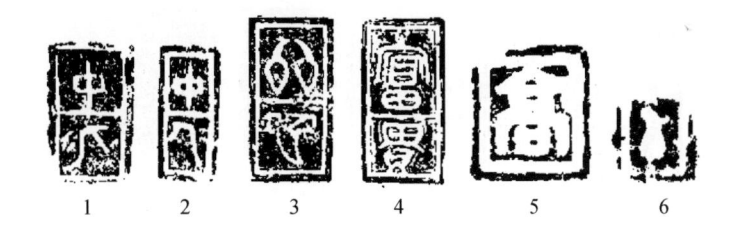

1. 冬 M50:14　2. 冬 M50:15　3. 冬 M50:39　4. 冬 M49:14　5. 冬 M2:11　6. 冬 M2:14

　　尽管冬笋坝 50 号墓出土的 14、15、17、39 号四方印章镌有汉文与巴蜀文字两种不同的文字，但除 17 号印铭有三个巴蜀文字，可以判断与同墓所出的汉文印无关外，14、15、39 号三方印章虽具两种不同的文字，但两类印章在形制上确实十分相似，皆属日字格半通印，每格之内镌铭一字（图 1，1—3）。众所周知，日字格半通印体现的是秦印的显著特点，因此墓葬所出的汉文印实际应是随秦灭巴蜀后秦人影响的扩大而由秦地携入的，而这时出现的相同形制的巴蜀文字印显然只能是模仿秦印的仿制品。接下来的问题是，假如这种仿制活动只限于秦印的形制，那么这种模仿对于解读巴蜀文字印的印文内容便没有什么帮助。然而如果巴蜀文字印并不只是对秦印形制的简单模仿，而是以巴蜀文字翻造秦印，那么这两类印章就不仅具有相同的形制，而且也应有着相同的内容，这当然提供了我们据汉文印章对读巴蜀文字的可能。事实上，印章的仿制仅停留在对原印形制的模仿，这种可能性虽然不能说不存在，但毕竟很小。仿制印章，特别是对那些箴言玺而言，仅仅仿制其形制是毫无意义的，模仿者只有同时接受了原印的内容与形制，才能达到以本族文字表达汉文印章内容的目的。这意味着如果我们在同一座墓葬中发现有相同形制的汉文印与巴蜀文字印，我们就有理由通过汉文印去比读巴蜀文字。

　　如果上述推论可以成立，那么据汉文印释读巴蜀文字便不会困难。50 号墓所出两方汉文印的内容为"中仁"（图 1，1、2），学者读为"忠

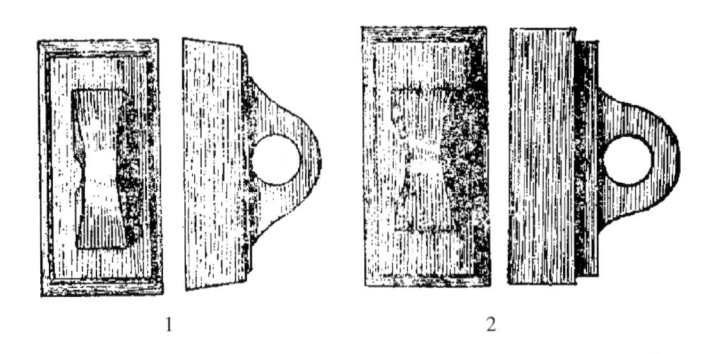

图 2　印章形制
1. 冬 M49:14　2. 冬 M50:39

仁"①，笔者则倾向读为"忠信"。战国秦系文字的"信"或从"仁"声②，是为明证。战国秦玺文字又见"忠仁"、"忠仁思土"③，也应读为"忠信"及"忠信思土"。考虑到古玺文又有"云子思土"④，知"思土"的意思应是思念故土，而"仁"意为爱人，其与"信"为不背所传达的意义并不相同。显然，忠信不背与不忘旧土的愿望更为适合。因此，以汉文印文字对读巴蜀文字，则巴蜀文字印的"⊛⋈"二字便也应读为"忠信"（图 1，3）。

"巴蜀文字甲"本出象形，这一点通过大量巴蜀文字的直观印象便可明了。因此，对于那些象形特征鲜明的文字而言，判断其字形的正反结构则并不是不需要讨论的问题。这不仅因为文字正反的误识将直接影响到我们对巴蜀印文的释读次序，而且还会对有关巴蜀文字造字方法的研究带来困扰。

目前所见对 39 号印的文字结构有两种不同的理解，《四川船棺葬发掘报告》插图 60：10 之钤本以"⋈⊛"为正，而《中国书法全集·先秦玺

---

①　吴振武：《〈古玺汇编〉释文订补及分类修订》，《古文字学论集初编》，第 522 页，香港中文大学，1983 年；《〈古玺汇编〉校订》，人民美术出版社 2011 年版，第 522 页。
②　汤馀惠主编：《战国文字编》，福建人民出版社 2001 年版，第 138 页。
③　庄新兴：《战国玺印分域编》，上海书店出版社 2001 年版，第 515 页。
④　罗福颐主编：《古玺汇编》，文物出版社 1981 年版，第 442 页。编者读"思土"为"思士"，不可从。

印》1738号之钤本则倒之以"⊗⊙"为正,二者孰是,可以通过对相关印章的分析加以判定。

对字形正位的分析应该遵循这样的思路:

其一,传出四川广汉的周代铜钲镌有虎纹(图3,1)①,虎上饰有三星,星下有四方璇玑图像,实系巴蜀文字;旁有巴蜀文字二字,一呈倒"八"字形,一为横置的梭状卷云形。这些文字和图像的镌刻方位与铜钲的正向恰好相反,因此可知相关文字的正位结构。

图3 巴蜀文字及印章
1. 周代铜钲镌刻 2. 战国铜钲镌刻 3、4. 巴蜀文字印

其二,四川涪陵小田溪出土战国铜钲,上镌巴蜀文字四字(图3,2)②,其中两"王"字明显取形于汉字,或者在巴蜀文字中仍具有君王的意义;两"王"字之间则有类似植物样的字形,其下便是横置的梭状卷云形文字。此三字的正位结构也可明晓。

---

① 中国青铜器全集编辑委员会编:《中国青铜器全集》第13卷,图118、图119,文物出版社1994年版。

② 中国青铜器全集编辑委员会编:《中国青铜器全集》第13卷,图187,文物出版社1994年版。

其三，四川芦山清仁乡出土巴蜀文字印，上镌五个巴蜀文字（图3，3）①，根据蚕形象形文以及其上的倒"八"字文字，可以确定印章的正位，由此则知，印文右侧的中央尖凸的天盖符号实为"天"字，此与纳西文的"天"结构全同，乃是对当时人们所认识的天极呈现中央凸耸的璇玑的天盖形象的忠实描写②，这直接说明了该字是以尖凸向上为其正位结构。

根据这些已知的巴蜀文字比读未识之字，可以对其字形结构正倒情况的判断有所帮助。四川省博物馆收藏的一方战国玺印③，印文见有"王"、"天"二字（图3，4），以此二字定正玺印正位，则知同印所见之"૪"字当为正位结构。

运用同样的方法，我们还可以检讨其他巴蜀文字印，有些玺印即具有明显的动物形象，这当然有助于判断"૪"字的正倒。如图4之1—3有飞禽形象，其中1、2两印同时兼有倒"八"字文或梭状卷云形文，可以证明"૪"为正位。而图4之4—8有倒"八"字文或梭状卷云形文，图4之9兼有"天"及梭状卷云形文，都可证明巴蜀文字之"૪"为正位。而图5所录诸印皆同镌"王"字，或兼有梭状卷云形文，同样证明巴蜀文字的"૪"应为正位。不过需要注意的是，巴蜀文字圆印的设计有时是可以旋读文字的，如图4之12同铭"王"、梭状卷云形文、植物形文及"૪"，但只有"王"字为正位，其他文字皆为侧位。这种情况也见于图4之13，而图4之14、15两印印文分别以"天"、"王"为正位，梭状卷云形文为侧位，"૪"字甚至呈现倒位。相同的例证在图4之16上也反映得相当清楚。然而，尽管巴蜀文字印的这种设计使得某些圆印上的文字并不处于正位，但已有的证据并不影响我们判断巴蜀文字"૪"应为正位的事实。

澄清这一点对于探讨巴蜀文字的造字方法非常重要。值得注意的是，

---

① 四川省博物馆编：《巴蜀青铜器》，图226，成都出版社、澳门紫云斋出版有限公司1990年版。

② 参见冯时《中国天文考古学》，社会科学文献出版社2001年版，第91—98页。

③ 四川省博物馆编：《巴蜀青铜器》，图224、图225，成都出版社、澳门紫云斋出版有限公司1990年版。

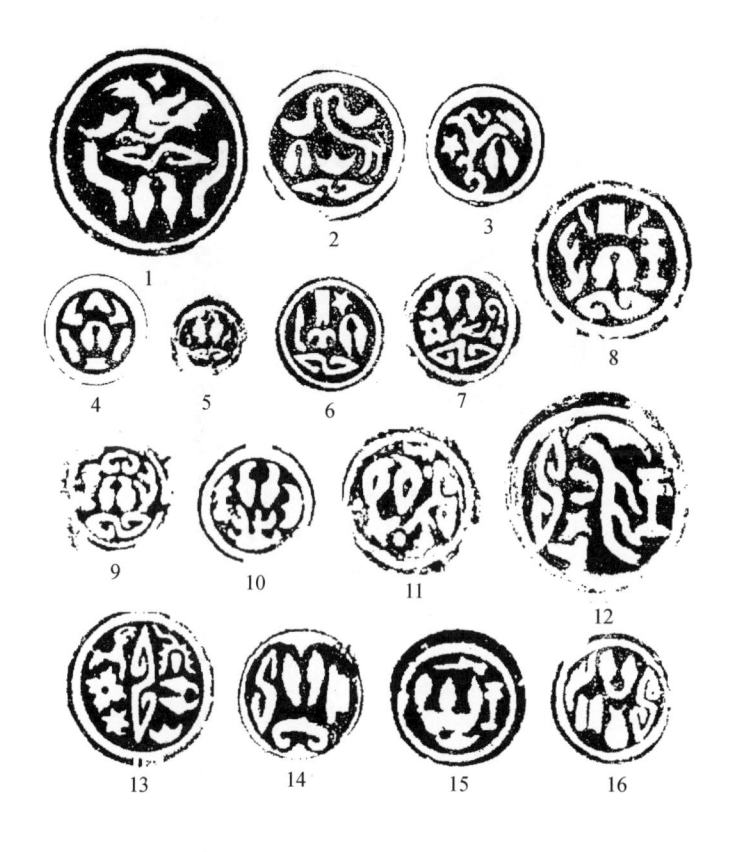

图4 巴蜀文字印

冬笋坝50号墓所出的两方汉文印章铭作"中仁",读为"忠信",这种汉文的通假现象是否暗示了巴蜀文字的"⚭⚜"二字其实也并不重在表意,而应重在表音,这种可能性当然不能排除。如果沿着这样的思路考虑,那么我们很快便会发现,巴蜀文字的"⚭"字由于颇象两垂叶之形,其枝或连或断,没有分别,这实际与甲骨文、金文的"冬"(终)字的形构极其相似(图6)。不仅如此,汉字"忠"、"冬"(终)二字的上古音并在端纽冬部,双声叠韵,读音全同。因此,巴蜀文字的"⚭"可能即是借用了汉字"冬"字的字形和读音,其用以表音的做法是相当清楚的。不过必须强调的是,借用汉字虽然是巴蜀文字创制的方法之一,但表音却并不应该是其唯一的目的。

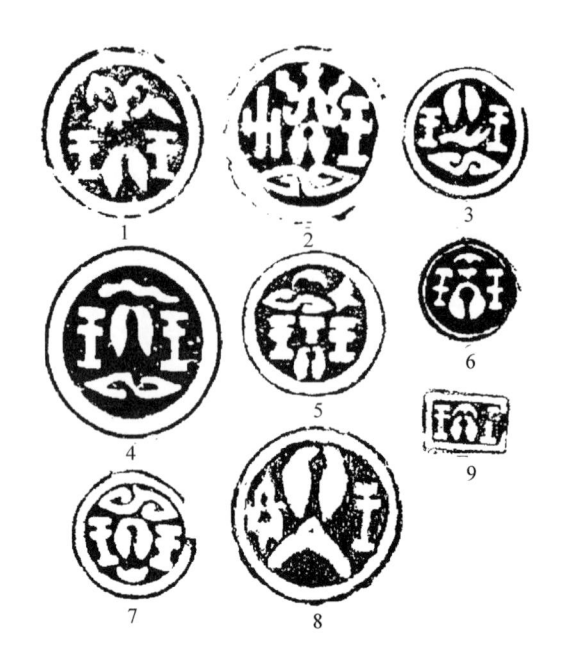

图 5 巴蜀文字印

图 6 甲骨文、金文"冬"(终)
1.《菁华》2.1 2.《英藏》1784 3. 亡终戈 4. 颂鼎 5. 此鼎

　　冬笋坝 2 号墓也同出两方印章,一方为汉文印(冬 M2∶11)(图1,5),另一为巴蜀文字印(冬 M2∶14)(图1,6)。两印俱作正方形,白文一字,且皆阴刻边框,形式相同,似也属于仿刻。这一推测同样为我们据汉文印文对读巴蜀文字提供了条件。汉文印铭有"高"字,如此,则巴蜀文字印的文字也应读为"高"。此字于其他巴蜀文字印也有所见(图4,16)。

　　我们对上述三个巴蜀文字读音的确定,当然有助于了解具有这些文字的其他印章的意义。毫无疑问,由于巴蜀文字的数量尚少,文字的通假应是一种普遍的现象，据音据义而假借转注，也是巴蜀文字使用时的常见方法。事实上，目前发现的巴蜀文字数量有限，这样的文字体系显然不足以完成表意的工作。换句话说，由于巴蜀文字体系中相当一部分文字的作用重在表音，这也决定了巴蜀文字的单字数量不可能很多。

  通过以上分析我们知道，巴蜀文字中至少有一部分的文字是源于对汉字的借用，而且据相关文字的结构特点判断，这种借用应该在比春秋更早的时代就已经发生了。巴蜀文字的"⦵"如果可以认为就取自于汉字的"冬"，那么其反映的字形特征便与商代甲骨文及金文的字形特征颇为一致，这当然暗示了巴蜀文字可能出现的年代，这一年代事实上与目前考古学所提供的早期巴蜀文化所存在的年代正相符合。

  巴蜀文字印与汉文印的共存现象为我们释读巴蜀文字提供了契机，如果这两类印章在形制、款式、字数诸方面均表现出相同的特征，那将意味着我们有理由通过共存的汉文印文对读巴蜀文字。假如这样的解读方法尚有意义，那么很明显，随着资料的不断积累，特别是模仿汉文作品的巴蜀文字材料的丰富，对于解读巴蜀文字当然会有很大的帮助。

2010 年 5 月 12 日写讫于尚朴堂

（原载《四川文物》2015 年第 3 期）

殷代占卜书契制度研究

目前发现的甲骨文,是殷周两代人契刻或书写在龟甲及兽骨上的文字。这些文字虽不乏用毛笔朱书或墨书的作品,但绝大多数都是以利刀契刻而成的,所以甲骨文又叫契文,是历史上有名的"刀笔文字"。这些文字早已脱离了文字初创时期的幼稚状态,书契者深谙"违而不犯,和而不同"的美学理念,结体和谐,章法多变,用笔流畅,刀法纯熟,文字虽显朴拙,却韵味无穷,终成一代法书,具有极高的审美意趣和艺术价值。

文字的书写或契刻若能及于玄妙的境界,那么很明显,书写者或契刻者对于文字的掌握与运用必然达到了精熟的程度。这样的基本素养不仅直接决定着甲骨文法书的艺术水平,而且更关系到殷代占卜书契制度的建立。

《礼记·表记》:"殷人尊神,率民以事神,先鬼而后礼。……周人尊礼尚施,事鬼敬神而远之。……昔三代明王,皆事天地之神明,无非卜筮之用,不敢以其私亵事上帝。"与神灵的沟通,其形式之一就是占卜,因此占卜成为殷周社会举足轻重的重要活动。占卜活动往往需要书契卜辞,卜辞的书契到底由何人所为,他们与作龟命龟之人又是一种怎样的关系,这样的书契制度具有何种传续形式,其对不同时期甲骨文的书迹特点究竟会产生什么影响,凡此都是甲骨学研究无法回避的问题。

一 贞人与书契人

贞人当然是占卜命龟的执行者,但他们是否同时又是卜辞的书契者,学术界则还存在争议。董作宾认为,卜辞中书名的贞人即是史官,他们同时又是相关占卜刻辞的书契者,因此,不同贞人的卜辞事实上就是不同史官的手迹，它们反映了这些史官各自的书法风格。董作宾同时还给予甲骨文五个不同时期书法特点的评判，即第一期雄伟，第二期谨饬，第三期颓靡，第四期劲峭，第五期严整①。这样的认识与甲骨文反映的实际情况显然存在矛盾。我们姑且暂置贞人的身份不论，但就其数量而言，很多问题便难以解释。武丁时期的贞人，董作宾所定共二十五位②，陈梦家所定为七十三位，其中属于王卜辞的贞人数量即有四十位③，因此我们不能想象，即使同一位殷王时期允许同时存在如此众多的史官，那么这数十位贞人的书法也肯定不可能都具有同一种"雄伟"的风格。事实上，同一版甲骨上并存数位贞人的卜辞的现象是十分常见的，但这些由不同贞人占卜的卜辞记录，其书法风格却多表现出惊人的一致，这意味着具有相同书风却属于不同贞人的卜辞肯定不会是这些贞人为追求同一种书法风格而相互模仿的作品，相反则只可能出于同一位契手。

或许我们比较一些卜辞实例更易于澄清相关事实。《合集》2940版属争、内两位贞人的占卜记录，书风端凝瑰丽，峻整精致，文字结体匀称谨饬，方正古朴，用笔周到扎实，毫无草率之意，具有宾组刻辞雄健工稳的典型风格。此版卜辞虽为二人命龟，但书迹绝同（图1）。

宾组刻辞虽气势雄伟，挺峭峻厉，但书风却并不单一，至少尚有趋圆与趋方两个流派，两种书风通过贞人"殼"字的不同写法便可见一斑。《合集》11497正版为争、殼两位贞人的占卜记录，《合集》3297正版乃 㱿、争、宾、殼四位贞人的占卜记录（图2），《合补》2591版也集争、宾、殼、古四位贞人的卜辞于一骨（图3），其书风笔画圆整，刀法轻灵，双刀大字尤显特点，结字浑润，宽博阔绰，规矩整齐，用笔圆劲流畅，自然舒展，具有天真烂漫的质实之气，不仅同版不同贞人的卜辞记录书法酷肖，甚至各版之间的文字风格也别无二致。

宾组刻辞的另一类风格以趋方为特征。《合集》3061正版为争、殼、宾三位贞人的占卜记录（图4），《合集》6834版乃商王与争、殼两位贞人

---

① 董作宾：《甲骨文断代研究例》，《庆祝蔡元培先生六十五岁论文集》上册，中央研究院历史语言研究所集刊外编，1933年。

② 董作宾：《甲骨学六十年》，艺文印书馆1965年版。

③ 陈梦家：《殷虚卜辞综述》，科学出版社1956年版。

图1　《合集》2940

的占卜记录，《合集》536版则属争、殻、内三位贞人的占卜记录，其书风体势方整，古茂雄强，用笔方折朴拙，刀法坚实稳健，气势横溢。虽分别由商王及不同的贞人命龟，但书风无别。

很明显，这些具有相同书风的卜辞虽属不同贞人的命龟记录，但却不宜视为不同贞人的书契作品，而应反映了少数几位契手的书契工作。事实上，如果我们以一种书迹特点去追寻贞人，那么便会发现，很多贞人的卜辞，其书法风格是没有差异的。譬如在何组卜辞中，《合集》31337版为

图 2 《合集》3297 正

图 3 《合补》2591

图 4　《合集》3061 正

贞人何所卜（图 5，1），《合集》31373 版为贞人狄所卜（图 5，2），《合集》31369 版为贞人狄、彭所卜（图 5，3），三位贞人的卜辞书风却完全一致，而且通过所书"旬"字的独特结体，更可明这些不同贞人的刻辞实同出于一人之手。与这种情况相反的是，同一位贞人的书迹有时又可以相

图 5

1.《合集》31337　2.《合集》31373　3.《合集》31369

差甚远，甚至风格万千①，然而如果认为这种现象只是体现着某位贞人书风的变化，那么我们其实又很难寻找到这种变化的基本脉络。譬如属于宾

---

① 严一萍：《甲骨学》第七章之四，贞人，艺文印书馆1978年版；李学勤、彭裕商：《殷墟甲骨分期研究》，上海古籍出版社1996年版。

组卜辞的著名的大龟四版中的三版（《甲》2121、2122＋2106、2124）至少保留了争、㱿、宾、古、㱿五位贞人的占卜记录，但却具有极其近似的书风，这种书风与典型的宾组书风不同，而表现出新的展蘖取势，甚至在出组和何组卜辞中仍然能够感受到它的影响。证据显示，尽管卜辞所属的贞人不同，但其书法风格却多无差异，而相同贞人的卜辞常常也会表现出完全不同的书迹，因此，卜辞书风的变化既有同时代风格的差异，也有不同时代风格的延续。这意味着在占卜活动中，可能只由少数几位书契者承担了为不同贞人的占卜结果统一书契刻辞的工作，尽管某些书契者可能同时又是命龟的贞人，但大部分贞人却并不负责书契卜辞。因此，甲骨的占卜与卜辞的书刻这两项工作基本上应该分别由不同的人员负责，贞人与书契人原则上是需要加以区分的。

陈梦家曾经根据《周礼》所载龟人、菙氏、卜师、大卜和占人的不同职司，认为殷人的卜事程序存在分工[①]。而日本学者松丸道雄更明确指出，贞人与书契者并不是同一位人物，书契者的数量比贞人的数量要少得多，而字形以及书法风格的演变，实际只不过是为殷王室服务的极少数契刻人员由世代交替所带来的习惯和技巧产生的变化而已[②]。这种将贞人与书契人分别看待的做法，已为愈来愈多的学者所接受。事实上，这将使我们以一种更为客观的态度去看待甲骨文的书法风格与其时代的关系，因为同一种书法风格既可以是某位书契者的风格，也可能是由于师法的传续而形成的某一门派的风格；同样，如果同一时期供职于朝的并不止一位书契者，那么我们实际也很难期望这些不同的书契者可以表现出相同的书风；况且不同的书风如果不能认为体现着不同书契者的书法风格的话，或许也可以考虑为同一位书契者早晚风格的变化。因此，将契手与占卜者加以区别对待的做法是颇有意义的，它不仅对甲骨文书法特点的认识大有影响，而且更重要的是将直接关系到甲骨文的分期与断代研究。

从中国古代占卜书契的传统分析，殷代占卜制度中的书契者应该就是当

---

① 陈梦家：《殷虚卜辞综述》，科学出版社 1956 年版，第 17 页。
② 松丸道雄：《甲骨文字》，日本奎星會出版部，1959 年；《甲骨文における書體とは何か？》，《書道研究》第二卷第十二號，1988 年。

时的史官，这种认识当然与董作宾将贞人全部视为史官的看法不同。《周礼·春官·占人》："凡卜筮，君占体，大夫占色，史占墨，卜人占坼。凡卜筮既事，则系币以比其命。"郑玄《注》："杜子春云：'系币者，以帛书其占，系之于龟也。'玄谓既卜筮，史必书其命龟之事及兆于策，系其礼神之币，而合藏焉。"郑玄虽破杜子春书帛系龟之说，然仍属后世制度。依循周制，史官则参与占卜，如周初之史佚。而殷代参与占卜者，核心则为殷王，至于众贞人之身份，情况则比较复杂，可为推考者固有卜官。

  1. 丙寅卜，矢贞：卜竹曰"其侑于丁，牢"？王曰："弜畤，翌丁卯率，若。"
    己巳卜，矢贞，凸曰"入"？王曰："入。"允入。
《合集》23805
  2. 壬午卜，中贞：曰"其豙"？九月。
    丁亥卜，大贞：卜曰"其侑汎升岁自上甲，王乞☐"？
《英藏》1924
  3. 己巳王☐饗？卜曰："☐。"王占曰："吉。" 《合集》24117
  4. ☐子王卜☐？多卜曰：☐若罙☐。   《合集》24144

四条卜辞皆属出组刻辞。"卜竹"为人名，"竹"为氏，"卜"为官名①。学者或以"卜"乃以技为氏②，然与辞2、辞3之"卜曰"及辞4之"多卜曰"对观，其为官名甚明。辞2于贞人大贞问之后的"卜曰"乃是大转述卜官的话，类似的例子还见于卜辞。

  5. 乙亥卜，自贞：王曰"有孕，嘉"？扶曰："嘉。"
《合集》21072
  6. 壬午卜，王贞：晋曰"方于甲午征，申其☐"？
《续存》2.583

---

① 陈梦家：《殷虚卜辞综述》，科学出版社1956年版，第518—519页。
② 金祥恒：《卜辞卜人解惑》，《中国文字》第33册，1969年。

两条卜辞同为自组刻辞，晋与扶同属自组贞人，其中辞 5 以殷王的命龟之辞由贞人自所转述，辞 6 则以贞人晋的命龟之辞由殷王转述。殷王在辞 5 中的位置与辞 1 作为卜官的卜竹完全相同，而在辞 6 中则显然行使着贞人的职事，其例与辞 1、辞 2 的形式一致，故"卜"为卜官甚明。

卜竹至少在武丁到祖庚时于王朝供职①。卜辞云：

7. 丁丑卜，竹争大贞：令翌以子商臣于蒿？　　《前编》2.37.7
8. 己酉卜，竹，侑曹？允。　　《英藏》1822

两辞皆为宾组卜辞。竹为贞人可明。辞 7 竹与贞人争、大三人并卜②，其中争、大二字合文，大为出组贞人，当也供职于武丁时代。这种数人并卜的情况于殷周之世也时有所见。

9. 癸未卜，争牙贞：旬亡祸？　　《粹编》1424

争与牙同为宾组贞人，二人并卜。郭沫若以为："此争与牙二人共卜，《书·洛诰》：'我二人共贞。'则是成王周公同卜。此外牙与丙及宁（时案：即内及宾）均有同卜之例。"③ 殷代并卜之例还有一些，然学者或以为仅限于牙一人而已④，似有遗漏⑤。据此可知，竹至少应为武丁至祖庚时代的贞人，身份为卜官。陈梦家认为，作为命龟者的贞人与管理卜事的卜官既不相同，又有联系，而某些卜官也兼为命龟者⑥。

殷王作为群巫之长，既可作龟，又可命龟，并且担负着卜问决疑的重要角色，地位至高无上，但这些工作有时是可以由臣僚代行的。在这方面，作龟与命龟的工作常由贞人执行，而卜问决疑的最后审断有时也会由

---

① 陈梦家：《殷虚卜辞综述》，科学出版社 1956 年版，第 182 页。
② 饶宗颐：《殷代贞人人物通考》，香港大学出版社 1959 年版，第 26—27 页。
③ 郭沫若：《殷契粹编考释》，科学出版社 1965 年版。唐兰则或读"牙"为"再"，为再卜之事，而非贞人。见《天壤阁甲骨文存释》，第 3 页，辅仁大学，1939 年。
④ 陈梦家：《殷虚卜辞综述》，科学出版社 1956 年版，第 175—176 页。
⑤ 饶宗颐：《殷代贞人人物通考》，香港大学出版社 1959 年版，第 53—54 页。
⑥ 陈梦家：《殷虚卜辞综述》，科学出版社 1956 年版，第 178、181 页。

少数卜官或其他臣僚代劳。

  10. ☒入商？左卜占曰："弜入商。"甲申盦夕至，宁，用三大牢。
《屯南》930

  11. 己亥［卜］，☐贞：王☐瘤？右占［曰］："兹唯祖辛鸣。"
《合集》27253

  12. 丙寅卜，晋：王告取兒？晋占曰："若，往。"
《合集》20534

辞 10 为"历组"卜辞，辞 11 为何组卜辞，辞 12 为自组卜辞。"右占曰"与"左卜占曰"对读，可明"右"当为"右卜"之省，是为职官。左卜、右卜代王占断，其与辞 5 与辞 12 所记贞人扶和晋代王行事一样，也可证明某些贞人具有卜官的权职，而殷代的所谓贞人应该包括卜官①。

  宾组和出组卜辞的个别前辞还有于"卜"字与贞人之间重书一"卜"字的现象，如：

  13. ☐午卜，卜宾贞：王惠妇好令征夷？
    乙未卜，宾贞：王惠妇好☒？ 《佚》527
  14. 壬午卜，卜即贞：其饮？ 《通纂·别二》5
  15. 丙寅卜，卜出贞：翌丁卯盦益醫？ 《合集》26764
  16. 丙寅卜，出贞：翌丁卯盦益醫？ 《合集》26763
  17. 丙寅卜，出贞：翌丁卯盦益醫？六月。 《合集》26765

辞 14 之"卜即"，郭沫若以为此重出之"卜"字盖贞人即之官职，则

---

① 《英藏》1117 面辞云："壬戌卜，宾贞：王占。卜曰：'子昌其唯丁娩，其唯不其嘉。'"背辞云："王曰：'其嘉。'""王曰：'不其嘉。'"遣词特别，且占辞决疑允否并存，自相矛盾，与殷卜辞通例不合。学者或以"卜曰"为卜官言（见王宇信、杨升南主编《甲骨学一百年》，社会科学文献出版社 1999 年版；宋镇豪《殷商王朝甲骨占卜制度的研究（续）》，《炎黄文化研究》第 7 期，《炎黄春秋》增刊，2000 年），或定为伪刻（见姚孝遂主编《殷墟甲骨刻辞类纂》下册，中华书局 1988 年版）。此辞背辞文字质拙，然正辞则已近流畅，或属较为成熟的习刻之作亦未可知，姑存而不论。

"卜"、"贞"之间一字为卜人或大卜①。学者或从之②。然辞13首言"卜宾",乙未卜事则不书"卜"。商承祚认为"卜宾"之"卜"为衍文③。而辞15至辞17为成套卜辞,唯辞15前辞作"卜出",其他相同的文例则皆不书"卜",故学者或以为此重出之"卜"字皆为衍文④。诚然,将这些重出的"卜"字视为衍文固然可以获得卜辞衍文材料的支持⑤,但是否还存在不同解释的馀地,或许也不是没有可能,如果卜辞中那些大量的"卜"字并不重出的前辞可以看作一种重文的省略形式,那么这种现象在卜辞中却是经常出现的。关于这个问题,学者曾有精详的讨论⑥。兹仅举数例以明之。

18. 乙亥卜,侑十牢十伐大甲申?　　《粹编》477
19. 辛卯卜,侑祖乙未?　　《美》30
20. 己巳卜,侑伐祖乙亥?　　《屯南》2104
21. 癸丑子卜,来丁酉至伊尹?
　　已子卜,㣇劝?　　《菁华》11.18
22. 于二父己、父庚告?　　《合集》27417
23. 辛卯卜,㱿贞:父乙㱿王占曰:"父㱿唯不㱿。"
　　贞:父乙弗㱿王?　　《丙编》53
24. 癸丑卜,殻贞:旬亡祸?王占曰:"有祟。"五日丁子阱囚。
　　　　　　　　　　《合集》17076
25. 癸丑卜,殻贞:旬亡祸?王占曰:"有［祟。"五］日丁巳子阱囚。　　《合集》17077

辞18"大甲申"省略"甲",当为"大甲甲申"。辞19、辞20"祖乙

---

① 郭沫若:《卜辞通纂考释》,《郭沫若全集·考古编》第二卷,科学出版社1983年版。
② 陈梦家:《殷虚卜辞综述》,科学出版社1956年版,第182页。
③ 商承祚:《殷契佚存考释》,金陵大学中国文化研究所丛刊甲种,1933年。
④ 金祥恒:《卜辞卜人解惑》,《中国文字》第33册。1969年。
⑤ 胡厚宣:《卜辞杂例》,《中央研究院历史语言研究所集刊》第八本第三分,1939年。
⑥ 裘锡圭:《甲骨文中重文和合文重复偏旁的省略》、《再谈甲骨文中重文的省略》,俱见《古文字论集》,中华书局1992年版。

未"、"祖乙亥"皆省略了"乙"字，当作"祖乙乙未"、"祖乙乙亥"。辞 21 为子组卜辞，"己子卜"省略"子"字，卜辞"子"、"巳"同形，当为"己巳子卜"。辞 22 "于二父己"省略了"父"字，当为"于二父父己"。辞 23 "父乙㲋王占曰"省略"王"字，当作"父乙㲋王？王占曰"。辞 24、辞 25 为同文卜辞，对读可知，辞 24 "五日丁子阱囚"省略了"子"字。凡此皆涉上文重复而省，从而构成一种不加重文符号的省略形式。因此，如果"干支卜，某贞"的前辞形式允许考虑为"干支卜，卜某贞"的省略形式，而不将"卜某"之"卜"作为衍文看待的话，那么贞人的身份显然就都只能解释为卜官。诚然，这种理解不仅涉及到众多的省略事例，而且也似乎掩盖了贞人身份的复杂性。

卜官可以作为命龟者，但贞人却并不一定都是卜官。辞 1 与卜竹同版互见的凸为出组贞人，径以氏相称，而并未像卜竹一样冠以官名。凸与卜竹的这种称谓差异如果不能认为是省略官名的话，那便意味着凸其实与卜竹的身份有所不同。正像辞 2 于丁亥的卜事以贞人大转述卜官的话以命龟，而于壬午的卜事，贞人中所转述的话由于未见官名而不能准确地知晓其身份一样。事实上在其他卜辞中，凸的身份可以明确知道为小臣，而同样作为出组贞人的中，在宾组卜辞中的身份也是小臣。其他贞人当然也有作为小臣的记录。

26. 癸亥卜，彭贞：其侑于丁、妣己？在十月又二。小臣凸立（涖）。　　《甲编》2647
27. ☐㱿？小臣凸立（涖）。　　《甲编》2781
28. ☐戌卜，彭贞：其侑燎于河眔上甲？在十月又二。小臣［凸立（涖）］。
　　　☐☐［卜］，彭［贞］：☐燎㲋☐父辛？　　《甲编》2622
29. 丙子，小臣中☐。　　《前编》4.27.6
30. ☐十三自畐廿屯，小臣中示。系。　　《前编》7.7.2
31. 丁巳卜，惠小臣口以匄于中室？　　《甲编》624
32. 惠小臣口？　　《南明》760

辞26至辞28同为何组卜辞，辞28同版见有"父辛"，当为廪辛，故卜辞时代应为武乙朝①，而凸自祖甲历廪辛、康丁而至武乙，历任四朝，盖因廪辛、康丁二王在位不久。陈梦家则定此"父辛"为祖庚、祖甲二王的兄弟②，未敢信从。然其以此小臣凸可能即祖甲之贞人凸，近是。唯小臣凸乃四朝元老，其在祖甲朝或许尚不具有小臣的身份。辞29、辞30为宾组卜辞，小臣中应即出组之贞人中。辞31、辞32为何组卜辞，小臣口也即同组之贞人口③。这些小臣参与占卜则是明确的。

小臣预卜，或近宗伯之职。辞26至辞28皆言小臣凸立，"立"均读为"涖"。《周礼·春官·大宗伯》："凡祀大神，享大鬼，祭大示，帅执事而卜日，宿，眡涤濯，涖玉鬯，省牲镬，奉玉齍，诏大号，治其大礼，诏相王之大礼。"郑玄《注》："故书'涖'作'立'。郑司农读为'涖'。涖，视也。"又《大卜》郑玄《注》："大事，宗伯涖卜。"故卜辞"小臣凸涖"盖犹《周礼》之宗伯涖卜。

辞6作为自组贞人的晋也有可能考虑为小臣。宾组卜辞云：

33. 癸巳卜，㱿贞：旬亡祸？王占曰："乃兹亦有祟。"若称。甲午王往逐兕，小臣晋车马，硪䮷王车，子央亦坠。　　　　　　《通纂》735

郭沫若以"小臣晋"连称，谓晋即小臣之名④。当然我们更倾向于以"晋"为动词。尽管如此，这并不影响晋的地位的显赫。辞12显示，晋有代王占断的资格，足见其在占卜活动中作用之重要，甚至像卜问决疑一类为殷王独享的特权，也可由晋、扶等臣僚或某些卜官代行。

殷代的小臣地位尊崇，如汤臣伊尹。春秋叔夷钟铭云："成汤有严在帝所。溥受天命，遍伐夏后，贯厥灵师，伊少（小）臣唯辅，咸有九州，处禹之土。"小臣伊尹，卜辞称其官为尹，已尊至百官之长，自与其他小臣不同。甲桥刻辞又云：

---

① 屈万里：《殷虚文字甲编考释》，第2622版，历史语言研究所，1961年。
② 陈梦家：《殷虚卜辞综述》，科学出版社1956年版，第456页。
③ 陈梦家：《殷虚卜辞综述》，科学出版社1956年版，第182、507页。
④ 郭沫若：《卜辞通纂考释》，《郭沫若全集·考古编》第二卷，科学出版社1983年版。

34. 臣大入一。　　　　《丙编》33

此辞同版见有"父乙"称谓，当属武丁时代，但大为出组贞人，知其供职于武丁至祖甲时期。大的身份为臣，与小臣一样，都属于地位较高的职官①。

35. 王臣占曰："☐途首，若。"　　《乙编》6386

此辞同版又有"王占曰"，王臣代王占断，参与占卜，地位显然高于一般的臣僚。学者甚至以为王臣之职位更高于小臣②。但此类王臣由于未录私名，故其是否也曾充任命龟之人尚不清楚。

同样属于殷王臣僚的贞人，有时是注明职官的。

36. 丁巳，邑示五屯。工掃。　　《天》42

掃为宾组贞人，职官为工。《尚书·酒诰》述殷制云："越在内服，百僚庶尹惟亚惟服宗工，越百姓里居。"西周作册令方彝铭云："舍三事命，眔卿事寮，眔诸尹，眔里君，眔百工，眔诸侯侯甸男。"此"百工"即《酒诰》之"宗工"，于卜辞又称"多工"。

37. ☐戌卜，☑共众☑宗工？　　《合集》19
38. 庚☑贞：共☑宗工？　　《合集》20
39. 甲寅［卜］，吏贞：多工亡尤？　　《粹编》1284
40. 癸未卜，有祸百工？　　《屯南》2525

郑玄《周礼注》："百工，司空事官之属。于天地四时之职，亦处其一也。司空掌营城郭，建都邑，立社稷宗庙，造宫室车服器械，监百工者。"百

---

① 陈梦家：《殷虚卜辞综述》，科学出版社1956年版，第505页。
② 寒峰：《殷契小臣辨正》，《甲骨文与殷商史》，上海古籍出版社1983年版。

工事关宗庙社稷之营造，故可称"宗工"，而殷之宗工或即百工之长。曾运乾《尚书正读》谓："宗工，宗人也。"恐与司典宗事之宗人不同。吴闿生《尚书大义》："宗工，长官也。"近是。故殷之宗工或即后世司工（空）之职。《尚书·洛诰序》："召公既相宅，周公往营成周，使来告卜。"经云："予惟乙卯，朝至于洛师。我卜河朔黎水，我乃卜涧水东，瀍水西，惟洛食。我又卜瀍水东，亦惟洛食。伻来，以图及献卜。"是古营造必卜，殷卜辞也屡见此类卜事。故掃为工官，其参与占卜命龟。是殷代之贞人，除卜官、小臣外，更有工官。

殷代五种记事刻辞中常有贞人署名的情况①，其中甲桥刻辞和背甲刻辞多有"某入"的贡纳记录，而骨臼刻辞不言"入"，但言"示"，其致送之物，不当列为贡纳的范围。盖因占龟囿环境而生，非黄河流域所盛产，颇显珍稀，殷王用于占卜，未能完全自给，故享贡纳之利。而殷代北方多牛，则无需劳远贡献②。《周礼·天官·大宰》："以九贡致邦国之用：……六曰货贡。"郑玄《注》："货贡，金玉龟贝也。"此诸侯邦国岁之常贡。《周礼·秋官·大行人》："又其外方五百里谓之要服，六岁壹见，其贡货物。"郑玄《注》："货物，龟贝也。"此六服之朝贡。《尚书·禹贡》："九江纳锡大龟。"即属此货贡之列。又《周礼·秋官·小行人》："令诸侯春入贡，秋献功，王亲受之，各以其国之籍礼之。"是《周礼》以岁贡、朝贡虽王亲受之，但其事却由大宰、大行人、小行人所掌。殷代这些典事贡纳致献的人员大部分都曾充为贞人，其中可能有与《周礼》上述职事类似的职官。

在占卜活动中，殷王有时既是作龟施卜者，又是命龟贞告者，同时还是卜问决疑的审断者。卜辞云：

41. 庚戌王卜曰贞：余其宾□衣，亡□？　　　　《明续》3153
42. 己巳王卜曰［贞］：翌庚午☒？　　　　　　《明续》3400

---

① 胡厚宣：《卜辞记事文字史官签名例》，《中央研究院历史语言研究所集刊》第十二本，1947年。
② 胡厚宣：《武丁时五种记事刻辞考》、《殷代卜龟之来源》，俱见《甲骨学商史论丛初集》，成都齐鲁大学国学研究所，1944年。

43. 癸丑卜，王曰贞：翌甲寅乞彰㚔自上甲衣至于毓，余一人亡祸，兹一品祀？在九月，遘示癸䕬，巂。　　　　《英藏》1923

44. 癸亥王卜贞：旬亡祸？王占曰："吉。"　　　　《合集》39393

前三条为出组卜辞，辞44为黄组卜辞。通过对三种不同的前辞形式的对比可以看出，殷王或作龟、命龟并施，而据辞44可知，他同时还要做最终的占断。《周礼·春官·大卜》："凡国大贞，卜立君，卜大封，则眡高作龟。大祭祀，则眡高命龟。"郑玄《注》："作龟，谓以火灼之，以作其兆也。命龟，告龟以所卜之事。不亲作龟者，大祭祀轻于大贞也。"又《卜师》："凡卜事，眡高，扬火以作龟，致其墨。凡卜，辨龟之上下左右阴阳，以授命龟者而诏相之。"郑玄《注》："所卜者当各用其龟也。大祭祀、丧事，大卜命龟，则大贞小宗伯命龟，其他卜师命龟，卜人作龟。诏相，告以其辞及威仪。"贾公彦《疏》："辞谓命龟之辞。"又《占人》："占人掌占龟，以八筮占八颂，以八卦占筮之八故，以眡吉凶。"殷王集作龟、命龟、占龟于一身，是兼大卜、卜师、占人之职，其于卜事或亲力亲为，全以占事之轻重而定，地位自无可比拟。

殷代贞人为占卜命龟者，除卜官、小臣、王臣、臣、工与殷王之外，可能还包括其他一些职官。郑玄《卜师注》以为，大祭祀、丧事乃由大卜命龟，大贞则小宗伯命龟，其他则卜师命龟。殷代的占卜制度是否划分得如此细致，尚待研究。然从殷王参与命龟的事实可以看出，殷代占卜的命龟之人显然不会只有卜官。学者以贞人实即卜人[①]，或以为史官，或以为其中之某些人当为侯伯首领[②]。事实上，某些官事每每可以相通。古制出为侯伯，入为王官，其职兼而存之。《占人》以"史占墨"，知史官参与卜事。《周礼·春官·大史》："大祭祀，与执事卜日。"郑玄《注》："执事，大卜之属。与之者，当视墨。"孙诒让《正义》："《大宰》注说卜日执事有宗伯，此不言者，以大史是宗伯之属，故不及也。"甚是。知命龟

---

① 郭沫若：《卜辞通纂考释》，第613—614页，《郭沫若全集·考古编》第二卷，科学出版社1983年版。

② 张秉权以为贞人只是一些代王发言的人，其中有些人则为侯伯首领，并不一定具备卜事的特殊技能。见《甲骨文与甲骨学》，"国立"编译馆，1988年。

之人不仅包括殷王、卜官和小臣等官，也应包括史官。殷代史官又有作册一职，似为后世内史之祖①。西周吴方彝铭云："唯二月初吉丁亥，王在周成大室。旦，王格庙。宰朏右作册吴入门，立中庭，北向。王呼史戊册命吴司旃眔叔金。""旃"字据孙诒让考定，即武王克殷时用以指挥诸侯的大白旗，此等旗物皆由作册司管，而作册为史官，恰与"史"字形构取于掌旗之职吻合②。古代史官又以占验时日为职③，与占卜之事相契。

西周的占卜制度有与殷代类似的情况。周原出土甲骨文云：

45. 王卜。　　　凤雏 H11：28
46. 卲曰：並囟（思）克史（使）?　　　凤雏 H11：6＋32
47. 己酉鼪。　　　凤雏 H11：128
48. 周公贞。　　周公庙④
49. 匕贞：既魋？　　　凤雏 H11：13
50. □乎（呼）宝卜曰。　　　凤雏 H11：52

"卲"或以为即"召卜"之合文，谓召公之卜⑤。"鼪"则也可以理解为"兟卜"之合文，谓史佚之卜⑥。"匕"、"宝"皆为人名⑦，当臣僚之属。据此可知，西周占卜活动中之卜者及命龟者，或为周王，或为周公、召公，或为史佚，或为其他臣僚。如果说匕、宝这些类似于殷代贞人的人物，其身份可能属于卜官的话，那么周王、周召二公及史佚显然都不是专司卜事的卜官，其地位显贵。很明显，殷周两代占卜活动中的作龟与命龟者，其身份是复杂的。但无论如何，史官参与占卜则是可以肯定的事情。

---

① 孙诒让：《古籀拾遗》卷下，中华书局1989年版，第7页。
② 冯时：《殷代史氏考》，《黄盛璋先生八秩华诞纪念文集》，中国教育文化出版社2005年版。
③ 冯时：《殷代史氏考》，《黄盛璋先生八秩华诞纪念文集》，中国教育文化出版社2005年版。
④ 国家文物局主编：《2005年中国重要考古发现》，文物出版社2006年版。
⑤ 曹定云：《河北邢台市西周卜辞与邢国受封遗址——召公奭参政占卜考》，《考古》2003年第1期。
⑥ 冯时：《陕西岐山周公庙出土甲骨文的初步研究》，《古代文明》（五），文物出版社2007年版。
⑦ 陕西周原考古队：《陕西岐山凤雏村发现周初甲骨文》，《文物》1979年第10期；徐锡台：《周原出土卜辞选释》，《考古与文物》1982年第3期。

卜辞的书契者应该就是史官，而史官参与占卜，其中某些人也有可能充当了命龟的贞人，而另一些史官或许不具有这样的资格。《周礼》以书命龟之辞由占人所为，然古卜筮官实也通谓之史。《逸周书·克殷》："史佚迁九鼎三巫。""三巫"当读为"三筮"。而史佚参与卜筮，史载益明。《左传·僖公二十八年》："曹伯之竖侯獳货筮史。"《国语·晋语四》说晋文公筮得国，云："筮史占之，皆曰不吉。"韦昭《注》："筮史，筮人。"而此《占人》"史占墨"，《礼记·玉藻》则作"史定墨"，《大史》又云："大祭祀，与执事卜日。"郑玄《注》："与之者，当视墨。"知预卜之史或有大史，或有内史。春秋时亦多使史官占卜，是卜筮官与大史为官联也①。

史为古之善书者，古以作册名官，意尤明显。而西周金文凡言册命事，也多以史官书记，属于《周礼》所称之内史。

趞鼎：史籀受王命书，王呼内史冊册赐趞。

裘鼎：史淵受王命书，王呼史淢册赐裘。

颂鼎：尹氏受王命书，王呼史虢生册命颂。

四十二年逨鼎：尹氏受王釐书，王呼史淢册釐逨。

四十三年逨鼎：史淢受王命书，王呼尹氏册命逨。

"尹氏"乃金文官名"内史尹"或"作册尹"之省称，或以为即史官之长，而史籀、史淢、史淵皆为周宣王史官，其书记册命事，明文可稽。又周初之史佚于《周书·洛诰》称"作册逸"，《逸周书·克殷》则称"尹逸"或"史佚"，"尹"即周金文之"尹氏"，故知作册即为内史。孙诒让《周礼正义》云"尹逸盖即为内史，以其所掌职事言之则曰'作册'。（旧注）并以尹逸为大史，非也。《觐礼》及《左》襄二十年传，并以大史掌策命之事，疑内史大史亦通称。""孔广森据《国语·晋语》'文王访于辛尹'，与《左传》'辛甲为大史'，证尹佚当为内史，其说甚碻。若然，通言之，内史亦得称大史。"其说是也。《周礼·春官·内史》："凡命诸侯及孤卿大夫，则策命之。……王制禄，则赞为之，以方出之。赏赐亦如之。内史掌书王命，遂贰之。"郑玄《注》："郑司农说以《春秋传》曰'王命内史兴父策命晋侯为侯伯'。策谓以简策书王命。赞为之，为之辞

---

① 孙诒让：《周礼正义》卷四十八，中华书局1987年版。

也。郑司农云：'以方出之，以方版书而出之。'杜子春云：'方，直谓今时牍也。'（贰），副写藏之。"贾公彦《疏》："谓王有诏勅颁之事，则当副写一通，藏之以待勘校也。"孙诒让《正义》："'内史掌书王命'者，谓王之命令施于畿内诸臣者。《玉藻》所谓'右史书言'，王命即王言也。《史记·晋世家》云：'成王削桐珪与叔虞，史佚曰：天子无戏言，言则史书之。'内史为右史。"内史掌书王命，自应包括其决疑占龟之辞。故某些王卜辞之书契当出自史官。

除史官之外，《周礼》于各官尚皆有府史之属，为掌书者。郑玄《周礼注》："府，治藏。史，掌书者。凡府史皆其官长所自辟除。"《说文·史部》："史，记事者也。"是史以记事为职，因之凡掌治文书之吏，亦通谓之史。《周礼·天官·宰夫》："掌百官府之徵令，辨其八职。……六曰史，掌官书以赞治。"郑玄《注》："赞治，若今起文书草也。"此则各官属之史职。据《周礼·春官·叙官》所载："大卜，下大夫二人；卜师，上士四人；卜人，中士八人，下士十有六人，府二人，史二人，胥四人，徒四十人。"又龟人有史二人，菙氏有史一人，占人有史二人，此史皆以起文书草为职。而占人之职掌系币之责，郑玄以为即由史书其命龟之事及兆于策，可能已是后世制度的转变。此制之原，或许则由史以命龟之事径刻于龟甲兽骨。殷代占卜机构的组织情况尚不清楚，然以《周礼》衡之，其中似也应有类似的府史，这些史可能也是部分卜辞书契的承担者。

殷周时代的卜史之官乃世卿世禄，如此才能使知识与技能得到完整的传承。西周曶鼎铭云：

> 王若曰："曶，命汝更乃祖考司卜事。"

是曶世为卜官。殷遗微氏家族折、丰、墙、癲世代于周庭为史，皆有爵禄，与府史之属乃庶人在官者不同。然府史之属无爵，虽亦得与不命之士同称士，但其官为官长所除，不命于天子国君，与世官受王册命之事大异，故地位较低。《周礼》各官组织严整，恐怕不乏后世制度比拟前朝的内容，而殷周时代通晓文字的人员尚不普遍，加之世卿袭爵，可供官除的职位已很有限，所以早期的府史与《周礼》所述恐有区别。殷代各朝王卜辞的书法风格已不止一种，承担卜辞书契者的史可能既会有王朝的史官，也会有占卜机构中的史官。而武丁时期的非王卜辞就目前所见已有午组、子组、非王无名组和花东子卜辞数种，负责这部分卜辞的书契者应该是各小宗占卜机构中的史官。

古史为官，自幼向学，不独讽诵，尤善书道。张家山汉墓竹简《二年律令·史律》云："史，卜子年十七岁学。史、卜、祝学童学三岁，学佴将诣大史、大卜、大祝，郡史学童诣其守，皆会八月朔日试之。[试]史学童以十五篇，能讽书五千字以上，乃得为史。又以八体试之，郡移其八体课大史。"① 文中所言"十五篇"即周宣王太史籀之《史籀篇》，"八体"则谓秦书八体，即大篆、小篆、刻符、虫书、摹印、署书、殳书和隶书。《汉书·艺文志》载《史籀》十五篇，又有《八体六技》，师古《注》引韦昭曰八体即秦之八体。六技，王应麟《汉志考证》疑即亡新六书，不可据。钱大昭《汉书辨疑》引李赓艺云："六技，当是'八篇'之伪，小学四十五篇，并此八篇，正合四十五篇之数。"段玉裁《说文解字注》则以"六技"即秦八体除大篆小篆的六体，较李说近是。班固《叙论》云："汉兴，萧何草律，亦著其法，曰：'太史试学童，能讽书九千字以上，乃得为史。又以六体试之，课最者以为尚书御史史书令史。吏民上书，字或不正，辄举劾。'六体者，古文、奇字、篆书、隶书、缪篆、虫书。皆所以通知古今文字，摹印章、书幡信也。古制，书必同文，不知则阙，问诸故老，至于衰世，是非无正，人用其私。故孔子曰：'吾犹及史之阙文也，今亡矣夫！'盖伤其浸不正。"许慎《说文解字叙》云："自尔秦书有八体，一曰大篆，二曰小篆，三曰刻符，四曰虫书，五曰摹印，六曰署书，七曰殳书，八曰隶书。汉兴有草书。尉律：'学童十七以上始试，讽籀书九千字，乃得为史。又以八体试之。郡移太史，并课最者以为尚书史，书或不正，辄举劾之。'今虽有尉律不课，小学不修，莫达其说久矣。"所述相同。知诵读与书技乃共为为史者必须考核的科目。诸文所言虽为汉制，但以此例前，殷代早有作册之官，故充任史官当然也会以善书为其入官的

---

① 张家山二四七号汉墓竹简整理小组编：《张家山汉墓竹简（二四七号墓）》，文物出版社2001年版。

基本条件。

二　殷史的契刻训练

文字的书契从了解基本的间架结构而致达到法书的艺术境界，必须经过长期而艰苦的训练。甲骨文书法的艺术水平暗示了承担契写卜辞的契手或史官具有极高的法书造诣，这意味着殷代的占卜制度中已经建立起了一套严格的法书学习制度，这种制度以师徒传授的方式所体现，因而决定了甲骨文书法风格的异同变化。

如果卜辞的契刻者是史官，那么对于善书的史官来说，事实上是没有必要再对他们重复进行书写的基本训练的。但问题的关键是，甲骨文并非以毛笔书就，而是以利刀契刻而成，这种全新的契刻文字的技法将使史官善书的特长无从发挥，因为善书与善刻毕竟是完全不同的事情。甲骨文的契刻工具是刻刀而非笔墨，以笔书写与以刀契刻则体现着两种截然不同的技能。很明显，史官如果要能胜任契刻卜辞的工作，就必须进行契刻的专门训练。因此，甲骨文的契刻训练，其实质应视为对已经具有相当书写能力的史官的新技能的培养。

（一）范刻与习刻

汉字的双重性既在于其实用性，也在于其艺术性。汉字在完成它作为记录语言的功能的同时，也非常注意将这些符号加工美化，使之成为特有的书法艺术形式。当然，使文字成为法书，不经过长期的刻苦磨炼是不能想象的，甲骨文大量习刻作品的发现，证明习刻的目的其实就是一种通过以契刀契刻的方式而使文字逐渐艺术化的"临池"训练。理由很简单，结体粗陋、刀法笨拙的书手是没有资格契刻卜辞的，而正式的卜辞和记事刻辞作品皆刀法圆熟，字形俊美，表明在殷代的占卜制度中，对书法审美标准的要求是极其严格的。

任何高明的契手，其艺术实践都必须经历着一个从生到熟，又从熟到巧的过程。熟手建立标准供后辈临习，或操刀示范以纠正习者的错误，后世之学书者如此，殷人所建立的书契教育制度亦是如此。《粹编》1468版乃范刻习刻兼存之佳证（图6），郭沫若曾对此版所见范刻与习刻的关系有着细致的观察：

> 该片原物当为牛胛骨，破碎仅存二段，而文字幸能衔接。所刻乃自甲子至癸酉之十个干支，刻而又刻者数行，中仅一行精美整齐，馀则歪刺几不能成字。然於此歪刺者中，却间有二三字，与精美整齐者之一行相同。盖精美整齐者乃善书善刻者之范本，而歪刺不能成字者乃学书学刻者之摹仿也。刻鹄不成，为之师范者从旁捉刀助之，故间有二三字合乎规矩。师弟二人蔼然相对之态，恍如目前，此实为饶有趣味之发现①。
>
> 此由二片复合，与前片当同是一骨内容乃将甲子至癸酉之十日，刻而又刻者。中第四行，字细而精美整齐，盖先生刻之以为范本。其馀歪斜刺劣者，盖学刻者所为。此与今世儿童习字之法无殊，足征三千年前之教育状况，甚有意味。又学刻者诸行中，亦间有精美之字，与范本无殊者，盖亦先生从旁执刀为之。如次行之辰、午、申，三行之卯、巳、辛诸字，是也②。

这种现象表明，卜辞契刻者的学习过程是严格而艰苦的，为师者从旁监督，耳提面命，为徒者认真临习，一丝不苟。此版正面第二行的"卯"字甚为恶劣，左旁为先刻，但契手对于以刀契刻出圆形的笔画结构还无力驾驭，故只得施以三刀，将"𠂎"刻成"𠂎"，以方代圆③；然而在契刻右旁时，契者显然已经注意到这个问题，尽管奏刀不够流畅，但却已有能力以圆笔完成字的结构，至于以后契刻的"卯"字便也如此而然。这些现象不仅体现了习刻者对于结体与刀法的认真琢磨，同时更重要的是，这种敏锐的领悟力显示出习刻者本身已经具有了相当的书学功力，这意味着甲骨文的习刻并不是初识文字的人的契刻作品，而是具有一定书学基础的人的契

---

① 郭沫若：《殷契粹编·序》，科学出版社1965年版。
② 郭沫若：《殷契粹编考释》，科学出版社1965年版，第196页。
③ 这种现象在素以圆笔著称的自组习刻作品中也常可见到，如《乙编》8686版。

图 6 　《粹编》1468

刻练习。

其实通过对某些细节的分析也可以获得一些重要的认识。此版的习刻文字虽极拙劣，显为初次试刀的新手所为，但第二、三两行的"己"字与师傅范刻的"己"字方向相反，证明习刻者显然都是识字之人[①]，他们懂得字体怎样的反正关系对于字义本身并不存在影响。显然，这种对于文字取势的自由发挥是那些不能对文字结构有相当程度掌握的初学者所无法做到的。认识这一点非常重要，它说明甲骨文的习刻者原本都已具有一定的书法功力，这意味着习刻者应该就是当时的史官，而习刻的练习只不过是为史官提高契刻技能而设立的专门功课而已。

甲骨文中的习刻作品除见有习刻文字和卜辞之外，还有大量的表谱刻辞，包括干支表和周祭祀谱。殷人以干支记日，干支字成为甲骨文中出现频率最高的文字，契手必须熟练掌握。但正式的干支表恐怕多以玉为之，而不会刻在甲骨之上。现藏天津市艺术博物馆的商代玉版干支表残件即为此物[②]，可供查核之用。而周祭又是晚殷时期的重要祀典，正式的祀谱应书于简册而通过"贡典"的仪式献于神前。显然，殷代甲骨上出现的这两类刻辞都不是实用之物，而应是为训练契手的范刻或习刻之作。

《合集》37986 版向被认为是干支表的范刻作品，其实也不应排除这是一件比较成熟的习刻之作。因为与很多同时期卜辞中的干支字相比，这些文字多少还不免带有生涩稚拙的味道。即使与某些同类的干支表残版对观，其水平也算不得优秀，更为流畅自然的契刻作品其实并不乏见到。当然我们没有理由将这些作品统统视作为师者的范刻作品。初学者的习刻之作固然恶劣不堪，如《屯南》2661 版，但随着契刻经验的积累和技法的进步，作品的质量也必然在逐渐提高，从而使习刻之作实际也存在着高下的区别。《合集》35406 版为习刻的周祭祀谱，一旁还留有反复练习的两个"翌"字，这件作品已比较成熟，它与初学者的奏刀尝试已有天壤之别。

表谱刻辞的契刻练习显然只是史官学习契刻的基本训练，当他们初步

---

① 高嶋谦一：《有关甲骨文的时代区分和笔迹》，《胡厚宣先生纪念文集》，科学出版社 1998 年版。

② 陈邦怀：《商玉版甲子表跋》，《文物》1978 年第 2 期。

掌握了奏刀技法之后，模拟卜辞的仿刻就是接下来应该完成的又一项作业。这样的作品，学者或称为"习辞之作"[1]。《甲编》622 版是一版较成熟的仿刻习辞之作，内容为：

　　甲子卜，王比东戈乎侯𢦚？
　　乙丑卜，王比南戈乎侯𢦚？
　　丙寅卜，王比西戈乎侯𢦚？
　　丁卯卜，王比北戈乎侯𢦚？
　　□辰卜，☑？
　　咒　咒　咒

屈万里认为："原有乎侯缐之卜辞，习刻者仿其文，自拟干支，以重复刻之耳。"[2] 三个"咒"字则属习字之刻。此版刻辞结字虽已讲究，但刀法尚嫌绵软，而《屯南》2576＋4403 版则已显出从容之态，应是积累了一定契刻经验的仿刻之作[3]。《合集》35261 甲版为反复练习的田猎卜辞之作（图 7），由其日辰之有甲子、乙丑及壬寅、癸卯而言，为时似亘两阅月，然日日卜逐麋，亦颇足异[4]，当为习刻者拟辞而习之。而《合集》所载与其同文的习刻之辞，不仅书风一致，干支也皆相连属[5]，显属一手所为。《合集》19956 及 19957 反两版则属习刻的祭祖卜辞（图 8）。前者尚嫌幼稚，后者则已渐趋成熟。而《合集》20576 正版则为自组牛胛骨刻辞，全版文字皆倒刻于骨，且卜辞干支衔接，而同日所占之事皆并列重复施刻，少者再重，多者六重，不见对贞，行款并依重刻者比肩而书（图 9），与真实的卜辞大相径庭，显系习书者所为[6]。然观其文字，结体和谐，刀法自然，其先拘筋力，又遒润加之，详雅起发，收纵嬗递，已少有稚拙趑趄之气，实属颇为成熟的习辞之刻。这些仿刻作品似皆有蓝本[7]。应是契手正式参加占卜活动之前的预备训练。

---

[1] 刘一曼：《殷墟兽骨刻辞初探》，《殷墟博物苑刊》创刊号，1989 年。
[2] 屈万里：《殷虚文字甲编考释》，历史语言研究所，1961 年。
[3] 姚孝遂、肖丁：《小屯南地甲骨考释》，中华书局 1985 年版，第 202 页。
[4] 郭沫若：《殷契粹编考释》，科学出版社 1965 年版，第 124—125 页。
[5] 林宏明：《殷墟甲骨文字缀合新例》，《古文字研究》第二十六辑，中华书局 2006 年版。
[6] 屈万里：《殷虚文字甲编考释》，第 2902 版，历史语言研究所，1961 年。
[7] 刘一曼：《殷墟兽骨刻辞初探》，《殷墟博物苑刊》创刊号，1989 年。

图 7 《合集》35261 甲

图 8

1.《合集》19956   2.《合集》19957 反

　　学习契刻与学习识字不同，契刻的学习重点在于对刀法技巧和以刀代笔的结字特点的掌握，从而形成一种特有的契刻风格。黄组刻辞中众多的干支习刻都表现出相当一致的风格特征，表明契刻的学习其实就是风格的学习。事实上，由于学契者皆有范本可供临习，因此习刻者通过对范本结字特点的模仿，必然形成与范本相同的风格。这种做法犹如今日学书，临欧则欧，摹赵则赵，而不可能形成与所临之书绝无关系的书风。况且从《粹编》1468 版反映出的殷人学契所具有的严格的师承关系来看，甲骨文书法风格的传承也是十分自然的事情。《合集》27456 正版何组刻辞左右骨边的文字若行云流水，但骨面中央的数条卜辞则略显幼稚，刀法也露顿挫之态，甚至将殷王行占的卜辞中的个别文字倒书，明显可以看出属

图9 《合集》20576 正

于新老两位刻手或者是师徒二人的作品（图10）①。同版卜辞的背面尚存习刻之辞，当为同一位新手所刻。但值得注意的是，这些师徒的文字虽有高下之分，然其风格却极为相近，表现出新手对于为师者书法风格的承传。《合集》26907反版何组刻辞所存两条卜夕辞，居上的一条为师傅的范刻，居下的一条则为徒弟的习刻，其书风相同，一目了然，足见为徒者对于师风的继承是一丝不苟的。前人以为，古之学书皆有师传②，诚不误也。很

图10　《合集》27456 正

---

① 此骨左半原载《佚》257 及 266，唐兰缀合。曾毅公续缀右半条形骨（见《甲骨缀合编》，第 62 版，修文堂书房 1950 年版），然屈万里以为两版可能为一版，唯不相连属（见《殷虚文字甲编考释》，第 2799 版，历史语言研究所，1961 年），李棪也疑之（见《北美所见甲骨选粹》，香港中文大学《中国文化研究所学报》第三卷第二期，1970 年）。但从卜辞内容相互关联的现象分析，曾毅公的缀合应当不误。

② 清王澍《论书剩语》云："古人学书，皆有师传，密相指授。"

明显，这种书法风格的传续现象将直接影响到甲骨文分期断代研究的方法问题。因此，师傅所做的范刻，其作用并不仅是为提供结体和刀法的范本，而且也提供了风格的范本。同样，习刻者对于范本的学习也不单单是对结体与刀法的模仿，而更是对一种风格的继承。其实仔细分析甲骨文的书法风格，其间的传承因袭关系有些是十分清楚的。显然，由师传所导致的书法风格的相同与近似不宜以殷王的时代作为断限的依据，不同师门的并存既可以使同一时期呈现出不同的书风，而门派的延续也可以使同一种书风在不同的时期长期存在。这些复杂的情况意味着以书迹作为甲骨文断代的标准需要我们审慎地加以对待。

殷人契刻文字的工具既有青铜刀，也有玉刀①。契刻的方法或施单刀，或施双刀②。字体或苍劲浑古，或圆润秀丽，或方折挺峭，或曲转婀娜，其运刀如笔，游刃有馀，变化万千，技精艺绝。这些令人叹赞的技法的培养当然不会是一朝一夕的功夫，其师徒授受的教习制度足可体味。

（二）书与画

书画同源是中国传统艺术的特点。汉字起源于象形，不仅独体之"文"是古人依类象形、随体诘诎而创作的产物，而且由这些独体之"文"所构成的复体之"字"也具有相同的特点，因此从这一观点看，书与画无疑有着共同的来源。

汉字描写物象的方式是以点画线条勾勒出物象的轮廓，因此线条不仅成为构成汉字的基本元素，同时也是绘画的基本元素。显然，书与画的同源事实上展示了古人对于客观物象的相同的表现手法，这意味着我们不仅可以通过早期文字的独特造型了解朴素的构字观念，而且也可以了解朴素的绘画手法。

商代甲骨文中的某些字与画其实很难区分，字以象形为基础，但所绘形象过于逼真的作品事实上已不啻为绘画作品。《甲编》2343+2307 版为

---

① 董作宾：《甲骨文断代研究例》，《庆祝蔡元培先生六十五岁论文集》上册，中央研究院历史语言研究所集刊外编，1933 年；周鸿翔：《殷代刻字刀的推测》，《联合书院学报》第 6 期，1967—1968 年。

② 董作宾：《商代龟卜之推测》，《安阳发掘报告》第一期，1929 年。

刘渊临缀合的一版武丁时期的𠂤组牛胛骨刻辞①，上面刻有数条卜辞和雄雌两只猕猴，这便是董作宾曾经讨论过的著名的"人猿图"②（图11）。其实猕猴的形象尽管写实，甚至雄性猕猴的特征也很鲜明，但这些作品明显已做了拟人化的处理。两只猕猴与其下的卜辞并没有直接关系，因此它可能并不是甲骨文"夒"字的更为象形的写法③。

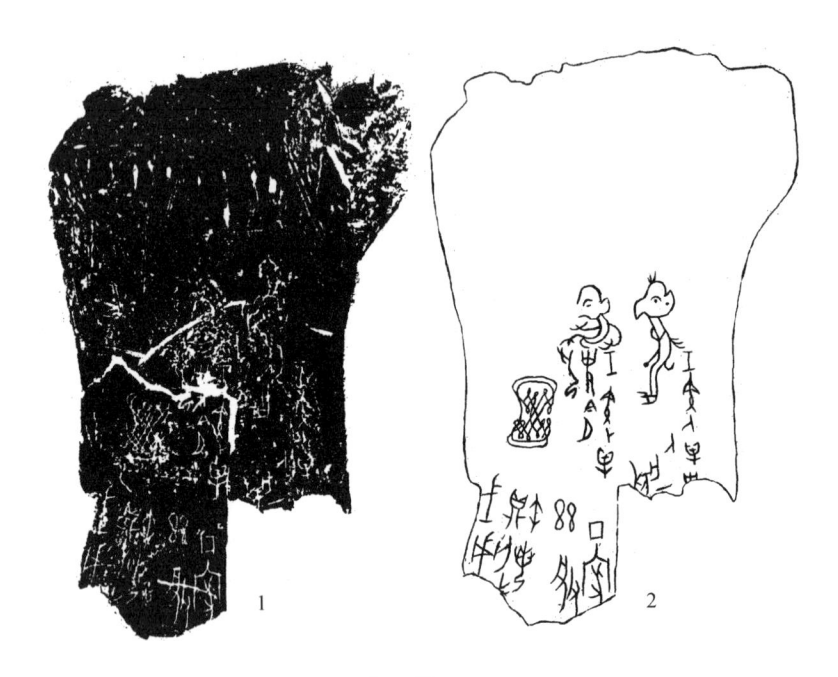

图11　《甲编》2343+2307
1. 拓本　2. 摹本

相似的绘画作品还见于《甲编》2336（图12，1），这也是武丁时期𠂤组牛胛骨刻辞。骨上的刻画除两只猕猴之外，还有一虎、一鸟和一置于火上的长毛之兽。两只猕猴均与《甲编》2343+2307版上母猴的形象相同，但虎与鸟的形象则已脱离写实而明显地符号化了。

---

① 刘渊临：《甲骨文所见的书画同源》，《中国文字》第38册，1970年。
② 董作宾：《殷虚文字中之"人猿图"》，《中国文字》第2册，1961年。
③ 屈万里：《殷虚文字甲编考释》，历史语言研究所，1961年。

我们在商代的甲骨上其实可以看到很多颇为形象的绘画作品。《甲编》2422版在卜辞之间契刻了三个动物形象，即一虎、一鹿和一只有孕的大象，大象腹中的小象没有画出眼睛，而鹿则画在大象的腹下，其用意显然是想通过以小巧的鹿衬托出大象高大魁伟的身躯（图12，2）。三个动物的形象十分逼真，完全没有符号化的痕迹，可以说是原始的绘画作品。

图 12
1.《甲编》2336　2.《甲编》2422

值得注意的是，殷人的这些绘画作品基本都是与习刻的文字同版共存的，这意味着它们也都应该属于习刻之作①，而并不是史官写字厌倦后的随意所为②。事实上，如果书画同源是中国传统书画艺术的突出特点的话，这

---

① 屈万里：《殷虚文字甲编考释》，历史语言研究所，1961年。
② 董作宾曾持有这样的观点，见《殷虚文字中之"人猿图"》，《中国文字》第2册，1961年。

一点对于作为文字的创造者和使用者的早期先民而言,当然比我们理解得更为深刻,那么对复杂的动物形象的契刻练习就完全有理由视为学习契刻者的一种有效的学习方法。习刻者借练习契刻的机会,通过对不同动物形象的摹刻而锻炼其观察自然的能力,这恐怕才是甲骨上出现动物绘画的真正原因。这方面的例子我们还可以举出《合集》19956 及 19957 反两版自组习刻卜辞,其上除习刻作品之外,都同时刻有一只鹿的形象,而习刻内容却与鹿毫无关系(图8)。足见所刻的"鹿"只是契手习刻之前的试刀练习。而前举《甲编》622 版以三"咒"字与其他习刻卜辞同版共存,也属同类情况。值得注意的是,这些习刻之作实际已经颇成气候,所以"鹿"字自也自然生动。类似的试刀练习当然不可能有范刻可循,学习者必须师法自然,运用平时的观察经验和书学积累,凭记忆完成作品。正因为有了这样的训练,所以甲骨文字才显得趣味盎然,生动传神。如《花东》108 版的"狼"字,虽寥寥数笔,但造型准确,契手将狼的极富特点的尾巴表现得十分传神,使其形态活灵活现,大有呼之欲出之感。很明显,书契文字达到如此神似的地步,不经过长期的观察和反复的磨炼是不可能做到的。因此,甲骨上的绘画作品,其实都应视为学习契刻的基本训练。

甲骨文中的某些动物绘画虽然并不是为记录语言而作,但这并不能成为它们与文字无关的理由,这些图画或许正体现了原始象形文字的基本特点,它们与文字的关系当然十分密切,就像商周金文中作为族氏徽号的文字常常也写得十分象形一样,但我们却并不能认为它们不属于文字[①]。其实在众多的甲骨文字之中,某些文字的象形程度一点都不亚于绘画。《合补》1971 版的"鸣"乃像雄鸡报晓之形(图13)。《合集》11497 正版的"乌"字乃乌鸦之象形(图14)[②],两者的形象都十分传神。而《合集》19813 版自组卜辞的"马"字俱写图画,实为文字(图15)。故以画为文应该正体现了早期书人的创作特点。事实上,真正的绘画作品除了乙辛时期的雕饰兽骨之外,是不大可能出现在甲骨材料上的,而上述这些在形式

---

① 高明:《"图形文字"即汉字古体说》,《第二届国际中国古文字学研讨会论文集》,香港中文大学中国语言及文学系,1993 年。

② 冯时:《中国天文考古学》,社会科学文献出版社 2001 年版,第 151—153 页。

图 13　《合补》1971

上介乎文字与绘画之间的象形作品,其实都应属于早期的图画文字。正因为汉字的基础源于象形,因此作为学习刻辞的基本训练,摹写造型复杂的动物形象便成为契手必不可少的功课。显然,对于了解书画同源的传统,这当然都是极好的研究素材。

图 14 　《合集》11497 正

图 15 　《合集》19813（局部）

三 刻辞与书辞

　　甲骨文的内容涉及卜辞、记事刻辞、表谱刻辞及少量的习刻之作，这些文字除极少的部分是用毛笔蘸朱或蘸墨书写的之外，基本上都是用刀子在甲骨上契刻而成。书辞显示了史官原本具有的书学技能，而刻辞则是他们为契刻卜辞的需要而锻炼的新技能的产物。

　　甲骨文契与书的关系可能并不简单，少数刻辞有先书后刻的情况，因为书写的点画较粗，而奏刀契刻则锋刃纤细，所以这些文字虽经契刻，但墨迹犹存，因此极易识别①。然而在一般情况下，刻辞却并不需要以毛笔书稿，而是用利刀径刻而成。事实上我们很少能够发现在字的契口周缘尚存墨迹或朱迹的现象。《甲编》2280版"壬申"二字颇显幼稚，其中"申"字缺刻末画，而未刻的末画尚残留书写的痕迹，屈万里遂援为先书后刻的证据②。类似的例子其实并不多见。甲骨文字的字形大小悬殊，有些字小如蝇头，且行密如织，这样的文字显然并不容易靠书写来完成③。至于周代甲骨文或微如粟米，更非用毛笔书写所致。况且由于龟甲骨片上的胶质和磁质的原因，在上面写下极小的字几乎不太可能④。因此，董作宾主张甲骨文都是先书而后刻，其中的书辞应系用毛笔写完后忘记契刻的结果⑤，这种可能性恐怕并不存在。

　　甲骨文中的某些大字以双刀法刻成，比以单刀法刻出的字更接近书写的风格，其中以武丁和帝乙、帝辛时期较为多见，故而学者或以这部分文字属于先书后刻⑥。其实先书后刻的文字特点极为鲜明，《乙编》5867版为典型的先书后刻的范例，我们看到，在契手奏刀刻过之后，笔墨的痕迹犹在，书写的笔画明显粗于刀刻的笔画，而且个别笔画书写得较长，而刀

---

① 张秉权：《甲骨文与甲骨学》，"国立"编译馆，1988年。
② 屈万里：《殷虚文字甲编考释》，历史语言研究所，1961年。
③ 陈梦家：《殷虚卜辞综述》，科学出版社1956年版。
④ 陈梦家：《殷虚卜辞综述》，科学出版社1956年版。
⑤ 董作宾：《甲骨文断代研究例》，《庆祝蔡元培先生六十五岁论文集》上册，中央研究院历史语言研究所集刊外编，1933年；《殷虚文字乙编·序》，中央研究院历史语言研究所，1948年。
⑥ 胡厚宣：《卜辞杂例》，《中央研究院历史语言研究所集刊》第八本第三分，1939年。

刻的笔画则相对较短①。相同的例证又见于《丙编》27、66等版。这种现象说明，契手在以书稿为底而施以刀契的时候，并未遵循书辞的笔触而加大笔画，而只在粗壮的笔画间施以单刻。然而这种现象在武丁和帝乙、帝辛时期的诸种大字刻辞上是绝不能看到的，即使某些大字刻辞并未以双刀契刻而致留有较细的笔画，也未见残存任何朱书或墨书的痕迹。如果将书辞与刻辞的书体进行比较，二者的差异也甚为明显②。殷末至西周早期的金文多呈波磔，这显然来源于毛笔的用笔特点，我们从偶尔存留的西周铜器墨书文字可以看出③，金文的笔意其实比较忠实地保留了毛笔的运笔特征（图16）。然而与同时期的金文相比，这些极富毛笔用笔的特点在甲骨文中却不曾出现，且不说以单刀法契刻的文字，即使帝乙、帝辛时期那些以双刀法契刻的文字，也未见有任何毛笔的运笔特征。如《佚》426、518两版宰丰咒骨刻辞，《甲编》3939版咒头骨刻辞，《甲编》3940、3941两版鹿头骨刻辞及《乙编》8688版牛距骨刻辞（图17），尽管文字结体宽博，刀法圆畅，已见刀法与笔法相互融合的趋势，然或点画纤细，契手时借刀笔力为撇捺，其趣甚浓，但囿于刀契的局限，仍难逞姿媚，从而与金文笔意形成鲜明的区别。这种现象明确地证明，甲骨文基本上是未经书写而径刻而成的，少量以毛笔书底后再施契刻的做法，也绝不见沿毛笔丰腴的笔迹勒刻的现象，而只是以书辞作为参考而施以单刻。因此，大字刻辞虽然在风格上更接近书辞，但恐怕并不需要书稿作底。学者或通过显微镜放大观察甲骨文的契刻字迹，同样没有发现用毛笔书写的蛛丝马迹④。这意味着甲骨文绝大多数都是直接刻成的。其实从篆刻艺术的角度讲，以毛笔书稿的做法也显得没有必要，因为对于有经验的刻手来说，以刀完成他们熟悉的书体是轻而易举的事情。

契手刻字的程序一般是先刻所有的直画，再补刻所有的横画。《通纂》6版记录了殷历正二两历月的月名和全部干支，其中正月名"食麦"，二

---

① 李宗焜：《当甲骨遇上考古——导览YH127坑》，历史语言研究所，2006年。
② 刘一曼：《试论殷墟甲骨书辞》，《考古》1991年第6期。
③ 蔡运章：《洛阳北窑西周墓墨书文字略论》，《文物》1994年第7期。
④ 艾兰：《论甲骨文的契刻》，《英国所藏甲骨集》下编上册，附录，中华书局1986年版。

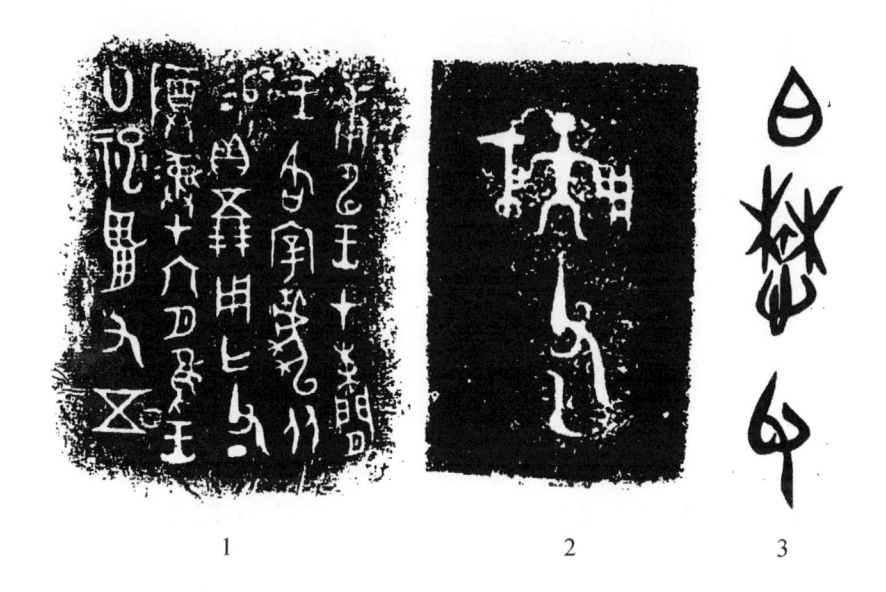

图 16　商代晚期金文与西周早期墨书文字比较

1. 宰桃角铭文（帝辛朝）　　2. 父乙鼎铭文（商代晚期，殷墟西区 M1573:1）
　　　　3. 白懋父簋内底墨书（西周早期，洛阳北窑 M37:2）

图 17　《乙编》8688

月名"父耏"①，而干支字中于第二行以下则多仅存直画，缺少横画②。至于契手为何只补刻了两行横画便停顿了下来，原因难以推测，但这个例证已足以显示殷人契刻文字的基本次序。

先直后横的契刻方法虽然普遍，但这显然不是殷人契刻文字的唯一做法。据学者对甲骨文缺刻笔画现象的研究，缺刻横笔者虽属主流，但缺刻直笔的现象也不是没有，尽管这种情况并不常见，当然有时还会出现缺刻整字中某一部分的情况③。这些缺刻现象不仅反映了甲骨文的契刻次序，而且除个别文字之外，几乎所有缺刻笔画的地方都没有留下毛笔书写的痕迹④，这为甲骨文并非先书后刻，而是契手奏刀径刻的事实提供了佐证。

甲骨文的书辞尽管不多，却极富特色。据学者研究，书辞虽然几乎全部书写于甲骨的背面，但是见于卜骨和卜甲的书辞却各有不同。其中卜骨书辞倒书，卜甲正书；卜骨书辞或与同版刻辞非属同时，内容无关，而卜甲书辞则与同版卜辞相关，有些甚至书刻相杂，或半书半刻；卜骨书辞多与习刻之作并见，卜甲书辞则属正式的卜辞或记事刻辞⑤。这些现象显示，书写于卜骨上的文字或许只是出于习刻者为契刻练习所作的书稿，而卜甲上的书辞则应是正式的占卜和纪事记录，这再次证明以毛笔书写已是习刻者原本已经具有的本领。然而《乙编》27 和 66 两版都是朱书间杂契刻的卜辞，后者更有数条卜辞于字口朱痕尚存，显系书而后刻，而在先书后刻的文例中，又有个别文字书而不刻⑥。这些现象说明了什么？我们推测，这些作为正式卜辞或记事刻辞的书辞或许体现了契手从习刻阶段向从心所欲地施刻阶段的过渡，这实际是每一位契手正式承担卜事之后的必经过程。尽管契手平素的训练已使他们从生手成长为熟手，并有资格胜任正式契刻卜辞的工作，但当真正面对用于占卜的灵甲灵骨而实际操作的时候，经验与信心恐怕比技巧更显得重要。于是为避免出现差错，确保万无一失，史官先以毛笔书稿则是比较稳妥

---

① 冯时：《商代麦作考》，《东亚古物》创刊号，2005 年。
② 郭沫若：《卜辞通纂》，东京文求堂石印本，1933 年。
③ 彭邦炯：《甲骨文字缺刻例再研究——关于甲骨文书法的新探索》，《胡厚宣先生纪念文集》，科学出版社 1998 年版。
④ 孟世凯：《殷墟甲骨文简述》，文物出版社 1980 年版。
⑤ 刘一曼：《试论殷虚甲骨书辞》，《考古》1991 年第 6 期。
⑥ 张秉权：《殷虚文字丙编考释》上辑（一），历史语言研究所，1957 年。

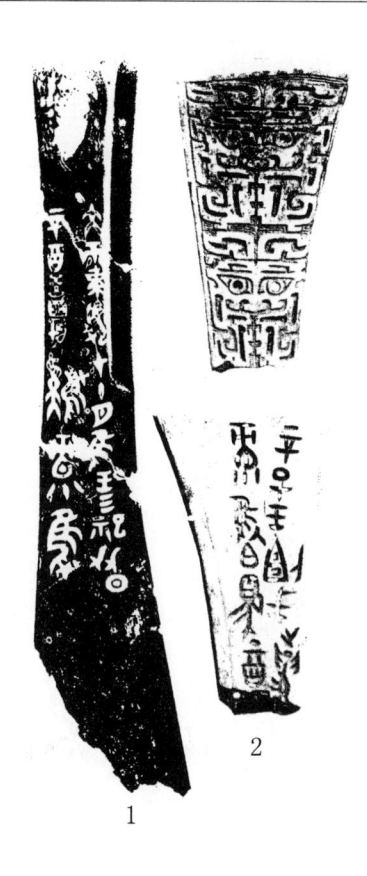

图 18　商代晚期绿松石镶嵌刻辞
1.《怀特》1915　2.《佚》427（上．正面，下．背面）

的选择。而这些书写的卜辞，有些随后又施以刀契，有些则有意留而不刻。当然随着经验的积累，高明的刻手直接于甲骨上奏刀施刻便成了普遍的做法。这种转变与今日之篆刻训练别无二致。

　　帝乙、帝辛时期某些镶嵌绿松石的记事刻辞似乎也是先书而后刻，但与上述为避免错误而先书后刻的目的不同，此类文字之所以需要先以毛笔书稿，则应是出于镶嵌的考虑。《佚》427版兕骨刻辞及《怀特》1915版虎骨刻辞皆于正面的镂雕图像及背面的文字镶嵌松石，均属于这样的作品（图18）。我们知道，由于镶嵌工艺的特殊要求，文字的笔画需粗细均匀，字口平齐，体势整饬规矩，而观察此类镶嵌刻辞，皆点画宽博匀称，收纵嬗递圆转流畅，笔画的衔接未见断而不连的现象，特点十分鲜明。因而为完成镶嵌的工序，文字的布措也必须如其正面的兽面图像一样经过严格的设计，所以这类作品都应是先书而后刻。将其与同时期的金文对比（图19），也可看出二者的风格绝多相似，如《怀特》1915版之"大"、"鸡"、"隹"等字的用笔特点即与邲其卣铭文的"大"、"覃"、"隹"等字极为接近。很明显，这种在契刻之前先以毛笔书稿的做法，其目的事实上并不是为尔后的契刻提供范本，而是为适应镶嵌工艺的设计要求。

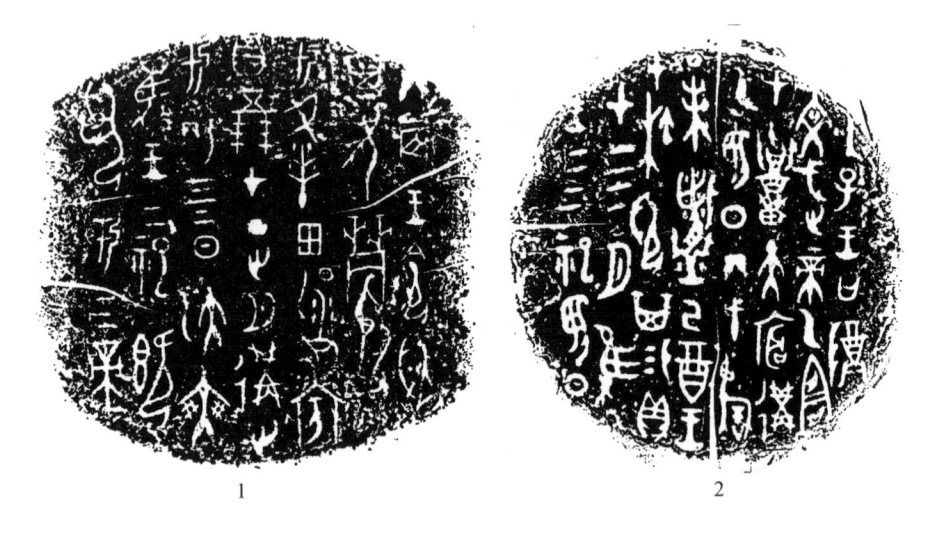

图19　帝辛时期邲其卣铭文拓本
1. 二祀邲其卣铭文　2. 四祀邲其卣铭文

卜辞契刻于龟甲或兽骨的什么位置也并非漫无标准。根据现有的资料分析，大部分卜辞契刻于龟甲或兽骨的正面，但有些则书契于背面，而就契刻于正面的卜辞而言，于龟甲或兽骨的不同位置有时也刻意表现出大小巨细的差别。《合集》11497正版以双刀大字契刻于左右首甲，其他位置则契刻小字（图14）。《合集》903正版以双刀大字契刻于后右甲与后左甲，其余部分则为小字。《合集》6834版以双刀大字契刻于前右甲与前左甲，其他位置则契刻小字。《合集》10408正版以双刀大字契刻于尾右甲，其馀部位则为小字。《合集》34165版以双刀大字契刻于牛胛骨骨面上端，其他部位则刻以小字。《合集》33986版以大字契刻于骨面右下，其他位置则施刻小字。《合集》1075 正版以双刀大字契刻于骨面左侧，其他文字则施以单刀。这些变化在客观上产生了大小对比的强烈艺术效果，从而使大字的内容得到了强调和突显，但其契刻位置的变化，其根本原因恐怕还在于其时占卜书契制度的影响。《周礼·春官·卜师》："凡卜，辨龟之上下左右阴阳，以授命龟者而诏相之。"郑玄《注》："上，仰者也。下，俯者也。左，左倪也。右，右倪也。阴，后弇也。阳，前弇也。"吴廷华《仪礼章句》："龟之上下左右，皆以龟甲言。盖在攻治之后，临卜时辨之，则即甲之上下左右阴阳耳。"是契刻卜辞之位置依卜而定，卜事关乎卜辞，制度严格。

四　甲骨文的装饰

甲骨文字于契刻之后，有些则在字口之内填以朱色、褐色或黑色颜料，使之鲜明绚烂，妍丽美观，个别则更镶嵌以绿松石，灿然夺目。

以绿松石镶嵌文字和花纹的例子如《佚》427 版的雕花残骨柶。骨柶正面镌有兽面，背面刻有文字，内容是："辛巳，王劐武丁，纍（禍）［于］□录（麓），隻（获）白兕。丁酉☒。"兽面及字中皆嵌以绿松石（图18，2）。此器似以兕骨治以为柶，以旌田功①，故以镶嵌之法昭明文字，以增美观。

《怀特》1915 版（即《合集》37848 版）是另一件绿松石镶嵌雕花骨柶，其正面镂有兽面及龙形图像，背面镌刻文字（图18，1），内容为"辛酉，王田于鸡录（麓），隻（获）大霉（魄）虎。才（在）十月。隹（唯）王三祀肜日。"此辞历日与周祭祀典合于帝辛祀谱②，当为帝辛之物。辞记纣王田猎获虎，故以虎骨制以为柶，以资纪念。《史记·殷本纪》谓商纣"材力过人，手格猛兽"，所言不虚。

2005 年殷墟安阳钢铁公司 11 号殷墓曾经出土帝乙、帝辛时代绿松石

---

① 商承祚：《殷契佚存考释》，第 63 页，金陵大学中国文化研究所丛刊甲种，1933 年。
② 许进雄：《殷卜辞中五种祭祀的研究》，台湾大学文学院文史丛刊，1968 年；《怀特氏等收藏甲骨文集》，第 108 页，加拿大皇家安大略博物馆，1979 年。

镶嵌的骨雕文字作品，内容为："壬午，王达于召窒，延田于麦录（麓），隻（获）兕，亚易（锡）☒。"镶嵌工艺规整，保存状况完好，文字谨饬圆正，镶嵌绚烂夺目，精美异常[①]。

这些作品都应是先以毛笔绘就书就图像和文字，再以契刀施刻，最后磨错镶嵌而成，工艺细腻而严格。而还有一些与此类似的作品，却只以绿松石镶嵌正面的镂雕图像，并不涉及背面的文字，因而这些文字实也径以刀契。如《佚》426与518两版宰丰骨刻辞，正面的兽面雕饰图案皆残留有绿松石镶嵌的痕迹[②]，但背面的文字却点画纤秀曲转，粗细不均，常断而不连，如"于"、"菉"、"隻"、"宰"、"칢"诸字（图20），将这类文字与经镶嵌处理的文字对观（图18），其风格差异甚为显著。显然，这样的点画结构并不适用于镶嵌的操作。

与这种镶嵌装饰工艺相比，于字中填色的做法无疑简单得多。由于经历了数千载的埋藏，尽管有些文字中所填的颜色至今仍艳丽如初，但很多甲骨上原本所填的颜料已经褪色甚至脱落，致使我们无法判断今天见到的刻字甲骨是否原来都饰有颜色。尽管如此，根据现有的资料分析，可以相信殷人于字中填色的做法绝非偶然，当时恐怕在文字契刻完成之后，有相当一部分刻辞都需要经过饰色的处理，这可能成为占卜制度中的一项固有程序。尤其是在武丁时代，填色装饰的做法比后期更为普遍，而龟甲填色的情况又要比牛骨常见，这或许反映了殷代相关制度的变化和不同。然而在王卜辞和非王卜辞中，这项技法都得到了广泛的应用。

字中填色在客观上可以使文字醒目而易于辨识，因为契刻施用刀凿，所刻之文字与甲骨本身并不能体现出颜色的差别，所以颜料的填饰便可以使文字突显出来。《丙编》65版刻辞正辞填墨，背辞为朱书间杂契刻，而契刻者则复填墨。这种现象表明，朱书、契刻、填色是完成刻辞的三个连贯的步骤，朱书只是为契刻提供了文字底本，而填色才是完成刻辞的最终工作。当然，使文字醒目的做法本身便具有强烈的装饰效果，这一点与殷

[①] 国家文物局主编：《2005中国重要考古发现》，文物出版社2006年版。

[②] 商承祚：《殷契佚存考释》，第62、70—71页，金陵大学中国文化研究所丛刊甲种，1933年。其中第518版，商承祚并未注明兽面图像是否镶嵌松石。

图 20 《佚》426 版宰丰骨刻辞（残）
1. 正面绿松石镶嵌龙形图案　2. 背面刻辞影本　3. 背面刻辞拓本

人以绿松石镶嵌文字的做法异曲同工。

契刻之后的填色工作应是随时进行的。甲桥刻辞所记的贡龟记录显然完成于占卜活动之前。《丙编》538 版正面刻辞填褐，背面占辞朱书未刻，而甲桥刻辞填朱，与卜辞不同，似为首先完成的文字。相比《丙编》354 版，正面的文字、序数、兆辞皆填朱色，甚至卜兆刻纹都填饰墨色，背面的占辞也填饰朱色，只有甲桥刻辞未填饰颜色。似乎反映了殷人在后来的占卜活动中并不会顺带处理先前的刻辞。

文字中所填的颜色不仅有朱、褐、墨的分别，而且以色饰字的现象也非常复杂。单面刻字的甲骨,填饰颜色或通为朱色、褐色或墨色,或间饰朱、褐或朱、墨。而正背均有刻辞的甲骨,或正面刻辞填色而背辞不填,或正背刻辞均填颜色。所填颜色或相同,或相异。经初步归纳,大致可有以下十二类。

1. 正背刻辞均填朱。
2. 正背刻辞均填褐。
3. 正背刻辞均填墨。
4. 正辞填朱,背辞填褐。
5. 正辞填朱,背辞填墨。
6. 正辞填褐,背辞填朱。
7. 正辞填褐,背辞填墨。
8. 正辞填墨,背辞填褐。
9. 正背辞均大字填朱,小字填墨。
10. 正辞大字填朱,小字填褐;背辞填墨。
11. 正辞大字填朱,小字填褐;背辞间填朱、墨。
12. 正辞大字填朱,小字填褐;背辞不填。

字中所填的褐色可能是由朱和墨调成的,也可能是由朱色经过还原作用变成的,在没有经过化学成分的定性分析之前,尚不能断定它的成因。

甲骨刻辞常见大字与小字共存于一版的现象,且所填的颜色也有不同。董作宾认为,卜辞涂饰朱墨,完全是史官爱美,为了好看,并不是一定的制度[①]。陈梦家则从大字涂朱,小字填墨的现象,认为涂饰并非为了美观,而是为了有所区别[②]。《丙编》207 版大字填朱,小字填墨,背辞亦然。《丙编》102、197 版大字填朱,小字填褐;背辞填墨。《丙编》1 版大字填朱,小字填褐;背辞不填。这些饰色的区别应该不会只是出于使大字更加鲜明夺目而强调其刻辞内容重要的目的,而应体现着一定的制度背景。

文字设色的用意或许可以通过卜兆的设色处理间接地得到说明,因为

[①] 董作宾:《殷虚文字乙编·序》,中央研究院历史语言研究所,1948 年。
[②] 陈梦家:《殷虚卜辞综述》,科学出版社 1956 年版,第 15—16 页。

占卜甲骨上的卜兆有时也以刀刻而成，而那些契刻的卜兆以及序数、兆辞往往同样以朱、褐、墨涂饰。兆纹所填的颜色通常都是褐色或墨色，序数和兆辞也以填饰褐色的时候为多，如果饰以朱色，那么属于它们的卜辞也一定填饰朱色。相反，填饰朱色的卜辞，其序数和兆辞却并不一定饰以相同的颜色。《丙编》276版刻辞大字填朱，小字填褐，填朱的刻辞，其序数也填朱色，填褐的刻辞，其序数也填褐色，而界划纹、兆纹则一律填墨。这种对于甲骨各部分内容的设色处理或嫌复杂，但是对于卜兆施墨的做法却存在讨论的空间。

《周礼·春官·占人》："凡卜筮，君占体，大夫占色，史占墨，卜人占坼。"郑玄《注》："体，兆象也。色，兆气也。墨，兆广也。坼，兆釁也。体有吉凶，色有善恶，墨有大小，坼有微明。尊者占兆象而已，卑者以次详其馀也。卜人占坼。周公卜武王，占之曰'体，王其无害'。凡卜象吉，色善，墨大，坼明，则逢吉。"此体色墨坼皆言卜兆，而与殷代占卜制度以墨涂兆的现象对观，正与"史占墨"的做法相同。《礼记·玉藻》谓"史定墨"，《白虎通义·蓍龟》则谓"士视墨"，其义俱同。《说文·土部》："墨，书墨也。"旧注以墨为龟兆所发之大画，如以墨画物之界域明显，此也即"卜"字之形象所取。古制以卜兆乃史所定者，故涂以墨，遂后世以卜兆称"墨"。《周礼·春官·卜师》："扬火以作龟，致其墨。"郑玄《注》："致其墨者，孰灼之，明其兆。"墨即兆也，其谓之墨者，实涂墨于兆而使之愈分明，当即郑玄所谓"明其兆"。孔颖达《礼记正义》："凡卜必以墨画龟，求其吉兆。若卜从墨而兆广，谓之卜从；但坼是从墨而裂其旁歧细出，谓之釁坼。是大坼称为兆广，小坼称为兆釁也。"可明墨、坼之不同。《尚书》伪孔《传》："卜必先墨画龟，然后灼之，兆顺食墨。"此乃孔颖达所本，孙诒让《周礼正义》引陈祥道云："《卜师》：'作龟致其墨。'则后墨也。孔以为先墨画龟乃灼之，误。"又引江永云："墨者，火灼所裂之兆，兆先以墨画而后灼也。兆之体不常，安能必其如人所画。"今以殷人占卜之物证之，知孔氏以墨画龟之说，其原本实当以墨涂饰卜兆，这项工作于灼龟之后施之，或更以刀复刻之，以明其广。古之占卜以墨大坼明则逢吉，其实墨大兼明乃可得吉，所以墨大与墨明对于趋吉避凶是同等重要的。兆广且明则吉，是殷人或刻兆，并以墨涂之，以使兆广而明。故据《周礼》"史占墨"之说可明,卜兆施刻并饰墨的目的恐即在于"逢吉"。以此例彼,卜辞饰色的做法应该也有相似的宗教意义。这个传统不仅可以追溯到新石器时代先民以朱砂涂饰文字的做法[1],而且商周时期的青铜礼器也可见于铭文与纹饰涂朱或涂墨的现象[2],甚至西汉时期作为封禅仪具的礼天玉牒,其文字也已经过涂朱的处理[3]。很明显,卜辞的饰色做法应该与这些用于通神的文字的设色方式具有相同的目的。

五 结语

以甲骨文为代表的早期文字不仅是一种实用的文字,同时也是一种艺术的文字,如果从当时留存的诸种文字形式分析,文字的审美追求显然不是只为占卜通神的需要,而已成为殷代社会所普遍崇尚的美学观念的体现,这当然反映了殷人精神生活的丰富和品质的高尚。同时更有意义的是,法书的创作并非个别人的个人行为,它通过特有的教育形式而使相应的观念和技法得以传承,从而建立起目前我们所能知道的中国最早的书学制度。毫无疑问,殷代书家深厚的法书功力得益于这种严格的书学师承制度以及个人的刻苦训练,因而在当时的社会形成了不同的书学门派和形式各异的书风,于各个不同时期表现出千差万别的风格特点。

殷代预卜者的身份是复杂的,除商王、小臣、王臣、臣、卜官、工官以及其他一些官职之外,尚有史官,殷代的史官乃是当时的书家,他们作为占卜活动的参与者,有时也充当命龟的贞人。殷代遗物不仅留有他们用毛笔书写的文字,同时也留有他们用契刀契刻的文字。就以毛笔书写的文

---

[1] 任日新:《山东诸城县前寨遗址调查》,《文物》1974年第1期;中国社会科学院考古研究所:《蒙城尉迟寺——皖北新石器时代聚落遗存的发掘与研究》,科学出版社2001年版,第112、119页。

[2] 河南省信阳地区文管会、河南省罗山县文化馆:《罗山天湖商周墓地》,《考古学报》1986年第2期; J. Edward Kidder, *Early Chinese Bronzes in the City Art Museum of St. Louis*, 1956, pp. 38 – 39 and 44 – 45; Xiaoneng Yang, *Reflections of Early China, Decor, Pictographs, and Pictorial Inscriptions*, The Nelson – Atkins Museum of Art in association with the University of Washington Press, Seattle and London, 2000。

[3] 中国社会科学院考古研究所、日本奈良国立文化财研究所中日联合考古队:《汉长安城桂宫四号建筑遗址发掘简报》,《考古》2002年第1期;冯时:《新莽封禅玉牒研究》,《考古学报》2006年第1期。

字而言，留存于甲骨、陶器、石器等不同材料上的文字有些则表现出相同的风格，证明它们都应出于史官之手。史官为契刻卜辞而研习契刻，这使殷周两代的书家将笔法与刀法熔于一炉，在表现文字的结体和作品的章法上展现了高尚的审美情趣和精湛的处理方法。

史官以擅长书道为他们为官的基本条件之一，因而他们普遍具有良好的书学造诣。显然，甲骨文中的习刻之作都应是他们为契刻卜辞而学习新技能的作品，而书辞对于新契手来说，无疑也具有预防错误的作用。殷代的书契学习具有严格的师徒制度，并由师法而最终形成风格，从而使甲骨文的书风与其时代呈现出错综复杂的面貌。

殷代占卜的书契制度不仅表现在对于书契的学习和师法的传承方面，同时也表现在卜辞于甲骨上的契刻位置与其大小的变化、刻辞的装饰以及与此相关的其他一些问题。这些做法看来并不是殷人随意而为或仅服务于审美的需要，而应体现着一定的制度背景。毋庸置疑，对于占卜通神的活动而言，求吉的目的比审美更具有意义。

2007 年 1 月 10 日定稿

（原载《探古求原》，科学出版社 2007 年版）

甲骨文"震"及相关问题

一 释"震"

殷墟甲骨文有"🗡"字，《甲骨文编》收入附录上四二。字从"丫"从"殳"，象人持锤击丫，为会意字（图1）。此字之考释不下十数说，意见分歧，莫衷一是①。目前主要倾向于释"設"与释"鑿"两议，实皆有可商②。其一，"設"本从"言"从"殳"，但卜辞"🗡"字俱从"丫"符，未见从"言"者。学者或以"丫"乃"言"字初文，后孳乳为"言"③。然"言"本为从"口""辛"声的形声字④，而"🗡"字多见，却绝无一例孳乳作"言"者，此与其他从"言"之字所呈现的"丫"、"言"互作的情况大为不同。学者或主"言"本从"舌"⑤，如此则更与"丫"符渺不相涉。其二，甲骨文别有"鑿"字，作"▩"（《合集》18380）⑥，或省作

---

① 参见松丸道雄、高嶋谦一《甲骨文字字释综览》，東京大學東洋文化研究所，1993年，第451页；于省吾主编《甲骨文字诂林》第二册，中华书局1996年版，第919—926页；胡振宇《設字说》，《第二届国际中国古文字学研讨会论文集续编》，香港中文大学中国语言及文学系，1995年；郑慧生《释叚》，《殷都学刊》1992年第4期；又陈剑释"槷"，见《殷墟卜辞的分期分类对甲骨文字考释的重要性》，收入氏著《甲骨金文考释论集》，线装书局2007年版，第414—427页。
② 饶宗颐：《如何进一步精读甲骨刻辞和认识"卜辞文学"——附说"殷"》，《饶宗颐二十世纪学术文集》第四册，新文丰出版股份有限公司，2003年。
③ 李旦丘：《铁云藏龟零拾考释》，上海中法文化出版委员会，1939年，第36—38页；于省吾：《甲骨文字释林》，中华书局1979年版，第107页。
④ 《说文·言部》："言，从口，辛声。"
⑤ 姚孝遂：《古汉字的形体结构及其发展阶段》，《古文字研究》第四辑，中华书局1980年版，第31—32页；季旭昇：《说文新证》上册，艺文印书馆2002年版，第148页。
⑥ 高明、涂白奎：《古文字类编》（增订本），上海古籍出版社2008年版，第1313页。

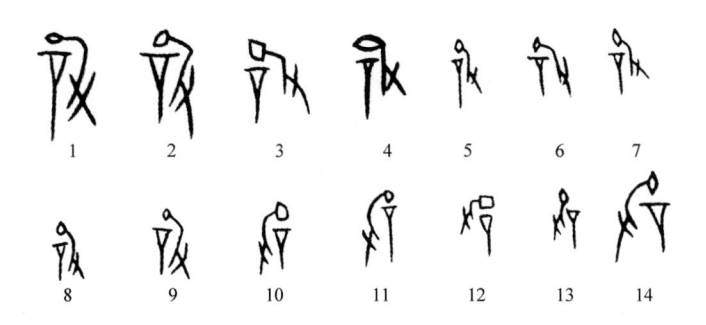

图1 甲骨文"震"字

1. 《前编》7.43.2 2. 《前编》7.7.1 3. 《京津》1955 4. 《甲编》2415 5. 《林》2.1.1
6. 《京都》3 7. 《粹编》503 8. 《佚》843 9. 《铁》27.1 10. 《乙编》4824 反
11. 《京津》1961 12. 《乙编》4821 13. 《京津》1960 14. 《前编》7.14.1

"㊗"(《掇》2.82)①,与"㊗"字形迥异。故此字之释仍待他求。

学者或释"㊗"为"震"。高鸿缙云:

> 按字原倚"又(手)"画其持锤锤椿状,似雷震劈历。由文"又"生意,故托以寄雷震之震。……㊗字意为雷击②。

又马薇颃云:

> ㊗从丫(凿)从㇏(手持槌形)会意。根据民间神话,人为雷震毙系由雷公凿击所致,今佛庙内尚塑有一手持凿一手持槌之雷公像。契文有此字,可见此神话由来之久远。震,雷击也。……震系后起字③。

高、马二氏之论极具启发,但久不为学者所重。今搜求相关史料重为考

---

① 吴振武:《〈古玺文编〉校订》,人民美术出版社2011年版,第183—184页;汤馀惠:《略论战国文字形体研究中的几个问题》,《古文字研究》第十五辑,中华书局1986年版;沈建华、曹锦炎:《新编甲骨文字形总表》,香港中文大学中国文化研究所,2001年,第124页。
② 高鸿缙:《中国字例》第二篇,广文书局1960年版,第324—325页。
③ 马薇颃:《薇颃甲骨文原》上册,文史哲出版社1971年版,第19页。

释，以探"䚈"字本义及其用法。

西周早期㚔赤尊铭有此字，字形作：

与甲骨文"䚈"相比，唯"丫"下孳乳一横，可以看出此字显即甲骨文"䚈"字的发展。

春秋早期武生鼎铭亦见此字，字形作：

左侧偏旁作"呈"，已较"㚔"字所从之"丫"又增一横笔，而"呈"实际就是古文"呈"字。准此，则甲骨文"䚈"可隶定为"毁"。

"丫"乃"呈"之初文，古文字有例可证。西周早期戜伯鼎、西周中期班簋铭皆有"戜"字，其形作：

左旁显为甲骨文"丫"字的演变。西周中期戜者鼎、尊也有"戜"字，其形作：

明确显示出"丫"字具有渐增横画的发展趋势。又春秋早期叔夷镈铭有"戜"字，其形作：

其所从之"呈"字已由初文"丫"发展为"呈"。至战国时代，"呈"字已普遍作"呈"[①]，后更讹变为"呈"。如战国玺印文字"呈（逞）志"，"呈"本作"呈"（《古玺汇编》4518），或又作"呈"（《古玺汇编》4520）。故知"呈"字由"丫"而"呈"，其字形的孳乳过程与甲骨文"䚈"演变为金文"毁"完全相同。

"丫"即"呈"字，求诸古音，其事也明。《史记·五帝本纪》："便程

[①] 何琳仪：《战国古文字典——战国文字声系》，中华书局1998年版，第803—805页。

东作。"《尚书·尧典》作"平秩东作"。《诗·小雅·巧言》："秩秩大猷。"《说文·大部》引"秩"作"𧽗"。《说文·走部》："𧽗，读若《诗》'威仪秩秩'。"是"呈"、"𧽗"同音之证。《说文·口部》："呈，平也。从口，壬声。"徐灝《笺》："呈，即古程字。《冀州从事郭君碑》：'先民有呈。'是其证。《荀子·致仕篇》曰：'程者，物之准也。'准即平也。"许氏以"呈"乃据"程"字出训，已失本义。而据古文字资料可知，"呈"本作"丫"，后演变为"𝗬"，终定为"𝘠"。

"丫"形本象凿具，而"𗞁"字乃象手持锤凿击之，观念当源于雷电扑人。《淮南子·说林》："茵不祥之木，为雷电所扑。"《太平御览》卷十三引"电"作"霆"。雷霆扑人击死，而甲骨文、金文之"撲"本从"𗞁"①，亦凿具之类。故卜辞"𗞁"所从之"丫"正是击人击物之器。汉武氏祠画像详写雷神，其中作声者乘于雷车而击鼓，击人者则居虹下持锤把凿（图2），形象与卜辞"𗞁"字全同。相关的雷神双手分执锤凿的图像在古代美术品及民族志材料中也有清晰的反映（图3、图4）。准此可明，甲骨文"𗞁"应隶定为"毁"，本会雷神持锤凿伤亡人物之意，"呈"亦声。故以音义求之，"毁"乃霹雳震杀人物，当为震霆之本字。

《说文·雨部》："震，劈历振物者。从雨，辰声。"段玉裁《注》："劈历，疾雷之名。《释天》曰：'疾雷为霆。'《仓颉篇》曰：'霆，霹雳也。'然则古谓之霆，许谓之震。"《左传·昭公四年》："雷出不震。"杜预《集解》："震，霆也。"孔颖达《正义》："'霆'是'震'之别名。'雷出不震'者，言有雷而不为霹雳也。"《初学记》卷一引《五经通义》："震与霆皆霹雳也。"《慧琳音义》卷七十四"霹雳"注引《文字典说》："霹雳，大雷击物也。"以此论之，"震"本霹雳击物，其又名"霆"，与"毁"字所体现之形训若合符契。《史记·殷本纪》："暴雷，武乙震死。"《太平御览》卷三〇五引《尉缭子》曰："武王之伐纣也，河水逆流，左骖霆死。""震"、"霆"互作，故明二字同源，本即作"毁"。

"毁"乃"震"、"霆"之本字，故读音必同。"霆"从"廷"声，"震"从"辰"声。上古"呈"在透纽耕部，"霆"在定纽耕部，读音相

---

① 唐兰：《殷虚文字记》，中华书局1981年版，第45—47页。

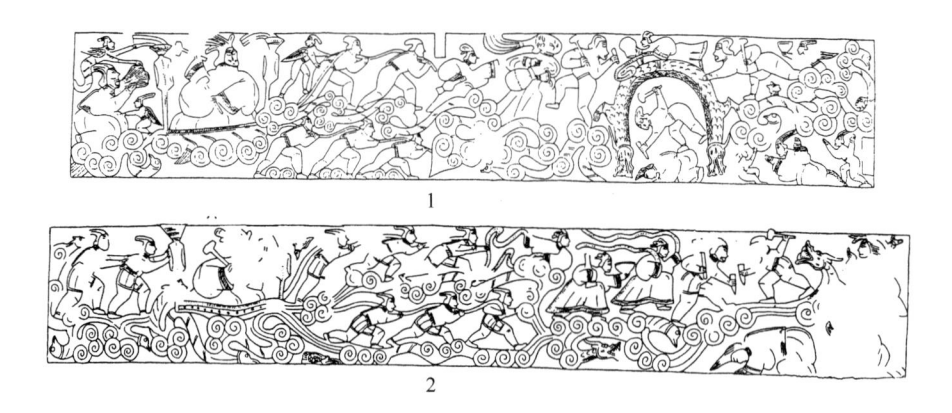

图 2 山东嘉祥武氏祠石刻画像摹本（采自信立祥《汉代画像石综合研究》）
1. 左石室天井前坡西段画像　2. 前石室（武荣祠）天井前坡西段画像

同。《礼记·玉藻》："天子搢珽。"陆德明《释文》："珽本又作珵。"《尔雅·释鱼》："蜥蜴，蝘蜓。"陆德明《释文》："蜓字或作蝏。"《说文·衣部》："裖，袗或从辰。"乃同音之声符互换。《玉藻》又云："振絺绤不入公门。"郑玄《注》："振，读为袗。"《春秋经·成公十七年》："公孙婴齐卒于貍脤。"《公羊传》引《经》"貍脤"作"貍轸"。《说文·金部》："鐵，古文作銕。"《尚书·尧典》："宅嵎夷。"孔颖达《正义》引夏侯等书"夷"作"鐵"，乃"銕"之误字。《春秋经·宣公十一年》："楚子、陈侯、郑伯盟于辰陵。"《穀梁传》引《经》作"夷陵"。凡此皆"敐"、"震"、"霆"互通之证。是"𢰃"乃"震"、"霆"之本字，正取震霆扑人之形，其初为会意，后则孳乳为形声字。

雷为自然神，对其的认识与崇拜，传统可溯至新石器时代[①]。雷既发声，又可震击。《楚辞·九辨》："属雷师之阗阗兮。"王逸《章句》："整理车驾而鼓严也。"洪兴祖《补注》："阗，音田，鼓声。"致雷神或名"丰隆"[②]，即取雷声为神名。然雷声并不可惧，惧在疾雷震物。《素问·五常政大论》："迺为雷霆。"王冰《注》："雷谓大声生于太虚云冥之中

---

① 冯时：《中国天文考古学》，社会科学文献出版社2001年版，第124页。
② 《楚辞·离骚》："吾令丰隆乘云兮。"王逸《章句》："丰隆，云师，一曰雷师。"

图 3　东汉石刻画像中的雷公
1. 山东济宁城南张汉墓发现　2. 江苏徐州汉墓发现　3. 山东临沂汉墓发现

也；霆谓迅雷卒如火之爆者，即霹雳也。"以雷与震霆分别甚明。《易·震》即写雷霆事，其六三爻辞云："震苏苏，震行无眚。"言雷行徐缓则不击人，故不致为灾①。《文选·张平子思玄赋》："丰隆軯其震霆兮。"旧《注》："丰隆，雷公也。震霆，霹雳也。"故雷至霹雳为害，正为甲骨文"毁"字所体现的观念。字象雷神手持锤凿相击，以喻雷霆震物。而武氏祠画像所见之震霆击人形象也同样逼真，其左石室天井前坡西段画像绘雷神出行图，图中相随者有雨师、电母和虹霓，而霹雳者把凿执锤，踏于云霓，霓下适有一人伏地遭击（图2，1）。这种以虹霓表现云雨气象而与雷神合绘的图像，在汉代美术品中时有所见（图3，2）。而武氏祠另一幅位于前石室（武荣祠）天井前坡西段的画像同绘雷神出行，相随者也有雨

---

① 高亨：《周易大传今注》，齐鲁书社1983年版，第423、426页。

师、电母,霹雳者同样把凿持锤踏于云朵,云下则绘遭击匍匐之人(图2,2)。两幅画像中的把凿执锤者皆与雷神相随,明确证明其所体现的实即雷电击人的霹雳景象①,其与雷神合绘,不仅明确显示了持锤凿击人者应为震霆之神的象征,而且其形象也正可视为甲骨文"毁"字构字观念的孑遗,甚至这一形象在彝族有关雷神的民族志材料中仍然可以见到(图4)②。

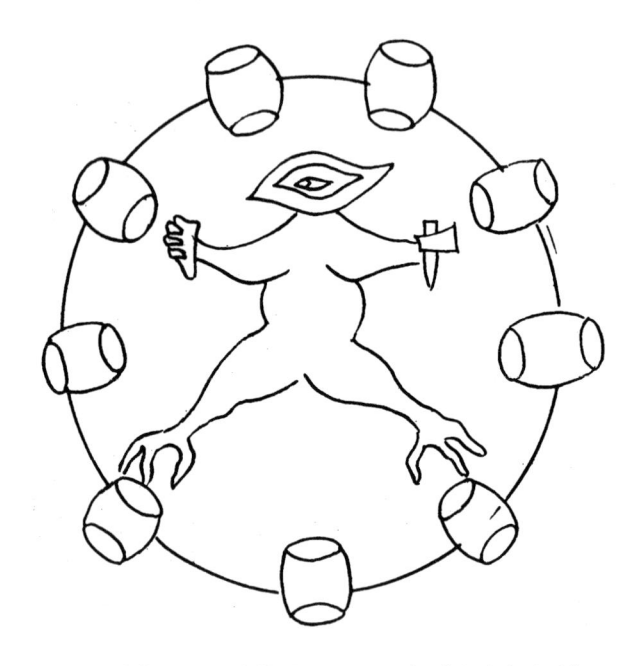

图4 古彝文文献中的雷公图(采自《宇宙人文论》)

古以雷之疾暴震物者为震为霆,或名霹雳。郭璞《尔雅注》:"霆,雷之急激者,谓霹雳。"《诗·小雅·采芑》:"如霆如雷。"朱熹《集传》:

---

① 信立祥:《汉代画像石综合研究》,文物出版社2000年版,第179页。近有学者认为武氏祠具有虹蜺之画像应为所谓"凿虹图"(见方辉《说"雷"及雷神》,《南方文物》2010年第2期),其说可商。图二之1虽有虹蜺,但虹蜺并非被凿击的对象,图二之2并无虹蜺,却仍有凿击者,可为明证。而两图之凿击者皆与雷神相关联,其内容表现的显为雷电击人,而非凿虹。此类凿击者之形像亦见于其他雷神图像,其含义亦甚清晰。

② 罗国义、陈英翻译,马学良审订:《宇宙人文论》,民族出版社1984年版,第168页。

"霆，疾雷也。"《史记·乐书》："鼓之以雷霆。"张守节《正义》："大雷曰霆。"《汉书·楚元王传》："雨雪雷霆。"师古《注》："霆，雷之急者也。"《文选·张平子西京赋》："闻雷霆之相激。"疾雷意即急迅之雷，古人或名震霆，或名霹雳。

霆以震物，与但发声之雷不同。《文选·班孟坚东都赋》："霆击昆阳。"《汉书·叙传下》："霆击朔野。"又《贾山传》："雷霆之所击，无不摧折也。"又《扬雄传下》："击如震霆。"雷霆震物而致摧折伤亡，故名霹雳。霹雳本作"辟历"，或作"劈历"，正言破析。《释名·释天》："震，战也。所击辄破，若攻战也。又曰辟历，析也，所击皆破析也。"①《庄子·齐物论》："疾雷破山。"是雷电破物之害正言震霆。

震霆击物以电，故古人又以"震电"连言。《春秋经·隐公九年》："三月癸酉，大雨震电。"《穀梁传》："震，雷也。电，霆也。"杨士勋《疏》："霆者，霹雳之别名。有霆必有电，故《传》曰'电，霆也'。或当电、霆为一也。"王引之也以"霆"乃电之别名②，似不可据。孔颖达《左传正义》："震是雷之劈历，电是雷光。"《诗·小雅·十月之交》："烨烨震电。"马瑞辰《毛诗传笺通释》据《说文》、《春秋经》及《仓颉篇》以为震、霆为一，皆为雷，与电不同。其说甚是。霹雳虽借电光击人，这是古人以"震电"连文的原因，但究析天象，震、电二事毕竟不同。甲骨文有"电"字③，作"𢑥"，金文作"𩃰"，从"雨"从"申"，"申"亦声；又有"雷"字，作"𩂩"，金文作"𩂷"，从"申"从"畾"或"𠱰"，后省作"畾"，"畾"亦声④；金文又作"𩂣"。与"电"不同，"雷"字所从之"畾"乃连鼓之象，以明雷声。《论衡·雷虚》："图画之工，图雷之状，累累如连鼓之形。又图一人，若力士之容，谓之雷公，使之左手引连鼓，右手椎之，若击之状。其意以为，雷声隆隆者，连鼓相扣击之意也。"而汉代美术品所绘雷公也多作击连鼓之形（图3），可为佐证。是霆为激雷震物之霹雳，故殷人于

---

① 今本"析也"作"辟析也"，苏舆以为衍"辟"字，可从。说见王先谦《释名疏证补》。
② 王引之：《经义述闻》卷二十五，江苏古籍出版社1985年版。
③ 冯时：《中国古代的天文与人文》（修订本），中国社会科学出版社2009年版，第92页。
④ 参见容庚《金文编》，中华书局1989年版，第751页。

"雷"、"电"之外别造"𩇒"字以明之。

二　霹雳震物

霹雳震物为灾，乃不可抗拒之自然力量，故殷人卜之祸否，或告祭于神。卜辞云：

　　□寅卜，古贞：毁（震）不唯祸？
　　毁（震）唯祸？王占曰："吉，勿唯祸。"
　　　　　　　　　　　　　　　　　　　《合集》17271 正、反
　　丁巳卜，宾贞：毁（震）唯祸？　　《合集》17270
　　贞：毁（震）不唯［祸］？　　《合集》17292

"震"即言霆。辞问雷霆是否导致灾祸。其中一条记有占辞，言虽有雷霆，但不致造成祸害。

　　辛未卜，王贞：今辛未大风不唯祸？　　《合集》21019

此卜风祸与彼卜霆祸一样，都是关心气象灾害。《左传·昭公四年》："风不越而杀，雷不发而震。"即以风雷之灾同述。

震霆为害，古人惧甚，故告之神祇，以求弭止。卜辞云：

　　庚辰卜，宾贞：告毁（震）于河？　　《合集》14533

此以震霆之事告神。《易·震》："震来虩虩。""虩虩"即恐惧之貌。《象传》曰："洊雷，震。君子以恐惧修省。"故祈神灵以弭之。

　　□□卜，贞：告电于河？　　《合集》13413
　　甲申卜，宾贞：告蠢于河？　　《合集》9627

两辞皆以灾事告祭神祇，与"告震"之事相同。

殷人又有雨与雷霆并卜之事。卜辞云：

   雨，毁（震）？   《合集》13012
   雨，毁（震）？   《合集》13013 正

此卜气象之辞，犹殷人以雨、电并卜。

   癸巳卜，古贞：雨，电？十月。在☐。   《合集》13406

准此也明"𢕒"字本乃迅雷之震霆。

   辛亥卜，古贞：令茸以沁御方于陟，毁（震）？   《合集》4888

"以"训与，此卜王命茸与沁于陟地抵御方的入侵，其时是否遇有震霆。"陟"为地名，盖以势高见称。而势高易遭雷击，先民已明其理。《易·震》六二爻辞云："震来厉，亿丧贝，跻于九陵。"即明登高易受雷击的危险。又《震》上六爻辞云："震索索，视矍矍，征凶，震不于其躬，于其邻，无咎。"即言征行而遇雷击之事，与卜辞所占御方而遇雷事正相合。卜辞又云：

   丁未卜，𡿪贞：王其宾大戊，毁（震），𢆉，惠☐？
                  《合补》8864

"𢆉"，祭名。此卜祭大戊时遇雷霆而行𢆉祭。《易·震》："震，亨。震来虩虩，笑言哑哑。震惊百里，不丧匕鬯。"《彖传》曰："不丧匕鬯，出可以守宗庙社稷，以为祭主也。""亨"乃祭享之谓。此言社稷之主行祭遇霆而不失其序，与卜辞所记绝相吻合。

"震"于文献有名、动两种用法，卜辞亦然。

  壬辰卜，贞：毁（震）司室？　　　　《合集》13559
  壬辰卜，贞：毁（震）司室？　　　　《合集》13560
  ［壬辰］卜，贞：毁（震）司室？　　《合集》13561

三辞同文，所卜一事。"司室"，学者多读为"祠室"。《说文·司部》："司，臣司事于外者。从反后。"似为祭祀之所。学者或据许氏所训"司"、"后"乃为正反的关系，而以二字本为一字，并谓"后室"读为"司室"，实乃假"后"为"祀"①。按此说颇为迂曲。卜辞时见"鼻司"，或作"鼻刁"，更省作"鼻亏"，知"刁"字复以"亏"以示其音读。古从"亏"之字如"辝"字作：

《师友》1.182　　司空丁爵　　儵匜　　令鼎　　康侯簋　　荣有司禹鼎

《说文·辛部》："辭，讼也。从乱辛。乱辛犹理辜也。嗣，籀文辭，从司。"许慎以"辭"字会意，但字或从"司"以明其音，故知"亏"本也兼声。"辭"字上古音属邪纽之部，与"司"属心纽之部读音相同。所以卜辞的"刁"实际是在"司"的字形上附加了声符"亏"，其读为"司"应该很清楚，因此可视为"司"字的或体。此外，早期文字从"司"得声的"嗣"字作：

戍嗣鼎　　大盂鼎

与"司"同音的"辝"或亦从"司"作：

伯六辝鼎

而"姒"也从"司"得声，"司"或亦作省"口"之形。如：

----

① 金祥恒：《释后》，《中国文字》第10册，1962年；收入《金祥恒先生全集》第三册，艺文印书馆1990年版。

者姒甗　　姒簋　　班簋　　乙未鼎

凡此都可澄清"司"字的音读。故以"司"字本训求诸卜辞"司室"之义，似更切辞旨。"司"为臣官之名，古之官制有"有司"及"三有司"，"司"皆主理之谓，而为臣僚之称，故卜辞之"司"，地位亦应同此。卜辞云：

　　贞：唯麋司壱妇好？
　　不唯麋司壱妇好？　　　《合集》795 反
　　□戌卜，侑𦉢司御子汰？　　《合集》20029
　　□酉卜，扶，惠□酌𦉢司？　　《合集》20116
　　贞：侑于𦉢司？　　《合集》14814

"𦉢司"或作"麋司"，明"𦉢"本"麋"字之省。卜辞又云：

　　☐𦉢㚙（司）先酌，翌☐？　　《英藏》1972
　　□□卜，[即] 贞：☐侑于𦉢亐（司）☐？
　　以☐？　　《明后》B2087

学者或以"㚙"即"后亐"合文①，说不足据。古文字"司"可省写作"㚙"，上引"𩰬"字本或作"𩰬"，已为明证，但这种省略却不见于"后"字。故卜辞的"𦉢㚙"、"𦉢亐"皆应读为"𦉢司"，其享受祭祀，知为神名。

　　□丑侑于五毓至于𦉢㚙（司）？
　　☐凡母辛岁，于㚙（司）家以束？十月。　　《合集》24951

---

① 严一萍：《释小㚙》，《中国文字》第 19 册，1966 年；收入氏著《甲骨古文字研究》第一辑，艺文印书馆 1976 年版。

"龏司"与"五毓"并举,"五毓"指已故之先王配偶①,则"龏司"自不属于王配,也明"刁"不当读为"后"。辞犹祭祀卜辞恒见之"自上甲至于多毓","多毓"自在上甲之外而地位次于上甲一样,知"龏司"的地位也应亚于五毓。学者以为其当属旧臣②,可从。如此,则恰与"司"为臣僚的性质吻合。

  乙未卜,其旁伊司,惠□兹。　　　《屯南》768

学者以为"伊司"殆即伊尹之神祠③,实"司"为臣官之称,故"伊司"即指伊尹之臣。此也明证"司"指臣官。而"龏司"或也但称"龏"。卜辞云:

  辛巳卜,在箕,唯夒耑王?
  弗耑王?
  辛巳卜,在箕,又龏耑王?
  弗耑王?　　《屯南》2369

"龏"与"夒"对举,虽为神名④,但指臣官。卜辞又云:

  癸亥卜,兄贞:司(祠)龏□?　　　《合集》26630+26628

"龏"为受祭者,为神名可知,唯省却表示臣官的"司"字而已。卜辞又或但称"司",则是对臣官的泛称。卜辞云:

  庚子子卜,惠小牢御龙母?
  庚子子卜,惠小牢臀司?

---

① 朱凤瀚:《论卜辞与商金文中的"后"》,《古文字研究》第十九辑,中华书局1992年版。
② 于省吾主编:《甲骨文字诂林》第三册,姚孝遂按语,中华书局1996年版,第2494页。
③ 中国社会科学院考古研究所:《小屯南地甲骨》下册第一分册,释文,中华书局1983年版,第896页。
④ 姚孝遂、肖丁:《小屯南地甲骨考释》,中华书局1985年版,第7页。

辛丑子卜，贞：用小牢龙母？
辛丑子卜，贞：用小牢臀司？
惠豕用至臀司小牢？
癸卯卜，来癸其酻于司，至☒？　　　　　《合集》21805

"司"与"龙母"相对，泛指旧臣。

☒未卜，大［贞］：☒三司日☒？　　　《合集》26070
乙丑卜，其侑岁于二司一牝？　　　《合集》27582

"三司"、"二司"都是对旧臣神主的集合称谓，而对这些旧臣的祭祀之所，则即所谓的"司室"。《合集》24951 版又有"司亥"之名。"亥"为宗庙藏主之所①，故"司亥"也属"司室"，乃为享祀旧臣之祭所。

卜辞贞问"震司室"，是卜司室是否遭受霹雳破之。《春秋经·僖公十五年》："己卯，晦，震夷伯之庙。"杜预《集解》："震者，雷电击之。"《晋中兴书》："义熙三年六月，霹雳震太庙鸱尾，彻壁柱。"皆为霹雳震击庙室之证。高鸿缙氏以为，卜辞"震司室"与"震夷伯之庙"字法句法正同②，甚是。《论衡·龙虚》："盛夏之时，雷电击折树木，发坏室屋，俗谓天取龙。谓龙藏于树木之中，匿于屋室之间也。雷电击折树木，发坏屋室，则龙见于外。龙见，雷取以升天。"卜辞云：

燎于社，牢，曰"❋次于庞"？
☒巳卜，争［贞］：叙（震），告于上甲？　　《合集》7359
勿于萛次？　　　《合集》7352 正

"庞"乃殷王及重臣馆次之所，字又作"萛"，而"萛司"、"靡司"之

---

① 陈梦家：《殷虚卜辞综述》，科学出版社 1956 年版，第 472、479 页。
② 高鸿缙：《中国字例》第二篇，广文书局 1960 年版，第 325 页。

"䧅"、"䪊"本也为地名，是三字同源①，唯互有增省，当指一地。字皆从"龙"，向以为形声之音符，然殷臣次庞而告神弭霆，事非巧合，故疑诸字皆会意兼声。"䪊"乃奉龙升天之形，此正应天取龙之意。"庞"则象龙匿于室，故遭震霆。而"䧅"字结构最为完整，正象龙匿屋室而致天取龙。准此，则"司室"或在庞地。《说文·广部》："庞，高屋也。"而司室应该即属此类高屋。高屋易遭雷击，遂有天取龙之说。

卜辞又有"毁门"之贞，时在殷历七月（《合集》13605），当夏历三、四月②。因内容残甚，是否卜问雷霆击门，不便详考。

殷卜辞除霹雳破物之外，更有击人之记录。卜辞云：

  壬午卜，[大] 贞：毁（震）六人？ 《合集》22599
  [壬午] 卜，大贞：毁（震）六人？ 《合集》22600
  [壬]午卜，大贞：毁（震）六人？ 《合集》22602

高鸿缙氏以为，"震六人"即雷震之意甚明③。三辞同文，所卜一事，乃问是否震杀六人。《合集》22599同版记田猎事，故此辞盖卜因田猎而遇雷。《史记·殷本纪》："帝武乙无道，……猎于河渭之间，暴雷，武乙震死。"又《封禅书》："帝武乙慢神而震死。"司马贞《索隐》："谓武乙射天，后猎于河渭而震死也。"所记于田猎遇雷击死，事与卜辞全合。《论衡·雷虚》："其犯杀人也，谓之有阴过。饮食人以不洁净，天怒，击而杀之。"黄晖《校释》引刘盼遂曰："《北史·高车传》：'俗不清洁，喜致震霆。'唐沈既济《雷民传》：'雷州事雷，畏敬甚谨，每具酒肴奠焉。有以彘肉杂鱼食者，霹雳辄至。南中有木，名曰棹，以煮汁渍梅李，俗呼为棹汁。杂彘肉食者，霹雳亦至，犯必响应。'知雷击食不洁净之说，至六朝、唐时仍盛。"其俗或殷已有之。此卜雷死而当田猎，时林木葱郁，已易遭雷；且饮食不如平时洁净，也易致雷。而武乙无道雷死，亦合此阴过犯杀之说。

---

  ① 卜辞"䧅"或作"䪊"。又见丁骕《诸帚名》，《中国文字》第34册，1969年。
  ② 冯时：《殷历岁首研究》，《考古学报》1990年第1期；《殷代农季与殷历历年》，《中国农史》第12卷第1期，1993年；《中国天文年代学研究的新拓展》，《考古》1993年第6期。
  ③ 高鸿缙：《中国字例》第二篇，广文书局1960年版，第325页。

三 振祭

甲骨文"毁"除用于本义而言震霆之外，还用为祭名，读为"振"。"震"、"振"并从"辰"声，同音可通。《说文》"震"训"霹雳振动"，孔颖达《左传正义》引作"震物"。《易·恒》："振恒凶。"李鼎祚《集解》"振"作"震"。是"震"、"振"互用之明证。《周礼·春官·大祝》："辨九祭，……五曰振祭。"杜子春云："振读为慎。礼家读振为振旅之振。"郑司农云："至祭之末，礼杀之后，但擩肝盐中，振之，拟之若祭状，弗祭，谓之振祭。"郑玄《注》："九祭皆谓祭食者。……振祭、擩祭本同，不食者擩则祭之，将食者既擩必振乃祭之。"黄以周《礼书通故》卷十七云："《士虞》、《特牲》尸入九饭，佐食举肺脊，举幹，举骼，举肩，皆振而啐之，《少牢》尸入十一饭，上佐食举牢幹、鱼、腊肩、牢骼、牢肩，尸亦振祭啐之，此则振而不擩，所谓振祭是也。《士虞》、《特牲》、《少牢》、《有司彻》凡以肝燔从者，皆擩于俎盐，振祭，啐之，此则擩而复振，振而又祭也。凡祭牲体及肺皆振祭。……《经》于振祭皆曰啐之，于擩祭不言啐，后郑以食不食分振擩，是也。"此振祭以肆献馈食享先王，实《周礼》大宗伯六享之为。卜辞云：

贞：唯父乙咎王？
贞：不唯父乙咎王？
贞：王咎唯蛊？
贞：王咎不唯蛊？
贞：妇好梦不唯父乙？
贞：王毁（振）父乙？　　　　《合集》201 正
庚申卜，惠父毁（振）用？　　《怀特》1561
庚申卜，惠父乙毁（振）用？兹用。　　《南明》613

第一辞首贞父王小乙为祟武丁，且武丁配妇好夜梦小乙为祟，遂武丁振祭小乙以禳灾。第二辞"父"下缺少祭日天干，可据第三辞补齐。两辞同日所卜，当属一事，乃为武丁对其父小乙所行的振祭。卜辞又云：

> 丁酉卜，贞：夕侑于丁牛？六月。
> [贞]：惠犬用寰（振）？　　　　《合集》1926
> 己亥卜，贞：今日夕奏母庚？
> 己亥卜，贞：惠羌用寰（振）？　　《合集》460

"寰"字从"宀""毁"声，亦读为"振"。此以牲体为犬为羌而振祭。两次振祭皆行于夕祭祖先之时，明证二"寰"字含义相同。

四　庶徵

甲骨文"毁"于以上两种用法之外，又读为"徵"，指事物之徵兆①。"毁"从"呈"声。朱骏声《说文通训定声》以"呈"用为"徵"。《列子·天瑞》："而昧昧者未尝呈。"《释文》："呈，示见也。"段玉裁《说文解字注》："呈，今义云示也，见也。"《尚书·洪范》："念用庶徵。"郑玄《注》："徵，验也。"《左传·昭公十七年》："是其徵也。"杜预《集解》："徵，始有形象而徵也。"《素问·天元纪大论》："阴阳之徵兆也。"卜辞凡为徵兆之卜，皆言"有徵"。卜辞云：

> □卯出□兔，庚申亦有毁（徵），有鸣雉□疒囗羌戎。
> 　　　　　　　　　　　　　　　　　　《合集》522反

---

① 学者或以此字释"斟"，读为"徵"，为事物之徵兆（参见陈邦怀《殷代社会史料徵存》卷下，天津人民出版社1959年版，第28—29页）。又有释"设"而谓兆象为天所设施（参见于省吾《释设》，见氏著《甲骨文字释林》，中华书局1979年版），也有释"鑿"而读为"兆"（参见刘钊《读甲骨文"鑿"字的一种用法》，《史学集刊》1992年第1期；李学勤《论殷墟卜辞的新星》，《北京师范大学学报（人文社会科学版）》2000年第2期，收入氏著《中国古代文明研究》，华东师范大学出版社2005年版，第8—10页），更有释"檙"而读为"異"（参见陈剑《殷墟卜辞的分期分类对甲骨文考释的重要性》，见氏著《甲骨金文考释论集》，线装书局2007年版），显然都体现了相同的思考。

辞记以雉鸣为徵。卜辞又云：

  ☑之日夕有鸣雉。   《合集》17366 反
  ☑［鸣］雉。   《合集》17866 正

第一辞记雉于夜晚不应鸣时而鸣，是为异徵①。第二辞残甚，学者或补"鸣"字②，可从。以上三条卜辞"雉"字的写法与卜辞常见的从"隹""矢"声或从"隹""夷"声的"雉"、"雉"不同，而作巨喙之形，且皆于鸟颈处横增一画。学者或径释为"鸟"，但鸟为共名，无法反映此字着意表现的该物种所独具的特点。换句话说，殷人既然以一种特殊的写法将此区别于一般的鸟形，便意味着其必然要传达出不同于具有共名的鸟的内涵，故释"鸟"亦有未安。《说文·隹部》载雉有十四种之多，难以比对。又云："雊，雄雉鸣也。雷始动，雉乃鸣而句其颈。"段玉裁《注》："《夏小正》：'正月，雷震雉雊。雊也者，鸣鼓其翼也。'……释雊为鸣鼓其翼者，读'雊'为'敂'，敂，击也，动也。鸡鸣必鼓其翼，知雉鸣亦必鼓其翼也。许云'句其颈'，与《大戴》异。鼓其翼、句其颈皆状其鸣也。……句音鉤，曲也，句其颈故字从句。"故疑此雉字当特写雊鸣之雄雉，其颈处所增横画，或在强调雉句其颈之鸣状。

  古以雉鸣为雷动之徵。《大戴礼记·夏小正》："雉震呴。震也者，鸣也。呴也者，鼓其翼也。正月必雷。雷不必闻，惟雉为必闻。何以谓之？雷则雉震呴，相识以雷。"王聘珍《解诂》："雷，阴阳薄动也。正月三阳已盛，有与阴相薄之义，故《泰卦》互体为《震》也。雷动地中，人或不闻，雉性精刚，故独知之应而鸣也。人闻雉鸣，则可识雷之动于地中也。《汉书·五行志》云：'雉者听察，先闻雷声，故《月令》以纪气。'"孔广森《补注》："《月令》'季冬，雉雊'，视此为蚤。"《洪范五行传》："正月雷微而雉雊，雷通气也。"《说文·隹部》谓雷始动，雄雉鸣而句其

---

  ① 李学勤：《〈夏小正〉新证》，《农史研究》第 8 集，农业出版社 1989 年版。收入氏著《李学勤文集》，上海辞书出版社 2005 年版，第 89—90 页。
  ② 島邦男：《殷墟卜辭綜類》（增訂），汲古書院 1977 年版，第 239 页。

颈，皆其明证。卜辞残泐，若记雉鸣而栖物为徵，则事犹可考。《尚书·高宗肜日序》："高宗祭成汤，有飞雉升鼎耳而雊。"伪孔《传》："雊，鸣。"又见《史记·殷本纪》与《封禅书》，其徵与卜辞同。《汉书·五行志下》："刘向以为雉雊鸣者雄也，以赤色为主。于《易》，《离》为雉，雉，南方，近赤祥也。刘歆以为羽虫之孽。《易》有《鼎卦》，鼎，宗庙之器，主器奉宗庙者长子也。野鸟自外来，入为宗庙器主，是继嗣将易也。一曰，鼎三足，三公象，而以耳行。野鸟居鼎耳，小人将居公位，败宗庙之祀。野木生朝，野鸟入庙，败亡之异也。"所记以雉鸣为徵异甚明。卜辞又云：

> 丙申卜，㱿贞：来乙巳酚下乙？王占曰："酚，唯有祟，其有毁（徵）。"乙巳酚，明雨。伐，既雨。咸伐，亦雨。饮卯鸟，晴。
> 乙巳夕有毁（徵）于西。
> 　　　　《合集》11497 正、反（《合集》11498 正、反同文）
> 辛未有毁（徵），新，晴。　　　　《合集》6063 反
> 五〔日〕戊申有毁（徵），新，晴。　　　　《合集》11507
> 五日甲子允酚，有毁（徵）于东。　　　　《合集》10302
> 戊□〔卜〕，□〔贞〕：☒又？王占〔曰〕："☒唯丁吉，其〔唯〕☒未允☒。"☒允有毁（徵），明有各云。昃亦有毁（徵），有出虹，自北〔饮〕于河。在十二月。　　　　《合集》13442 正
> ☒〔唯〕庚吉，其〔唯〕☒有毁（徵），虹于西☒。
> 　　　　《合集》13444

此皆卜气象之徵。

> 癸丑卜，㱿贞：旬亡祸？庚申有毁（徵），千启五。三月。
> 　　　　《合集》17272

此旸启之徵。

丙戌卜，宾贞：告日有殻（徵）于上甲，三牛？

《合集》13329

贞：日［有］殻（徵），其亢？　　《怀特》1502

丁卯卜，有殻（徵）☐？　　《屯南》3641

《易·乾》："亢龙有悔。"李鼎祚《集解》引干宝曰："亢，过也。"《庄子·刻意》："为亢而已矣。"陆德明《释文》引李云："穷高曰亢。"卜辞言日有徵而贞问"其亢"，是关心其徵兆是否已穷极而衰。"殻"字从"日"，或为意符。是三辞皆言日有徵兆。此则天象之徵。

戊午卜，殻贞：今者（睹）王征土方？王占曰："甲申其有殻（徵），吉。其唯甲戌有殻（徵）于东。"☐☐甲戌有殻（徵）☐。

《合集》6441

此为战争休咎而见之徵兆。

☐庚其有殻（徵），吉，受祐。其唯壬不吉。　　《合集》6087 反

此版正面为战争卜辞，故亦为战争休咎而见之徵兆。

王［占］曰："其唯戊有殻（徵），不吉。"　　《合集》6484 反

王占曰："丁丑其有殻（徵），不吉。其唯甲有殻（徵），吉。其唯辛有殻（徵），亦不吉。"　　《合集》6485 反

两版正面皆卜战争与疾病，内容相同。其中战争卜辞在辛酉，疾病卜辞未书历日，故占辞归属尚难遽定。但无论如何，此乃为休咎所见之徵兆应无问题。

王占曰："其有殻（徵），其唯丙不［吉］，其唯壬亦不［吉］。"

《合集》6354 反

此辞同版记祭祀事，故为休咎所见之徵。

"其唯丙有毁（徵），不吉。其唯丁有毁（徵），吉。"
《合集》15862 反

"☐吉。其唯丙有毁（徵），有祟。" 《合集》17275 反

癸丑［卜，殸］贞：旬［亡］祸？丙辰有毁（徵）。四月。
《合集》17273

［王占］曰："丙其有毁（徵）。" 《合集》17274

有关此类休咎之徵的卜事，卜辞习见。

卜辞之徵所涉不仅事类不一，且或休或咎，显即洪范九畴之"庶徵"。《尚书·洪范》云："庶徵，曰雨，曰旸，曰燠，曰寒，曰风，曰时。五者来备，各以其叙，庶草蕃庑。一极备，凶。一极无，凶。曰休徵：曰肃，时雨若；曰乂，时旸若；曰晢，时燠若；曰谋，时寒若；曰圣，时风若。曰咎徵：曰狂，恒雨若；曰僭，恒旸若；曰豫，恒燠若；曰急，恒寒若；曰蒙，恒风若。"卜辞既有雨旸之徵，自在庶徵之列。且用事皆关戎祀，故庶徵之不同又可见商王行事之肃狂圣蒙。实殷人之徵多为天文气象所呈现的吉凶徵兆，这种文化传统自殷卜辞而至《洪范》，一脉相承。古或以《洪范》为商书，其所记制度正合于卜辞。

五　馀论

金文之两例"毁"字，其中见于西周毁赤尊铭者当用为氏名，文云：

毁赤乍（作）宝彝。　　《集成》5816

"毁"似读为"程"。《国语·楚语下》："故重黎氏世叙天地，而别其分主者也。其在周，程伯休父其后也，当宣王时，失其官守，而为司马氏。"韦昭《注》："程，国。伯，爵。休父，名也。失官守，谓失天地之官，而以诸侯为大司马。《诗》曰'王谓尹氏，命程伯休父'是也。"此诗乃

《大雅·常武》文。《潜夫论·志氏姓》："故重黎氏世序天地，别其分主，以历三代，而封于程。其在周世，为宣王大司马。"知程氏乃颛顼重黎氏后，其本出天官①，正与程氏本乃震霆之字暗合。《逸周书·大匡》"维周王宅程三年，遭天之大荒。"孔晁《注》："程，地名，在岐州左右，后以为国。初，王季之子文王因焉，而遭饥馑，后乃徙丰焉。"卢文弨引赵云："《竹书纪年》文丁五年王季作程邑，帝辛三十三年文王迁于程。"文王在程，作《程寤》、《程典》等。又春秋早期毁侯戈铭云："御侯之造戈五百"（《集成》11202），"御"字作"㼖"，疑读为"程"②。"程"字后起，今见于云梦睡虎地秦简《效律》，时在战国之末。其所从之"呈"作"呈"，犹存古形。另例武生鼎铭云："武生（甥）毇乍（作）其羞鼎，子子孙孙永宝用之"（《集成》2523），"毇"则为武甥名。

1993年9月初稿
2010年8月改定
（原载《甲骨文与殷商史》新三辑，上海古籍出版社2013年版）

---

① 司马贞《史记索隐》："案：重司天而黎司地，是代序天地也。据《左氏》，重是少昊之子，黎乃颛顼之胤，二氏二正，所出各别，而史迁意欲合二氏为一，故总云'在周，程伯休甫其后'，非也。然案后彪之序及干宝皆云司马氏，黎之后是也。今总称伯休甫是重黎之后者，凡言地即举天，称黎则兼重，自是相对之文，其实二官亦通职。然休甫则黎之后也，亦是太史公欲以史为己任，言先代天官，所以兼称重耳。"

② 学者或读为"郢"。见容庚《金文编》，中华书局1989年版，第446页；高明、涂白奎《古文字类编》（增订本），上海古籍出版社2008年版，第1225页。

周初二伯考

——兼论周代伯老制度

有关周初所设二伯的问题，学者已有很多研究。这些工作多基于对传世文献的分析梳理，颇具系统，但就出土西周直接史料的利用和解读似嫌不足，且多存争议。笔者缀拾旧劄，据西周铭文资料，对相关问题赓作研考。

一　周初授政二伯

克商后二年，武王病卒[①]，三监叛，东夷淮夷如丰伯、薄姑、徐、商奄之乱并起，天下未宁[②]。成王即位，年纪尚轻[③]，无力周顾，遂设二伯，辅王而治。二伯以周、召二公分主东、西二方事务，即如《公羊传·隐公五年》所云"自陕而东者，周公主之；自陕而西者，召公主之"。

二伯始设之具体时间可据金文推考。西周成王初年之大保簋铭云：

> 王伐录子听，叡厥反（返），王降征令（命）于大保，大保克敬亡谴，王辰（埤）大保锡，休榆土，用兹彝对令（命）。

[①]　见《尚书·金縢》。

[②]　《尚书·大诰序》："武王崩，三监及淮夷叛，周公相成王，将黜殷，作《大诰》。"又见《逸周书·作雒》。

[③]　西周何尊作于成王五年，其记诰宗小子文，是已成人。且金文未有周公摄政的明确材料。故文献有关成王即位在襁褓之说当出后人附会。

此器形制与康侯簋颇近，显属成王世①。"录子听"，或以为纣子武庚禄父②，然听觚铭称"大子听作父丁彝"，知其父庙号为丁，与商纣庙号为辛不同，故或为武庚禄父子。此铭当记成王伐三监之叛。

"虘厥反"之"反"，旧多训反叛，故"王伐录子听"即言伐其反。然商周金文具叛意之"反"或见于伐前，或说明征伐之原因，如：

   虘东夷大反，伯懋父以殷八师征东夷。   小臣谜簋
   唯公大保来伐反夷年。   旅鼎
   过伯从王伐反荆。   过伯簋
   王命趞捷东反夷。   寰鼎

诸辞之"反"皆反叛意。而别义之"反"则如：

   丁卯，王命宜子逾四方于省，唯反（返），王赏戍甬贝二朋。

                      戍甬鼎

此"反"则为返归意，读为"返"，例同大保簋之"反"，而西周金文"反入堇章"之语习见，"反"读为"返"自无疑问。是簋铭"虘厥返"意言成王伐灭录子听后在返途之中。准此可知，"王降征命"已在返途，"征"便不能理解为征伐。况上文既已明言成王亲伐录子听，平灭而返，故断无倒述录子听反叛之理。且成王已伐于前，若再命大保重行征伐，反显此前之王征无成无功，情事颇乖背。显然，簋铭"王降征命"意即王降政命，应为授政二伯之事。

"征"读为"政"，文献不乏其例。虢季子白盘铭："用政蛮方。""政"即用为"征"。《周礼·地官·载师》："国宅无征。"郑玄《注》："言征者，以共国政。"《说文·辵部》："征，正行也。"正行之责本为王命所负，故谁可为征，古制则有严格规定。《周礼·春官·大卜》："一曰

---

① 王世民、陈公柔、张长寿：《西周青铜器分期断代研究》，文物出版社1999年版。
② 白川静：《金文通释》（上），《白川静著作集》别卷，平凡社2004年版。

征。"郑玄《注》："征，亦云行，巡守也。"《左传·襄公十三年》："先王卜征五年。"杜预《集解》："征谓巡守征行。"皆为明证。故古之征事实即政事。《尚书·金縢》："无坠天之降宝命。"郑玄《注》："降，下也。宝犹神也。"是据大保簋铭可知，成王初年三监叛周，王亲伐录子听，归在返途而降政命于大保，命其为二伯以授政。时周王远在东方，布命在成王东征返回之时，西方空虚，故以大保辅王而主理西方事务，则二伯之设所具有的辅王以安天下的目的至为明确。

大保簋铭所述成王伐录子听事可与小臣单觯铭文对读。成王初年之小臣单觯铭云：

> 王后㞢（黜）克商，在成𠂤（次），周公锡小臣单贝十朋，用作宝䵼彝。

"㞢"，读为"黜"①。"王后黜克商"乃相对于武王之先克商，自指平叛武庚之事。《尚书序》："武王崩，三监及淮夷叛。周公相成王，将黜殷，作《大诰》。"伪孔《传》："黜，绝也。"《序》又云："成王既黜殷命，杀武庚，命微子启代殷后，作《微子之命》。"《史记·周本纪》作"既绌殷命"。"成"为武王弟成叔武之封地，在今山东郕城一带。其时周公远在东方而赐小臣单，明证周公从王东征，而召公并未参与征伐。此益明大保簋铭之"征命"当读为"政命"，本言授政二伯辅政，并非但述征伐。

召公大保为二伯之一而主西方之政，西周成王世之保卣铭文也载其事。卣铭云：

> 乙卯，王令（命）保及殷东或（国）五侯，延（诞）兄（贶）六品。蔑历于保，锡宾，用作文父癸宗宝䵼彝。遘于四方迨王大祀袚于周。在二月既望。

"周"即周原。《左传·昭公四年》："成有岐阳之蒐。"杜预《集解》：

---

① 陈梦家：《西周铜器断代》，中华书局2004年版。

"周成王归自奄,大蒐于岐山之阳。"《国语·晋语八》:"昔成王盟诸侯于岐阳。"此即卣铭"四方迨王大祀祓于周"所言之事。卣铭之"及",学者解为预,即参预其事①,甚是。"殷东国五侯"意即殷同周邦东域之五种诸侯②,此"五侯"意同《左传·僖公四年》"五侯九伯"之五侯,杜预《集解》谓即"五等诸侯",系具公、侯、伯、子、男五等爵位之诸侯。是时成王会四方诸侯于岐周,而专命大保参预殷见东方诸侯之事,故卣铭遣辞用"及",颇具深义。成王伐奄乃在其平三监之后,时大保已授政为二伯,主政西方。而东方诸侯事务本乃由周公主之。故卣铭述大保殷东国诸侯不言"主"而言"及",正可澄清召公本主西方之政的事实,遂其于东方诸侯政务只能是参与而已。

召公主理西方之政,涉事全面。《尚书·洪范》述八政云:"一曰食,二曰货,三曰祀,四曰司空,五曰司徒,六曰司寇,七曰宾,八曰师。"伪孔《传》:"食,勤农业。货,宝用物。祀,敬鬼神以成教。司空,主空土以居民。司徒,主徒众,教以礼义。司寇,主奸盗,使无从。宾,礼宾客,无不敬。师,简师所任必良,士卒必练。"是召公既主西方之政,必当有为于此八事,除征伐外,更有行政。所以"征"作为一种权力虽是给予召公征伐五侯九伯的资格,但实际就是八政之"政"。《周礼·春官·大宗伯》:"九命作伯。"郑玄《注》:"上公有功德者加命为二伯,得征五侯九伯者。郑司农云:长诸侯为方伯。"二伯尊于三公九牧,得征半天下。《史记·燕召公世家》:"召公之治西方,甚得兆民和。召公巡行乡邑,有棠树,决狱政事其下,自侯伯至庶人各得其所,无失职者。召公卒,而民人思召公之政,怀棠树不敢伐,哥咏之,作《甘棠》之诗。"此足以见召公之政。而召公之所以能够行政,实出大保簋所记之"王降征命"之授政。簋铭后述召公行政无谴,其于后人所作《甘棠》之诗即见其美业,故成王厚加赏赐于召公,赐以梾土,而召公作器以答之。

周公作为二伯之东伯主政东方,小臣𫊟鼎铭文已见其事。而禽簋、䣄方鼎铭均述周公东征事,其定安天下之作为甚为清楚。成王伐东夷皆以周

---

① 李学勤:《青铜器与古代史》,联经出版事业股份有限公司2005年版,第169页。
② 蒋大沂:《保卣铭考释》,《中华文史论丛》第5辑,1962年。

公为从，且周公兵谋，自知其主理东方政务。

周公东征以定天下，其事于金文所述极详。小臣单觯言周公从王东征平武庚乱，禽簋更言其伐商奄事。簋铭云：

> 王伐蓋侯，周公某（谋），禽祡（祰）。禽又敀（振）祡（祰）。王锡金百锊，禽用作宝彝。

"蓋侯"即商蓋①，《左传·昭公九年》作"商奄"。《韩非子·说林上》："周公旦已胜殷，将攻商蓋。"《尚书序》："成王东伐淮夷，遂践奄，作《成王政》。""成王既践奄，将迁其君于蒲姑，周公告召公，作《将蒲姑》。"又《尚书·多方》："惟五月丁亥，王来自奄，至于宗周。"皆言成王亲征商蓋。而"周公谋"则言周公于用兵商蓋之前的兵谋。《礼记·王制》："天子将出征，类乎上帝，宜乎社，造乎祢，祃于所征之地，受命于祖，受成于学。出征执有罪，反，释奠于学，以讯馘告。"郑玄《注》："受命于祖，告祖也。受成于学，定兵谋也。"孔颖达《正义》："受成于学者，谓在学谋论兵事好恶可否。其谋成定，受此成定之谋在于学里，故云受成于学。"孙希旦《集解》："受命于祖，告于大祖之庙而卜之也。受成于学，在大学之中定其谋也。卜吉然后定谋，谋定然后行类、宜、造之祭，而奉社主与迁庙主以行也。"《诗·小雅·采芑》："克壮其猶。"郑玄《笺》："猶，谋也。谋，兵谋也。"是知用兵之先必谋之。《尚书·大诰》言周公相成王而伐淮夷，伪孔《传》："淮夷，徐、奄之属。"经云："我有大事，休，朕卜并吉，肆予告我友邦君，越尹氏庶士御事曰：'予得吉卜，予惟以尔庶邦于伐殷逋播臣。'"曾运乾《正读》："惟，谋也。"即言征前卜得吉而谋诸友邦用兵之法，与禽簋铭文所述相同。据簋铭可知，周公从王东征商蓋而主兵谋事，谋后告庙，大祝禽助成之，振旅再告②。是明周公辅王而治东方。

---

① 陈梦家：《西周铜器断代》，中华书局2004年版，第28页；唐兰：《西周青铜器铭文分代史征》，中华书局1986年版，第38页。

② 告庙之礼参《礼记·曾子问》。

又成王世之量方鼎铭云：

唯周公于征伐东夷，丰伯、薄姑咸臧。公归，禋于周庙。戊辰，饮秦（臻）饮。公赏量贝百朋，用作尊鼎①。

《左传·昭公二十年》："昔爽鸠氏始居此地，季萴因之，有逢伯陵因之，蒲姑氏因之，而后大公因之。"丰在今山东高青陈庄一带，近年已有丰氏铜器出土②。据此可明，周公或从王征商盖，或亲征东夷，凡东方之事皆由周公主之，知其自为二伯而主政东方。

周公早卒，对读《尚书·金縢》及《史记·鲁周公世家》可知，周公旦殁于成王早期。故继周公之后，毕公作为东伯而领东方诸侯，与召公并为二伯。西周史臣簋铭云：

乙亥，王诰毕公，廼锡史臣贝十朋，臣由（绅）于彝，其于之朝夕监。

"由"，读为"绅"。《史记·太史公自序》："（谈）卒三岁而迁为太史令，绅史记石室金匮之书。"司马贞《索隐》："如淳云：'抽彻旧书故事而次述之。'徐广音抽。小颜云：'绅谓缀集之也。'"《方言》卷十三："抽，读也。""抽"或作"搊"。《说文·手部》："搊，引也。抽，搊或从由。"段玉裁《注》："绅即籀也。籀之言抽也。"周王诰命之事庄重，故援缀于彝以朝夕观之。《礼记·祭统》："铭者，论譔其先祖之有德善、功烈、勋劳、庆赏、声名列于天下，而酌之祭器，自成其名焉，以祀其先祖者也。"即此之谓。

史臣簋之时代，学者或以为在康王③，但铭文首书干支，这是成王早

---

① "秦"读为"臻"，见谭戒甫《西周量鼎铭研究》，《考古》1963年第12期。
② 山东省文物考古研究所：《山东高青县陈庄西周遗存发掘简报》，《考古》2011年第2期。
③ 郭沫若：《两周金文辞大系图录考释》第六册，科学出版社1957年版，第45页；唐兰：《西周青铜器铭文分代史征》，中华书局1986年版，第165—166页。郭沫若定此器之毕公为毕公高，其说是。

期的纪时特点，且"朝"字风格颇同利簋，故时代当属成王，此时之毕公理应为毕公高，簋铭当记成王诰命毕公为二伯之事。

《尚书序》云："成王将崩，命召公、毕公率诸侯相康王，作《顾命》。"事已在成王末。《顾命》云："乃同召太保奭、芮伯、彤伯、毕公、卫侯、毛公、虎臣、百尹御事。……王崩。太保命仲桓、南宫毛俾爰齐侯吕伋，以二干戈、虎贲百人逆子钊于南门之外。……太保受同，降，盥，以异同秉璋以酢，授宗人同，拜，王答拜。……王出在应门之内，太保率西方诸侯入应门左，毕公率东方诸侯入应门右。……太保暨芮伯咸进相揖，皆再拜稽首曰。"此时之毕公次于彤伯而位列第四，显非周初之毕公高①。伪《古文尚书·毕命》又记康王十二年六月命毕公曰："王若曰：呜呼，父师，惟文王、武王敷大德于天下，用克受殷命，惟周公左右先王，绥定厥家，毖殷顽民，迁于洛邑，密迩王室，式化厥训。既历三纪，世变风移，四方无虞，予一人以宁。……父师，今予祗命公以周公之事往哉。"伪孔《传》："王告毕公，代周公为大师，为东伯。……今我敬命公以周公所为之事往为之哉。"此伪书伪传所述，以毕公直代周公为东伯，显非事实②。康王时之毕公已为毕公高之后，《尚书序》称为"作册毕"，《史记·周本纪》称为"作策毕公"，其虽职二伯事，但因太保之位独显，故二伯之制至此，已有其名而无其实了。

经过成王的经略，周邦初定，在这样的形势下，二伯的设置便逐渐失去了其应有的意义。西周旅鼎铭云："唯公大保来伐反夷年"，公大保显即召公奭。此器形制与献侯鼎、燕侯旨鼎极似，献侯鼎铭言"唯成王大奉在宗周"，"成王"为谥③，知该器实铸作于康王初年，而追述成王末年事。准此则知旅鼎年代当值成王末至康王时期。其时周公旦、毕公高皆殁，故大保东征，已兼领东方之政。事实上，尽管毕公高之后继高而兼职二伯，但地位已无法与召公相比。时召伯独尊，实已开周代伯老制度之先河，说详后文。

---

① 唐兰：《西周青铜器铭文分代史征》，中华书局1986年版。
② 见王先谦《尚书孔传参正》，中华书局2011年版，第912页。
③ 彭裕商：《西周青铜器年代综合研究》，巴蜀书社2003年版；冯时：《中国古文字学概论》第七章第五节，中国社会科学出版社2016年版。

二　以巡省制度论周初二伯

西周巡省制度，见于金文者有"遹省"、"大省"、"省"和"违省"之异，遣词不同，义自有别。

西周"遹省"之制唯见于天子。其例如：

王曰："……雩我其遹省先王授民授疆土。"　　大盂鼎
王肇遹省文武勤疆土南国。　　㝈钟
唯王遹省东国、南国。　　晋侯稣钟

"遹省"实即天子巡守之制。《尔雅·释诂上》："遹，循也。"《白虎通义·巡狩》："王者所以巡狩者何？巡者，循也。"《说文·彳部》："循，行顺也。"又《辵部》："巡，视行也。"段玉裁《注》："视行者，有所省视之行也。"是"遹省"意同"巡守"。《孟子·梁惠王下》："天子适诸侯曰巡狩。巡狩者，巡所守也。"大盂鼎铭言康王遹省先王所授之民及疆土，㝈钟铭言厉王遹省文武二王所勤治之疆土，皆为巡其所守。

天子遹省之地广及四方诸侯，即西周金文所言之四国，晋侯稣钟铭言宣王遹省王朝外服之东国、南国是也。《风俗通义·山泽》："巡者，循也；狩者，守也。道德太平，恐远近不同化，幽隐有不得其所者，故自亲行之也。"《公羊传·隐公八年》何休《注》："所以必巡守者，天下虽平，自不亲见，犹恐远方独有不得其所，故三年一使三公绌陟，五年亲自巡守。巡犹循也，守犹守也，循行守视之辞。"金文凡遹省事必由天子亲为，正所谓"溥天之下，莫非王土"，故唯天子有资格遍省天下四国，而三公黜陟则不得僭称"遹省"。

天子的视行对象若非诸侯之国，而专于一域一族，西周金文则名曰"大省"。其例如：

王大省公族于庚。　　中觯

"大"有尊盛之义。《穆天子传》卷六:"大奏广乐。"郭璞《注》:"大,谓盛作之也。"《尚书·无逸》:"至于小大。"孙星衍《疏》:"大为尊也。"而殷制于王省视一地则唯曰"省"。小臣俞犀尊铭:"王省夔京。"与周制不同。

天子不亲省,而命臣工省视,或但述臣工之省,西周金文则皆曰"省"。其例如:

王命中先省南国,……中省自方、邓。　　　中方鼎
王在宗周命师中暨静省南国。　　　静方鼎
王命小臣夌先省楚应。　　　小臣夌鼎
王命省,史南以即虢旅。　　　鬲攸从鼎
王在宗周,命史颂省稣㵎友、里君、百姓。　　　史颂鼎
师雍父省道至于㪉。　　　敔鼎

殷器作册羽鼎铭云:"王命寝农省北甸四品。"① 与周制同。

除此之外,西周早期金文又见"违省"。臣卿鼎、簋铭云:

公违省自东,在新邑,臣卿锡金,用作父乙宝彝。

铭言"新邑",知时在成周尚未落成的成王初年。"公",盖即周公②。"东"与新邑为对,显指成周以东之地,这也正是周公作为方伯所主职的地区。《尔雅·释诂上》:"违,远也。"《国语·鲁语上》:"无乃违乎。"韦昭《注》:"违,远也。"《说文·辵部》:"违,离也。"是"违省"意即远省。

《左传·僖公四年》引管仲曰:"昔召康公命我先君大公曰:五侯九

---

① 此器旧定名曰寝农鼎,铭曰:"庚午,王命寝农省北甸四品,在二月,作册羽事,锡囊贝,用作父乙尊。羊册。"铭末"羊册"显非寝农之氏,而为作册羽之氏,铭记作册羽事奉寝农省北甸,为器主可知。"北甸四品"即为作为甸服的侯、伯、子、男四等,无公爵。参见拙作《殷周畿服及相关制度考》,《考古学集刊》第 20 集,2017 年。

② 陈梦家:《西周铜器断代》,中华书局 2004 年版。

伯，汝实征之，以夹辅周室。赐我先君履，东至于海，西至于河，南至于穆陵，北至于无棣。"明定太公的征伐范围。孙希旦《礼记集解》："此周时东伯所主之地也。"所说并不确切。尽管其地为东伯所主，但太公却并非东伯。况其征伐之域，西仅至河，地在豫东，显然不及二伯之东伯所治之地广大。事实上，二伯之政当出周王之命，犹大保簋铭之"王降征命"，而此太公之政仅出于召公所命，且征伐范围小于二伯，故当为八命之牧。《周礼·春官·大宗伯》："七命赐国，八命作牧，九命作伯。"郑玄《注》引郑司农云："（七命），出就侯伯之国。（八命），一州之牧。（九命），长诸侯为方伯。"郑玄则谓："（八命）得专征伐于诸侯。（九命），得征五侯九伯者。"保卣铭之"东国五侯"，五侯则为七命之国，故八命之牧自可征之。而九伯若为九州之伯牧，则唯二伯可征伐之。故太公为州牧，虽可征五侯，却不可伐九伯。《左传》言太公得征"五侯九伯"，非其实也。然太公既为州牧，所至之地已远出诸侯国所辖之域，此不仅可窥知违省之义，而且也见远省之地域范围。很明显，周公作为二伯固可违省远巡，尽管不及天子之遹省而遍达天下四国，但却可超越作为诸侯臣工唯专一国一域的省察，以及作为州牧唯限州域的省视，而分理王朝的东、西二方之地，故谓之"违省"。此铭周公远省，自为其主政东方之明证。《白虎通义·巡狩》引《鲁诗传》云："周公入为三公，出作二伯，中分天下，出黜陟。"贾公彦《周礼疏》："此二伯，其有违逆者，各征半天下。"此亦即铭文之"违省"，或即二伯夹辅王室而行镇抚黜陟之责。

三　周初封建所见二伯

西周封建，鲁、燕二国之始封君封而不就，当因鲁之封君周公旦与燕之封君召公奭留相王室为二伯所致，据此可论周初二伯存在的事实。

《左传·僖公二十四年》记鲁为文之昭，知周公旦实即鲁始封君。《史记·鲁周公世家》言武王既克殷，"遍封功臣同姓戚者。封周公旦于少昊之虚曲阜，是为鲁公。周公不就封，留佐武王。……周公卒，子伯禽固已前受封，是为鲁公。"司马贞《索隐》："周公元子就封于鲁，次子留相王室，代为周公。"又《燕召公世家》："周武王之灭纣，封召公于北燕。"

司马贞《索隐》："亦以元子就封，而次子留周室代为召公。至宣王时，召穆公虎其后也。"文献显示，周初分封，周、召二公皆不亲就，而以长子代为就封，其中鲁侯以周公长子伯禽任，燕侯以召公长子克任，周、召二公则身为二伯留相周室。

古之分封以封、建二事并行，封事本为封树疆域，而建则为建章立制。西周早期小臣虘鼎铭云：

> 召公建匽，休于小臣虘贝五朋，用作宝鳟彝。

其中"召公建匽"意即召公为燕国建章立制。《说文·廴部》："建，立朝律也。"段玉裁《注》："许云'立朝律也'，此必古义，今未考出。"其说谨慎。实"建"为立朝律意即《尚书·洪范》之"建用皇极"及"皇建其有极"，意即建邦立政，制定诸侯国的各种制度，犹《礼记·王制》"天子建天官"之"建"。《逸周书·尝麦》："昔天之初，□作二后，乃设建典。"亦此之谓。《尚书序》："周公作立政。"曾运乾《正读》："周之官政未次序，于是周公作《周官》，官别其宜。作《立政》，以便百姓。百姓，百官也。用人行政之大法也。"《周礼·天官·叙官》："惟王建国，辨方正位，体国经野，设官分职，以为民极。"伪《古文尚书·周官》："建官惟百。"伪《武成》："建官惟贤。"此皆建官立政之谓。中山侯钺铭云："天子建邦，中山侯惟作兹军钺，以警厥众。"战国中山为周天子所封之姬姓侯国，复国之中山武公为周王室宗亲，故虽武公就封为侯，但中山国之制度却皆由周天子所定，是谓"天子建邦"。钺铭遣词与"召公建燕"全同，"建"并言立朝律，乃指对邦国制度的制定。四十二年逨鼎铭载周宣王曰："余肇建长父侯于杨。"戎生钟铭云："臧称穆天子盗灵，用建于兹外土，遹司（伺）蛮戎，用戟（干）不廷方。""建"字皆用其本义。显然，召公作为燕之始封君，虽未就封，但却是燕国包括官政法制在内的各种制度的制定者，故为燕国之祖，后由燕侯为召公养老[①]，而赴燕就封的燕侯则由召公长子克代之而已。

---

① 冯时：《堇鼎铭文与召公养老》，《考古》2017年第1期。

克罍、克盉铭文对于说明召公为二伯的事实也很清楚。铭云：

> 王曰："大保，唯乃明乃鬯（畅），享于乃辟，余大对乃享，命克侯于匽，𤔲（幹）𢟁、貍、𠭰、雩、驭、微。"克垂（陲）匽，纳土眔厥司，用作宝䵼彝。

"乃明乃畅"意即王谓大保清明畅达，"享于乃辟"则谓辅弼其君，"乃辟"为天子自谓。《尚书·多方》："尔亦则惟不克享。"江声《集注音疏》："致功曰享，谓致其所为之功事于上也。"《周礼·夏官·司勳》以"国功曰功"，郑玄《注》："保全国家，若伊尹。"召公为二伯，其有国功，正同伊尹。《国语·吴语》："明绍享余一人。"韦昭《注》："享，献也。"遣词与铭文相类。《汉书·礼乐志》："王侯秉德，其邻翼翼，显明昭式。清明鬯矣，皇帝孝德。竟全大功，抚安四极。"师古《注》："鬯，古畅字。畅，通也。"命意也与铭文同。正因有召公以大功辅君定国，故天子"大对乃享"。"大对"，大报也。"乃享"正呼应上文"享于乃辟"之"享"，因大保享王勤王，故王大报之，而大报的结果便是命克为燕侯。是知召公以二伯辅政有功与王命其子封燕作侯正呈因果。"𤔲"，亦即戎生钟"用𤔲不廷方"之"𤔲"，《诗·大雅·韩奕》"榦不庭方"则作"榦"，皆宜读为"幹"[①]。《广雅·释诂一》："幹，安也。"秦公簋铭有"镇静不廷"，意即此"用幹不廷方"，皆谓使蛮戎安宁。《说文·目部》又有"看"字或体作"翰"，本训睎。异族监之则可安之，意义相因。戎生钟铭云"遹伺蛮戎，用幹不廷方"，《方言》卷十："伺，视也。"《玉篇·司部》："伺，候也，察也。"穆王亲伺方蛮则可使之安宁，此适见监而安之之意。而周厉王五祀㝬钟铭云："文人陟降，……用监不廷方。"更直言监视方蛮，可为明证。故"幹"下六族氏是为燕侯克所监安之对象，此亦即铭文后述之"厥司"，犹封齐以监安薄姑，封鲁以监安商奄，而非赐予燕侯六族。《说文·司部》："司，臣司事于外者。"段玉裁《注》：

---

① "𤔲"，旧皆释为"事"，读为"使"，不可据。此字不从"又"，与"事"字形迥异。《韩奕》之"榦"读为"幹"，详见高亨《诗经今注》，上海古籍出版社 1982 年版，第 459 页。

"臣宣力四方在外。司即伺字。"克器之"司"正见其本义。而周王亲监之则谓"遹伺",此犹周王亲省乃谓"遹省"。故通观全文,明述大保辅王之功显著,周王颂之,遂命其子克为燕侯,就封燕国而监安六族,以此答报大保之德。故召公为二伯辅王,其事较然明白。

据召公建燕立极且王命其长子就封的事实,则知鲁国封建不仅就封的鲁侯伯禽必得周王亲命,且鲁国制度也应为周公所建。《左传·定公四年》记周初封鲁事,以伯禽"法则周公","以昭周公之明德",显示了周公作为鲁始封君而建立其国制度的作为,此实即所谓"周公建鲁"。很明显,周初之周、召二公皆作为始封君而为鲁、燕二国建章立制,受封而不就,而以长子代之,其中原因当然在于二公身为辅政二伯之故。

四　二伯与伯老制度

周初所设之二伯制度并非一成不变,随着王朝政治的安定,二伯制度逐渐发展成为一种伯老制度。周公既卒,毕公继周公职,二伯之制尚有延续。至成王定安天下,王位巩固,周朝的形势已有大变。故毕公高卒后,虽其子仍继为二伯,但地位已远不及召公,遂成召公一伯独大的局面。当康王末年召公以高寿亡殁,二伯制度便废而不存。《礼记·王制》:"八伯各以其属属于天子之老二人,分天下以为左右,曰二伯。"此二伯固为国老,为寿高位尊者,仍见召公史影,应该反映了二伯制度的晚期情况。

(一) 铭文伯老史料

二伯之后,周廷在其基础上形成了伯老制度。伯老于金文本称"伯考",或省称"伯",又称为"老",显示了自周初二伯制度发展的结果。约属西周穆王时期的霸伯尚盂[①],其铭文于这一制度即有清晰的反映。铭文节录于下:

---

① 山西省考古研究所大河口墓地联合考古队:《山西翼城大河口西周墓地》,《考古》2011年第7期。

> 唯三月，王使伯考蔑尚历，归柔鬱、芳邑，臧，尚拜稽首。……伯或邊毁用玉先车。……伯遗宾于郊，或舍宾马。

铭述西周朝聘礼①。"伯考"显即伯老，"考"、"老"转注②，二字之通用，于金文习见。王使伯老代王行聘事，故伯老当即国老。

战国中山王䯤壶铭文也见国老。壶铭云：

> 天子不忘其有勋，使其老策赏仲父，诸侯皆贺。

遣词与霸伯尚孟铭同。仲父为司马賙。《周礼·夏官·司勋》："王功曰勋。"郑玄《注》："辅成王业，若周公。"司马賙之功称勋，比若周公，足见其劳迹显赫。天亡簋铭云："王降亡勋爵复囊。"言武王赐其弟霍叔处爵位与囊贝③，霍叔佐武王克商而有勋，以此也可类比司马賙之功。而中山王"使其老策赏仲父"，是知此老地位更在司马賙之上，显即作为五官之长的伯老国老。

《礼记·曲礼下》："天子之五官，曰司徒、司马、司空、司士、司寇，典司五众。……五官之长曰伯，是职方。其擯于天子也曰'天子之吏'。天子同姓谓之伯父，异姓谓之伯舅。自谓于诸侯曰'天子之老。'"郑玄《注》："谓为三公者，《周礼》'九命作伯'。职，方也。是伯分主东西者。"与金文所述制度或同。古"吏"、"使"同字，王使伯老，则伯老擯于天子称"天子之吏"，其又以伯老称于诸侯，故又为"天子之老"。是知《曲礼》所谓作为五官之长的"伯"，实即霸伯尚孟之"伯考"及中山王䯤壶之"老"。而霸伯尚孟铭之"伯考"或省称"伯"，显承二伯之名，足见伯老制度之源。随着五官之长的伯由德高望重的国老充任，伯老之地位已甚崇高，不仅于征伐镇抚诸事亲躬参与，而且也在有关王朝礼仪和策命赏赐的活动中

---

① 黄益飞：《霸伯孟铭文与西周朝聘礼——兼论穆王制礼》，《考古学报》2018年第1期。
② 《说文·耂部》："考，老也。""老，考也。"
③ 冯时：《天亡簋铭文补论》，《出土文献》第一辑，中西书局2010年版。

代王行事，犹保卣铭文所载二伯预事殷同之礼。故二伯之制发展为伯老制度，与西周早期佐王辅政的二伯相比，名实或有异同。

《曲礼》以五官之长为伯，又以伯为二人以职方，似显矛盾。二伯职主东、西显然源于周初之二伯制度，但作为五官之长，则已体现了伯老制度的特点。后人将两种制度混而为一，湮灭了早晚制度的变化与差异。事实上，周、召二伯之后，天下安宁，已无复设二伯的必要，故作为五官之长的伯老理应仅由一人承担。或承二伯之制由二人兼任，则也应有主辅之分，而不同于周初二伯分主东、西二方的情况。霸伯尚盂及中山王䰩壶铭之国老但称"伯考"、"伯"或"老"，皆不录名姓，是知其时之伯老实仅一人而已。西周昭王世之作册令方彝铭谓周公子明保尹三事四方，已为统领天下百官之尹。彝铭云：

> 唯八月辰在甲申，王命周公子明保尹三事四方，授卿事寮。丁亥，命矢告于周公宫，公命诞同卿事寮。唯十月月吉癸未，明公朝至于成周，诞命，舍三事命，眔卿事寮，眔诸尹，眔里君，眔百工，眔诸侯侯、甸、男；舍四方命。既咸命，甲申，明公用牲于京宫。乙酉，用牲于康宫。咸既用牲，于王。明公归自王。明公锡亢师邑、金、小牛，曰"用禴"。锡令邑、金、小牛，曰"用禴"。廼命曰："今我唯命汝二人亢眔矢，奭左右于乃寮以乃友事。"作册令敢扬明公尹氏室（穀），用作父丁宝障彝，敢追明公赏于父丁，用光父丁。隽册。

明保又称明伯、明公，为周公子。学者或以为伯禽①，或以为君陈之子②，皆有可商。西周早期鲁侯簋铭云："唯王命明公遣三族伐东域，在埜，鲁侯有㞢（过）功，用作旅彝。"明公与鲁侯同见，知明公必不为伯禽。申论有二。其一，王命明公遣三族伐东域，三族自属明公之父族、兄族与子

---

① 郭沫若：《两周金文辞大系图录考释》第六册，科学出版社1957年版。
② 唐兰：《西周青铜器铭文分代史征》，中华书局1986年版。拙作《中国古文字学概论》第七章亦从其说（中国社会科学出版社2016年版）。

族[①]，文称“鲁侯有过功”，知鲁侯自在三族之列，则明公与鲁侯固非一人。其二，“冎”本作“𡆥”，殷卜辞多读为“祸”，簋铭当读为“过”。《周礼·夏官·司勳》：“战功曰多。”是过功即多功，意即战功显赫。《吕氏春秋·贵当》：“田猎之获常过人矣。”高诱《注》：“过，犹多也。”《吕氏春秋·务本》：“主虽过与，臣不徒取。”高诱《注》：“过，多。”鲁侯以多功自旌，显属伐东域之三族之一，其非明公可知。至于明保非君陈之子，彝铭也有明证。铭文两见“周公”，或曰“命夨告于周公宫”，此“周公宫”显指周公旦之宗庙，准此，则“周公子明保”之“周公”便没有理由认为与周公旦不为一人，否则一铭两周公而分指二人，叙事形式极不合理。况以明保为周公旦孙，其于昭王时年纪尚轻，不足以享有铭文所见之崇高地位。鲁侯簋铭文显示，若鲁侯为明公兄族，则明公作为鲁侯弟，当为周公旦次子君陈。《易·系辞上》：“是故知幽明之故。”李鼎祚《集解》引荀爽曰：“明，谓天地之间万物陈列著于耳目者。”亦知“明”、“陈”二字意义关联，可为名、字关系。

君陈于周公殁后分正东郊成周[②]，康王二十五年的小盂鼎铭称其为明伯，昭王时更尊明公为百官之尹，故称“明公尹氏”，史兽鼎铭则称其为“皇尹”。其授卿事寮以命官，且同领太史寮。铭文“三事”即指内外服百官[③]，知明公已兼治东西，为百官之长。周厉王五祀㝬钟铭：“㝬其万年，永畯尹四方。”大克鼎铭：“天子其万年无疆，保乂周邦，畯尹四方。”周王抚有天下，故治四方而称尹。“尹”字所具有的广治天下的意义非常清楚，故可移用而作为百官之长。《左传·定公四年》：“故周公相王室，以尹天下，于周为睦。”故封伯禽为鲁公。此“尹天下”意同彝铭“尹三事四方”。故“明公尹氏”实为君陈，“君陈”义即“尹陈”，“尹”、“君”通用不别[④]。周公为二伯以尹天下，知其地位崇高。而君陈于昭王世以尹天下，其年寿已高，故尊为伯老，但赴王命而已，非仅职主东方的东伯。据此可明，召公寿终于康王末年，故到昭王时期，二伯制度

① 《仪礼·士昏礼》：“惟是三族之不虞。”郑玄《注》：“三族，谓父昆弟、己昆弟、子昆弟。”
② 参见《尚书序》及伪《古文尚书·君陈》、今本《竹书纪年》。《君陈》谓“命汝尹兹东郊”。
③ 郭沫若：《两周金文辞大系图录考释》第六册，科学出版社 1957 年版。
④ 李学勤：《释多君、多子》，《甲骨文与殷商史》，上海古籍出版社 1983 年版。

已不复存在，而为伯老制度所取代。

（二）以金文纪年论伯老

西周金文纪年，除周王积年的形式之外，自西周早期开始即已形成一种以事纪年的体例。中国传统政治的核心特点就是统治者亲掌天文历数，在这样的文化背景下，纪年必以王正历朔，故以事纪年也应多记天子之事，这一点在西周金文中体现得非常清楚。

唯王大禴于宗周诞饎蒡京年。　　　史寅卣①
唯王来格于成周年。　　　厚趠方鼎
唯天子休于麦辟侯之年。　　　麦方尊
唯王命南宫伐反虎方之年。　　　中方鼎
王在蒡京，命师田父殷成周年。　　　小臣传簋
王命东宫追以六师之年。　　　㜏貯簋
王命膳夫克舍命于成周遹正八师之年。　　　小克鼎

这些以王事纪年的事例，其所记之事或由天子躬亲自为，或由臣工受王命而为之，与以天子积年的纪年形式并无本质区别。

然而在金文所见以事纪年的事例中，也偶见臣工未受王命的纪年内容，至少在形式上，这类纪年的主事者并非周王。其例如：

唯公大保来伐反夷年。　　　旅鼎
唯明保殷成周年。　　　作册䚅卣
唯伯殷父北自叟年。　　　事娄鼎

这类以事纪年的主事者均非天子，而是作为臣工的公大保、明保和伯殷

---

① 旧称士上卣，见《集成》5421。铭文云"王命士上眔史寅殷于成周"，铭末缀以"臣辰册佚"。"册"为史寅之官氏，故知器主当为史寅。臣辰册佚之器出土于洛阳马坡，数量甚多，年代值西周早中期，疑即周太史佚及其后人之物。有关问题容另文讨论。

父,其所涉之事虽必受王命而为之,但铭文中却特意隐去王命,而径以臣工为纪年的主事者,例同周王,足见三人地位尊崇。公大保即召公奭,其于周初为二伯,至康王时或已为伯老。康王世之作册大鼎铭云:"公来铸武王、成王異鼎,唯三月既生霸己丑,公赏作册大白马,大扬皇天尹大保宝(穀),用作祖丁宝䵼彝。雋册。"据此可知,召公于康王世已为皇天尹,此犹昭王世之史兽鼎铭称明公为皇尹,晚周公臣簋铭称虢仲为天尹,明召公似已由二伯转而成为作为百官之长的伯老。西周大保玉戈铭所述之事①,也见召公由二伯而伯老的转变。戈铭云:

六月丙寅,王在丰,令(命)大保省南或(国),帅汉,诞殷南,令(命)厉侯辟,用蛛走百人。

铭记王命召公省南国,合于王命臣工省察但言"省"之制度。时召公虽为二伯,但因地位独尊,已如伯老,不同于周、召二伯分主东、西二方之远省,故不言"违省"。戈铭记大保至于汉水,不仅代王行殷同之礼,如明保之主殷礼于成周,已不像保卣铭文所反映的那样于成王初年作为西伯仅参与殷同东方诸侯之事,而且命厉侯为伯牧,犹《左传·僖公四年》管仲所言召公命大公征五侯九伯而为伯牧事,其职显为伯老。此戈之时代或可早至殷末,但刻铭却应在西周康王时期。时召公或以伯老之位代王巡省,至汉水而殷同设教。《诗·召南·甘棠序》:"召伯之教,明于南国。"即可见召公于南国的布政②。召公卒于康王二十四年,生前久居宗周,寿越期颐,燕侯专为奉生养老,其作为伯老是极具资格的,故以伐夷之事纪年。今本《竹书纪年》云康王"元年甲戌春正月,王即位,命冢宰召康公总百官",已为伯老。召公既殁,君陈明保更继之为王朝伯老,以尹天下,事同召公为皇天尹。二人各以其所主之事纪年,拟比天子制度。尽管三器铭文中的伯殷父其人有待考证,但召公、明公所反映的周代伯老之至尊地

---

① 陈梦家:《西周铜器断代(二)》,《考古学报》第10册,1955年;庞怀靖:《跋太保玉戈》,《考古与文物》1986年第1期。

② 李学勤:《太保玉戈与江汉的开发》,《楚文化研究论集》第二集,湖北人民出版社1991年版。

位却非常清楚。

西周作册魖卣又见以公大史纪年之例。铭云：

> 唯公大史见服于宗周年，在二月既望乙亥，公大史咸见服于辟王，辨（办）于多正（政）。雩四月既生霸庚午，王遣公大史。公大史在丰，赏作册魖马。扬公休，用作日己旅蹲彝。

公大史之称例同旅鼎铭文之"公大保"，"公"即上公。此公大史不名，陈梦家疑即作册毕公①。《尚书序》："康王命作册毕分居里成周郊。"此器属昭穆世，其人当为毕公高之后，世为作册。"见服"意同"见事"，见事为述职②，见服亦然。服言其职，与事同义。《说文·史部》："事，职也。"实见服、见事似有内外服之区别。外服诸侯述职于王曰"见事"。燕侯旨鼎铭云："匽侯旨初见事于宗周。"《尚书·康诰》："侯甸男邦、采卫百工播民和，见士于周。"侯、甸、男俱为外服之官。此所谓"事"亦即克罍铭文所述燕侯克"纳土眾厥司"之"司"，彼云王命燕侯克主监安六族之事，故"司"即诸侯所司之外事。而内服之官述职于王则曰"见服"。"多正"即"多政"。大盂鼎铭言康王"若文王命二三正"，"正"即言"政"。《尚书·多方》"越惟有胥伯小大多正"，《尚书大传》作"越维有胥赋小大多政"。皆其证。《后汉书·耿弇传》："圣公不能办也。"李贤《注》："办，犹成也。"故公大史办于多政意即成于多政，知其位崇显，不仅为史官之长，更当尊至三公，即《顾命》"太保、太史、太宗皆麻冕彤裳"之一的太史，故有纪年之特权。

西周金文仅一见以事纪年者，其地位低于伯老。爰尊铭云③：

> 唯十又三月既生霸丁卯，爰从师雝父戍于由自（次）之年，爰蔑历，仲競父锡赤金。爰拜稽首，对扬競父休，用作父乙宝旅彝，其子

---

① 陈梦家：《西周铜器断代》，中华书局2004年版。
② 杨树达：《积微居小学述林》卷六，中华书局1983年版。
③ 旧名臤尊，见《集成》6008。

子孙孙永用。

器主爰从师雒父戍于由，但爰之身份不仅低于师雒父，而且更在仲竞父之下。此例尽管在形式上与以王事伯事纪年的情况类同，但器主采用从某人行某事的纪年形式，实际却不为纪年的主事者，且其将以事纪年的内容隐于时间记时之后，已显示出与以事纪年形式的明显差异。尊铭所记之事，于录彧卣铭则有详述，其文云：

  王命彧曰："歔淮夷敢伐内国，汝其以成周师氏戍于由自（次）。"伯雒父蔑录历，锡贝十朋。录拜稽首，对扬伯休，用作文考乙公宝障彝。

"内国"即王畿①，其为淮夷所侵扰。师雒父即成周师氏，其戍守有责。与此事相关的铭文尚有：

  稻从师雒父戍于由自（次）。   稻卣
  唯六月既死霸丙寅，师雒父戍在由自（次），遇从。师雒父夷使遇事于猷侯。 遇甗
  唯十又一月，师雒父省道至于猷，寰从。   寰鼎

知此次淮夷内侵情势危急，故个别德薄之臣借机自以纪年，僭越制度，实属特例。此亦反证以事纪年者本当为王制与伯老之制。

（三）以屏王位之责见伯老制度

  西周金文时见"屏王位"之辞，其屏位者唯王朝重臣，而远臣微臣实无自诩藩屏王位之资格。史墙盘铭云："曰古文王，初周和于政，上帝降懿德大屏，匍有上下，迨受万邦。""大屏"即指树屏卫守文王之重臣，为天所赐，足显其作用。《尚书·君奭》："惟文王尚克修和我有夏，亦惟有

---

① 冯时：《殷周畿服及相关制度考》，《考古学集刊》第20集，2017年。

若虢叔，有若闳夭，有若散宜生，有若泰颠，有若南宫括。"所述与铭文同，可见屏位者之地位崇高。《左传·哀公十六年》记鲁哀公诔孔子之卒曰："旻天不吊，不慭遗一老，俾屏余一人以在位，茕茕余在疚。呜呼哀哉尼父！无自律。"虽僭礼制，但见哀公视孔子如国老，欤以辅之，犹屏位然。准此，则西周穆王世之班簋铭记毛公屏王位，其为辅王之重臣可知。簋铭云：

> 唯八月初吉，在宗周。甲戌，王命毛伯更虢城（成）公服，屏王位，作四方极。……王命毛公以邦冢君徒驭、或人伐东域瘠戎。咸，王命吴伯曰："以乃师左比毛父。"王命吕伯曰："以乃师右比毛父。"遣命曰："以乃族从父征，诞城卫父身。"三年靖东域。

铭记毛班之父毛公趞谓班"城卫父身"，意犹如城墉般卫守其父。《诗·大雅·板》："宗子维城。"即此之谓。毛公趞即文献所载毛班之父毛迁①，知卫护父身者唯其宗子具有资格。师毁鼎之器主师毁非为伯老，乃伯大师之属，虽"事余一人"而奉天子，但也只可言"保王身"或"保天子"，而不能称"屏"。《左传·僖公二十四年》："故封建亲戚，以蕃屏周。"蕃屏周室唯有王室亲戚，此亦犹宗子城守其父。准此，则毛公屏王位，必为天子心腹重臣，故屏位者为辅王之伯老自明。

　　伯老有职无官，故班簋铭曰"服"。虢成公之"成"为谥，师毁鼎铭称其为公上父，即师毁之伯父。其初为伯老，卒后乃由毛伯赘继其职。或毛伯初亦为伯老，或为虢成公副贰也未可知。铭言毛公"屏王位，作四方极"，意言其为伯老辅王而尹天下四方。毛伯继为伯老后也称毛公。《周礼·春官·典命》："上公九命为伯。"郑玄《注》："上公谓王之三公，有德者加命为二伯。"是虢成公（公上父）、毛公之"公"皆应即上公之称。

　　西周宣王世之毛公鼎铭即为对伯老之诰辞，王命毛公为伯老，辅王屏位，于王朝内外无所不治，鼎铭言之甚详，于伯老之命可有全面了解。兹节引如下：

---

① 冯时：《班簋铭文补释》，《出土文献》第三辑，中西书局2012年版。

王曰："父䐃，今余唯肇经先王命，命汝乂我邦我家内外，憃于小大政，屏朕位。虢许上下若否雩四方，死毋动余一人在位。引唯乃智，余非庸又昏，汝毋敢荒宁，虔凤夕惠我一人，雝我邦小大猷。毋折緘，告余先王若德，用仰昭皇天，申络大命，康能四国。欲我弗作先王忧……"

王曰："父䐃，已曰殷兹卿事寮、大史寮于父即尹，命汝歖司公族雩叁有司、小子、师氏、虎臣雩朕执事，以乃族捍御王身。"

毛公屏王位，不仅广治王朝事务，且总理卿事、大史二寮，为百官之长。铭文"殷兹卿事寮、大史寮于父即尹"意同作册令方彝铭记明公尹三事四方，况于公族、叁有司等官有广泛的监督之责。《说文·欠部》："歖，监持意，口闭也。"金文"歖司"，颂鼎铭或作"监司"，皆谓监官之事。更以其族卫护王身。凡此均可见毛公位尊，其作为王朝伯老，至为荣宠。

西周厉宣世之番生簋铭记番生辅政而屏王位，亦为伯老之属。簋铭云：

丕显皇祖考穆穆克慎厥德，严在上，广启厥孙子于下，勖于大服。番生不敢弗帅型皇祖考丕巫元德，用申络大命，屏王位，虔凤夜溥求不僭德，用谏四方，柔远能迩。王命歖司公族、卿事、大史寮。

《诗·小雅·十月之交》："番维司徒。"此番即番生①，其时尚为司徒，在三有司之列，不为伯老。番生屏王位，虽"用谏四方，柔远能迩"，但王命其监司公族及二寮诸官，却不及毛公主尹二寮而监司公族等之职，当为伯老之辅者，是其时之伯老或系二人②。

---

① 郭沫若：《两周金文辞大系图录考释》第七册，科学出版社1957年版。
② 西周逆钟铭云："叔氏在大庙，……叔氏若曰：逆，乃祖考许政于公室，今余锡汝䐃五锡、戈彤綏，用歖于公室仆庸臣妾小子室家，毋有不闻知，敬乃凤夜，用屏朕身，勿废朕命，毋坠乃政。"金文除周王之称"若曰"外，唯共伯龢称"伯龢父若曰"（参郭沫若《两周金文辞大系图录考释》第七册，科学出版社1957年版），而《周书》所见非王可称"若曰"者也仅有《君奭》、《立政》之"周公若曰"，《微子》之"微子若曰"和"父师若曰"，知凡称"若曰"者，其位至崇。周公为成王叔父，以此例之，则逆钟"叔氏若曰"之"叔氏"或亦即周王叔父，其命近臣逆监司公室，故谓"屏朕身"。

陆德明《经典释文》"番"或作"潘",是番生当为毕公之后①。西周金文显示,王朝伯老或不出周、召、毕、虢、毛五公之家,皆为王室宗亲及故臣,这不仅证明伯老制度的世官特点②,也体现了臣屏王位犹宗子卫父的制度本质。

五　结语

综合铭文史料的研究,可于西周二伯及所发展的伯老制度获得两点认识。

其一,西周于成王初年始设二伯,由周公、召公充任,后毕公高继周公之职。二伯分治东、西二方之政,辅相王室,以安天下。此制度不仅见于金文直录,且于西周分封及巡省制度也有所反映。

其二,康王以后,天下渐定,二伯之制遂废,代之而起的是在周初二伯之制基础上发展形成的伯老制度。伯老本称伯考,或省称伯称老,以上公充任,主职四方,总理百官,与周初二伯职方不同。伯老或为一人,或系二人而别有主辅,屏王位以辅政,地位尊崇,成为周王廷的固有制度。

2017年1月18日写于尚朴堂

(原载《中原文化研究》2018年第2期)

---

① 《元和姓纂》卷四云:"潘,周文王子毕公高之后,子伯季,食采于潘,因氏焉。周有潘为司空。"岑仲勉校记引温校云:"案《诗》'番维司徒','空'字误。"

② 《逸周书·尝麦》:"尔弗敬恤尔执,以屏助予一人,集天之显,亦尔子孙其能常忧恤乃事,勿畏多宠,无爱乃嚣,亦无或刑于鳏寡罪罪。惠乃其常,无别于民。"

周廷遗妃与献妇功

长期以来，学者据金文研考周史，关注的重点多在前朝事务，而于后宫制度则少有论及。兹掇拾金文史料，对周廷之遗妃情况加以考索，以求弥补这一研究的不足。

一 "帝司"考

西周王后之称或单称姓名，或于姓前冠以"王"字，制度明白。其例如：

乙未，王赏姻（姒）丩，才（在）寝，用乍（作）障彝。

姒丩爵（《集成》9098）

乙未，王赏姻（姒）［丩］帛，才（在）寝，用乍（作）障彝。

姒丩鼎（《集成》2425）

"丩"为女字，或可作"姎"。殷末卣及器盖铭文有"王作姎弄"（《集成》5102、10347），学者或疑"姎"为王之后妃的姓①，或推测姒丩与姎应为一人②。姎是否为姒姓，不敢遽定。但无论如何，以"姎"为女字，却应是殷周时代流行的风尚。故据乙未记事之二器可知，姒丩受王赏赐，行赏之地又在内寝，则姒丩显为王后。姒为姓，丩为名。二器首书纪日干支，

---

① 中国科学院考古研究所：《美帝国主义劫掠的我国殷周铜器集录》，科学出版社1962年版，第107页。
② 李学勤：《〈中日欧美澳纽所见所拓所摹金文汇编〉选释》，见氏著《新出青铜器研究》（增订版），人民美术出版社2016年版。

这是成王初年的纪时特点，故此姒姓之后当为西周成王之后。

  王姻（姒）易（锡）保侃母贝，扬姻（姒）休，用乍（作）宝壶。　　保侃母壶（《集成》9646）

  此器时代当在成王晚期。"保"字的形构从"玉"，也显示了成王晚期的字形特征。铭记王姒赐保侃母贝，保侃母为后宫之保，侃母为其女字，则王姒显即成王之后，亦即前器铭记之姒㚸。

  叔𠂤易（锡）贝于王姻（姒），用乍（作）宝障彝。
叔𠂤方鼎（《集成》9888）

  铭记王姒赐叔𠂤贝，书体显示出西周早期特征，当属成王，故此王姒仍为成王之后姒㚸。

  隹（唯）王荥于宗周，王姜史（使）叔事于大保，赏叔鬱鬯、白金、趞（雏）牛，叔对大保休，用乍（作）宝障彝。
叔簋（《集成》4133）

  两"大保"之"保"字俱从"玉"，为成王晚期至康王时代的特征。王姜乃时王之后，然成王之后既为王姒，则王姜自应为康王之后[①]。

  很明显，在位周王之后的称谓是以在女姓之前冠以"王"字的形式呈现的，如"王姒"、"王姜"、"王姞"、"王妫"之类。当然，女姓如与周王同姓作"王姬"，其身份则多属于周王之女。

  周原扶风庄白微史家族窖藏铜器出有商尊、商卣（《集成》5404、5997；图1），铭文又见"帝司"。文云：

[①] 有关成王之后为王姒、康王之后为王姜的问题，学者已有考证，见刘启益《西周金文中所见的周王后妃》，《考古与文物》1980年第4期。

帝司赏庚姬贝卅朋，迟丝廿寽。

此"帝司"，学者或释为"帝后"①，指周王后②；或读为"帝嗣"，意指夏祝③，或以为指周成王④；或读为"帝祠"而解为上帝之祭祀⑤，或读为"禘祀"⑥，莫衷一是。笔者以为，两尊卣铭文所记为先王遗妃献妇功之事，说详下考，故"帝司"当读为"帝姒"⑦，为在位时王之母，也即王朝太后。

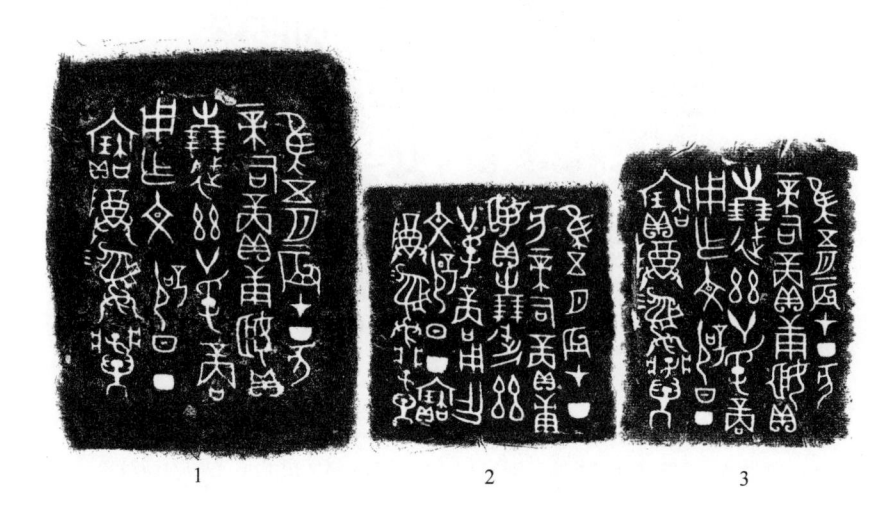

图 1　商尊卣铭文拓本

1、2. 商卣器、盖铭文拓本（《集成》5404.2、1）　3. 商尊铭文拓本（《集成》5997）

---

① 陕西周原考古队：《陕西扶风庄白一号西周青铜器窖藏发掘简报》，《文物》1978 年第 3 期。
② 伍士谦：《微氏家族铜器群年代初探》，《古文字研究》第五辑，中华书局 1981 年版。
③ 唐兰：《略论西周微史家族窖藏铜器群的重要意义——陕西扶风新出墙盘铭文解释》，《文物》1978 年第 3 期。
④ 刘士莪、尹盛平：《微氏家族青铜器群研究》，《西周微氏家族青铜器群研究》，文物出版社 1992 年版。
⑤ 白川静：《金文通释》卷六，白鹤美术馆 1980 年版。
⑥ 马承源主编：《商周青铜器铭文选》第三册，文物出版社 1988 年版。
⑦ 裘锡圭：《说"姒"》，《古文字与古代史》第二辑，历史语言研究所，2009 年。

西周金文"司"、"姒"二字通用之例，可有如下铭文作为证据。

龏姛（姒）易（锡）商（赏）贝于司（姒），乍（作）父乙彝。
龏姒鼎（《集成》2434；图2，1）

龏姛（姒）易（锡）商（赏）贝于姛（姒），用乍（作）父乙彝。龏姒觚（《集成》7311；图2，2）

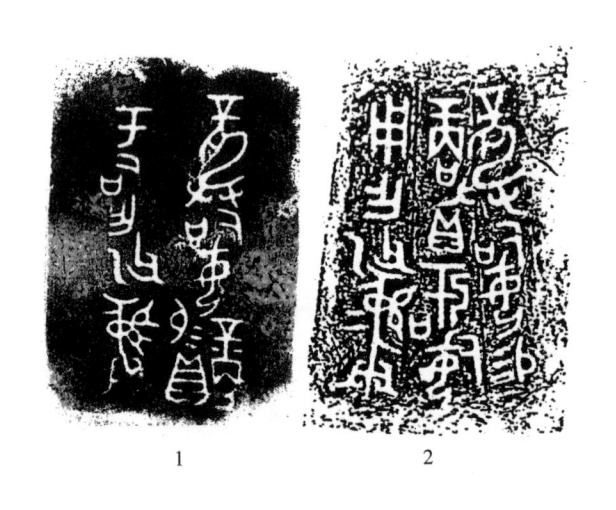

1　2

图2　龏姒鼎觚铭文拓本

1. 龏姒鼎铭文拓本（《集成》2434）　2. 龏姒觚铭文拓本（《集成》7311）

两铭为同人所作，内容除觚铭多一"用"字外，馀则全同。然赏赐者姛（姒）于鼎铭则省作"司"，明证"司"、"姛"互通，皆读为"姒"[①]，唯繁省有别而已。

"帝"乃相对于生王而称，故为宗庙之名。《礼记·曲礼下》："措之庙，立之主曰'帝'。"郑玄《注》："同之天神。"孔颖达《正义》："措，置也。王葬后卒哭竟而祔置于庙立主，使神依之也。《白虎通》云：所以有主者，神无依据，孝子以继心也。主用木，木有始终，又与人相似也。盖记之为题，欲令后可知也。方尺，或曰尺二寸。郑云周以栗，《汉书》

---

① 裘锡圭：《说"姛"》，《古文字与古代史》第二辑，历史语言研究所，2009年。

前方后圆。《五经异义》：主状正方，穿中央，达四方。天子长尺二寸，诸侯长一尺，帝者，天神曰帝。今号此主同于天神，故题称帝，云文帝、武帝之类。"河南平顶山西周应国墓地8号墓所出应公鼎铭云①：

应公作噂彝禋鼎，珷帝日丁子子孙孙永宝。

应国为武王之子所封，"珷"为武王谥号之专字②，时称"珷帝"而不称"武王"，显为宗庙立主之后的称谓。因此，王死之后并非可以立即称帝，需待卒哭礼后，其于宗庙中立有庙主才可称帝，与此同时，其健在之后也应顺乎其君，相应地由"王某（女姓）"尊称为"帝某（女姓）"。很明显，单独称"王"而不附以谥号乃仅为对健在者之称，而"帝"则为故王之宗庙称谓。故"帝姒"显别于"王姒"，王姒如为时王之后，则帝姒便只能是先王之后，也就是太后。

事实上，金文并未见有"王后"之称，时王之后的称谓皆作在"王"字之后缀以女姓的形式，故铭文"帝司"之"司"不可能释为王后之"后"。显然，在位周王之后称为"王某（女姓）"，则先王尚且健在之后便理当称为"帝某（女姓）"，以明其所配之王的生死之别。所以"帝某（女姓）"实指故王之后，即时王太后之称。准此，则"帝姒"当为姒姓之太后。

铭文中以姒姓之女为太后，则作为王后的"王姒"铜器，其时代自当比"帝姒"之器提早一世。前述之"王姒"铜器皆可断在成王时期，则"帝姒"之尊卣显然应在成王的子辈，即康王时代。因此，综合铭文与文献史料，可以推考周初四代周王之后，即：

文王王后太姒（班簋、《诗·大雅·大明》）
武王王后邑姜（《左传·昭公元年》）
成王王后王姒（姒丩爵、保侃母壶、叔毗方鼎）

---

① 河南省文物考古研究所、平顶山市文物管理局：《河南平顶山应国墓地八号墓发掘简报》，《华夏考古》2007年第1期。
② 冯时：《中国古文字学概论》第七章，中国社会科学出版社2016年版。

康王王后王姜（叔簋）

知周初以姒姓与姜姓二姓之女轮流作为王后，其与周王隔代为婚。如此，则商尊卣二器之时代当值康王，为微史家族窖藏铜器中年代最早的两件。其时周成王之后王姒已为太后，故称"帝姒"。

金文显示，周王配偶的称谓制度井然有序，配偶之称当呼应其君，君称"王"，则其后称"王某（女姓）"；君死称"帝"，则其健在之后遂配称"帝某（女姓）"。生死分明。

《尔雅·释亲》："女子同出，谓先生为姒，后生为娣。""长妇谓稚妇为娣妇，娣妇谓长妇为姒妇。"郭璞《注》："同出谓俱嫁事一夫。"《左传·成公十一年》："声伯之母不聘，穆姜曰：'吾不以妾为姒。'"杜预《集解》："昆弟之妻相谓为姒。"孔颖达《正义》："世人多疑娣姒之名，皆以为兄妻呼弟妻为娣，弟妻呼兄妻为姒，因即惑于《传》文，不知何以为说。今谓母妇之号，随夫尊卑；娣姒之名，从身长幼。以其俱来夫族，其夫班秩既同，尊卑无以相加，遂从身之少长。《丧服》小功章曰：'娣姒妇报。'《传》曰：'娣姒妇者，弟长也。'以弟长解娣姒，言娣是弟，姒是长也。《公羊传》亦云'娣者何，弟也。'是其以弟解娣，自然以长解姒。长谓身之年长，非夫之年长也。《释亲》云：'长妇谓稚妇为娣妇，娣妇谓长妇为姒妇。'止言妇之长稚，不言夫之大小。今穆姜谓声伯之母为姒，昭二十八年《传》叔向之嫂谓叔向之妻为姒，二者皆呼夫弟之妻为姒，岂计夫之长幼乎？《释亲》又云：'女子同出，谓先生为姒，后生为娣。'孙炎云：'同出谓俱嫁事一夫也。'事一夫者以己生先后为娣姒，则知娣姒以己之年，非夫之年也。故贾逵、郑玄及此注皆云'兄弟之妻相谓为姒'，言两人相谓，谓长者为姒。知娣姒之名不计夫之长幼也。"尽管邵晋涵《尔雅正义》、王念孙《广雅疏证》、沈钦韩《补注》皆不主此说，但无论据女子年齿抑或其夫之尊卑，都体现了以辈分长者称姒的基本思考。这种以年长或同辈之尊长女性称姒的制度，应即源于西周首位太后为姒姓的史事。武王之母大姒系西周王朝的第一位太后，故后世袭以年长或同辈尊长之女性称姒，渐成传统。然而在西周时期，"某姒"之姒则仍应作为女姓。

二 遗妃称"庚"考

金文所见之西周内廷女性称谓又有于女姓之前冠以"庚"字者,如"庚姬"、"庚姜"、"庚嬴",知"庚"既非诸女之国名,亦非诸女之夫家,这些人的身份当属先王之遗妃。

前录商尊卣二器铭文明载帝姒赐庚姬贝,故知庚姬之身份属后宫女性,地位低于太后。金文又云:

> 保攸母易(锡)贝于庚姜,用乍(作)旅彝。
>
> 保攸母器(《集成》10580)

器之时代为西周早期偏晚,"保"字从"玉"。保攸母位同前录保侃母壶之保侃母,皆为内廷之女保。其受赐于庚姜,知庚姜之地位又高于女保。而保侃母壶铭记保侃母受赐于王后,则知庚姜之身份当同于庚姬,但低于王后和太后。

庚某出于百姓,即使其中有姬姓,也不应与周王同宗。金文云:

> 庚姬乍(作)蕭女(母)宝䵼彝。龏。 庚姬器(《集成》10576)

此器时代为西周早期,庚姬为其母作器。西周之姬姓来源比较复杂,此器铭末缀以族氏"龏",知其非为王室之姬姓。《礼记·曲礼下》:"纳女于天子曰备百姓,于国君曰备酒浆,于大夫曰备埽灑。"郑玄《注》:"姓之言生也。天子皇后以下百二十人,广子姓也。"故以此制度推考,则庚姬、庚姜、庚嬴所反映的姬姓、姜姓、嬴姓女子,其身份皆当为王之妃嫔。

此百姓女子称"庚",且居有专宫,称为"庚宫"。金文又云:

> 保侃母易(锡)贝于庚宫,作宝殷。 保侃母簋(《集成》3743)

保侃母即前录保侃母壶之主人,但此器铭文之"保"不从"玉"字,时代当较前壶为早，或在成王早期。其受赐于庚宫，庚宫显即庚姬、庚姜、庚嬴一类以"庚"冠名的女性所居之宫室。此亦见庚宫所居者必为妃嫔，故其主人也可尊称为庚宫。

《周礼·天官·内宰》："以阴礼教六宫。"郑玄《注》："六宫，谓后也。妇人称寝曰宫。宫，隐蔽之言，后象王，立六宫而居之。亦正寝一，燕寝五。"《礼记·曲礼上》："女子许嫁，缨，非有大故，不入其门。"郑玄《注》："女子有宫者，亦谓由命士以上也。"《易·剥》："贯鱼以宫人宠，无不利。"《资治通鉴·汉纪四十六》："每宫人孕育，鲜得全者。"即簋铭有"琱宫人"之称①，以此例之，则"庚宫"亦即庚宫之人，自为后宫嫔妃之类，故知庚姬、庚姜、庚嬴皆为庚宫之主，其或以"庚宫"为称。

金文又有"庚嬴宫"，自为庚嬴所居之宫。庚嬴卣铭云：

> 隹（唯）王十月既望辰才（在）己丑，王逘（格）于庚嬴（嬴）宫，王蔑（蔑）庚嬴（嬴）历，易（锡）贝十朋，又丹一桴（杆）。庚嬴（嬴）对扬王休，用乍（作）氒（厥）文姑宝障彝，其子子孙孙儁（万）年永宝用。　　《集成》5426

器主庚嬴扬王休而为文姑作器，文姑则应为先王之后，即在位时王之祖母，庚嬴既为其亡君之母作器，自为亡君之遗妃。

庚嬴有专寝，既可称为"庚嬴宫"，当然也应属于"庚宫"。王至庚嬴宫夸伐庚嬴，并赐贝及丹一杆，据此也可探究庚嬴身份。

铭文所云之"丹一杆"，郭沫若认为应系《荀子》之"丹干"（《王制》）或"丹矸"（《正论》），即为丹砂。其以古人盛丹砂以管，"桴"即管，故计丹之数曰丹几桴。并引《诗》"贻我彤管"，以为"所谓彤管恐亦即丹桴、丹干、丹矸矣"②。然以金文所见之后宫制度分析，丹砂之说似不足取，而郭氏所疑"丹一桴"即《诗》之"彤管"，当近事实。近日韩

---

① 冯时：《"燕翺"考》，《青铜器与金文》第二辑，上海古籍出版社2018年版。
② 郭沫若：《释丹桴》，《殷周青铜器铭文研究》，科学出版社1961年版。

雪博士作《金文女史彤管制度探微》，详论"丹一枦"实即女史之彤管①，其说可从。

"丹一枦"是为彤管，则受彤管之赐的庚嬴，其时之身份自应为女史。《诗·邶风·静女》曰："静女其娈，贻我彤管。彤管有炜，说怿女美。"毛《传》："静，贞静也。女德贞静而有法度，乃可说也。既有静德，又有美色，又能遗我以古人之法，可以配人君也。古者后夫人必有女史彤管之法，史不记过，其罪杀之。后妃群妾以礼御于君所，女史书其日月，授之以环以进退之。生子月辰，则以金环退之。当御者以银环进之，著于左手；既御，著于右手。事无大小，记以成法。炜，赤貌。彤管，以赤心正人也。"郑玄《笺》："彤管，笔赤管也。说怿当作说释。赤管炜炜然，女史以之说释妃妾之德，美之。"王先谦《诗三家义集疏》引鲁说："女史掌彤管之训。"女史之职设于后宫。《太平御览》卷百四十五引刘芳《诗音义疏》："女史彤管，法如国史，主记后夫人之过。人君有柱下史，后有女史，内外各有官也。"刘知几《史通》卷十一云："《诗》彤管者，女史记事之所执也。古者人君，外朝则有国史，内朝则有女史。故晋献惑乱，骊姬夜泣，床笫之私，房中之事，不得掩焉。楚昭夜谯，蔡姬许之后死。夫宴私而有书事之册，盖受命者即女史之流乎。"皆可明其制度。郑玄《周礼·天官·叙官注》以为女史乃"女奴晓书者"，孙诒让《周礼正义》疑其非。今据铭文可知，庚嬴或即女史，其地位在内保之上而次于王后太后，自非女奴可及。

庚嬴之器又有庚嬴鼎，其铭所载庚嬴之身份也甚明确。鼎铭云：

> 隹（唯）廿又二年四月既望己酉，王宿琱宫，衣（卒）事。丁巳，王蔑庚嬴历，易（锡）裸璋、贝十朋。对王休，用乍（作）宝鼎。　《集成》2748

前录庚嬴卣之时代当在穆王前期，此庚嬴鼎作于穆王二十二年，应在其

---

① 韩雪：《金文女史彤管制度探微》，《中国文化》第50期，2019年。

后。此时之庚嬴又掌女御事①，其为女史女御之身份甚明。

根据对上录铭文的分析可以看出，第一，后宫之女保不仅受王后赏赐，同时也受庚姜赏赐，证明庚姜与王后的身份应该相近；第二，王后与庚姜或庚宫皆可赏赐内保，知庚宫主人之地位当高于内保，其虽不是王后，但应属于身份相似之人物，必为王之妃嫔；第三，庚宫之主人可以身兼女史、女御，显然其不能为在位周王之妃嫔，只能为先王之遗妃。因此，西周金文所见之庚姬、庚姜、庚嬴都应为先王遗续之嫔妃，而庚宫则为先王遗妃所居之宫。

先王遗妃所居之宫何以名曰"庚宫"，遗妃又何以称"庚"，可以允许做如下思考。金文资料显示，太后既然可以随先王始立庙主之制而称"帝"，那么先王妃嫔称"庚"就理应也与宗庙制度有关。"帝"是立主之后对先王的称谓，古礼于虞祭迎精而有桑主，以安神明②，故"帝"之称谓显然源自虞祭之后立主安神的观念。准此制度，则先王妃嫔虽不能像太后一样以"帝"称名，从而体现其与太后身份的尊卑差异，但其同取使先王神明安宁的礼旨却不可能与太后之称有任何的不同。因此，称"庚"之制只能是这种观念的反映。

丧礼于葬后行三虞之祭，葬用丁亥，故初虞再虞用丁用己，皆为柔日，至三虞则用刚日庚。《仪礼·既夕礼》："三虞。"郑玄《注》："虞，丧祭名。虞，安也。骨肉归于土，精气无所不之。孝子为其彷徨，三祭以安之。朝葬，日中而虞，不忍一日离。"贾公彦《疏》："主人孝子葬之时，送形而往，迎魂而返，恐魂神不安，故设三虞以安之。"是虞祭即迎魂入宗庙安神之祭。《仪礼·士虞礼·记》："日中而行事。……始虞，用柔日。……再虞，皆如初。……三虞、卒哭、他，用刚日。"郑玄《注》："朝葬，日中而虞。君子举事必用辰正也，再虞、三虞，皆质明。葬之日日中虞，欲安之。柔日阴，阴取其静。丁日葬则己日再虞。当祔于祖庙，为神安于此，后虞改用刚日。刚日，阳也。阳取其动也。士则庚日三虞，壬日卒哭。"贾公彦《疏》："辰正者，谓朝夕日中也。以朝有葬事，故至

---

① 冯时：《"燕翰"考》，《青铜器与金文》第二辑，上海古籍出版社 2018 年版。
② 冯时：《丧、噩考——兼论丧礼的起源及其意义》，《中原文物》2019 年第 1 期。

日中而行虞事也。再虞三虞皆质明者，以朝无葬事，故皆质明而行虞事，是用朝之辰正也。葬用丁亥，是柔日葬，始虞用日中，故云始虞用柔日也。己日再虞者，以其后虞用刚日，初虞、再虞皆用柔日。始虞用丁日，隔戊日，故知再虞用己日。"此虽士礼，但用日之俗所反映的观念却应通于上下尊卑。据此制度分析，先王之遗妃称"庚"实取三虞之日庚以为义。其以安宁先王之精魂为旨，与太后称"帝"以取安宁神主之义完全相同。至于其独取后虞之"庚"日而不用丁、己二日，则以三虞喻安神已成。准此则知，先王遗续之后妃称"帝"称"庚"，其制皆源出于丧祭。

遗妃以三虞之日庚名身不仅昭明其永属先王妃嫔的特有身份，而且也有取虞祭以使先王安心的明确用意。《礼记·郊特牲》："信，事人也。信，妇德也。壹与之齐，终身不改，故夫死不嫁。"古以信为妇德，此遗妃以先王之虞祭名身且终享之，正是妇德信实的具体表现。

周人既以先王之遗妃称"庚"，故庚嬴所居之宫便为庚嬴宫，而庚姬、庚姜所居之宫则也自应为庚姬宫及庚姜宫，或统而省称其为"庚宫"，为遗妃起居之宫室。

三　遗妃献妇功

庄白微史家族铜器窖藏出土之商尊、商卣二器同铭，释文如下：

> 隹（唯）五月辰才（在）丁亥，帝司（姒）赏庚姬贝卅朋，戈（弋）丝（丝）廿寽（锊）。商用乍（作）文辟日丁宝障彝。冀。
> 《集成》5404、5997（图1）

此器时代当属康王，"帝姒"为成王之后，亦即康王之太后，则庚姬应为成王遗妃。此器铭文事关献妇功，知遗妃于宫中行妇功之事。

铭文显示，帝姒之所以赏赐庚姬三十朋贝，原因即在于下文述及的"戈丝廿寽"。古文字"糸"、"幺"与"玄"本为一字，"絲"、"丝"与"兹"本为一字，惟繁省有别而已。《说文·絲部》："絲，蚕所吐也。从二糸。"又《糸部》："糸，细丝也。象束丝之形。读若觅。幺，古文糸。"

徐锴曰："一蚕所吐为忽，十忽为絲。糸，五忽也。"知"絲"为十蚕所吐之丝，"糸"则当其半，为五蚕所吐之丝。此丝廿寽是为庚姬所缫就。

"寽"，读为"弋"，训为取。《尚书·多士》："非我小国敢弋殷命。"伪孔《传》："弋，取也。"《管子·侈靡》："观危国过君而弋其能者。"尹知章《注》："弋，取也。"《礼记·月令》："季春之月，……蚕事既登，分茧称丝效功。"孙希旦《集解》："未缫则分其茧之多少，已缫则称其丝之重轻，而呈效其功，以课其事之勤惰也。"准此则知，"寽"当读为"锊"，在此为称重单位。《周礼·考工记·冶氏》："戈广二寸，内倍之，胡三之，援四之。……重三锊。"郑玄《注》："今东莱称或以大半两为钧，十钧为环，环重六两大半两。锾锊似同矣，则三锊为一斤四两。"此"环"即"锾"，声之误也。"锾"当为"锊"，形之讹也。《说文·金部》："锊，十一铢二十五分铢之十三也。从金，寽声。《周礼》曰，重三锊。北方以二十两为三锊。"又："锾，锊也。从金，爰声。《书》曰：罚百锾。"据此换算，则二十锊丝约合九斤多近十斤之重，足见庚姬缫丝之功显赫，其勤勉可见，故太后以贝三十朋亲行赏赐。

古者天子之后宫，凡先王妃嫔，除太后、三夫人掌协礼、说教外，其馀之九嫔、世妇，每日皆有内务，主要的工作就是纺织、缫丝，或行扫洗、劳作之事。《礼记·昏义》："古者天子后立六宫、三夫人、九嫔、二十七世妇、八十一御妻，以听天下之内治，以明章妇顺，故天下内和而家理。"郑玄《注》："天子六寝，而六宫在后，六官在前，所以承副，施外内之政也。内治，妇学之法也。阴德，谓主阴事阴令也。"又《曲礼下》："天子有后，有夫人，有世妇，有嫔，有妻，有妾。"《周礼·天官·内宰》："内宰……以阴礼教六宫，以阴礼教九嫔，以妇职之法教九御，使各有属以作二事，正其服，禁其奇衺，展其功绪。……中春，诏后帅外内命妇始蚕于北郊，以为祭服。……上春，诏王后帅六宫之人而生穜稑之种，而献之于王。"郑玄《注》："郑司农云：'阴礼，夫人之礼。六宫，后五前一。王之妃百二十人，后一人，夫人三人，嫔九人，世妇二十七人，女御八十一人。'教者，不敢斥言之。谓之六宫，若今称皇后为中宫矣。《昏礼》母戒女曰：'夙夜毋违宫事。'妇职，谓织纴组紃缝线之事。九御，女御也。故书二为三，杜子春云：'当为二，二事谓丝枲之事。'六宫之人，夫人以下分居后之六宫者。古者使后宫藏种，以其有传类蕃孳之祥，必生而献之，示能育之，使不伤败。玄谓夫人以下分居后之六宫者，每宫九嫔一人，世妇三人，女御九人，其馀九嫔三人，世妇九人，女御二十七人从后，唯其所燕息焉。从后者，五日而沐浴，其次又上，十五日而遍云。夫人如三公，从容论妇礼。"可明其制度。

王朝官制有专司丝麻事者。《周礼·天官·叙官》有典妇功、典丝、典枲、内司服诸官。郑玄《注》："典，主也。典妇功者，主妇人丝枲功官之长。内司服主宫中裁缝官之长，有女御者，以衣服进，或当于王，广其礼，使无色过。"孙诒让《正义》："典妇功者，以下三官并主女功之事，故次宫官之后。贾《疏》云：'以其丝枲有善恶贵贱之事，故须贾人也。'《注》云'典，主也'者，《广雅·释诂》同。《说文·攴部》云：'敟，主也。'典即敟之叚字。云'典妇功者，主妇人丝枲功官之长'者，丝枲并妇功之事，此典妇功总掌其事，为下典丝、典枲诸官之长也。惠士奇云：'《月令》染人曰妇官，盖典妇功之属官。'典丝者，《说文·糸部》云：'絲，蚕所吐也。'凡缯帛皆以丝为之，此官通掌之也。典枲者，贾《疏》云：'枲，麻也。'内司服者，此官与缝人并掌宫中衣服，亦是妇功之事，故次女功官之后。"是见诸官之职事。

《周礼·天官·典妇功》云：

> 典妇功掌妇式之法，以授嫔妇及内人女功之事赍。凡授嫔妇功，及秋献功，辨其苦良，比其小大而贾之，物书而楬之。

郑玄《注》："妇式，妇人事之模范。法，其用财旧数。嫔妇，九嫔、世妇。言'及'以殊之者，容国中妇人贤善工于事者。事赍，谓以女功之事来取丝枲。故书赍为资。杜子春读为资。郑司农云：'内人谓女御。女功事资，谓女功丝枲之事。'国中嫔妇所作成即送之，不须献功时。贾之者，物不正齐，当以泉计通功。郑司农云：'苦读为盬，谓分别其缣帛与布纻之粗细，皆比方其大小，书其贾数而著其物，若今时题署物。'"贾公彦《疏》："妇人虽等受丝枲，作有粗细善恶，故以泉计而通为功。布绢恶者尽其材犹不充功，布绢善者少送以充功直，故云泉计通功也。"孙诒让

《正义》："云'嫔妇，九嫔、世妇'者，贾《疏》云：案《内宰》'以作二事'，及妇功，唯据九御而言，不见九嫔、世妇有丝枲之事。此言嫔妇者，但三夫人无职，九嫔已下皆有之，但女御四德不备，须教之；九嫔、世妇素解，不须教之。其实有妇职也。是以《鲁语》云：'王后织玄紞，公侯夫人紘綖，卿之内子大带。'则贵贱皆职事也。……必知有国中妇人者，以下《典丝》云'颁丝于外内工'，《注》云：'外工，外嫔妇也。'故《大宰》职云：'嫔妇，化治丝枲。'是其国中妇人有嫔妇之称也。诒让案：郑意九嫔、世妇亦内人，而注云'以授嫔妇及内人'为殊别之词者，以嫔妇为大名，所晐甚广，容外嫔妇之贤善工于事者亦得与焉，其内人则专属宫人而言，故经言'及'以殊之。郑知此嫔妇非专属外嫔妇者，以外嫔妇为九职之一，通于万民，人数众多，其功事不必皆由官授也。云'事赍，谓以女功之事来取丝枲'者，《外府》《注》云：'赍，行道之财用也。'《掌皮》《注》云：'所给予人以物曰赍。'引申之，彼来取而此给予以财物亦得为赍。《考工记总叙》《注》云：'赍，取也。'后郑《外府》《注》谓赍、资字同，故此注兼以来取为训。丝枲亦即资财也。……又案：《大戴礼记·子张问入官篇》云：'是故夫工女必自择丝麻，良工必自择赍材。'盖丝麻即女功之赍材，故此注亦以丝枲释事赍矣。……此内人即《典丝》之内工，盖通女御以下内嫔妇之贱者言之。……凡授嫔妇功者，授当读如字。此嫔妇女亦通内外言之。云及秋献功者，谓夏之季秋。《毛诗·豳风·七月》云：'九月授衣。'又云：'八月载绩。'《传》云：'九月霜始降，妇功成，可以授冬衣矣。载绩，丝事毕而麻事起矣。'是妇功成于秋末之证。……云'书其贾数而著其物'者，《职币》《注》云：'楬之，若今时为书以著其幣。'谓以木为杙，而书其贾数以附著其物之上，故谓之楬。"此典妇功之职事。然铭文于周历五月献丝，非秋时献成衣也，其事应由典丝所掌。

《周礼·天官·典丝》云：

> 典丝掌丝入而辨其物，以其贾楬之。掌其藏与其出，以待兴功之时。颁丝于外内工，皆以物授之。凡上之赐予，亦如之。及献功，则受良功而藏之，辨其物而书其数，以待有司之政令，上之赐予。

郑玄《注》："丝入，谓九职之嫔妇所贡献。丝之贡少，藏之出之可同官也。时者，若温燠宜缣帛，清凉宜文绣。外工，外嫔妇也。内工，女御。王以丝物赐人。……受其粗緷之功，以给有司之公用。其良功者，典妇功受之，以共王及后之用。郑司农云：'良功，丝功，缣帛。'"孙诒让《正义》："掌丝入而辨其物者，谓外嫔妇所入丝纩缣帛及染人所入黼画组就之物，质有善恶，功有精粗，所施不同，皆辨异之，以待用也。"此典丝之官专掌丝之出入事。郑玄解"丝入"即九职之嫔妇所贡丝者。贾公彦《疏》："后宫所蚕之丝自于后宫用之，以为祭服，不入典丝。其岁入之常贡之丝若《禹贡》兖州贡漆丝之等，且馀官更无丝入之文，亦当入此典丝也。"孙诒让《正义》："《禹贡》丝帛等为篚贡。《书》孔《疏》引郑《注》云：'贡其实于篚者，入于女功。'入女功者，即谓典妇功官。明典妇功为此官之长，当监涖同受之也。"今据铭文可知，内嫔妇所缲之丝亦必有专官掌司，或仍入典丝。《典丝》下言"颁丝于外内工"，其既授丝予内工，自然也有内工丝入之事。

典丝掌丝之入藏。孙诒让《正义》："藏谓入丝时受而藏之。"铭文言庚姬入丝二十锊，自为入丝藏丝之事。丝有优劣良苦，典妇功、典丝通辨之，但藏良功而已。孙诒让《正义》："丝功亦有苦者，经对枲功则云良功。……郑锷云：'典丝之职以丝为主，则献功之时受丝功之缣帛，故曰受良功。盖物之美者曰良，丝视麻为美，丝功谓之良功，典丝受之；麻功谓之苦功，典枲受之。'谓凡丝功并为良功，无论精粗，此官通受之。"丝对麻为良，然因织工水平之高下，丝麻成织也自有良苦。故典丝仅掌丝入，唯藏丝之良者，而将苦功给有司以公用。商尊卣铭文显示，庚姬所献之丝不仅功良，而且量巨，自得重赏。

丝有缕数，此即经文所言"辨其物而书其数"。《西京杂记》卷五邹长倩赠遗有道云："五丝为䌰，倍䌰为升，倍升为緎，倍緎为纪，倍纪为緵，倍緵为襚。"① 《诗·召南·羔羊》说素丝云五紽、五緎、五總，毛《传》释紽、總并云数也。又以緎训缝，实亦应训数。王引之《经义述闻》卷五云："紽、緎、總，皆数也。五丝为紽，四紽为緎，四緎为總。

---

① 今本"緎"讹作"緎"。说见王引之《经义述闻》卷五《毛诗》上"素丝五緎"。

五紽二十五丝，五緎一百丝，五緫四百丝。"孙诒让《周礼正义》："緫当与緵同。"《周礼·考工记·弓人》又有"丝三邸"，皆丝之数。商尊卣铭文以丝称锊，但记其重而已。

二十锊丝是否仅庚姬一人之力所成，恐也未必。遗妃之下自有不少女工女侍，助为织缫。《内宰》以九御有妇职，行丝枲之事。贾公彦《典丝》《疏》："女御专于丝枲也。九嫔、世妇四德自备，不常为丝枲，假使为之，以其善事所造唯典妇功以共王及后所用，不在典丝、典枲。"此亦《典丝》所言之内工。孙诒让《正义》："《叙官》、《内司服》、《缝人》皆以女御役十女工，是女御为女工之监领，内宫容更有散员女工共女御之役者，此内工即女御与众女工治丝枲者之通称也。"准此则知，作为先王遗妃的庚姬，其织缫也必有女工助之，其主仆同力，共同成就了庚姬的妇式之功。

上古称丝之制乃在夏历季春之月，即《月令》所谓"蚕事既登，分茧称丝效功"。郑玄《注》："登，成也。敕往蚕者，蚕毕将课功以劝戒之。"知其时丝事已毕，故可献功。商尊卣铭文记献丝功之时在周历五月。周初历法之岁首继承殷历，为秋分之后一月，至宣王时一变为冬至之后一月[①]。商尊卣之时代早在西周康王，故其时之五月正当蚕事已成的仲春季春之月，遗妃献丝功，全合于制度。

综上所考，可知商尊卣铭文实记先王遗妃庚姬献妇功之事。庚姬以丝二十锊献之，堪称妇式，太后则以三十朋贝赏赐之，正合《典丝》所谓"及献功，则受良功而藏之，辨其物而书其数，以待有司之政令，上之赐予"的制度，此太后帝姒赐庚姬，显即经文所言"上之赐予"，太后即上也。

商作为器主详记遗妃庚姬献丝功之事，其身份虽可能为典妇功或典丝，但从微史家族世为史官之背景分析，则更似内宰。《周礼·天官·内宰》："佐后而受献功者，比其小大与其粗良而赏罚之。"郑玄《注》："献功者，九御之属。郑司农云：'烝而献功。'玄谓《典妇功》曰'及秋献功'。"贾公彦《疏》："内宰佐助后而受女御等献丝枲之功布帛等。布帛

---

① 冯时：《百年来甲骨文天文历法研究》，中国社会科学出版社2011年版。

之等，缕小者则细良，缕大者则粗恶。良则赏之，粗则罚之，以示惩劝也。内宰佐后受，明是妇官所造，还是典妇功女御等秋献功也。"内宰可以"册"名氏，如宰㮰角铭，与内朝之史或为官联。其佐后而受妇献功，计丝称丝，比较优劣，以行赏罚，正合铭文所记太后行赏之事。商为其文辟日丁作器，则文辟日丁当即器主商之亡夫①，铭末糞则为商所适之国氏。器出于微史家族铜器窖藏，故商应为家族中的女性长辈。

四　结论

本文根据西周金文资料，结合文献史料探讨西周王廷的后宫制度，主要结论可厘为三点。

一、通过对西周王室女性称谓的分析，揭示了在位周王后妃与先王嫔妃的区别标准。太后随其亡君宗庙立主后称"帝"的制度而称"帝某（女性）"，其他遗妃则称"庚某（女性）"，从而与在位天子的后妃称谓相区别。

二、考证先王遗妃何以称"庚"的原因，指出称"庚"与称"帝"一样，都是出于宗庙制度的考虑。"帝"为宗庙立主之称，意在以虞祭迎亡君之精而安之；而"庚"则为三虞用日，其意同样在于安神，礼旨无异。"帝"为主，故称"庚"逊于称"帝"，"帝某（女姓）"为太后，则"庚某（女姓）"自为遗妃。

三、解读商尊卣二器铭文，其记成王遗妃庚姬献丝二十锊，堪为妇式——妇功之模范，故得康王之太后帝姒重赏。而器主商作为内宰佐后而受妇所献之功，比较优劣而行赏罚，故详载其事。这一在西周金文中所反映的献妇功制度，与《周礼》、《礼记》等文献的相关记载若合符契，足见其制度之传承有序。

2018年10月26日写讫于台北辅仁大学

（原载《考古学集刊》第22集，科学出版社2019年版）

---

① 李学勤：《西周中期青铜器的重要标尺——周原庄白、强家两处青铜器窖藏的综合研究》，《中国历史博物馆馆刊》1979年第1期。

古文字所见之商周盐政

商周古文字作为直出先人手笔的直接史料，不仅对于史学研究具有重要的意义，而且与考古学研究相结合，也具有诠释史料的独特作用。因此，综合分析古文字资料中有关先秦盐政的史料，既可以从新的角度探索早期盐业文明，又不失为对相关考古学研究的有益补充。

商周甲骨文、金文及战国文字保留的古代盬卤史料，学者或有研究，或待甄别，然而相对于盐业考古而言，利用这些资料系统地进行先秦盐政制度的阐释，则嫌不足。本文拟以商周古文字资料为基础，结合文献与考古资料，就先秦盐政制度的相关问题略作探讨。

一 卤斥名释

鹽、卤不同，其名各异，即使同为天生之卤，也因地域的差异而互不同称，情况复杂。这种差异不仅在商周时代即已出现，而且其所产生的文化影响也相当深远。兹聊为梳理。

《说文·卤部》："卤，西方鹹地也。从卤省。囗象盐形。安定有卤县。东方谓之㡿，西方谓之卤。"徐锴《系传》："按《史记》曰，大抵东方食盐㡿，西方食盐卤。"段玉裁《注》："《禹贡》青州'海滨广斥'，谓东方也。安定有卤县，谓西方也。大史公曰：山东食海盐，山西食盐卤[①]。然对文则分析，散文则不拘。"据此可知，卤虽取自天然，但于东西不同地域却有着不同称谓，大抵西方曰"卤"，东方曰"斥"。"卤"为西方鹹地所生，"斥"则为东方海水浸蚀之地所出。

---

① 语见《史记·货殖列传》。

商周甲骨文、金文"卤"、"斥"之名并见，可明其时于不同地区，盐卤之名已有分别。卤、斥皆为直取不涷之盐，但其名因地而异。卤乃得自河东盐池，河东系诸夏故地，于殷人灭夏后则多沦为附庸，加之殷人亲族复于此封邦建国，苦心经营，致殷独拥盐池之利。而斥则源于东方海滨。虽海岱地区长期为人方所据，但通过频仍的战争亦时有所掠。至周人灭商，既据西戎旧地，又平东方之乱，更于齐域有封，为斥卤的来源提供了可靠的保证。春秋初年晋姜鼎铭云：

> 余不叚妄宁，经雝明德，宣卹我猷，用召匹辞辟，敏扬厥光烈，虔不墜。……嘉遣我锡卤积千两（辆），勿废文侯覭命，俾贯通□征繁汤□，取厥吉金，用作宝尊鼎。

而戎生钟铭也见相同的内容：

> 今余弗叚废其覭光，对扬其大福。嘉遣卤积，俾譖（潜）征繁汤，取厥吉金，用作宝协钟。

二器铭文所述为一事，即以卤积换取繁汤的铜料①。"潜征"意即远征。"繁汤"地在今河南新蔡以北的繁阳，位于淮水之阳。春秋曾伯霎簠铭云："克逖淮夷，抑燮繁汤，金道锡行，具既俾方。"可知繁汤是古代铜路的枢纽。而晋以卤交易铜锡，其物必为晋地土产。《汉书·地理志上》河东郡安邑县班固注云："盐池在西南。……有铁官、盐官。"铭文"卤积"之"积"意即委积，晋河东之地拥有盐池所生之卤，故储备甚富，积车千辆而载之。据此可明，鼎、钟铭文所述之卤皆当取自晋之盐池。

西周穆王时器免盘铭云：

> 唯五月初吉，王在周，命作册内史锡免卤百隘，免蔑，静女王休，用作盘盉，其万年宝用。

---

① 李学勤：《戎生编钟论释》，《保利藏金》，岭南美术出版社1999年版。

又据免盨铭文可知，免为司徒，其司郑事，地在西郑。铭言周王以卤赐免。《史记·货殖列传》张守节《正义》言于晋鹽池所得之大且光白者皆为年贡之物。尽管西周王室所掌之卤是否来源于诸侯之贡，抑或鹽池之利亦如殷商王朝为王室所垄断，目前还不清楚，但盘铭赐免之卤当系河东所出则应该不会有太大的问题。因此，时人以河东鹽池所生曰卤与西方名卤之俗甚合。

古人以西方鹽池所生曰卤，卤作为生民"食肴之将"，乃为最素朴习见之资，这个古老传统使得人们逐渐将卤与方位建立起了固定的联系，并形成了以卤指示西方的独特观念，从而使"卤"字最终发展为专指西方的方位名词。唐兰先生指出，古代地处黄河下游，河东鹽池已被认为西方，所以"西"与"卤"为一字①，所说极是。"卤"字于甲骨文作"🜨"（《合集》5596）、"🜨"（《合集》19497），金文作"🜨"（免盘），据从"卤"之"卥"（酉）字比证，可知其形乃象鹽卤之结晶（说详下文）。而作为方位名词的"西"字于甲骨文有两种形体，早期作"🜨"（《菁》11），取鸟巢之形，这一点通过古文字"西"与"巢"字形构的对比即可看得很清楚。《说文·西部》："西，鸟在巢上也。象形。日在西方而鸟西，故因以为东西之西。栖，西或从木妻。"段玉裁《注》："古本无东西之西，寄托于鸟在巢上之西字为之。"可明"西"象鸟巢，其实就是"栖"的本字。日行西斜则鸟归巢而栖，所以古人以鸟巢之形表示方位之西乃是他们对自然现象的观察而建立的时空概念②。然而这种形构的"西"字多见于武丁卜辞之中，而于武丁以后直至西周金文，"西"字则通作"🜨"（《甲》740）、"🜨"（《佚》200）、"🜨"（戍甬鼎）、"🜨"（伯戜簋），其形体结构已与早期的"🜨"取形各异，而明显具有取自"卤"字的特点。许慎以"卤"从"西"省之说并不确切，其实"西"、"卤"二字本取形相同，虽然更多的时候"西"字只表现为"卤"字的简化形体，但有时却可以相互通用。如卜辞有云：

---

① 唐兰：《西周青铜器铭文分代史征》，中华书局1986年版，第375页。
② 冯时：《中国古代的天文与人文》，中国社会科学出版社2006年版。

1. 庚□贞：禽众从北至于南？
   其从西禽众？　　　　《合集》31996 正

此辞"西"字作"✱"，即为"卤"字。又如金文"卤"（酒）字通作"✱"（大盂鼎），字从"西"，或也作"✱"（作册令方彝），字则从"卤"；"覃"字通作"✱"（父乙卣），字从"西"，或也作"✱"（晋姜鼎），字则从"卤"；"瓶"字或作"✱"（乐大司徒瓶），字从"卤"，或也作"✱"（邓公簋），字则从"西"。明证"西"、"卤"古本同字。故"西"字取形于早晚颇有变化，而其转折当在武丁晚期至祖庚时代。事实上，这种严格且明显的因时代的断限而形成的用字差别，如果不是通过某种诏令加以推动是很难实现的，这意味着在武丁晚期至祖庚时代，汉字曾经实行了一次重要的改革，这恐怕也是目前所知的官方推行的最早的文字改革。盖殷人本非中原旧族，故其固有的方位观念当来源于对自然现象的观察。其后随着殷人势力入主中原，鹽池居西则有了固定的地理方位的意义，于是朴素的借鸟栖为西方的观念便被卤西的事实所取代，"西"字的字形也便从对鸟巢的象形转变为对盐卤的象形，致使用字的改变成为势所必然。很明显，对于古代盐政制度的考察，这些史实不仅使古文字"西"字的取形问题得以澄清，而且其所揭示的历史观念的复杂变迁也颇有意义。

随着商周两朝势力的扩大，东方的海浸鹽源已经成为其重要的掠夺资源，因此在商周金文中，西方称"卤"而东方称"斥"的史实已反映得很清楚。西周昭王时小臣謎簋铭云：

　　叡东夷大反，伯懋父以殷八师征东夷。唯十又一月遣自**𩪐**𨖷，述东朕，伐海眉（湄）。雪厥复归在牧𨖷，伯懋父丞王命，锡师率征自五**齵**贝。小臣謎蔑历眔锡贝，用作宝尊彝。

此铭记伯懋父率师征伐东夷之事，直至海滨，"海湄"意即海滨①。铭文"锡师率征自五齵贝"意即赐征五齵之师以贝，非为赐贝之数，古计贝之数多缀于"贝"字以后，如"贝五朋"，与此不同，明"五齵"当为所征之地，位在海滨。我们以为，铭文"五齵"实即古土田之制之"五桀"，乃滨海斥卤之地。《管子·地员》："凫土之次曰五桀。五桀之状，甚鹹以苦，其物为下。"郭沫若《集校》："汪继培云：'此即《周礼》所谓"鹹潟用貆"者也。《禹贡》"海滨广斥"，康成《注》"斥谓地鹹卤"，《说文》"卤，西方鹹地，东方谓之斥，西方谓之卤"。"斥"、"桀"音亦相近。'沫若案：既言其'状'则不当单言其味。'甚鹹以苦'当为'甚鹹似苦'，苦谓颗盐也。《周礼·天官·盐人》'苦盐'，郑《注》'杜子春读苦为盬，谓出盐直用，不涷治'。'似盐'兼味与状而言之。"黎翔凤《校注》："《说文》：'桀，磔也。从舛在木上也。'《诗·君子于役》'鸡栖于桀'，'桀'象鸡栅之形。此为海边之地不为盐田者，多架木以泻水，于诸土为最下，收成极少。"实"五桀"意即"五斥"，汪说甚是。其地滨海，久受海水之浸，故其地斥卤，土质最下。《尚书·禹贡》："海岱惟青州，海滨广斥。"郑玄《注》："斥谓地鹹卤。"《史记·夏本纪》则作"海滨广潟，厥田斥卤"。正此之谓。《左传·襄公二十五年》："表淳卤。"杜预《集解》："淳卤，埆薄之地，表异轻其赋税。"孔颖达《正义》："贾逵云：'淳，鹹也。'是鹹薄之地名为斥卤。《禹贡》'海滨广斥'是也。"故铭文之"五齵"即《地员》之言"五桀"，意皆海滨广斥之地。

"五桀"读为"五斥"，音也相近。古音"斥"在铎部，"桀"在月部，旁转可通。《易·解·象传》："而百果草木皆甲坼。"陆德明《释文》："坼，马、陆作宅。"李鼎祚《集解》本"坼"亦作"宅"。《史记·李斯列传》："十公主矺死于杜。"司马贞《索隐》："矺与磔同，古今字异耳。"是"斥"、"桀"通用之证。故《地员》"五桀"即言五斥，乃滨海卤浸之域。

铭文"五齵"即《地员》之"五桀"，其说既见于周初金文，知

---

① 唐兰：《西周青铜器铭文分代史征》，中华书局1986年版，第240页。

"齵"字从"卤"显为意符，故此字本义当关乎鹽卤，"禹"则为字之读音。《禹贡》"海滨广斥"，《夏本纪》引"斥"作"澙"。裴骃《集解》引徐广曰："一作'泽'，又作'斥'。"《史记·河渠书》："溉泽卤之地。"司马贞《索隐》："泽，一作'舄'，音昔，又并音尺。本或作'斥'，则如字读之。"《汉书·地理志下》："齐地负海舄卤。"《沟洫志》亦作"舄卤"，《吕氏春秋》则作"斥卤"。师古《注》："舄即斥卤也。谓鹹卤之地也。"《文选·木玄虚海赋》："襄陵广舄。"李善《注》："《史记》曰'斥'为'舄'，古今字也。"《周礼·地官·草人》："鹹澙用貆。"郑玄《注》："澙，卤也。"孙诒让《正义》："据《说文》，则鹹澙正字当作斥，斥隶变为斥，或叚舄为之，或又加水为澙，实一字也。"《玉篇·卤部》："滷，苦地也。《书》曰'海宾广滷'，本亦作'斥'。"是知"斥"、"泽"、"澙"、"舄"、"滷"皆通用不别。"斥"或与"宅"通，已见前证。而"泽"也通"宅"。《庄子·则阳》："比于大泽。"陆德明《释文》："泽，本亦作宅。"《论语·里仁》："择不处仁。"《文选·张平子思玄赋》李善《注》引"择"作"宅"，皆其明证。《礼记·郊特牲》："诸侯不臣寓公。"郑玄《注》："寓，或为託。"是"禹"、"斥"通用之证。西周史墙盘铭"寓"本作"寓"，古音在鱼部，"斥"在铎部，对转可通。是"五齵"即应读为"五斥"，故字从"卤"以示其义。《地员》于五桀之上又有"五凫"，孔广森以为亦此鹹澙，孙诒让《周礼正义》则疑此"凫"字或即"舄"字之讹。盖西周早期土田之制分别尚不及后世绵细，而金文"五齵"之名或可兼括"五桀"、"五凫"，统言滨海斥卤之地。

《尔雅·释地》：十薮"齐有海隅"。郭璞《注》："海滨广斥。"郝懿行《疏》："此释营州之薮。海隅者，《有始览》及《墬形篇》并云'齐之海隅'。高《注》：'隅犹崖也。'盖近海滨。《墬形篇》又云：'申池在海隅。'高《注》：'海隅，薮也。'《史记·齐世家》《集解》引左思《齐都赋》注曰：'申池在海隅，齐薮也。'是皆本《尔雅》为说。但海隅是大名。申池是其间小地名。……今自登莱之黄县、掖县以西，历青州之寿光、乐安以东，及武定之海丰、利津以北，延袤千余里间，皆海隅之地。

《管子》所谓渠展之鹽，《左传》所云泽之萑蒲、薮之薪蒸，盖胥于是在焉①。或疑十薮皆举地名，齐薮独汎指海隅，以斯致疑此又非也。《子虚赋》言齐王畋于海滨，与楚之云梦对举，海滨即海隅。且云梦一薮犹方八九百里，跨江南北，况齐洋洋大风，海隅之薮跨越数郡，包络千馀里，何足异也。《子虚》所称'列卒满泽，罘网弥山'，'鹜于鹽浦'，'平原广泽游猎之地'，皆非虚语。然则郭《注》以海滨广斥为言，斯为当矣。"所论极是。此"海隅"之名意即海滨广斥，正与金文之称"五䲷"相合，故"五䲷"即言海隅，皆滨海斥卤之称。《尚书·尧典》载春分神羲仲"宅嵎夷"，孔颖达《正义》："嵎音隅。马曰：嵎，海嵎也。"是嵎夷也因海滨广斥而名。此也助证金文"五䲷"之说。

晚殷小臣缶方鼎铭云：

王锡小臣缶渪积五年，缶用作享太子乙家祀尊。㡀父乙。

铭文"渪"也当读为"斥"，意即鹽斥。故此铭"斥积"意同晋姜鼎及戎生钟铭之"卤积"，"斥积五年"即殷王赐与小臣缶五年的鹽资储备，以保证其祭祀、待宾及膳羞之用。

准此可明，商周时期已有"卤"、"斥"之分，东方曰"斥"，西方曰"卤"，卤取于鹽池，斥取于海滨，皆天生不涷之资。许慎所言与古制契合。

二　取卤之法

商代甲骨文有"卤"（䘏）字，字形作：

---

① 这一地区近年发现大量商周制盐遗址，学者于此已有统计，见李水城等《莱州湾地区古代盐业考古调查》，《盐业史研究》（巴渝盐业专辑）2003年第1期，第82—91页；李水城等《山东广饶南河崖发现大规模制盐遗址群》，《中国文物报》2008年4月23日第2版；燕生东等《山东寿光双王城发现大型商周盐业遗址群》，《中国文物报》2004年2月2日第1版；《山东阳信李屋发现商代生产海盐的村落遗址》，《中国文物报》2004年3月5日第1版；方辉《商周时期鲁北地区海盐业的考古学研究》，《考古》2004年第4期，第54—55页，图一；王青、朱继平《山东北部商周盔形器的用途与产地再论》，《考古》2006年第4期，第62页图二。与《释地》及郝《疏》所论密合。

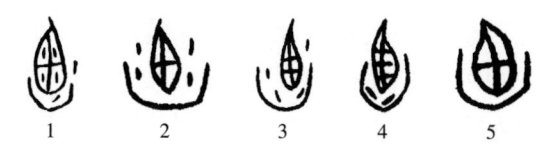

1. 《簠·游》68　2. 《前编》6.58.5　3. 《京津》1557　4. 《前编》4.35.1　5. 《邺初》2.38.3

中为"卤"字，下从"凵"，则为坎池之形。甲骨文"阱"作"㡀"，字象陷兽于坎，即其明证。故"凵"、"卤"二形比类会意，正象垦地为畦，引池晒卤，字于畦中或饰数点，实乃池水之象，而"卤"形则象成盐之结晶。因此，"卤"字所呈尖圆之状的字形结构并非如学者普遍认为的所谓盛鹽之囊袋或容器①，而应即晒卤所成的颗盐结晶之形，其中无写点饰者乃是直接对颗盐结晶的整体描绘，而或加点饰者则在表现构成结晶体的更微小的结晶，故点饰之有无于字形本身并没有区别，有点之"㐬"与无点之"㐬"实本同字。《读史方舆纪要》卷三十九引《鹽池图说》云："鹽根形如水晶。"足见鹽卤结晶之晶莹。至许慎以"囗"象盐形，乃皮相之论。况卤本即西方鹽池所生天然之物，非为卤水之谓，故亦实无以囊盛水之必要。事实上，如以"卤"字乃象以器盛盐之形，则字又作"㐬"，并无盛鹽之象，其谬甚明。同时，鹽为煮涑之盐，古文字"鹽"古或作"㗊"，下从"皿"以象煮盐之器，若其上之"卤"复象容器，其所体现的造字观念则殊背情理。然以"卤"象卤盐结晶之形，其置于皿中以会煮水成鹽之义，则于造字之法与煮盐之法皆若合符契。

古取卤之法从完全依赖及时的南风到引池晒之，体现了生产技术的进步②。《水经·涑水注》说鹽池云："土人乡俗，引水裂沃麻，分灌川野，畦水耗竭，土自成盐，即所谓鹹鹾也，而味苦，号曰鹽田。"张守节《史记正义》云："河东鹽池是畦盐。作'畦'，若种韭一畦。天雨下，池中鹹淡得均，即畦池中水上畔中，深一尺许，坑日暴之五六日，则成盐若白礜石，大小如双陆，及暮，则呼为畦鹽。或有花鹽，缘黄河鹽池八九

---

① 徐中舒：《甲骨文字典》，四川辞书出版社1988年版；杨升南：《从"卤小臣"说武丁对西北征伐的经济目的》，《甲骨文发现一百周年学术研讨会论文集》，文史哲出版社1999年版。
② 郭正忠主编：《中国盐业史》（古代编），人民出版社1999年版，第37页。

所。……畦鹽，若河東者。花鹽，池中有下隨，而大小成鹽，其下方微空，上頭隨雨下池中，其滴高起，若塔子形處曰花鹽，亦曰即成鹽焉。……其鹽四分入官，一分入百姓也。池中又鑿得鹽塊，闊一尺餘，高二尺，白色光明洞徹，年貢之也"（《貨殖列傳》）。又《宋史·食貨志下》云："引池為鹽，曰解州解縣、安邑兩池。墾地為畦，引池水沃之，謂之種鹽，水耗則鹽成。"引池取鹵之法至少在秦漢時期即已得到了普遍應用，而商代于鹽池取鹵也有相當完善的制度（說詳下文），故其取鹵之法不會與此有明顯的不同，這意味着在商周時代，人們在鹽池的生產中已經開始採用同樣的引池曬鹵的方法生產鹽鹵。

三　煮鹽溯源

《說文·鹽部》："鹽，鹵也。天生曰鹵，人生曰鹽。從鹵，監聲。古者夙沙初作鬻海鹽。"段玉裁《注》："十字各本作'鹹也'二字，今正。鹽之味鹹，鹽不訓為鹹。玄應書三引《說文》'天生曰鹵，人生曰盐'，當在此處。上冠以'鹵也'二字，則渾言、析言者備矣。"徐灝《箋》："天生謂不湅治者，如今鹽田所曬生鹽。人生謂湅治者，如今揚灶所煎熟鹽是也。"故知鹵為天生，鹽為人生，鹽與鹵的重要區別即在于此。

《周禮·天官·鹽人》："鹽人掌鹽之政令，以共百事之鹽。祭祀，共其苦鹽、散鹽。賓客，共其形鹽、散鹽。王之膳羞，共飴鹽，后及世子亦如之。凡齊事，鬻鹽以待戒令。"鄭玄《注》："杜子春讀'苦'為'盬'，謂出鹽直用不湅治。鄭司農云：'散鹽，湅治者。'玄謂散鹽，鬻水為鹽。形鹽，鹽之似虎形。飴鹽，鹽之恬者，今戎鹽有焉。齊事，和五味之事，鬻鹽湅治之。"賈公彥《疏》："苦當為盬，盬謂出于鹽池，今之顆鹽是也。散鹽煮水為之，出于東海。……下經自有鬻鹽，是湅治，故後鄭不從。……'今戎鹽有焉'者，即石鹽是也。"知鹽類雖繁，但就其制法言，不外湅與不湅兩種，不湅者為鹵，經言苦鹽、形鹽、飴鹽、盬鹽及鄭言戎鹽并是①，而湅治之鹽則唯散鹽是也。《史記·貨殖列傳》司馬貞《索隱》："一說云：鹽

---

① 參見孫詒讓《周禮正義》。

鹽，河东大鹽。散鹽，东海煮水为鹽也。"亦宗郑意，包山楚简 147 简云："陈愲、宗献为王煮鹽于海。"《管子·地数》："君伐菹薪，煮沸水为鹽。"是煮水为鹽则谓人生之鹽。《禹贡》载青州贡鹽，《周礼·夏官·职方氏》载幽州"其利鱼鹽"，皆煮海之鹽。于鬯《香草续校书》云："沸盖谓鹽之质。鹽者，已煮之沸。沸者，未煮之鹽。海水之可以煮为鹽者，正以其水中有此沸耳，故曰煮沸水为鹽。"沸水盖非直取海水，当即卤水。是古煮鹽之源或以海水，但更多的则为取用近海之卤水，此与考古所见甚合①。

煮鹽之器，汉以牢盆。《史记·平准书》："愿募民自给费，因官器作煮鹽，官与牢盆。……敢私铸铁器煮鹽者，釱左趾，没入其器物。"裴骃《集解》引如淳曰："牢，廪食也。古者名廪为牢也。盆者，煮鹽之盆也。"司马贞《索隐》："苏林云：'牢，价直也，今代人言"雇手牢盆"。'晋灼云苏说是。"《汉书·食货志下》引同。王先谦《补注》："此是官与以煮鹽器作而定其价直，故曰牢盆。"古鹽政官营，故以官器计煮鹽之量，以防私留。是苏林训"牢"为价值，甚确。

商周金文有"覃"字，即象煮鹽之形。字形举例如下：

1. 父乙卣　　2. 父乙簋　　3. 父丁爵　　4. 父己爵　　5. 晋姜鼎

第 1—4 例字上从"西"，下象煮鹽之器。此煮鹽之器皆呈罐状尖底，与目前于鹽业遗址发现的煮鹽器皿盔形器形状相同②。这个形象在第 5 例字的字形中得到了简化，但罐形尖底的特点仍然鲜明。第 5 例字上从"卤"，可知前四例字上部的"西"字即为"卤"字，所以"覃"为会意字，其所表现的以器煮鹽的事实非常清楚。

《说文·覃部》："覃，长味也。从覃，鹹省声。""覃"本从"卤"而

---

① 目前的盐业考古工作已于商周时期的煮盐作坊遗址发现当时的卤水井。笔者于前不久赴山东寿光双王城商周时期盐业遗址发掘现场参观所见。

② 曹元启：《试论西周至战国时代的盔形器》，《北方文物》1996 年第 3 期。

读"鹹"声，其本义即为味长。故"覃"训长味，正据鹽而得义，且字形又象以器煮鹽，所以"覃"应该就是"鹽"的本字。

战国文字有"鹽"字，如秦文字作：

（《集证》141·128）

许慎以为"鹽"为从"卤""监"声之字，但通过对其他"鹽"字形构的分析，知其当为从"盘""欧"声之字，"盘"为会意字，从卤在皿中，为"鹽"字的基本字形①，即象煮鹽之形②。又楚文字作：

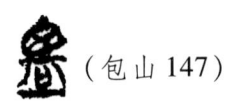

（包山 147）

上作"卤"，下从"皿"，即象以器煮鹽之形。又齐文字作：

（亡盐戈）　　（亡盐戈）

从"滷"从"皿"。《尔雅·释言》："滷，苦也。"邢昺《疏》："滷，谓斥滷可煮鹽者。"故此字形正象以器煮卤成盐之形。又"鹽"字作：

（包山 3）　　（包山 172）

---

① 林沄：《读包山楚简札记七则》，《江汉考古》1992 年第 4 期；刘钊：《谈包山楚简中"煮盐于海"的重要史料》，《中国文物报》1992 年 10 月 18 日 3 版。
② 赵平安：《战国文字中的盐字及相关问题研究》《考古》2004 年第 8 期。

依《说文》，"鹽"本作从"鹽"省"古"声之字，但战国文字实本从"鹵""古"声。因此可以确定，"鹽"字作"鹵"是其尚未发展出"臣"声的早期形体。《玉篇·鹽部》："鹵，同鹽。"即其明证。

"鹽"字字形演变的过程十分清楚，这使我们可以据此比较下面三个"簟"字的字形和用法，西周金文用以赏赐的"簟弼"，于文献则作"簟茀"，其"簟"字作：

（番生簋）

为从"竹""覃"声之字。字或用为鼎名而称"簟鼎"，其形作：

（应公鼎）

而另一个用为"簟弼"的"簟"则写作：

（毛公鼎）

字作从"竹""鹵"声，上面的"卤"字或省写作"西"，并无分别，但下面的煮盐之器却改作了"皿"，与一般的"覃"字不同。事实上，"皿"字既是瓮盘一类器物的象形字，而在文字规范的过程中，又可以作为器物的类名，故与煮盐之器同类而互通。古文字"烝"作"𤇾"（大盂鼎），象以豆荐米之形，又作"𤇾"（㝬簋），下部的"豆"字又可作"皿"，即其明证。而形体变化后的"覃"字作"鹵"，如果与战国文字的"鹽"字比较，则可明显看出，其字形结构其实就是"鹽"字的早期形体。因此，"簟"之作"簠"不仅只是声符的改变，尽管"覃"、"鹽"二字古音极近，而更应反映着形构的变化，这意味着描写以器煮盐的"䨴"其实正是"鹽"字的初文，而鹽之作"鹽"只是"䨴"字字形演变的结果。

"䨴"字所从之"㫗"即为"㫗"字，乃煮盐使用的所谓"牢盆"①。《说文·㫗部》："㫗，厚也。从反亯。"又"厚，山陵之㫗也，从厂，从㫗。"段玉裁《注》："今字厚行而㫗废矣。凡经典㫗薄字皆作厚。"许慎解"㫗"形颇无据，金文"厚"字作：

厚（史墙盘）　　厚（鲁伯盘）

其中之"㫗"与"䨴"字"鹵"下所从之"㫗"字全同，应为煮盐之器。王筠《说文句读》："许言长味者，以字从鹵也，不入鹵部而在此部者，所以证㫗之义为滋味也。……其实㫗是饮食之㫗，厚则山陵之厚，各有专义也。"事实上，今见商周时期煮盐使用的所谓盔形器不仅形制与"㫗"字相同，而且器壁厚达1.5—3厘米，一般则多在2—3厘米②，较生活陶器的器壁加厚数倍（图1）。因此"㫗"字取形于煮盐之器，似乎不能排除这样一种考虑，即古人借一种特有的煮盐之器所具有的厚壁的特点，传达厚薄之厚的特定概念，并进而由其用途引申出滋味醇厚的双重意义。俗以无盐之食寡味，调盐之食厚味，故古人以煮盐之器训厚，并由其形制重厚而兼以其用途寓指滋味醇厚，义正相合。此恰可证从"㫗"之"䨴"本象煮盐，而"䨴"训长味，正为盐之特点。段玉裁《说文解字注》：䨴"与酉部醰音同义近"。《说文·酉部》："醰，酒味苦也。"其义自取盐之训苦，也明"䨴"本长味之义，与盐意义正合。故据此可知，"䨴"字本写煮盐之形，义训盐苦味长，实乃"鹽"之本字。故"鹽"本作"䨴"，

---

① 目前同一地区发现的盔形器，形制颇为统一，大小接近，容积大致相等。参见李水城等《莱州湾地区古代盐业考古调查》，《盐业史研究》（巴渝盐业专辑）2003年第1期。其与汉代牢盆所体现的制度相同。

② 参见曹元启《试论西周至战国时代的盔形器》，《北方文物》1996年第3期；李水城等《莱州湾地区古代盐业考古调查》，《盐业史研究》（巴渝盐业专辑）2003年第1期。

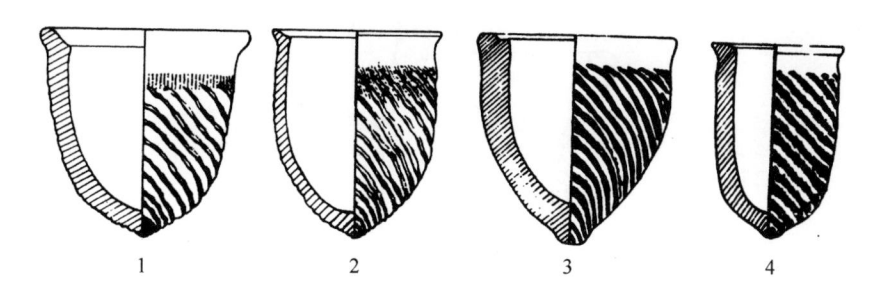

图 1　鲁北地区商周遗址出土盔形器
1、2. 寿光大荒北央　3、4. 寿光埠子顶

从"西"从"卤"无别，后"㳄"符为"皿"符所替代，遂别作"盨"，其后更叠增声符作"鹽"而孳乳为形声字。所以"鹽"本作"盨"，其字形实由"覃"字发展而来。

新近出土的西周中期霸伯铜器铭文见有"鹽"字①，其形作：

（霸伯山簋）　（霸伯山簋）　（霸伯簋）

或作卤在皿中，与毛公鼎铭"簟"字所从之"盨"相同；或"皿"字简化作"口"。

商代金文之"㳄"字作" "，乃象煮鹽之器，器呈尖底，实即所谓盔形器之象形（图1）。然商代同为尖底器的"西"字作" "，其写器物轮廓上下通连，却与"㳄"字所反映的器物底部歧出的写法不同。鹽业考古的资料表明，盔形器用以煮鹽，其器并不直接受火，而于器下附草拌泥以为垫架。以此比观，则"㳄"字之作" "，正为煮鹽器下附垫架之象，或又作" "，则为其简省写法，字形不仅与考古所见煮鹽之器全同②，甚

---

① 山西省考古研究所、临汾市文物局、翼城县文物旅游局联合考古队、山西大学北方考古研究中心：《山西翼城大河口西周墓地1017号墓发掘》，《考古学报》2018年第1期。
② 《山东寿光双王城商周盐业考古发掘成果汇报》，北京大学考古文博学院、山东省文物考古研究所，2008年11月29日。

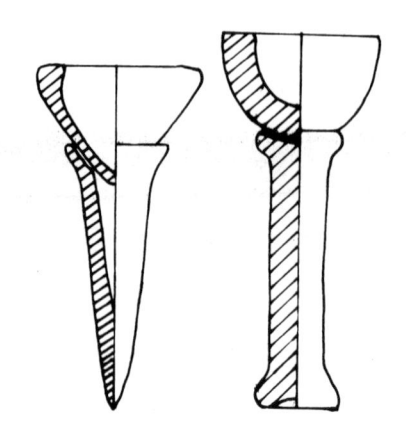

图 2　德国 Saale 河谷制盐陶器（据 Karl Riehm 图自绘）

至国外的盐业考古资料也显示了与商周时期煮盐技术相同的操作方法（图2）①，可借以与"𪉖"所呈现的字形做形象的对比。要之，"𪉖"之作"盬"，煮盐之器已由𪉖转变为皿。如果这种变化并不仅仅反映着一种文字的规范形式，而可能显示了煮盐之器的变化的话，那么这似乎意味着至少在西周中期，煮盐之器以及与此有关的制盐技术都发生了某种变化，而"盬"字字形的出现正是这种变化的体现，其与考古学所呈现的材料也可相互印证。

金文资料显示，商周时期已有煮盐之法，其涑治而成者自为盐而不为卤，古人并据此法的写实而创造了"𪉖"、"盬"二字。事实上，除"𪉖"字在字形上证实煮盐之法在殷商时代即已存在之外，殷卜辞也提供了讨论这一问题的有益线索。

  2. 乙卯卜，卤十用？
    惠夢十用？
    惠十卤以妣［庚］？　　　　《合集》22294（《乙》8810）

此为武丁卜辞，乃献盐卤以祭妣庚之辞，"卤"、"夢"对文，且同冠虚词

---

① Kail Riehm, Prehistoric Salt-Boiling, *Antiquity*, Vol. 35, No. 139, 1961.

"惠"，知为性质相同的祭品，而并非类名物名之别。据《盐人》可知，祭祖所共乃苦盐、散盐，苦盐为直取不涷者，散盐则为涷治之盐，准此，则卜辞之"卤"当为苦盐，而"夢"则似指散盐。

孙诒让《周礼正义》："苦盐味大醎，为盐之最贵者。散盐则味微淡，用多而品略贱，祭祀则次于苦盐，宾客则次于形盐，故谓之散，散之为言杂也。《说文·肉部》：'散，杂肉也。'散即散之隶变。此经凡言散者，皆粗沽猥杂、亚次于上之义。"故卜辞之"夢"既指散盐，应有杂乱粗沽之意。"夢"从"瞢"省声，亦作"瞢"。《史记·夏本纪》司马贞《索隐》："夢，一作瞢。"《汉书·叙传上》师古《注》："瞢，云瞢泽也。瞢与夢同。"《广韵·送韵》："瞢，亦作夢。"《慧琳音义》卷三十六注引《集训》云："瞢，乱也。"字又通"懜"。王念孙《广雅疏证》："懜、夢、儚、懵，并字异而义同。"《玉篇·心部》："懜，心乱。"或读为"蒙"。《尔雅·释地》："楚有云夢。"陆德明《释文》："夢，本或作蒙。"《诗·秦风·小戎》："蒙伐有苑。"朱熹《集传》："蒙，杂也。"《大戴礼记·少闲》："始蒙矣。"王聘珍《解诂》："蒙，杂乱也。"皆与散盐之意相合。

散盐之亚次苦盐，或即散而不结之盐，其与卤为结晶之盐形成区别，故曰散盐，后世则又称"末盐"。《宋史·食货志下》："盐之类有二，引池而成者曰颗盐，《周官》所谓盬盐也；鬻海、鬻井、鬻鹻而成者曰末盐，《周官》所谓散盐也。"以此意审之，卜辞"夢"或又可读为"蔑"。甲骨文"夢"、"蔑"皆从"苜"声。《谷梁传·昭公二十年》："曹公孙会自夢出奔宋。"陆德明《释文》："夢，本或作蔑。"是二字相通之证。"蔑"或言"末盐"。古音"蔑"、"末"皆明纽月部字，双声叠韵，同音可通。《论语·子罕》："末由也已。"《史记·孔子世家》"末"作"蔑"。《小尔雅·广言》："蔑，末也。"《说文·虫部》："蠛，蔑蠓也。"段玉裁《注》："蔑之言末也，微也。"朱骏声《说文通训定声》卷十三："蔑，又为末。"《逸周书·祭公》："文武之蔑。"朱右曾《集训校释》："蔑，末也。"李富孙《诗经异文释》卷十三："丧乱蔑资。《潜夫论·叙录》蔑作末。"知二字音义全通。故卜辞之"蔑"正即末盐之称，这种观念于殷已见，且传承有序。

商代武丁时已有煮盐，知煮盐之法起源甚早。《说文》述"古者夙沙初作鬻海盐"，段玉裁《注》以此盖出《世本》。今则以商周金文及殷卜辞以证煮盐之历史，故明夙沙煮盐虽系传说，但非虚语。

四　盐卤之计量

古制盐米同糴，其量划一。《管子·海王》："盐百升而釜。今盐之重，升加分强，釜五十也。升加一强，釜百也。升加二强，釜二百也，锺二千，十锺二万，百锺二十万，千锺二百万。"而采盐之量，制也无异。《管子·轻重甲》："今齐有渠展之盐，请君伐菹薪，煮沸火为盐，正而积之。……十月始正，至于正月，成盐三万六千锺。"此升、釜、锺之类皆为齐陈通行之量。《左传·昭公三年》："齐旧四量：豆、区、釜、锺。四升为豆，各自其四以登于釜，釜十则锺。陈氏三量，皆登一焉，锺乃大矣。"故知先秦之时，盐卤之量并未单制别行，至北魏以迄隋唐，则量盐以斗、斛①，仍合其时通行之量②，而采盐或以石③，稍有分别。宋则更以石、席为采盐之量④，制度变化。

春秋早期晋姜鼎铭文所谓"卤积千辆"，意即以车千辆运载卤积，虽可见数量之巨，但无关计量。西周免盘铭文言赐"卤百䥯"，"百䥯"当即容量之称，此于商周时期盐卤计量单位之究考极具价值。

"䥯"为从"𠂤"从"夒"之字，学者或读为"卢"，又释为"甹"⑤，于字形不合。"夒"字实由三部分构成，中为"𠙺"（甾），下为"又"，乃象以手奉甾之形，上则为"肉"，象甾中所盛之物，故字中的"𠙺"（甾）作为容器，应是取义的主要部分，在此表示容量用字。《说文·甾部》："甾，东楚名缶曰甾。象形也。"段玉裁《注》："太史公曰：'自彭

---

① 参见《魏书·食货志》、《旧唐书·食货志》。
② 《旧唐书·食货志上》："凡权衡度量之制，……量，以秬黍中者容一千二百为龠，二龠为合，十合为升，十升为斗；三升为大升，三斗为大斗，十大斗为斛。"
③ 《旧唐书·食货志上》、《通典》卷十。
④ 参见《宋史·食货志下》。
⑤ 唐兰：《西周青铜器铭文分代史征》，中华书局1986年版，第375页。

城以东，东海、吴、广陵，此东楚也。'口大而颈少杀。"又《缶部》："缶，瓦器，所以盛酒浆。"段玉裁《注》："《释器》、《陈风传》皆云'盎谓之缶'。许云'盎，盆也'，'罂，缶也'，似许与《尔雅》说异。缶有小有大，如汲水之缶，盖小者也，如五献之尊，门外缶大于一石之壶，五斗之瓦甒，其大者也，皆可以盛酒浆。"是知"䍃"为缶之方言。古方言雅言变化复杂，此时之雅言于彼时或为方言，其例甚多。故金文虽言"䍃"，其器则或为缶也。

郭沫若先生指出，"䧹"字从"㘰"乃缶属，约即盛盐之器①，其说至确。然此盛盐之䍃为量器，实与铭文及文献习见作为祭器的尊缶、作为盥洗之器的盥缶浴缶以及盛酒之缶不同。"肉"为䍃器所盛之物，以会"㘰"有容量之意，或也兼表字的读音。故此字当分析为从"阜""㑒"声，而"㑒"则为从"肉"得声之字。

战国文字有量名"斛"，即字书之"䆉"，字亦从"肉"声。《说文·斗部》："䆉，量也。从斗，臾声。《周礼》曰：黍三䆉。"字从"斗"为意符，与"䧹"从"㘰"的用意相同，皆示为量器名，而字本从"胄"得声，"臾"、"肉"对转，似皆表读音。故"䆉"本或作"䧹"，从"肉"得声，后复增"臾"为声符，终则唯存"臾"声。是"䧹"似即"䆉"之本字。

"䧹"本以缶计量，而缶为周量，于史有征。《国语·鲁语下》述孔子非难季康以田赋云："先王制土，籍田以力，而砥其远迩；赋里以入，而量其有无；任力以夫，而议其老幼。……其岁，收田一井，出稯禾、秉刍、缶米，不是过也。"韦昭《注》："缶，庾也。《聘礼》曰：'十六斗曰庾，十庾曰秉。秉，二百四十斗也，四秉曰筥，十筥曰稯。稯，六百四十斛也。"公序本"二百四十斗"作"一百六十斗"。《仪礼·聘礼》云："十斗曰斛，十六斗曰籔，十籔曰秉，二百四十斗。四秉曰筥，十筥曰稯，十稯曰秅，四百秉为一秅。"郑玄《注》："今江淮之间，量名有为籔者。今文'籔'为'逾'。"据此可明，以缶为量，其制即"庾"，或也称"籔"，故铭文"百䧹"当读为"百庾"或"百籔"，"䧹"为本字，"庾"、

---

① 郭沫若：《两周金文辞大系图录考释》第七册，科学出版社1957年版。

"籔"皆为后起之假借字，今文《仪礼》则作"逾"。古音"肉"、"籔"并在屋部，同音可通，而"庾"、"逾"皆古侯部字，与"籔"对转可通。《广雅·释器》："锺十曰斞。"王念孙《疏证》："斞，字或作庾、逾，又作籔。"是"隯"即言"庾"。鲁存周制，其稯秭之制已见西周曶鼎铭记，故此庾亦为西周量制可知。

关于庾之容量，说甚纷纭。《周礼·考工记·陶人》："庾实二觳。"郑玄《注》："觳受斗二升。"则庾受二斗四升。《左传·昭公二十六年》："粟五千庾。"贾逵《注》："十六斗为庾。"《庄子·田子方》："緤斞不敢入于四竟。"陆德明《释文》："李云：六斛四斗曰緤。司马本作緤斞，云：緤，读曰锺。斞，读曰臾。"《广雅·释器》："锺十曰斞。"大小悬殊。王念孙《广雅疏证》："案斛六斗曰斞，六斛四斗曰锺，是锺大于斞。今云锺十曰斞，则斞反大于锺，非矣。"学者或分"庾"、"籔"为二量。戴震《考工记图》："量之数，斗二升曰觳，十斗曰斛，二斗四升曰庾，十六斗曰籔。觳与斛、庾与籔音声相迩，传注往往讹溷。"然庾量古实有大小之分。《周礼·考工记·弓人》："九和之弓，角与幹权，筋三侔，膠三锊，絲三邸，漆三斞。"郑玄《注》："邸斞轻重未闻。"将此"斞"与计粟之"庾"别为二量。段玉裁《说文解字注》承此说，以"斞"为一种极小的量名，已为出土遗物所证实①。此种小斞量名于战国文字或作"臾"（三年垣上官鼎），或作"斞"（斞半斧量），一斞容量则为 53.5 毫升②，这是容水的计算结果，若容粟计之，也仅稍有变化而已，显然此斞与计粟之庾绝异。是庾与小斞确有不同，而大庾与籔似无分别。

古以庾计量米粟，此庾之大者，当然也同样可以用来计量盐卤。《管子·海王》云："终月，大男食盐五升少半，大女食盐三升少半，吾子食盐二升少半，此其大历也。"《地数》亦云："凡食盐之数，一月丈夫五升少半，妇人三升少半，婴儿二升少半。"马非百《新诠》："《赵充国传》又云：'凡万二百八十一人，用谷月二万七千三百六十三斛，盐三百八

---

① 朱德熙：《战国记容铜器刻辞考释四篇》，《朱德熙古文字论集》，中华书局 1995 年版。
② 吴振武：《关于新见垣上官鼎铭文的释读》，《吉林大学社会科学学报》2005 年第 6 期。关于斞之容量，学者还有讨论，见李学勤《三年垣上官鼎校量的计算》，《文物》2005 年第 10 期；裘锡圭《谈谈三年垣上官鼎和宜阳秦铜鍪的铭文》，《古文字研究》第二十七辑，中华书局 2008 年版。

斛.'计每人每月用盐二升九合强。较此处吾子稍多,较大女为少,较大男则相差甚远,当是男女老小之平均数。"然而若以小斛之量53.5毫升计,则免盘所记百庚之盐不过五升有馀,于免之宗族所用,谅也不敷数日之需。况与小臣缶方鼎铭所见王赐小臣缶五年斥积的事实对观,其量也嫌太少。今知东周容量一斗约合1990毫升①,此与西周之量恐怕不会有太大的变化,可供容算参考。若从郑玄一庾受二斗四升说计,百庚则为二百四十斗,约供宗族一年之用;如依《聘礼》一庾当合一斛六斗说计,百庚便合六十斛,则足宗族数载之需。《聘礼》又云:"门外米三十车,车秉有五籔。"郑玄《注》:"秉、籔,数名也,秉有五籔,二十四斛也。"其时一车载米合二十四斛,若载盐卤,则其重量或过于米,故每车所载当少,然晋姜鼎铭之"卤积千辆",其数仍大致可明。

金文"瓶"字本作"㼽"(孟城瓶),从"缶"以明器类,自名"行瓶"。字或作"㼽"(乐大司徒瓶),自名"旅瓶";又作"㼽"(陈公孙指父瓶)、"㼽"(魏公瓶),字从"卤"从"西"无别,当为意符,以明器物之用,故此物似为盛储盐卤之器,今见自名为"瓶"者,形似扁壶而无圈足,敛口或直口,颈较长,直口沿或微侈,颈下有双环耳,腹部断面作椭圆形或长方形,最大径在腹中部,平底②。瓶为水器,或也盛酒,但意符作"卤"或"西"的一类自名之瓶,则或为储备盐卤之用,固非量器可知。

五　商代之鹽池

甲骨文"卤"乃象引池晒卤之形,其于卜辞或用为地名,当指盐池。

"卤",今作"㢧",意同"乃"。《说文·乃部》:"卤,惊声也。从乃省,卤声。读若仍。"段玉裁《注》:"卤声,宋本作西声,不误。赵钞及俗刻作卤声,误甚。"许慎于字形的解释虽然无据,但以"㢧"从"卤"

---

① 朱德熙:《洛阳金村出土方壶之校量》,《朱德熙古文字论集》,中华书局1995年版;丘光明:《中国历代度量衡考》,科学出版社1992年版,第176页。

② 朱凤瀚:《古代中国青铜器》,南开大学出版社1995年版,第117—118、207页。

（西）声则很精辟。甲骨文、金文"卤"或作"鹵"，所从之"卤"（西）只是"鹵"字的省形而已，实"鹵"、"卤"（西）本为一字，故从"卤"（西）声实即"鹵"声。字象引池晒卤之形，本读如"鹵"声可知，所以段氏的批评并不正确。

古音"鹵"为鱼部字，后借为方位名词和语词则又有了新的读音，故《说文》以"卤"读若"仍"。这种因词义的衍变而产生的读音变化在古代语词的发展过程中是十分普遍的，如"鸟"本名词，后借为语词"唯"，则与"鸟"分化为两字，读音亦异。这与"西"本作"卤"，后引申为西方之名而与"鹵"分化为两字的现象相同。

"鹵"本从"卤"声，卜辞用为地名，字又径作"卤"，"鹵"、"卥"当为一地。卜辞云：

3. 甲子□，巫帝（禘）？
   惠丁卯步？
   王往于卤？　　　　《合集》33159
4. 其田□，丁往［于］卤？　　　　《甲编》1235
5. □步于卤？　　　《佚》852
6. 贞：勿呼延复有行从卥？　　　《英藏》384
7. 戊寅卜，庚辰王步？
   于帝卤？　　　《合集》32946
8. □子卜，㱿贞：王往萑卤？三月。　　　《合集》9592
9. 己酉卜，□［贞］：王［往］萑卤？三月。　　　《合集》9593
10. □卤萑？　　　《合集》9590
11. 庚戌卜，□尞于卤？　　　《合集》15583
12. 癸未王卜，在海𥄳贞：旬亡祸？王占曰："吉。"在十月。唯王弌卤，雨。　　　《合集》36756

诸辞之时代自武丁以迄帝乙、帝辛。"卤"和"鹵"皆应读为"鹽"。《说文·鹽部》："鹽，河东鹽池也。袤五十一里，广七里，周百十六里。从鹽省，古声。""鹽"为鹽池所产天生之卤，本即名"鹵"，也兼名产卤之鹽池。战国文字"鹽"作"䜴",从"鹵""古"声,故"卤"为本字,"䜴"、"鹽"皆为后起之形声字,"卤"、"鹽"一声之转①,同名而异字而已。

鹽池古本名"䜴",已见《说文》。《左传·成公六年》:"晋人谋去故绛,诸大夫皆曰:'必居郇、瑕之地,沃饶而近䜴。'……韩献子曰:'……夫山泽林䜴,国之宝也。'"杜预《集解》:"䜴,鹽也,猗氏县鹽池是。"孔颖达《正义》:"鹽虽是鹽,唯此池之鹽独名为䜴,馀鹽不名䜴也。"《穆天子传》卷六:"乃遂西南,戊子至于䜴。"郭璞《注》:"䜴,鹽池也。今在河东解县。䜴音古。"②据此,则卜辞之地名"卤"、"卤"读为"䜴",即指河东鹽池。

辞3、4之"往于卤",辞5之"步于卤",均明"卤"为地名③。辞3甲子日乃卜禘祭方神,后卜于丁卯日的出行,终卜出行的地点,逻辑清楚。殷人以"卤"为西方之名,全因卤产自鹽池,故鹽池即为西方之地。所以殷王欲至西方鹽池,必先卜禘祭方神,以求方神的保佑,这不仅揭示了时人以鹽池为西且西方曰卤的文化传统,同时也印证了"卤"本指鹽池的事实。

古以鹽为国之大宝,故鹽池具有的经济价值足以影响王朝的稳定,致历代帝王重视有加,并多亲临巡视。如《穆天子传》卷六载周穆王亲"至于䜴"而观鹽池;又《后汉书·肃宗孝章帝纪》载元和三年秋八月乙丑,帝"幸安邑,观鹽池";又《旧唐书·太宗本纪下》载贞观十二年二月丁卯,帝"次柳谷顿,观鹽池"。今征之卜辞所记商王武丁幸鹽池而观之之事,知古代帝王巡幸鹽池实早已有之。

辞6之"延复有行从卤"意即延续其再赴鹽池之行程。卜辞云:

13. 乙酉卜,争贞:往复从桌,幸舌方?二月。

《前编》5.13.5

---

① 唐兰:《西周青铜器铭文分代史征》,中华书局1986年版,第375页。
② "䜴",今本或讹作"鹽"。
③ 商承祚:《殷契佚存考释》,金陵大学中国文化研究所丛刊甲种,1933年。

"从"后为地名可知。《尔雅·释诂上》："从，言重叠也。"邵晋涵《正义》："从，重也。"故"从卤"就是再赴鹽池。

辞 7 之"帝卤"显即"帝鹽"。殷人于鹽池以帝相称，足见其地位弥尊。帝是天神，又是主宰万物的至上神，所以鹽池所产天然之卤自被奉为帝赐之资①。古以山海为天地之藏，故时人将鹽池视为"帝鹽"。《礼记·郊特牲》："祭天，埽地而祭焉，于其质而已矣。醯醢之美，而煎鹽之尚，贵天产也。"古代祭祀所献物品，最可珍视者即为天然之物产。《周礼·天官·鹽人》以祭祀共苦鹽、散鹽，苦鹽即鹽，为天然之卤，散鹽则为涷治之鹽，苦鹽于祭礼尊于散鹽，反映了同样的认知传统。因此殷人以天然之鹽池敬称"帝鹽"，与崇天尚质的文化礼俗若合符契。

鹽池既有此尊崇之位，故商王常有精心的规划治理。辞 8 至辞 10 之"萑"当读为"蒦"②。《说文·萑部》："蒦，规蒦，商也。从又持萑。一曰视遽皃。一曰蒦，度也。䂺，蒦或从尋，尋亦度也。《楚辞》曰：求矩䂺之所同。"是"蒦"即规治经营之谓，意同西周虢季子白盘铭"经纘四方"之"纘"。《尚书·召诰》："太保朝至于洛，卜宅。厥既得卜，则经营。"伪孔《传》："其已得吉卜，则经营规度城郭郊庙朝市之位处。"类似的规蒦之事于卜辞也见于河事。卜辞云：

14. 贞：王其往萑河，不若？　　　　《合集》5158 乙
15. 贞：王萑河，若？　　　　《合集》5159

"萑"也读为"蒦"，"蒦河"意即规蒦河事，而"蒦卤"则当为规蒦鹽池之事。此事未必即如《召诰》所云兴作土功，当有巡视筹划之意。时在殷

---

① 厄内斯特·琼斯指出："古往今来，盐一直被赋予一种特殊意义，这种意义远远超出了它与生俱来的自然属性，荷马把盐称为'神赐之物'，柏拉图把盐描述为对诸神来说极为宝贵的东西。……而在所有时代所有地方，情况应当一直如此。这表明它是人类的普遍性，而不是什么地域性的习俗、环境或者概念。"见马克·科尔兰斯基《盐》，夏业良、丁伶青译，机械工业出版社 2005 年版。殷人称盐池为"帝鹽"，与荷马将盐视为"神赐之物"反映了同样的观念。

② 陈梦家：《殷虚卜辞综述》，科学出版社 1956 年版，第 535 页。但以为"蒦"即"获"字，不可从。

历三月，恰值冬至所在之月①。《礼记·月令》："仲冬之月，其味鹹，天子命有司祈祀四海、大川、名源、渊泽、井泉。是月也，日短至。"殷人于此时规蒦鹽卤事，与礼俗正合。而辞11卜于鹽池施行寮祭，亦与鹽池作为"帝鹽"的地位相符，甚合是礼。此非为采鹽之时，故规蒦之举既在报已有之鹽获，也有祈来年丰产之意。

　　鹽池虽远离殷庭大邑商，但鹽卤的生产情况却为商王所关心。辞12之"过"乃为商王的田猎行为，但也常伴以振旅演兵之事②，故卜辞于"海涑"占卜而"过卤"，足可见商王先赴"海涑"而后赴"卤"的特殊行程。"海涑"读为"海次"，"海"当小臣谜簋铭之"海湄"及《尔雅·释地》之"海隅"，"次"即临时驻札之地，其地显即《管子》所谓渠展之鹽之所在。今于此地发现大范围商周时期的制鹽遗址，知为其时海鹽生产的重要基地，故商王将兵先巡东海之鹽，而后"过卤"转赴鹽池，目的都在保护鹽业的生产。时在殷历十月，当农历七至八月，正值炎夏，乃为产鹽之佳时。《宋史·食货志下》言鹽池生产云："岁二月一日垦畦，四月始种，八月乃止"，得鹽百馀万。《读史方舆纪要》卷三十九引《鹽池图说》述鹽池生产云："夏月骄阳薰蒸，南风劲盪，上结鹽板，光洁坚厚，可胜行立。……秋冬地冷池枯，不能生鹽，间或有之，硝鹻相杂，味亦不正。"天生之卤的生产既需要顺合天时，人生之鹽也当如此。是卜辞言于产鹽之时军旅戍之，足见王朝对鹽源之垄断。《水经·涑水注》述鹽池云："本司鹽司尉治，领兵一千馀人守之。……故杜预曰：猗氏有鹽池，后罢尉司，分猗氏、安邑，置县以守之。"熊会贞《疏》："《御览》一百六十三引《太康地志》，安邑有司鹽都尉，别领兵五千人，与此兵数有异。又《魏书·长孙道生传》，曾孙稚。因有诏废鹽池税，上表曰：昔高祖创置鹽官，而加典护，非为物而竞利，恐由利而乱俗也。臣辄符司鹽都尉，还率所部，依常收税，更听后敕。此魏置兵以守之证也。"《宋史·食货志下》述鹽池之守云："募巡逻之兵百人，目为护宝都。"显然，殷人戍兵以守海

---

① 冯时：《殷历岁首研究》，《考古学报》1990年第1期；《中国天文年代学研究的新拓展》，《考古》1996年第6期。

② 冯时：《陕西岐山周公庙出土甲骨文的初步研究》，《古代文明》第五卷，文物出版社2007年版。

盐及盐池生产的事实，正可以视为后世监盐成盐制度之源。

由于盐池所具有的重要的经济价值，致使盐池所产成为不同利益集团所觊觎的资源，甚至往往不惜通过战争的形式加以争夺。卜辞云：

16. 己卯卜，王，咸戠伕？余曰："雀㚔人伐面。"

《续编》1.9.8

17. ☐面卤☐。　　　《合集》21428

辞16显示，面是位居河东地区的敌对方伯，殷人伐之。其地或近盐池，对盐池之产时有劫掠，辞17之"面卤"盖言其事。由此可见，商王于产盐之时振旅戍守，对保护盐源十分必要。不啻如此，戍卫的兵卒在保护盐源的同时，可能还充任了收盐的工作，这是商代盐政制度的重要内容。《通典》卷十云："大同横野军盐屯配兵五十人，每屯一年收率千五百石以上准第二等，千二百石以上准第三等，九百石以上准第四等。"商王率兵于盐池振旅或许即有相似的性质，既助盐池之收，又兼监戍盐池。

上引卜辞显示，在殷商时代，东海煮盐及河东盐池之利已为王室所垄断，这一事实非常清楚。商王不仅对海隅及盐池时有巡视规度，对盐卤的生产也有戍卫监护，制度已十分完善。尽管殷人于东方煮盐已颇有规模，可以作为王室所用的另一来源，然而由于古人对于用于祭祀待宾等活动的天生之卤品质的推崇，致使河东盐池几乎成为王朝盐卤所需资源的最重要的来源，河东之地虽有殷室敌对诸方的频繁侵扰，但也是商王分封外服诸侯及王朝附庸的重要地区，从而使盐池的供应更容易得到保证。事实上，卜辞并没有提供河东诸侯以盐池之卤贡纳王室的明确记录，这意味着盐池之利对于王室的重要程度已不允许其依靠并不稳定的贡纳的形式来获取，而必须通过对盐池的垄断这样一种特殊的方式以确保生活与朝用之需。卜辞反映商王田猎之地多选在豫西晋南，应该并非出于偶然，它似乎暗示了商王为保证盐道的畅通，于大邑商至盐池的中间地带苦心经营的真实情况。而至晚商，王室与东夷的战争频仍，且屡有战获，斥盐便成为了需要保护的重要资源。

河东盐池于后世别名二池，如《宋史·食货志》言解州、安邑两池，但先秦止称鹽池,是二池本为一池。《水经·涑水注》:"涑水又西南,迳监鹽县故城。城南有鹽池。……池西又有一池,谓之女鹽泽,东西二十五里,南北二十里,在猗氏故城南。"《旧唐书·食货志上》:"安邑、解县两池,旧置榷鹽使。……女鹽池在解县。"是北魏之时仍止鹽池一池,至唐已分为二池。《读史方舆纪要》卷三十九述鹽池云:"盖一池而分东西二池。"其说是。然又引《鹽池图说》:"宋分为东西二池。"则不确切,实两池之分当在宋前。盖鹽池水域面积古今大有变化,水盈则两池并一池,水枯则一池分两池。《旧唐书·食货志上》:"开元元年十一月①,河中尹姜师度以安邑鹽池渐涸,师度开拓疏决水道,置为鹽屯,公私大收其利。"《读史方舆纪要》卷三十九云:"鹽池之广狭浅深,古今盈缩时有不同。"《说文》、《水经注》所记鹽池面积皆大小不一,是为明证。而商代之鹽池乃一池之名,当兼括后世解州、安邑之二池。

六 祭祖供鹽

《周礼·天官·鹽人》:"祭祀,共其苦鹽、散鹽。"殷人于祭祀用鹽,卜辞已有明载。卜辞云:

18. 己未卜,贞:尞酚,鹵䏦大甲?　　　《合集》1441
19. 己酉卜,宾贞:肈鹵?二告
    不以鹵五?
    以鹵五?　　　《合集》7023
20. □□卜,肈鹵?　　　《合集》21606
21. 鹵十、三牢?　　　《合集》22246
22. ☐以鹵,若?　　　《合集》19497
23. 王鹵御乙?　　　《合集》21171
24. ☐鹵☐舌☐?　　　《合集》31074

---

① 《文献通考》卷十五作"贞元元年"。

此皆武丁卜辞。辞 18 占卜以卤酱告大甲，是致卤以祭祖，即《郊特牲》所谓"而煎盐之尚，贵天产也"。辞 19 首问"肇卤"。《尔雅·释诂上》："肇，始也。"故"肇"字于此当有初献之意。辞 20 之"肇"字缺刻笔画，当亦"肇"字无疑。"肇卤"意即祭祖时首先向神位献以卤品，辞 21 卤在牢前，乃先献之物，可为明证。"卤五"、"卤十"显即祭祖所献卤品之量，其值或以庚计，与西周相同，则"卤五"、"卤十"量即五庚、十庚。辞 23 之"御"为祭名，"乙"为先王庙号，意即献卤御祭先王。辞 24 之"舌"乃祭祖之名，辞亦祭祖供卤之谓。

学者或以辞 19、21、22 乃诸侯贡纳盐卤之意①，其说可商。三辞之言"卤五"、"卤十"量值甚少，显然不合贡纳盐卤之数。其证一。辞 21 之"三牢"乃为牲品，自非贡纳之物，其与卤对举，卤非贡物可明。其证二。此"卤十"之数亦见于前引辞 2，而该辞内容则为明确的祭祖献卤之辞。其证三。有此三证，足明相关内容实与贡纳无涉。辞 22 之"以"于甲骨文用法复杂，于此当为致用之辞。卜辞云：

25. 贞：王以勺牛四于用？　　　《续编》2.18.2
26. 贞：桒于河以牛（屮）？　　　《乙编》7284

故"以卤"即言致卤用卤，也献卤祭祖之意。

卜辞显示，殷人祭祖献卤，乃犹宾客之礼而略尊之，旨在满足祖先飨食之需。辞 21 以卤、牢同献，意尤灿然。此祭祖所献之卤当即《盐人》所谓之苦盐。而辞 2 献盐卤以祭妣庚则又有"卤"、"夢"之别，其"卤十"、"夢十"当即卤、盐各以十庚献祭。"卤"为苦盐，"夢"为散盐，制度与《周礼》所载密合。

殷人祭祀供卤唯见于祭祖之礼，而于自然神祇之祭似无盐卤之供，这种现象不仅充分说明盐卤作为"食肴之将"的特殊属性，而且也反映了时人观念中祖先神与自然神的重要区别。《礼记·郊特牲》："郊血，……至

---

① 杨升南：《商代经济史》，贵州人民出版社 1992 年版，第 634 页；《从"卤小臣"说武丁对西北征伐的经济目的》，《甲骨文发现一百周年学术研讨会论文集》，文史哲出版社 1999 年版。

敬不飨味而贵气臭也。"古礼祭帝不飨食，正是这种礼制的延续。

七　朝宗致卤

商代鹽池之利已为王室所专有，又有东海煮鹽之工，故卜辞未见足够明确的鹽卤贡赋的记录。尽管如此，宗族内部的朝问觐见却或以卤作为致送的礼品，从而显示出鹽卤因用途的广泛而成为其时珍奇的物资。卜辞云：

27. 庚卜，子其见丁，□以？用。
　　庚卜，子其见丁，卤以？二　　　《花东》202

此为武丁时期的非王卜辞。此类卜辞的占卜者并非商王，而是"子"，为宗子之称。其庙祭之礼颇重祭祖，疏于祭祢，且所祭祖先又以祖乙、祖甲为频，故学者主张占卜者"子"应为沃甲之后①。《礼记·丧服小记》："尊祖故敬宗，敬宗所以尊祖祢也。庶子不祭祖者，明其宗也。……庶子不祭祢者，明其宗也。"据此制可以推知，"子"虽为沃甲之后，但并非其嫡，而应为沃甲之后的小宗。是卜辞"见丁"例同"见王"（《合集》1027正），"丁"当读为"嫡"②，"见"则觐见之词③。

殷商觐见之礼不独行于君王。郑玄《仪礼目录》云："觐，见也。诸侯秋见天子之礼。朝宗礼备，觐遇礼省，是以享献不见焉。"是朝宗亦可谓觐见。黄以周《礼书通故》引《异议》云："《公羊》说，诸侯四时见天子及相聘，皆曰朝，以朝时行礼。卒而相逢于路，曰遇。古《周礼》说，春曰朝，夏曰宗，秋曰觐，冬曰遇。许慎谨案：《礼》有《觐经》，《诗》曰'韩侯入觐'，《书》曰'江汉朝宗于海'，知有朝觐宗遇之礼。"

---

① 中国社会科学院考古研究所：《殷墟花园庄东地甲骨》，云南人民出版社2003年版。
② 胡辉平：《殷卜辞中商王庙主问题研究》，第6页引拙说，中国社会科学院研究生院硕士学位论文，2003年5月；裘锡圭："花东子卜辞"和"子组卜辞"中指称武丁的"丁"可能应该读为"帝"，《黄盛璋先生八秩华诞纪念文集》，中国教育文化出版社2005年版。
③ 蔡哲茂：《释殷卜辞的"见"字》，《古文字研究》第二十四辑，中华书局2002年版。

唯朝觐乃四时通称，不限《周礼》所论，况殷时尚无四时之分，故诸侯见王及小宗朝宗，皆可谓朝觐。此辞以"子"见嫡而不称"王"，知嫡非王室大宗，当为沃甲之嫡，未及王位，故辞言"子其见嫡"实即小宗宗子朝宗之辞。

古朝觐聘问之礼，皆致物庭实。《仪礼·觐礼》："四享皆束帛加璧，庭实唯国所有。"郑玄《注》："四当为三。《大行人职》曰：诸侯庙中将币皆三享。……初享或用马，或用虎豹之皮；其次享三牲，鱼、腊、笾豆之实，龟也，金也，丹漆、丝纩、竹箭也。其馀无常货，此地物非一国所能有，唯所有。"《左传·庄公二十二年》："庭实旅百，奉之以玉帛，天地之美具焉。"皆因觐致物。《礼记·礼器》："四海九州之美味，四时之和气，各以其国之所有，则致远物。"卜辞"卤以"之"以"即致送之意，而卤本属天之所赐，又有和天地美味之功，当为奉献之物，故小宗朝见其嫡，致卤以充庭实。

八　商周鹽官

殷人对于鹽业的生产有着严格的管理，不仅商王亲涉其事，而且也设有兼职甚至专司的鹽官。卜辞云：

28. 壬戌□令浍□取卤？二月。　　　《合集》7022
29. 戊戌卜，贞：曰浍其从卤，亡□？　　　《合集》20177

《荀子·富国》："其于货财取与计数也。"杨倞《注》："取，谓赋敛。"然辞28之"取"与此意不同，非指敛赋，唯含取获之意。"浍"本作"𢎥"①，为殷臣，地位甚显。卜辞云：

30. □寅卜，王［贞］：浍弗其凶（晋）王事，其禬余？

　　　《合集》5499

---

① 字从彭林先生释，见氏著《释𢎥》，《考古》1985年第8期。

"晋王事"意即代王行事，也即摄行王权。卜辞又卜其邦国受年、邦国安危，如：

　　31. 庚子卜，浍受年？　　　　《前编》3.1.2
　　32. 辛未卜，大甲保浍？　　　《合集》4323
　　33. 辛酉卜，𠬝弗敦浍，侑南庚？　　《英藏》1813

足见其于王朝身份的尊崇。浍常与方伯用兵，且集中活动于河东地区。卜辞云：

　　34. 辛卯卜，王贞：浍其馘方？　　《合集》20442
　　35. 乙巳卜，☐浍眔雀伐羌，祸？　　《合集》20399

"方"与"羌"皆西北诸方，而"雀"则为地处晋南的殷属国，故浍地当于晋南可知。浍似又为王朝养马，兼《周礼》校人、圉师、圉人诸职。卜辞云：

　　36. ☐弗其取浍马以？在易。　　《合集》20631

时取浍之马以供王朝之用。"易"为占卜之地，或即《左传·僖公二十五年》"次于阳樊"、"与之阳樊、温、原、欑茅之田"之阳樊，其地亦称"阳"，于今河南济源东南。是诸证皆以浍居河东，当于浍水之地，其近鹽池可知，故辞28乃为殷王命浍代取鹽池之卤①。而辞29之"从卤"意同辞6之"从卤"，"卤"读为"鹽"，意即重赴鹽池，其取卤之事也明。时鹽池之收输入大邑商，或由商王亲劳督促，已见前证，或以诸侯臣僚代为徙运。浍在河东，地近鹽池，故代王取卤徙之。

　　商代是否已有专职的徙鹽之官，文献尚不足征。浍取鹽池之卤以供王

---

① 学者或以《合集》21429为取卤之辞（方辉：《商周时期鲁北地区海盐业的考古学研究》，《考古》2004年第4期），非是。

室，又育养王朝之马，故正方便以马作为运卤之脚力，职事颇合。殷墟考古及甲骨文不仅已有马车的发现，而且陕西岐山周公庙西周甲骨文也有"马二百辆"的记载①，可明马车或为时人用以徙运的工具。至战国时代徙盐已有专官，可证诸古玺。其或直名"徙盐"（《古玺汇编》0199），或冠以乡邑之名而谓"灉衢（乡）徙盐"（《古玺汇编》0322）、"易都邑圣徙盐"（《古玺汇编》0198），则为地方盐官。有关问题学者已有讨论②，不赘述。

殷王室垄断盐池之利，必设专司之官。殷卜辞已见"卤小臣"一名，当为王朝司盐之官③，其职或专掌盐池之卤，故名。准此，则其职与《周礼》之盐人尚有区别。

37. 卤小臣其有邑？
　　□呼□邑？　　　　《合集》5596

此为武丁卜辞。"邑"是中心聚邑，"卤小臣其有邑"意盖卜问司掌盐卤之官是否可以有独立的聚邑，似乎反映了商王赐予卤小臣采邑之事，足见卤小臣为王朝盐官，属内服百僚。

九　制盐族氏

商周金文有"覃"字，或作国族之名，其铭云：

　　覃父己　　　　　（爵，《集成》8577）
　　亚覃父乙　　　　（卣，《集成》5053）
　　亚覃父丁　　　　（爵，《集成》8890）
　　亚覃共父甲　　　（鼎，《集成》1998）

---

① 种建荣：《岐山周公庙遗址新出西周甲骨文》，《文博》2005年第9期。
② 赵平安：《战国文字中的盐字及相关问题研究》，《考古》2004年第8期。
③ 杨升南：《从"卤小臣"说武丁对西北征伐的经济目的》，《甲骨文发现一百周年学术研讨会文集》，文史哲出版社1999年版。

亚覃共父乙　　　　　　　（簋，《集成》3419）

亚覃乙共辛　　　　　　　（残铜片，《集成》10476）

亚覃乙共甲受日辛　　　　（尊，《集成》5911）

亚覃日乙受日辛共日甲　　（尊，《集成》5949）

"覃"乃以器煮鹽之会意字，其用为族氏之名，当然反映了该族的职业特点，盖覃族本应以煮鹽为业。"覃"即"谭"之古名。《白虎通义·号》作"覃"，《说文·邑部》作"鄠"。《诗·卫风·硕人》："谭公维私。"陆德明《释文》："谭，国名。"《春秋经·庄公十年》："齐师灭谭，谭子奔莒。"杜预《集解》："谭国在济南平陵县西南。"《春秋汇纂》："今济南历城县东南七十里有谭城。"《续山东考古录》卷一历城县条："谭国故城在东八十里。"《水经注》卷八或曰"布城"。《齐乘》："东平陵城在济南东七十五里，春秋谭国，齐桓公灭之。古城在西南，龙山镇相对。"故学者或以谭国故地即今城子崖①。然此城并无商周遗存②，知非商周谭国之所在，或早期谭国更在其东其北，尚待考古学研究的进一步印证。盖谭本青州之地，其世煮海鹽，遂以职名族，又以族为氏。顾栋高《春秋大事表·诸侯爵姓及存灭表》以为谭国子姓，知为殷商旧族。今山东北部莱州湾一带发现大量商代晚期至西周早期的制鹽遗址，所见陶器十之八九为煮鹽所用之盔形器，而绝少生活用器③，其遗址播散之广，显非生活聚落可以拟比，疑属谭族煮鹽工坊，是其国本在谭，而煮鹽工坊则别设海滨。

殷人族氏中常有以职事名族者。《左传·定公四年》载分鲁公以殷民六族，有条氏、徐氏、萧氏、索氏、长勺氏、尾勺氏，索氏或曰绳索之工，长勺氏、尾勺氏或皆酒器之工；又分康叔以殷民七族，有陶氏、施

---

① 董作宾：《谭"谭"》，《中央研究院历史语言研究所集刊》第四本第二分，1933年。

② 李济等：《城子崖》，中国考古报告集之一，中央研究院历史语言研究所，1934年；梁思永：《小屯龙山与仰韶》，《庆祝蔡元培先生六十五岁论文集》下册，中央研究院历史语言研究所集刊外编，1933年；《龙山文化——中国文明的史前期之一》，《考古学报》第七册，1954年；两文收入《梁思永考古论文集》，科学出版社1959年版。

③ 李水城等：《莱州湾地区古代盐业考古调查》，《盐业史研究》（巴渝盐业专辑）2003年第1期；王青、朱继平：《山东北部商周时期海盐生产的几个问题》，《文物》2006年第4期。

氏、繁氏、锜氏、樊氏、饥氏、终葵氏，陶氏或曰陶工，施氏或曰旌旗之工，繁氏或曰马缨之工，锜氏或曰锉刀工或釜工，樊氏或曰篱笆之工，终葵氏或曰锥工。而覃氏以煮盐为职，本或子姓，显亦殷民之族，性质同于分命鲁公、康叔之殷民六族、七族，为殷人于东方所设煮盐之族。由此可知，商代海盐之利实为王室所垄断，则殷人对人方之战争，或也有保盐路畅通之目的。

最后需要讨论的是，1954 年，山东滨县（今滨州）兰家村出土商代青铜卣一件，盖、器同铭一字作"🜔"（《集成》4785.1、2），学者或释"𪔴"①，或释"西"②，皆不可从。其一，此字与甲骨文、金文"𪔴"字形不类，金文"𪔴"繁作"🜔"（何尊），或简作"🜔"（戈𪔴爵），与此字相去甚远。其二，此字虽与武丁卜辞的"西"字近似，但此器时代则属殷墟文化第三期偏晚阶段，约当武乙、文丁时代，其时之"西"字已书作"🜔"，借"卤"字以为之，而稍后之金文也作"🜔"（成甬鼎）、"🜔"（伯茲簋），无有与卣铭相同者。

除上述观点之外，近有学者认为卣铭当释为"卤"，并认为卤作为官名，反映了商王朝在山东滨海地区曾设盐业管理机构，负责海盐的生产与供给的情况，而且兰家村商墓的主人可能就是一位盐官③。这些看法犹有可商。甲骨文、金文"卤"作"🜔"或"🜔"，已见前揭数例，与卣铭字形不合，其非一字甚明，西周早期金文"甾"作"甾"（甾作父己觯），殷卜辞又有方伯名"甾"，字作"甾"（《乙》7795），从"冖"从"甾"，以此对校卣铭"🜔"，字，知其当为"甾"字，于此应为氏名。

早周甾作父己觯铭云："甾作父己宝尊彝。南宫"（《集成》6504）。作器者以甾为氏，铭末又缀以新命之氏南宫，当以封邑为氏。《古今姓氏书辩证》："其先有食邑南宫者，以邑为氏。""甾"为氏名即文献之"菑"。《元和姓纂》卷二载菑氏云："菑，见《姓苑》。《北海孔融传》：菑壮，青州人。"《姓觿·支韵》："菑，一作鄑。《世本》云：郑子捷菑之

---

① 邱德修：《商周金文集成》，五南图书出版公司 1986 年版，第 5606 页；张亚初：《殷周金文集成引得》，中华书局 2001 年版，第 101 页。
② 徐中舒：《殷周金文集录》，四川人民出版社 1984 年版。
③ 方辉：《商周时期鲁北地区海盐业的考古学研究》，《考古》2004 年第 4 期。

后。'《路史》云：'宋公支庶分于戴者有菑氏。'《千家姓》云：'北海族'。"今殷器已见菑氏，知《世本》之说未为可据，其氏出之颇早，或本以国为氏。其国又见于殷卜辞，其例云：

38. 壬申☐夕☐在甾，大☐？　　《后编》1.26.2
39. 癸丑卜，王敦甾，今日馘？　　《外编》47

甾皆为国名，为殷戡伐之对象，后为商所灭。此甾国当即卣铭之甾，而兰家村一带似即古菑国之所在。今其域尚留以甾名地者，当此国名之孑遗。

"甾"本甾缶之象形字，西周计盐之"䧹"字即从之以明容量。准此，则甾氏或亦关乎盐业生产，其与覃氏主司煮盐不同，盖以制造盛盐之甾器为职。当亦陶氏、索氏之流，故以职名族，又以族为氏。这或许表明，商代的盐卤生产已有了明确分工。然相关材料甚少，附论于此，以待他证。

十　结论

通过对商周古文字资料的分析，可于其时之盐政制度获得如下认识。

一、卤、斥之别于商周时代已甚分明，"卤"为西方之称，"斥"为东方之称，其义则皆指天生之未涷者。由于这种观念根深蒂固，故古人渐以"卤"字借用为西方之名。

二、甲骨文、金文"卤"（卥）即象引池晒卤之形，其法于数千年固守不移。据此可证，"卤"字取形实本晒卤所得颗盐结晶之状，而非所谓袋囊或容器盛盐之象。

三、鹽为煮成，其法殷已有之，时称"夢鹽"，西周则称"鹽"，即当《鹽人》之"散鹽"，其用于祭祀待宾，品次于卤，与《周礼》制度密合。

四、商周金文已见"鹽"字，初本作"覃"，即"鹽"之本字，其象煮水为盐之形。盖至西周中期，据"覃"字字形分化演变出"鹽"字，为"鹽"字的早期形体。这种字形的变化可能暗示了煮盐工艺的改变。

五、西周盐卤之量制为"庚"，本作"䧹"，所容之量未详，或曰一庚受二斗四升，或曰合一斛六斗。储盐之器或以瓶。

六、商代甲骨文"卤"与"鹵"或作地名，当读为"盬"，即指河东盐池。其时盐池之利为王室所垄断，殷王时有巡视、规度之举。或于产盐之时以兵戍守，或于冬至之时祈祓报功，凡此都开后世制度之先河。而东方海盐之利也为王室所有。殷王频繁于豫东晋南之地田猎，或于人方用兵，目的之一即在保盐道畅通。

七、卜辞未见明确的贡盐记录，可见当时王室所用之盐卤主要来源于王朝对于盐池之利及东方海盐的垄断，少量则通过战争的卤获予以补充。除此之外是否还存在其他盐源的贡纳，目前还不清楚。

八、殷人祭祖所献盐卤，如宾客之礼而尊崇之，以供祖先飨食之需。而于自然神祇之祭，似无盐卤之供，足见盐卤作为"食肴之将"的独特价值以及人神与自然神的重要区别，与古礼颇合。

九、殷人觐见朝宗之礼也献盐卤，充为庭实。

十、商周时代已设司盐之官，其中商代之卤小臣或专掌盐池卤事，属内服百僚，诸侯则或代王兼掌盐卤之事，如取卤徙运之类，此类职事至战国已有专司。

十一、商周金文之"覃"或为氏名，其族事关煮盐，故以职为氏。覃国地在青州，而商代于同一地区的甾族则以制造盛盐之器为职，分工明晰。

2008年9月5日草讫于尚朴堂

（原载《南方文物》2009年第1期，收入本集时增补了霸伯铜器铭文资料）

释𠂢、永

——中国古人对脉的认识

古"𠂢"、"永"同字，学者已有论列①。字作󰀀、󰀁、󰀂、󰀃、󰀄、󰀅，或作󰀆、󰀇，又作󰀈、󰀉、󰀊、󰀋②，正、反无别。第一至四例为其基本结构，主体从人，旟鼎"永"字（即󰀁）的人形尤为逼真，而人侧的曲画则紧依人之身体诘诎而绘，与人身成为一体。

"𠂢"、"永"同源，但孰古孰今？《说文》训"永"为长，又训"𠂢"为水之衺流别，从反永，以"永"、"𠂢"有古今之分。然段玉裁《注》以"永"训长为引申意，而徐灏《笺》云："许云反永为𠂢，然永字象形近于泛设，当是反𠂢为永，𠂢象水分流，反之则为合流，故训长矣。""永"训长既为引申，必非本字，故徐说为是。知"𠂢"、"永"二字当以"𠂢"为本字。

"𠂢"、"永"之形义，旧皆以为与水有关。《说文·𠂢部》："𠂢，水之衺流别也。从反永。读若稗县。"段玉裁《注》："𠂢与《水部》派音义皆同，派盖后出耳。衺流别，则正流之长者较短而𠂢理同也，故其字从反永。"又《永部》："永，长也，象水𠂢理之长。《诗》曰：江之永矣。"小徐本作："永，水长也，象水𠂢理之长永也。"段玉裁《注》："𠂢者，水脉。理者，水文。"但据甲骨文、金文之字形，实本从人为义，知旧训皆

---

① 马叙伦：《说文解字六书疏证》卷二十二，科学出版社1957年版；李孝定：《甲骨文字集解》，第3411页，历史语言研究所，1965年；容庚：《金文编》，中华书局1985年版，第744、749页；高明：《古文字类编》，中华书局1980年版，第460页。

② 刘钊：《释"󰀀"、"󰀈"诸字兼谈甲骨文"降永"一词》，《古文字考释丛稿》，岳麓书社，2005年。

不足据。遂学者又以"永"乃"泳"之本字，会人潜行水中①。然承认这一观点仍有困难，此字的核心部分为侧立的人形虽无问题，但要认为其旁侧依体曲折的点画为水形则缺乏根据，证明这一点其实很容易，将其与古文字的水或从水之字进行比较，二者的差异便一目了然。尽管某些"永"字借增饰的数点以示流液，但这种形体由于和与水形无关的曲画并存，因此并不足以与人形构成人潜行水中的会意结构。显然，"永"的本义与"泳"无关。

由于古文字"辰"、"永"二字的形构只有正反的不同，故学者或将甲骨文𠂇径释为"辰"②，但遗憾的是，这一意见始终未能受到应有的重视。许慎虽以"辰"象水之衺流，与字本从人的结构特征不合，但其以"辰"、"永"本出同源的看法则是正确的。笔者认为，"辰"、"永"本取人形立义，又以曲画依身而绘，与人形构成一个整体，其曲画自头及至四肢，正象环络人体周身的血脉经脉。故𠂇、𠂆实应释为"辰"，为"脈"之本字。

《说文·辰部》："䘑，血理分衺行体中者。从辰，从血。脈，䘑或从肉。𧖴，籀文。"徐锴曰："五藏六府之气血分流四胑也。"陶宗仪《辍耕录》卷十九："脈字从辰，取辰行之象。"其以"辰"象脈行，所说甚是。比诸古文字𠂇、𠂆，正作气血分理邪行体中之形，其以随人体诘诎而绘之曲画以象血脈，或作点饰以象血液，俨然人身血脈之象形，表意准确，刻画逼真。故许慎所谓"水之衺流别"、"象水巠理之长"的训释皆出于对"辰"、"永"本象血脈邪流的误解。

古"辰"、"永"同字，"辰"为本字，乃血脈之象形，"永"则为自本字引申之新意。《说文系传·永部》："永，水长也。……《诗》曰：江之永矣。"又："羕，水长也。……《诗》曰：江之羕矣。"知"永"、"羕"音义俱同，古文字不乏二字互用之例。人之血脈分流四体，环络周

---

① 参徐灏《说文解字注笺》卷十一，清光绪二十年（1894年）桂林初刻本；高鸿缙《中国字例》，三民书局1960年版，第309页；徐中舒《甲骨文字典》，四川辞书出版社1988年版，第1235页。
② 王襄：《簠室殷契类纂》卷十一，1920年；罗振玉：《增订殷虚书契考释》卷中，东方学会石印本，1927年。

身，其度最长。《史记·扁鹊仓公列传》张守节《正义》："手三阳之脉，从手至头长五尺，五六合三丈。手三阴之脉，从手至胸中长三尺五寸，三六一丈八尺，五六三尺，合二丈一尺。足三阳之脉，从足至头长八尺，六八合四丈八尺。足三阴之脉，从足至胸长六尺五寸，六六三丈六尺，五六三尺，合三丈九尺。人两足蹻脉，从足至目长七尺五寸，二七一丈四尺，二五一尺，合一丈五尺。督任脉各长四尺五寸，二四八尺，二五一尺，合九尺。凡脉长一十六丈二尺也。此所谓十二经脉长短之数也。"人体之中以脉为最长，故引申有永长之意。后以"永"读如羊，已与"辰"音不同。

"辰"为本字，也必见其本读。甲骨文"辰"或作⿰，从辰从⺧，⺧乃"闢"字所从，字见西周大盂鼎。《说文·门部》："闢，开也。从门，辟声。闢，《虞书》曰：闢四门。从门，从⺧。"⺧字于《说文》又作攲，上古实读如"辟"。古音"辟"在並纽锡部，"脉"在明纽锡部，读音相同。许慎以"辰"读如"稗"，古音在並纽支部，音亦相同。故古文字⿰释为"辰"，即"脉"之本字，形音俱合。

"脉"字作⿰不独以⺧表音，字形体现的实为一种相当古老的诊脉方法。张家山汉简《脉书》："相脉之道，左［手上去踝五寸］而案之，右手直踝而筚（弹）之。"① 相同的内容也见于马王堆帛书《脉法》和敦煌卷子②。《素问·三部九候论》："以左手足上去踝五寸而按之，右手当踝而弹之。"③ 林亿《注》："全元起注云：'内踝之上阴交之出，通于膀胱，系于肾，肾为命门，是以取之，以明吉凶。'王注以手足皆取为解，殊为穿凿。"故知经言于小腿之踝部取脉，以左右双手按之弹之，应该反映了较独于寸口切脉的更为古老的遍身诊脉法④。而甲骨文"脉"或作⿰、⿰，

---

① 江陵张家山汉简整理小组：《江陵张家山汉简〈脉书〉释文》，《文物》1989年第7期；廣瀬薫雄：《读马王堆汉墓帛书〈脉法〉小札——兼论张家山汉简〈脉书〉的一处释文》，《甘肃省第二届简牍学国际学术研讨会论文集》，上海古籍出版社2012年版。
② 马继兴：《马王堆汉墓医书专论》，《中国出土古医书考释与研究》上卷，上海科学技术出版社2015年版。
③ 据《甲乙经》卷四及《重广补注黄帝内经素问》全元起注校。
④ 魏启鹏、胡翔骅：《马王堆汉墓医书校释（壹）》，成都出版社1992年版，第39页。

即象医者以双手当踝诊脉之形，与文献所记密合无间。字或省作𦞦，亦一手当踝切脉之象。

甲骨文"脈"或作𦞦，省人形之上肢，唯绘脉象，而医者之双手一按于踝，一按于寸口，又应是踝上、寸口共同取脉的反映。《难经》："寸口者，脉之大会，手太阴之脉动也。……寸口者，五藏六府之所终始，故法于寸口也。""切脉而知之者，诊其寸口。"段玉裁《说文解字注》：脉"裹行体中，而大候在寸口。人手却十分动脉为寸口也"。古于手、足并取脉，此字即其法之所象。甲骨文"脈"又作𦞦，似象医者双手于项背部取脉。古行遍身诊脉，不独候于寸口，其法见载于《素问·三部九候论》，以诊人体上、中、下三部各天、地、人三候共九个部位的血脉。王冰《注》："所谓三部者，言身之上、中、下部，三部之内，经隧由之。故察候存亡，悉因于是。"而甲骨文"脈"字所见或候在踝上，显属下部；或候在寸口，则属中部；而此候在项背，或属上部欤？如此则三部之候备矣。是甲骨文𦞦、𦞦、𦞦实皆古相脉之本字。据此可明，古于周身候脉，其法殷已有之。故𦞦之为"脈"，其义亦合。

脈本人体输送血液的血管，文献通作"脈"、"脉"，以"辰"、"永"为一字。字本作𦞦、𦞦，象行于体内之血脉之形。又作"衇"，从血以明意。字于马王堆帛书《足臂十一脉灸经》作"温"，《阴阳十一脉灸经》甲、乙本作"脈"、"𦞦"，字从目，当出脉之得于目验[①]；或从水、巛，本为血液之象。又因血脉循行流注全身，如河川支干分流，故古人更以水流喻之[②]。《素问·阴阳应象大论》："六经为川。"《灵枢·邪客》："地有十二经水，人有十二经脉。"《五行大义·论配支干》："壬癸为血脉"，"水本流润，故是为血脉。"《辍耕录》卷十九："人禀天地五行之气以生，手三阳三阴，足三阳三阴，合为十二经，以环络一身，往来流通，无少间断，其脉应于两手三部焉。夫脉者，血也。脉不自动，气实使之，故有九候之

[①] 韩健平：《马王堆古脉书研究》，中国社会科学出版社1999年版，第96—97页。
[②] 李建民：《死生之域——周秦汉脉学之源流》，历史语言研究所，2000年，第117—119页。

法。"《难经》:"人一呼脉行三寸,一吸脉行三寸,呼吸定息,脉行六寸。人一日一夜凡一万三千五百息,脉行五十度周于身。"脉是人体内气血运行的通路,故古人常以行道喻之,或名之曰"经隧"。《诗·大雅·桑柔》:"大风有隧。"毛《传》:"隧,道也。"《左传·襄公二十五年》:"当陈隧者。"杜预《集解》:"隧,径也。"故"脉"又作𧗠、𧗕,从行以示血脉流通之道,意尤明显。

古文字"脉"字之释关乎传统医学中经脉之学的研究。《素问·脉要精微论》:"夫脉者,血之府也。"王冰《注》:"府,聚也。言血之多少聚见于经脉之中也。"《灵枢·本藏》:"经脉者,所以行血气而营阴阳,濡筋骨,利关节者也。"古人对于脉的认识显然源于他们透过皮肤所能看到的血管,因此这一认识应该出现很早。最初但名曰"脉",马王堆《足臂十一脉灸经》与《阴阳十一脉灸经》、张家山《脉书》均只称"脉",至《黄帝内经》方称"经脉"。甲骨文"脉"字之释,则使我们将先民对于脉的认识历史提前到了殷商时代。

脉行气血,其内属脏腑,外络肢节,传统医学总结为十二经脉。《素问·诊要经终论》:"此十二经之所败也。"王冰《注》:"手三阴三阳,足三阴三阳,则十二经也。"《难经》:"二十五难曰:有十二经,五脏六府十一耳,其一经者,何等经也?然:一经者,手少阴与心主别脉也。心主与三焦为表里,俱有名而无形,故言经有十二也。"十二经脉之说始见于《黄帝内经》,帛书《足臂十一脉灸经》、《阴阳十一脉灸经》及汉简《脉书》均只有十一脉,四川绵阳双包山西汉早期墓出土漆木人像所布经脉更仅有十①,可见古人对脉自少渐多的认识历史,而殷人对脉的了解显然不能高于这样的水平。故"脉"字作𧗕,应该反映了时人对于十二经脉中部分脉的认识。

传统医学认为,人体十二经脉之外尚有奇经八脉。《难经》:"二十七难曰:脉有奇经八脉者,不拘于十二经,何也?然:有阳维,有阴维,有阳蹻,有阴蹻,有冲,有督,有任,有带之脉。凡此八脉者,皆不拘于经,故曰奇经八脉也。"奇经八脉与脏腑没有直接的联系,不受十二经拘

---

① 马继兴:《双包山汉墓出土的针灸经脉漆木人形》,《文物》1996年第4期。

制，无表里之配合，相对于有形的血脉则为无形之脉。殷人是否对此也有认识，"脉"字的字形对澄清这一问题也有帮助。

古文字"脉"的表意基础是一侧身的人形，这种考虑对于表现古人对脉的认识并非没有意义，由于侧身的人形可以分出前后，这意味着其所呈现的脉一定具有比周身血脉更丰富的内涵。换句话说，如果古人希望描绘人体周身的血脉，那么他们只需借人体的正面刻画环络躯干四肢的经脉就足够充分了，"脉"字本作𦐇，即具有这样的意义。然而当人们需要描写不同性质的脉的时候，他们就必须借助人体前后部位分别加以表现。古文字"脉"又作𦐇、𦐇，绘于人身正面之脉或为十二经脉之属，而背后依身而行的曲画或点饰所表现的脉则显然具有与十二经脉不同的性质。这种于人体前后表现的不同的脉如果认为反映了古人对十二经脉与奇经八脉两个系统的脉的认识则完全可以接受。

尽管在马王堆与张家山所出的脉学著作中均未涉及奇经八脉，但双包山经脉漆木人像却已明确绘出了奇经中的督脉[①]。《素问·骨空论》："督脉者，起于少腹以下骨中央，女子入系廷孔。"《灵枢·本输》："七次脉，颈中央之脉，督脉也。"《庄子·养生主》："缘督以为经，可以保身，可以全生，可以养亲，可以尽年。"郭庆藩《集释》："李桢曰：人身惟脊居中，督脉并脊里而上，故训中督为奇经之一脉。《庄子》正是叚脉为喻，故下为保身全生等语。家世父曰：船山云，奇经八脉，以任督主呼吸之息。身前之中脉曰任，身后之中脉曰督。督者，居静而不倚于左右，有脉之位而无形质。"知先秦时期，督脉早已为人们所认识。

督脉为位于人身背后正中的阳脉。有关殷人以背为阳、以腹为阴的阴阳观念，相关的考古遗存已多有体现[②]。古代医籍如《九卷》、《灵枢》、《素问》、《太素》等对督脉的循行径路虽记有差异，但其主体居于人之项背则很清楚。《难经》："督脉者，起于下极之俞，并于脊里，

[①] 马继兴：《双包山汉墓出土的针灸经脉漆木人形》，《文物》1996 年第 4 期。
[②] 冯时：《〈周易〉乾坤卦爻辞研究》，《中国文化》第三十二期，2010 年；《二里头文化"常旜"及相关诸问题》，《考古学集刊》第 17 集，科学出版社 2010 年版。

上至风府，入属于脑。"故"脉"之作󰀀、󰀁者，其绘于身体背后的曲画即应描写督脉，或以数点象征督脉。由于奇经相对于有形之血脉并无形质，故古文字"脉"作󰀁，也有以点饰象征督脉而以其区别于有形之实脉的意味。

󰀀、󰀁本为"脉"字，甲骨文或从󰀂，已见其本读。后引申出长意，别读为"永"。其分化犹"月"、"夕"同源，但"月"本读疑纽月部，"夕"别读邪纽铎部，源同而音异。西周康昭以后金文习见"永宝"一辞，"永"字时已别出。然而二字之分化究始于何时，则尚待研究。

西周早期大保簋铭："王伐录子听，霰厥反（返）。王降征命于大保，大保克敬亡遣。王𧿒大保锡，休㮇土，用兹彝对命。"可与此对读者有小臣鼎铭"宓伯于成周，休毗小臣金"。"王𧿒大保锡，休㮇土"与"休毗小臣"语意相同，故"𧿒"、"毗"二字同义。"休"为美赐。小臣虘鼎铭"召公建匽，休于小臣虘贝五朋。"效卣铭："王锡公贝五十朋，公锡厥涉（世）子效王休贝廿朋。"用法相同。故"毗"或为"脉"之异构，《说文》读"𧿒"为"𥘅"，通作"坤"。或读"毗"为"肶"，亦读为"坤"。《诗·小雅·节南山》陆德明《释文》："毗，王作坤。"《说文·土部》："坤，增也。"《尔雅·释诂下》："肶、坤，厚也。"郝懿行《义疏》："坤者，增之厚也。也通作䩆，又与襌通。"《说文·會部》："䩆，益也。"又《衣部》："襌，接益也。"是"休坤"意即厚赐。准此，则大保簋之"𧿒"亦当读为"坤"，"王坤大保锡"意即王增益对大保的厚赐。

卜辞或言"降𧿒"、"王𧿒于並"、"𧿒王"等，其含义容另文讨论。又以"𧿒"为氏，似出相脉之医官，后讹作"襌"。更有地名。《说文·禾部》："琅邪有𥘅县。"然殷商之"𧿒"是否当于其地，待考。

脉是传统医学中最重要的概念，血脉联络五脏六腑，成为诊病决生死的基本方法，故相关知识的形成必不能晚。《史记·扁鹊仓公列传》："庆有古先道遗传黄帝、扁鹊之脉书。……臣意即避席再拜谒，受其脉书上下经。"可知东周时代，脉学著作已颇具系统。太史公以为："至今天下言脉者由扁鹊也。"这个认识并不正确。《说文》录籀文"䘑"字,籀文本出西周宣王太史籀所作之《史籀篇》,知西周已有脉的知识。而殷人相脉事实的揭示不仅使我们对其时的脉学水平有了更深入的认识,而且为对脉学起源的探讨奠定了基础。

2015 年 7 月 18 日于尚朴堂

(原载《古文字研究》第三十一辑,中华书局 2016 年版)

孔子修作《春秋》考

《春秋》作为周代史书之通名①，或为鲁国史书之专名②，实缘于殷周时代一年仅分春、秋两季的古老历制③。时人以体现历年纪时的季节名称移用作为编年体史书的名称，这种做法不仅朴素，也极具传统。

鲁史《春秋》为今存最早的编年体史籍，世称孔子所修作，经典无异辞。然而对孔子修作《春秋》的具体作为如何理解，学者的看法却并不一致。这不仅是中国学术史上的重要问题，而且直接关系到历史学、哲学史、经学史和文献学研究，意义自非浅鲜。兹为此文，在先秦著史制度的基础上分析史料，对这一问题重做研考。

一 有关孔子作《春秋》之争论

最先明确提出鲁《春秋》由孔子所作的是孟子。《孟子·滕文公下》云：

> 世衰道微，邪说暴行有作，臣弑其君者有之，子弑其父者有之。孔子惧，作《春秋》。《春秋》，天子之事也，是故孔子曰："知我者其惟《春秋》乎！罪我者其惟《春秋》乎！"

---

① 《墨子·明鬼下》言"著在周之《春秋》"，"著在燕之《春秋》"，"著在宋之《春秋》"，"著在齐之《春秋》"。《史通·六家》引《墨子》曰："吾见百国《春秋》。"另参吴毓江《墨子校注》，中华书局1993年版，第348页。
② 《孟子·离娄下》："晋之《乘》，楚之《梼杌》，鲁之《春秋》，一也。"
③ 于省吾：《岁、时起源初考》，《历史研究》1961年第4期；冯时：《百年来甲骨文天文历法研究》第五章第九节，中国社会科学出版社2011年版。

然此所谓孔子"作《春秋》"之真相究竟如何，论者则各执一词。或以为乃对鲁史的著述。《左传·成公十四年》引君子曰："《春秋》之称，微而显，志而晦，婉而成章，尽而不汙，惩恶而劝善，非圣人，谁能修之。"杜预《集解》："修史策成此五者。"此修《春秋》之"圣人"或以为即孔子。《隋书·经籍志》："《春秋》者，鲁史策书之名。昔成周微弱，典章沦废，鲁以周公之故，遗制尚存。仲尼因其旧史，裁而正之。或婉而成章，以存大顺；或直书其事，以示首恶。"所承正为左氏之说。或又以为乃对鲁史的裁制修饰。《史记·十二诸侯年表》："是以孔子明王道，干七十馀君，莫能用，故西观周室，论史记旧闻，兴于鲁而次《春秋》，上记隐，下至哀之获麟，约其辞文，去其烦重，以制义法，王道备，人事浃。"司马贞《索隐》："文去重。言约史记修《春秋》，去其重文也。"《公羊传·庄公七年》："不修《春秋》曰：雨星不及地尺而复。君子修之曰：星霣如雨。"何休《注》："不修《春秋》谓史记也。古者谓史记为《春秋》。"王充《论衡·艺增》、《说日》皆以为此修《春秋》之君子即为孔子。

尽管孔子修作《春秋》之说自战国时代就已很流行，但也并非没有人对这一说法抱有怀疑。首先，孔子自谓"述而不作"，且《论语》于《春秋》只字未提，故若以《春秋》为孔子所作，于事于情皆不能合①。其次，《春秋》体例不一，况经传或言孔子自知鲁史有误而不改②，有违修作之实。再次，世以《春秋》以正名分为旨。如《春秋经·僖公十六年》："陨石于宋五。"《公羊传》："曷为先言陨而后言石？陨石记闻，闻其磌然，视之则石，察之则五。"《穀梁传》："先陨而后石何也？陨而后石也。于宋四竟之内曰宋，后数，散辞也。耳治也。……子曰：'君子之于物，无所苟而已。'"此说至汉而愈加神化。《春秋繁露·深察名号》："《春秋》辨物之理，以正其名。名物如其真，不失秋毫之末。故名陨石

---

① 清人浦起龙曰："夫子曰：'述而不作'，孟子曰：'孔子惧，作《春秋》'，不揣蠢愚，窃奉子言为信。……夫子之教，具之《论语》，于《易》曰学，于《诗》、《书》曰雅言，于《礼》曰执、曰约，于《乐》曰知、曰闻。至于《春秋》，且靡有言焉。"见氏著《史通通释》卷十四，上海古籍出版社2009年版。

② 参见《公羊传·昭公十二年》。

则后其五，……圣人之谨于正名如此。"然古本《竹书纪年》记其事亦云"陨石于宋五"，故唐刘知几据此而对孔子修作《春秋》之说颇存疑虑①。最后，《公羊》、《穀梁》二传所据经于鲁襄公二十一年记"孔子生"，《左传》所据经于鲁哀公十六年记"孔子卒"，俱非孔子亲笔。有此四证，故学者或以为孔子既无修《春秋》，更无作《春秋》，唯以《春秋》讲习而已②。

然而，传统史料于孔子修作《春秋》之事言之凿凿，徒加否定是困难的。笔者认为，孟子的说法并无不妥，今传之鲁《春秋》确为孔子所修作。古人或为特别区分"修"、"作"二字之义，以见孔子于鲁《春秋》之作为，但事实上，无论以为孔子于《春秋》是修是作，其具体做法都与后人所理解的著述撰作的意义完全不同。澄清这一问题关键在于明了鲁史的著述背景，进而才可能对史籍有关孔子修作《春秋》的真实含义做出判断。

二　鲁史官对鲁史《春秋》之修作

史官修史，自古已成传统，一朝有一朝之史，一国也自有一国之史。最早出现的史书体裁是编年体，尽管晚期所作的编年体史书如《资治通鉴》只是在完整积累史料的基础上以编年的形式编纂述作而已，但早期编年体史书的述作却仅以时间早晚为标准，于所发生的史实随事随录，而不会像纪传体史书那样为考虑人物或事件的完整性，专门汇集史料后再做述作，这无疑反映了早期编年体史书独有的著述特点。换句话说，正是由于原始的记史方式采用随事随录的做法，才导致了最早产生的史书体裁必为唯重时间标准的编年体形式。事实上，早期史书体裁采用编年体，正与这种随时记史备忘的修史传统互为因果。由于编年记事唯以时间先后为原则，并不需要过分照应人物事件的完整，因此早期以编年的方式随事随记便成为当时史官修史的通行做法。

---

① 参见刘知几《史通·惑经》。
② 参见杨伯峻《春秋左传注·前言》（修订本），中华书局2009年版。

佚书《竹书纪年》（古本）即属这样的编年体史籍。其虽系战国时代的魏国史书，但记事则上溯至夏商①，可知一国之史并非独记一国之事。而就一国史实而论，尽管魏国始建于三家分晋，但作为魏之先的晋国，其立国则远在周初，且魏之始祖又为毕公高之后。所以，一国之史的形成实得于历代史官的递修，而不会是仅由前代史官积累史料，再由后代史官统一裁制修纂。上古时代的这一修史传统十分清楚。这种随时修史、递修增补的治史传统甚至在东汉学者编修《东观汉纪》时仍可见其馀续。余嘉锡先生认为，古书不成于一时，当然也就不成于一人②。显然，对于早期编年体史书而言，更不可能出于一人之手。

鲁《春秋》既然属于早期的编年史书，那么其修史方式必然是随事随修。《春秋》记鲁国二百四十二年的历史（《左传》所据经记二百四十四年），足本也仅一万八千字，平均一年之事仅七十馀字，显属极简略的备忘记录，这样的史料显然只能是随事随录的结果，而根本不需要做长期的积累。事实上，这样随事随录的修史方式正体现了早期史官积累史料的普遍做法。

鲁国始封于周武王弟周公旦③，周公旦长子伯禽就封④，故至春秋末期的孔子时代，作为鲁国史书的《春秋》，其所记之事必当始自周初，而不会仅载自鲁隐公至哀公的区区十二公的历史。《左传·昭公二年》云：

> 二年春，晋侯使韩宣子来聘，且告为政，而来见，礼也。观书于大史氏，见《易·象》与鲁《春秋》，曰："周礼尽在鲁矣，吾乃今知周公之德与周之所以王也。"

杜预《集解》："《易·象》，上下经之象辞。鲁《春秋》，史记之策书《春秋》，遵周公之典以序事，故曰周礼尽在鲁矣。"孔子生于鲁襄公二十一年，即公元前552年，鲁昭公二年当公元前540年，时孔子年方十二，

---

① 参见《晋书·束皙传》。
② 余嘉锡：《古书通例》，中华书局2007年版。
③ 《左传·僖公二十四年》以鲁为"文之昭也"。
④ 参见《左传·定公四年》。

是不可能修作鲁史《春秋》的。足明于孔子之前，作为鲁国史记的《春秋》实际早已存在，其记事显然是自鲁始封之君周公旦开始，且经鲁国历代史官相递增修。这种治史传统合于先秦之著史制度。

鲁国史籍著述有序，文献也有清楚的记载。《汉书·艺文志》云：

> 周室既微，载籍残缺，仲尼思存前圣之业，乃称曰："夏礼吾能言之，杞不足征也；殷礼吾能言之，宋不足征也。文献不足故也，足则吾能征之矣。"以鲁周公之国，礼文备物，史官有法，故与左丘明观其史记，据行事，仍人道，因兴以立功，就败以成罚，假日月以定历数，藉朝聘以正礼乐。有所褒讳贬损，不可书见，口授弟子，弟子退而异言。

据此可明，鲁史文备，故篇中无一字指孔子著作鲁史之事。班固引孔子之语出《论语·八佾》，细悟其意，知孔子本欲述作夏史商史，但因文献不足征而未果，然于周史鲁史却只字未提，明其于此并无著作之心。这意味着在孔子时代，因鲁国"礼文备物，史官有法"，鲁史事实上已昭然在册，是不需要孔子费心著作的。至于其褒讳贬损，所据史料也足够详确。班固谓孔子于《春秋》之作为"不可书见，口授弟子"，更知孔子对于《春秋》并无着墨为文，这一事实应该非常清楚。

既然鲁史《春秋》于孔子之前已经存在，而且随着时间的推移，对于与孔子同时代之史实，鲁国史官仍会递相增修，未曾间断，不遑假孔子之手，因此，孔子对鲁史不可能存有著作之功。同时《春秋》经传显示，孔子于《春秋》也并未做过文辞修订的工作。然而，如果认为孔子既无修《春秋》，也无作《春秋》，又将与孟子的说法存在明显矛盾。那么孔子修作《春秋》的真正含义又该怎样理解呢？

三 孔子对鲁史《春秋》之断代编次

我们知道，孔子所修作之《春秋》并非鲁国的全部历史，而仅断限自鲁隐公元年到鲁哀公十四年的十二位鲁公，这意味着如果孔子果真对鲁史有所修作，唯一可能的工作就是对鲁国史记的断限编次，也就是在由鲁史官所撰述的完整的鲁史记中，仅截取其中的十二公历史以成篇，并以之教习褒贬，这应该就是后传所谓之鲁史《春秋》，也即孔子修作《春秋》的真相。很明显，从这一断代编次鲁史的角度讲，孔子于《春秋》的工作既可称"修"，当然也可以称之为"作"。因此，学者始终习惯于以后世著史的所谓修作概念理解孔子对于《春秋》的修作，未能厘清二者的不同含义，以致从根本上误解了孟子所谓孔子作《春秋》的原意，从而导致了歧见的发生。

孔子所作之鲁《春秋》实际乃为其以鲁史记为基础断代截取而成，而并非由孔子重新著述，这一事实于早期史料尚有明确的反映。《史记·孔子世家》云：

> （孔子）乃因史记作《春秋》，上至隐公，下讫哀公十四年，十二公。据鲁，亲周，故殷，运之三代。约其文辞而指博。

又《史记·十二诸侯年表》云：

> 是以孔子明王道，干七十余君，莫能用，故西观周室，论史记旧闻，兴于鲁而次《春秋》，上记隐，下至哀之获麟，约其辞文，去其烦重，以制义法，王道备，人事浃。

既言"因史记作《春秋》"，故知所因之"史记"——作为鲁国通史的《春秋》——必为孔子所作《春秋》之鲁史蓝本。又以作《春秋》为"次"，且明记史时间之始终，也知"次"的意义实即断代编次。事实上，太史公所言孔子修作《春秋》而定该书年代的起止，显然即在说明孔子对一部完整鲁史的裁制，这一叙事形式与《史记》、《汉书》所述孔子对于《诗》、《书》的编次遣词相同，体现了古人描述古书编次的固定手法。《史记·孔子世家》记孔子于《书》、《诗》之编次云：

> 孔子之时，周室微而礼乐废，《诗》、《书》缺。追迹三代之礼，

> 序《书传》，上纪唐虞之际，下至秦缪，编次其事。
>
> 古者《诗》三千馀篇，及至孔子，去其重，取可施于礼义，上采契、后稷，中述殷周之盛，至幽厉之缺，始于衽席，故曰"《关雎》之乱以为《风》始，《鹿鸣》为《小雅》始，《文王》为《大雅》始，《清庙》为《颂》始"。

又《汉书·艺文志》记孔子于《书》之编次云：

> 故《书》之所起远矣，至孔子篹焉，上断于尧，下讫于秦，凡百篇，而为之序，言其作意。

其叙事笔法皆取上起于某、下讫于某的形式，与记叙孔子修作《春秋》的方式别无二致。众所周知，《诗》、《书》均非孔子所作，仅由其编次而已，故特别强调编选诸篇之时代，而太史公于《春秋》如何完成之叙事形式与此完全相同，自可明了孔子于《春秋》的具体作为。显然，这种比较不仅可据迁、固之叙事体例证明孔子修作《春秋》的实质工作其实只是其截取鲁史中的十二公历史编次成篇，而且这种断代编次鲁史为《春秋》的做法也正符合孔子"述而不作"的自我评价。

与此同样重要的是，孔子所作之史以"春秋"为名，也明确显示了其源出鲁史《春秋》的事实。"春秋"既为先秦史书之通名，则《墨子》所谓之"百国《春秋》"便应是其时各国之通史，而不会只是断代史书。鲁《春秋》作为鲁国史记之名见于《左传》鲁昭公二年，即是这一史书制度的体现。而孔子"因史记作《春秋》"，故其所作之断代史就不仅意味着必须直袭鲁通史《春秋》之实，而且必须同时直袭鲁史《春秋》之名，这决定了孔子仍以其所作之史名曰《春秋》的做法。

四　有关孔子修作《春秋》史料之分析

孔子截取鲁史中的十二公历史断代编次为《春秋》，这一事实除史书固有的叙事体例可以证明外，传世文献至少还有八方面的线索可供讨论。

其一，孔子于《春秋》文本之缺误存而不改，知其修作《春秋》仅限于篇幅的裁制，并不涉及对鲁史内容的修订。《春秋经·昭公十二年》云：

> 十有二年春，齐高偃帅师纳北燕伯于阳。

《公羊传》云：

> "伯于阳"者何？公子阳生也。子曰："我乃知之也。"在侧者曰："子苟知之，何以不革？"曰："如尔所不知何？"

何休《注》曰："子谓孔子，乃，乃是岁也。时孔子年二十三，具知其事。后作《春秋》。案史记，知'公'误为'阳'，'子'误为'于'，'阳'在，'生'刊灭，阙。如犹奈也，犹曰奈女所不知何？宁可强更之乎？此夫子欲为后人法，不欲令人妄亿错。子绝四：毋意，毋必，毋固，毋我。"刘知几《史通·惑经》谓孔子于《春秋》，"史策有阙文，时月有失次，皆存而不正，无所用心"。孔子所修之《春秋》实基于鲁史记旧本而完成，故《春秋》文本的缺误即体现了鲁史记旧本的面貌。《传》称孔子于鲁史文本有误而不改，反映了孔子尊重古代文本的一贯态度。首先，孔子对于古代文本从不妄改。《论语·卫灵公》引孔子曰："吾犹及史之阙文也，今亡矣夫！"① 颜师古《汉书注》："《论语》载孔子之言，谓文字有疑，则当阙而不说。孔子自言，我初涉学，尚见阙文，今则皆无，任意改作也。"其谨慎如此，间或有疑，则存而不论，议而不辩②。其次，先秦文献文无定本，通假泛滥，从而导致师法的产生，成为先秦学术传承的主要形式。若师说详知文本是非，经义的传授就不会有误。很明显，在以师法说经的时代，文本的价值便相对降低，文字的错讹于人们对于经义的理

---

① 据《汉书·艺文志》引。
② 《庄子·齐物论》："六合之外，圣人存而不论；六合之内，圣人论而不议。《春秋》经世先王之志，圣人议而不辩。"

解并无妨害。孔子具知其事，故说经便不会徒生歧义。事实上，《传》言在侧者疑孔子何以不革经误，是明孔子确曾编次鲁史；而孔子存鲁史文本之误而传之，又明孔子虽截取鲁史而定鲁十二公之历史——《春秋》，但对鲁史原本的文字却并未增损修订，唯直录编次而已。准此可明，孔子于鲁史文本之误不予匡正，其修作《春秋》必不涉及对文字的订正。或者准确地说，孔子自知《春秋》文本有误而不改，《春秋》本非孔子所著作便是显而易见的事实。

其二，《春秋》体例不一，必不成于一人，自为鲁国历代史官相递修。孔子虽裁制鲁史以成《春秋》，但并未作体例的统一。《春秋经·庄公十二年》孔颖达《正义》云：

> 推导经文，自庄公以上诸弑君者皆不书氏，闵公以下皆书氏，亦足明时史之异同，非仲尼所皆贬也[①]。

《春秋》体例不一，当系书出众史官之手的缘故。史官各续其所知，不做体例的统一，这也体现了史官尊重古代文本的基本态度。《论语·雍也》："文胜质则史。"此"史"实犹上引《论语》"吾犹及史之阙文"之"史"，强调的是古代史官所具有的于史实直录直书、不轻加改作的"刻板"传统。这种品质于为人虽显呆板，但为史却不失良史之风。孔子于史官的这一做法深所认同，故于鲁史文本不可能有所改作统一。

其三，孔子自诩其于鲁史无加损益，故其修作《春秋》也必不涉及对鲁史内容的增删。《穀梁传·僖公十九年》云：

> 梁亡，郑弃其师，我无加损焉，正名而已矣。

此向以为孔子所言[②]。"加损"意即损益[③]。"郑弃其师"见于闵公二年

[①] 又见《春秋经·隐公四年》、《文公九年》孔颖达《正义》。
[②] 参见杨士勋《春秋穀梁传注疏》。
[③] 参见廖平《穀梁古义疏》。

《经》。刘知几《史通·惑经》引《汲冢琐语》《晋春秋》献公十七年"郑弃其师",其文正同。知旧史原文如此。孔子直录,于史无所损益。

其四,孔子自谓其仅于《春秋》之义"窃取"之,不及其文,知其非于文辞有所述作。《孟子·离娄下》引孟子曰:

> 王者之迹熄而《诗》亡,《诗》亡然后《春秋》作。晋之《乘》,楚之《梼杌》,鲁之《春秋》,一也。其事则齐桓晋文,其文则史,孔子曰:"其义则丘窃取之矣。"

赵岐《章句》:"其事,则五伯所理也。桓文,五霸之盛者,故举之。其文,史记之文也。孔子自谓窃取之,以为素王也。孔子人臣,不受君命,私作之,故言窃,亦圣人之谦辞尔。"知孔子于《春秋》实不重在其文,而重在述义。《公羊传·昭公十二年》云:

> 《春秋》之信史也,其序则齐桓晋文,其会则主会者为之也,其词则丘有罪焉耳。

何休《注》:"丘,孔子名,其贬绝讥刺之辞有所失者,是丘之罪。"此与孟子所述相同,唯有"义"、"词"之变文,实均述义之谓,而不涉及文本的改作。《春秋经·僖公二十八年》:"天王狩于河阳。"《左传》:"是会也,晋侯召王,以诸侯见,且使王狩。仲尼曰:'以臣召君,不可以训。故书曰"天王狩于河阳",言非其地也,且明德也。'"《史记·晋世家》:"孔子读史记至文公,曰:'诸侯无召王,"王狩河阳"者,《春秋》讳之也。'"明证"天王狩于河阳"实即鲁史原文,而"讳之"之义则为孔子之说词。孔子说义便不可离经,故因其文而取其义,文以见义,不可更革。《汉志》言孔子观鲁史记,"有所褒讳贬损,不可书见,口授弟子",益明其重在述义,而对鲁史文本并没有增损。

其五,《春秋》向以为六艺之一,其比之于《诗》、《书》、《礼》、《乐》、《易》,后五经皆非孔子所著作,则《春秋》之性质也应相同。《史记·太史公自序》云:

上大夫壶遂曰:"昔孔子何为而作《春秋》哉?"太史公曰:"余闻董生曰:'周道衰废,孔子为鲁司寇,诸侯害之,大夫壅之。孔子知言之不用,道之不行也,是非二百四十二年之中,以为天下仪表,贬天子,退诸侯,讨大夫,以达王事而已矣。'子曰:'我欲载之空言,不如见之于行事之深切著明也。'夫《春秋》,上明三王之道,下辨人事之纪,别嫌疑,明是非,定犹豫,善善恶恶,贤贤贱不肖,存亡国,继绝世,补敝起废,王道之大者也。《易》著天地阴阳四时五行,故长于变。《礼》经纪人伦,故长于行。《书》记先王之事,故长于政。《诗》记山川谿谷禽兽草木牝牡雌雄,故长于风。《乐》乐所以立,故长于和。《春秋》辨是非,故长于治人。是故《礼》以节人,《乐》以发和,《书》以道事,《诗》以达意,《易》以道化,《春秋》以道义。"

太史公引董仲舒所言明白,孔子既已深知其言之不用①,故复自作《春秋》则属不明不智。《论语·卫灵公》引孔子云:"可与言而不与之言,失人;不可与言而与之言,失言。知者不失人,亦不失言。"言语如此,更何况为文!显然,在这样的认知背景下,孔子创述《春秋》是毫无可能的。太史公引孔子之语也愈显明白,孔子"欲载之空言,不如见之于行事之深切著明",而行事之录实已俱在专为记事的鲁史《春秋》,其为孔子所用褒贬,无需别作。故《春秋》作为六艺之一自见道义之长,世以其与非出孔子著作的《诗》、《书》、《礼》、《乐》、《易》五经并列,《春秋》不为孔子创述的事实便得到了明确暗示。

其六,孔子作《春秋》实际仅是据鲁史记而断代编次之,并不涉及内容的著述修订,这一事实在古代文献中仍留有痕迹。刘知几《史通·惑经》云:"夫子之修《春秋》,皆遵彼乖僻,习其讹谬,凡所编次,不加刊改者矣。"似具这样的认识。至于太史公言孔子笔削之事,应该也是在这一史实基础上的解释。《史记·孔子世家》云:

---

① 《左传·哀公十六年》引子贡讥哀公诔孔子云:"生不能用,死而诔之,非礼也。"

> 孔子在位听讼，文辞有可与人共者，弗独有也。至于为《春秋》，笔则笔，削则削，子夏之徒不能赞一辞。弟子受《春秋》，孔子曰："后世知丘者以《春秋》，而罪丘者亦以《春秋》。"

《汉书·礼乐志》引刘向宜兴辟雍说议曰："今之刑，非皋陶之法也，而有司请定法，削则削，笔则笔，救时务也。"师古《注》："削者，谓有所删去，以刀削简牍也。笔者，谓有所增益，以笔就而书也。"上论孔子于鲁史内容未有增足删落，而有司所定之法则本于皋陶之法，故刘向之笔削与孔子之笔削自有联系，亦存分别。"笔"字之义乃谓直录书写，孔子因鲁史记而编次《春秋》，必移写抄录其文，此即所谓"笔"也。而"削"则训断取裁制。《说文·刀部》："削，一曰折也。""折"即言断折分析。《战国策·齐策一》："夫齐削地而封田婴。"韦昭《注》："削，分也。"《吕氏春秋·行论》："庄王方削袂。"毕沅《新校正》引孔广森《经学卮言》："削，裁也。"是为明证。故太史公所述孔子之笔削《春秋》，正是对夫子裁制鲁史记而断取其中十二公之历史以为《春秋》的明确记载。故自孟子以下，世以为孔子于《春秋》曰作曰修，曰著曰成[①]，其实皆为据鲁史断代编次之意。

其七，孔子自谓知我罪我其为《春秋》，固明夫子确曾修作《春秋》。然其因述作《春秋》而获知获罪，这一认识却是基于古史修撰的独特背景。孟子所说孔子作《春秋》是与其时世衰道微为因果。赵岐《孟子章句》释其义云："孔子作《春秋》，因鲁史记，设素王之法，谓天子之事也。知我者，谓我正纲纪也。罪我者，谓时人见弹贬者，言孔子以《春秋》拨乱也。"他注亦不出此说。细审赵注，是非参半。孔子作《春秋》的目的既在于拨乱反正，此何罪之有？故赵氏以弹贬为罪，说不足取。而设素王之法，或窥其见罪之门径。据古代制度，国史之修作本为天子之事，或以受君命之史官为之，至晚世更以官设史局，非私意所能为。而孔

[①] 《史记·匈奴列传》太史公赞曰"孔氏著《春秋》"。《孟子·滕文公下》："孔子成《春秋》，而乱臣贼子惧。"

子并非史官，且不得君命，是没有资格修作国史的。孟子说"《春秋》，天子之事也"，孔子更以此为罪丘之原因，义甚明白。故赵岐云"孔子人臣，不受君命，私修之，故言窃"，所论一针见血。东汉班固初修汉书而未得圣谕，即被告发私改国史，获罪入狱①，即是这一修史制度的体现。故据先秦修史之背景分析，孔子其实根本不可能写作鲁史。事实上，即使据鲁史断代以说义授徒，这种做法也同样有违制度。断取鲁史《春秋》以成十二公的历史，实则是在鲁国通史的基础上形成了一部断代史，这种做法尽管没有涉及鲁史内容的增损，但仍僭越了私人修史的禁制，同时这种做法在某种程度上也破坏了鲁史，这便是孔子自以为罪的原因。纵使孔子借《春秋》褒贬以正名分，使乱臣贼子惧，但仍难掩其私改国史之罪。因此可以确知，孔子于鲁史《春秋》并非著作，而仅断取裁制其成篇而已。

其八，孔子裁作之《春秋》乃取鲁隐公至哀公十二公，何以独取鲁国十二公以为史，目的即在合于法天之数。《春秋》既为天子之事，天子司掌历朔，以十二为天数②，故天子之事必合于天数③。太史公撰作《史记》，于记述帝王事迹之本纪定于十二，以明其与天数合。而孔子作《春秋》巧合十二公，则非著作使然，显示了其于哀公一世裁制截取鲁史的事实。

综合以上八证，不仅可明孔子作《春秋》之事，而且可明孔子作《春秋》之实。其于鲁哀公世断取裁制鲁国十二公的历史以成书，并袭用鲁史记《春秋》之名，是为其修作《春秋》之真相。

孔子作《春秋》，止于鲁哀公十四年"西狩获麟"，故孔子对鲁史的编次裁制自在其后。此事于《史记·孔子世家》所言甚晰。世或以孔子作《春秋》而获麟绝笔，是以其著作鲁史为说，不足采信。《公羊传·昭公十二年》徐彦《疏》引《春秋说》："孔子作《春秋》，一万八千字，九月

---

① 《后汉书·班固列传》："固以彪所续前史未详，乃潜精研思，欲就其业。既而有人上书显宗，告固私改作国史者，有诏下郡，收固系京兆狱，尽取其家书。"

② 《左传·哀公七年》："制礼上物，不过十二，以为天之大数也。"《周礼·春官·冯相氏》："冯相氏掌十有二岁，十有二月，十有二辰，十日，二十有八星之位，辨其叙事，以会天位。"《淮南子·天文》："天有四时，以制十二月。"

③ 冯时：《中国天文考古学》第三章第三节，社会科学文献出版社2001年版；《中国古代的天文与人文》第二章第二节，中国社会科学出版社2009年修订版。

而书成,以授游、夏之徒。游、夏之徒不能改一字。"虽也以著作为解,但说九月成书,对于一位年逾七旬的老者而言,著述虽嫌紧迫,但编次裁制却也充裕从容。故知孔子于晚年编次《春秋》,并以其讲习授徒,褒贬当世,故后人于《公羊》、《穀梁》二传所附经之鲁襄公二十一年补书"孔子生",以明《春秋》与孔子修作之关系。而《左传》所附经更至鲁哀公十六年孔子卒,其较孔子所修之经止于鲁哀公十四年多出两年事,或系孔子弟子补缀而成。

2016 年 12 月 30 日据旧札写讫于尚朴堂

(原载《中国文化》第四十六期,2017 年)

六经为教与儒学的形成

——论孔子正《诗》与《诗》教之重建

孔子正定六经,并非简单的文献整理,目的则在以六经教民向德,从而最终建立儒家哲学,故六经的正定过程也就是六经之教及儒学的建立过程。《史记·滑稽列传》引孔子曰:"六艺于治一也,《礼》以节人,《乐》以发和,《书》以道事,《诗》以达意,《易》以神化,《春秋》以义。"《礼记·王制》:"乐正崇四术,立四教,顺先王《诗》、《书》、《礼》、《乐》以造士。"《左传·僖公二十七年》引赵衰曰:"说礼、乐而敦《诗》、《书》,《诗》、《书》,义之府也;礼、乐,德之则也。"均显示了六经的德教作用。《汉书·艺文志》:"儒家者流,盖出于司徒之官,助人君顺阴阳明教化者也。游文于六经之中,留意于仁义之际,祖述尧舜,宪章文武,宗师仲尼,以重其言,于道最为高。……后进循之,是以五经乖析,儒学寖衰,此辟儒之患。"《史记·太史公自序》载司马谈论六家要指云:"夫儒者以六艺为法。六艺经传以千万数,……若夫列君臣父子之礼,序夫妇长幼之别,虽百家弗能易也。"则明六经实乃儒学之基础。故探论儒学之形成,必宜首先明晓孔子重定的六经之教,而六经之教的完成则得益于其对六经的整理,这意味着我们要想完整准确地理解儒家学说,寻绎孔子对于六经文本的正定方法,并推及由此重建的六经之教则至为关键。

一 六经立教与《诗》教为先

孔子以六经设教,自寻其次序。《经典释文·序录》:"五经六籍,圣人设教，训诱机要，宁有短长？然时有浇淳，随病投药，不相沿袭，岂无先后？所以次第互有不同。"六经次第，今古文互异。今文以《诗》、《书》、《礼》、《乐》、《易》、《春秋》为序，古文之次则为《易》、《书》、《诗》、《礼》、《乐》、《春秋》。今文家以六经为孔子别作，以其次序由浅及深，然《国语·楚语》记申叔时论太子之教便有《春秋》，而《书》之艰涩也远胜《春秋》。故所谓"四教"之《诗》、《书》、《礼》、《乐》并非以经意浅显而居前。《大戴礼记·卫将军文子》："吾闻夫子之施教也，先以《诗》。"《孔子家语·弟子行》也有相同记载，文云："吾闻孔子之施教也，先之以《诗》、《书》，而道之以孝悌，说之以仁义，观之以礼乐，然后成之以文德。"明见《诗》、《书》之位尊全在其所具德教作用之重要，而《诗》较之《书》，"可以兴，可以观，可以群，可以怨，迩之事父，远之事君，多识于鸟兽草木之名"（《论语·阳货》），不仅于人伦事故，山川自然无所不该，而且也切近民之本性，立教更为适宜，故居六经之首。而《礼》、《乐》二经皆重具体细节之操作，《礼》在仪节容止，《乐》则广存谱律宫商，多言事而少言理，自然于教化之功比不得《诗》、《书》。《孔子家语》称"观之"礼、乐，而《论语》记孔子常引《诗》、《书》而称道礼、乐，足明《礼》、《乐》所载皆为所行之事。显然，六经于民德教作用之轻重才是其别有先后的本质标准。《庄子·天运》："孔子谓老聃曰：'丘治《诗》、《书》、《礼》、《乐》、《易》、《春秋》六经，自以为久矣，孰知其故矣，以奸者七十二君，论先王之道而明周、召之迹，一君无所钩用。甚矣！夫人之难说也？道之难明邪？'"近出战国竹书，凡及六经次第者，皆以《诗》、《书》、《礼》、《乐》、《易》、《春秋》为序，其所涉儒家文献之性质当属汉人编次《礼记》之素材，即《汉书·艺文志》所载七十子后学所作之先秦古文《记》[①]。因此，今文家所称之六经次第直溯孔子，当为史实。这一基本事实显示，孔子正《诗》、《书》，定《礼》、《乐》，赞《周易》，修《春秋》，以六艺为教，首推《诗》教。故《诗》教乃六经之教的基础，作用最重，意义也最大。

---

① 彭林：《郭店楚简与〈礼记〉的年代》，《中国哲学》第二十一辑，辽宁教育出版社2000年版。

夫子立六经以教民，这种做法并非孔门始创，两周时期，利用先王典籍之教化功能早已蔚然成风。《国语·楚语上》云：

> （庄王）问于申叔时，叔时曰："教之《春秋》，而为之耸善而抑恶焉，以戒劝其心。教之《世》，而为之昭明德而废幽昏焉，以休惧其动。教之《诗》，而为之导广显德，以耀明其志。教之《礼》，使知上下之则。教之《乐》，以疏其秽而镇其浮。教之《令》，使访物官。教之《语》，使明其德，而知先王之务用明德于民也。教之《故志》，使知废兴者而戒惧焉。教之《训典》，使知族类，行比义焉。"

其中《春秋》、《诗》、《礼》、《乐》、《训典》五类皆为后世儒家所宗，尽管此《春秋》未必鲁史。可见早在孔子之先，以先王之典教民向德的做法已成传统，且诸教之中又尤重《诗》教。

孔子既以六经教民，故于各经之正定独具匠心，无一不体现整理者试图使人通过对六经的学习进而完成道德培养的目的。然囿于史料，我们对孔子整理六经的具体做法，或者说其最终建立六经之教的具体细节始终无从究考。而上海博物馆藏战国楚竹书《孔子诗论》（以下简称《诗论》）的发现，则为有关问题的研究提供了重要资料。据此，我们可通过对孔子建立《诗》教的研究，推及其最终完成六经之教的完整思想。

有关《诗论》旨在阐明《诗》教的性质，我已为文讨论①。兹将首二章释写于下：

> 孔子曰：诗亡隐志，乐亡隐情，文亡隐言。……〔"帝谓文王，予〕怀尔明德。"害？诚谓之也。"有命自天，命此文王。"诚命之也，信矣！
>
> 孔子曰：此命也夫！文王唯欲也，得乎此命也？待也，文王受命矣。《颂》，平德也，多言后。其乐安而迟，其歌申而绎，其思深而远，至矣！《大雅》，盛德也，多言〔……。《小雅》，□德〕也，多

---

① 冯时：《战国楚竹书〈子羔·孔子诗论〉研究》，《考古学报》2004年第4期。

言难而怨怼者也，衰矣！小矣！《邦风》其纳物也，溥观人欲焉，大敛材焉。其言文，其声善。

该文启首借文王修德而终受天命的事实阐明了全篇意旨，强调《诗》的德教作用，进而对《邦风》、《小雅》、《大雅》、《颂》四诗所具道德内涵高下的评论，揭示了道德准则乃是孔子正《诗》的唯一标准，而四诗的划分无疑体现着《诗》教培养的由表及里，由浅而深。很明显，阐明《诗》教乃是《诗论》的核心思想，它反映了孔子正《诗》的基本宗旨就是重建《诗》教。

《诗》之所以能发挥教化的作用，首要原因当然在于其思想纯正。《论语·为政》引孔子曰："《诗》三百，一言以蔽之，曰：'思无邪！'"《诗》之编集，于孔子之前已有定本，文献所载甚明，学者早有系统研究①，是为古本。而孔子欲重建《诗》教，自有其不同于先人的更高的道德标准，这些标准则体现了其独有的哲学思想与政治理想。因此，古本如果不作必要的整理润饰，将难以完全适合孔子的政治主张，这是孔子正《诗》的基本动因。至于孔子对古本的整理工作究竟体现在哪些方面，我们可据文献记载略作寻绎。《史记·孔子世家》云：

> 古者《诗》三千馀篇，及至孔子，去其重，取可施于礼义，上采契、后稷，中述殷周之盛，至幽厉之缺，始于衽席，故曰"《关雎》之乱以为《风》始，《鹿鸣》为《小雅》始，《文王》为《大雅》始，《清庙》为《颂》始"。三百五篇孔子皆弦歌之，以求合《韶》、《武》、《雅》、《颂》之音。礼乐自此可得而述，以备王道，成六艺。

郭店楚墓出土及上海博物馆藏战国竹书《性自命出》也有类似记载：

> 《诗》、《书》、《礼》、《乐》，其始出皆生于人。《诗》，有为为之也。《书》，有为言之也。《礼》、《乐》，有为举之也。圣人比其类而

---

① 张素卿：《左传称诗研究》，台湾大学文学院，1991年。

论会之,观其先后而逆顺之,体其义而节文之,理其情而出纳之,然后复以教,教,所以生德于中者也。

古人以为,《诗》、《书》、《礼》、《乐》四经的形成皆出于人的行为活动,体现着人的思想感情,因而以此培养人的道德是极为适宜的。《诗》反映了人的处事作为,《书》反映了人的言语辞令,《礼》、《乐》则反映了人的行为举止,所以孔子对四经的重新整理,其核心目的就是以四经教民,使人民通过对《诗》、《书》的学习而心生道德。

对于《性自命出》相关文字的理解,学术界尚有分歧,并多以"圣人比其类而论会之"的四句排比分别阐述对《诗》、《书》、《礼》、《乐》四经的整理[①]。但笔者以为,此四句实非各述一经,而应是对四经整理工作的总体概括,"比其类"、"观其先后"、"体其义"、"理其情"的"其"字当统指前文所论的四经而言,若分指各经,则语意不明。《性自命出》全篇系统阐述儒家的性情观,其以四经为教,作为德教教本的四经便必须符合儒家的思想,显然,文中所述整理四经的"圣人"只能是孔子[②]。事实上,孔子对于四经的董理并不以一种方法局限于一部经书,而简文所称的轻重四法实际恰恰反映了孔子对六艺典籍全面的整理工作,这甚至体现了孔子整理六经的具体作为。很明显,孔子如欲立六经之教,就必须首先从对六经文本的正定开始。诚然,《性自命出》虽总论孔子整理《诗》、《书》、《礼》、《乐》的工作,但正《诗》则是完成六艺之教的基础。根据上述记载可以看出,孔子重建《诗》教重在道德培养,而只有完成《诗》教的重建才可"成六艺",最终实现六艺之教的重建。因此,孔子整理古《诗》,至少在四方面做了正定工作。

---

① 李天虹:《从〈性自命出〉谈孔子与诗、书、礼、乐》,《中国哲学史》2000年第4期;廖名春:《新出楚简试论》,台湾古籍出版有限公司2001年版,第137—139页;季旭昇主编,陈霖庆、郑玉姗、邹濬智合撰:《〈上海博物馆藏战国楚竹书(一)〉读本》,万卷楼图书股份有限公司2004年版,第169—171页。

② 李天虹:《郭店楚简〈性自命出〉研究》,湖北教育出版社2003年版。

二　孔子正《诗》与重建《诗》教

战国楚竹书《性自命出》所述孔子正定《诗》、《书》、《礼》、《乐》的具体作为系往昔所未闻，对探讨孔子于六经的整理及六经之教的重建价值尤重。今以孔子对于《诗》之正定与《诗》教的重建为例，综合相关史料周加阐释。

（一）出纳删削

《性自命出》谓孔子整理四经而有"理其情而出纳之"，"出纳"，简文本作"出内"，学者或读为"出入"，谓其意为"知情知义"[1]，或"兴发人情及节敛人情"[2]，又以"出"为表现、反映，"入"为进入、领会[3]。然而此句实与前三句并列而述圣人对于《诗》、《书》、《礼》、《乐》四经的整理工作，并非对经义的领会诠释，因此"出内"应读为"出纳"，意即取舍，实言对经文内容的删汰与保留。

关于孔子是否删诗，争论已久。删诗之说源出《史记·孔子世家》，然先秦经子所见逸诗不足引诗者十分之一，其数远逊于司马迁所称诗本三千馀篇。但若以为孔子并未删诗，古《诗》本即三百有馀，则所见逸诗又难以解释。《性自命出》称孔子整理《诗》、《书》、《礼》、《乐》四经"理其情而出纳之"，即言于诸经古本均有删削，删削的标准乃理其"情"。其用于正《诗》，大概应是司马迁所称的"去其重，取可施于礼义"者。《性自命出》："礼作于情。"可为其证。古《诗》篇数是否如司马迁所言，未敢妄议，但据先秦典籍所见逸诗数量分析，删除的篇目恐并不很多，故《性自命出》将孔子对经书内容的"出纳"工作放在最次要的位置。

---

[1] 濮茅左：《性情论》，马承源主编《上海博物馆藏战国楚竹书（一）》，上海古籍出版社2001年版，第235页。

[2] 刘昕岚：《郭店楚简〈性自命出〉篇笺释》，《郭店楚简国际学术研讨会论文集》，湖北人民出版社2000年版。

[3] 廖名春：《新出楚简试论》，台湾古籍出版有限公司2001年版，第139页。

《国语·鲁语下》："昔正考父校商之名《颂》十二篇于周太师，以《那》为首。"韦昭《注》引郑司农云："自考父至孔子，又亡其七篇，故馀五耳。"是《商颂》本有十二篇，此当古本《商颂》篇数，其篇次似为正考父校定。今仅存五篇，馀七篇汉儒以为亡佚，或即孔子删遗。事实上，孔子为重建《诗》教，不可能对古《诗》全盘接受，不作任何正定，相反，只有删除那些重复且不合德教的作品，才能使诗德与诗乐更为纯正，从而最终达到"思无邪"的理想境界。因此，孔子正《诗》，对古本显然做了必要的取夺。

（二）寻义节文

《性自命出》称孔子正四经"体其义而节文之"，知其对古《诗》做了必要的正定修饰。《后汉书·应劭传》："（臣）辄撰具《律本章句》、《尚书旧事》……及《春秋断狱》凡二百五十篇，蠲去复重，为之节文。"此减省修饰文字之节文。《礼记·坊记》："礼者，因人之情而为之节文。"郑玄《注》："此节文者，谓农有田里之差，士有爵命之级。"又《檀弓下》："辟踊，哀之至也。有筭，为之节文也。"孔颖达《正义》："男踊女辟，是哀痛之至极也，若不裁限，恐伤其性，故辟踊有筭为准节文章。"此节度礼仪之节文。事实上，礼仪之制定并使其行之有度，关键即在于文字及文本的正定，因此通观孔子对于《诗》之节文，其具体做法主要应表现在两个方面。

1. 文辞之修饰

先秦典籍所引古《诗》与今古文《诗》校读，多出异文，其中有些属通假或避讳现象，反映了先秦时期的用字传统，自然不在孔子正定之列。而另一些异文则可能反映了古《诗》的本来面目，应该体现着孔子寻义节文的工作。兹略举数例以明之。

其一，《左传·昭公七年》载晋平公引《小雅·十月之交》云："彼日而食，于何不臧。"《鲁诗》同，而《毛诗》则作"此日而食"。

其二，《左传·昭公七年》载晋士文伯引《小雅·北山》云："或燕燕居息，或憔悴事国。"《毛诗》作"或尽瘁事国"，《鲁诗》作"或尽领事国"。

其三，《左传·襄公十一年》载晋魏绛引《小雅·采菽》之四章云："乐只君子，殿天子之邦。乐只君子，福禄攸同。"原诗三章云："乐只君子，天子命之。乐只君子，福禄申之。"五章云："乐只君子，天子葵之。乐只君子，福禄膍之。"本排比为句，然《毛诗》及《三家诗》"福禄攸同"则作"万福攸同"。

其四，《左传·昭公六年》晋叔向引《周颂·我将》云："仪式刑文王之德，日靖四方。"《三家诗》同，而《毛诗》作"仪式刑文王之典"。

其五，《诗论》首章载孔子引《大雅·皇矣》论文王之德，足见孔子于此诗之重。《左传·文公四年》载君子引《皇矣》云："惟彼二国，其政不获。惟此四国，爰究爰度。"而《毛诗》与《三家诗》则作"维此二国"、"维彼四国"。

这类古《诗》与《毛诗》及《三家诗》的文辞差异，或即孔子寻意正辞而节文修饰所致。

2. 礼乐之节文

诗、乐一体，其用于礼仪乃飨、宾、燕诸事，或升歌、笙奏、间歌、合乐，或金奏，仪节仪注甚繁盛，故节文之谓实重在礼乐。《史记·叔孙通列传》引叔孙通云："五帝异乐，三王不同礼。礼者，因时世人情为之节文者也。故夏、殷、周之礼所因损益可知者，谓不相复也。臣愿颇采古礼与秦仪杂就之。"至孔子节文礼乐，于史更有明载。《礼记·乐记》："五帝殊时，不相沿乐；三王异世，不相袭礼。乐极则忧，礼粗则偏矣。及夫敦乐而无忧，礼备而不偏者，其唯大圣乎！"是古礼仪节仪注因时世变化，互有侧重，而孔子正《诗》必及乐，为适合儒家之礼，于古礼做必要的节制修饰理所当然。《礼记·乐记》："是故先王之制礼乐，人为之节。衰麻哭泣，所以节丧纪也。钟鼓干戚，所以和安乐也。昏姻冠笄，所以别男女也。射乡食飨，所以正交接也。礼节民心，乐和民声，政以行之，刑以防之。礼乐刑政，四达而不悖，则王道备矣。乐者为同，礼者为异；同则相亲，异则相敬。……合情饰貌者，礼乐之事也。礼义立，则贵贱等矣。乐文同，则上下和矣。……乐由中出，故静；礼自外作，故文。大乐必易，大礼必简。"郑玄《注》："易、简，若于《清庙》大飨然。"所记甚明。大乐大礼既简且文，必为节文之作。《性自命出》："礼作于情，或兴之也，当事因方而制之，其先后之叙则义道也，或叙为之节则文之，至容貌所以文节也。"此"至容貌所以文节也"即《乐记》之"合情饰貌者，礼乐之事"者，是节文之内容或论次先后，或节制简化而文饰之。《史记·孔子世家》言孔子于《诗》之三百五篇皆弦歌之，以求合《韶》、《武》、《雅》、《颂》之音，则乃正乐之辞。《论语·子罕》引孔子曰："吾自卫反鲁，然后乐正，《雅》、《颂》各得其所。"亦为之证。而正乐实即正礼，《诗》乐合于《诗》德，于礼则自文饰之。孔子以"《关雎》之乱"为说，正源自合乡乐之仪。是古以《诗》及《诗》乐用于礼仪，故孔子节文之。很明显，礼仪之变必自作为其重要仪节仪注之《诗》与《诗》乐，故孔子正礼则以正《诗》正乐为基础，这是其寻义节文的另一项工作，也是较文辞之修饰更为重要的工作。

（三）逆顺次第

《性自命出》言孔子正四经"观其先后而逆顺之"，足见孔子于古《诗》次序或有调整。学者或以为"逆顺"意即以史为鉴而效法先王[①]，似不合文意。孔子以六经为教，经文次序之先后对于体现其德教思想是极为重要的，《性自命出》明言"其先后之叙则义道也"，所言甚明，故"观其先后而逆顺之"意即察其先后次序并做调整。其具体做法主要表现在四个方面。

1. 《风》第之调整

古《诗》成编，次第既定，乐师自有校正。《左传·襄公二十九年》载吴公子季札请观周乐，工为之歌《周南》、《召南》、《邶》、《鄘》、《卫》、《王》、《郑》、《齐》、《豳》、《秦》、《魏》、《唐》、《陈》、《郐》、《曹》、《小雅》、《大雅》、《颂》（仅《周颂》，不含《鲁颂》、《商颂》），十五《国风》及四诗次第都很清楚。而《毛诗》之《风》序为《周南》、《召南》、《邶》、《鄘》、《卫》、《王》、《郑》、《齐》、《魏》、《唐》、《秦》、《陈》、《桧》、《曹》、《豳》，自《齐》以下与古《诗》不同。杜

[①] 季旭昇主编，陈霖庆、郑玉珊、邹濬智合撰：《〈上海博物馆藏战国楚竹书（一）〉读本》，万卷楼图书股份有限公司2004年版，第170页。

预《集解》:"后仲尼删定,故不同。"是孔子定《诗》次第,首先就是十五《国风》。

又据孔颖达《正义》,郑玄《诗谱》先《桧》而后《郑》,《王》在《豳》后。后郑初学《韩诗》,故学者或主此乃《韩诗》原第①,未敢遽定。

2. 篇次之调整

除《国风》次第外,四诗各篇次第的调整更为重要。《左传·宣公十二年》载楚庄王云:

> 武王克商,作《颂》曰:"载戢干戈,载櫜弓矢。我求懿德,肆于时夏,允王保之。"又作《武》,其卒章曰:"耆定尔功。"其三曰:"铺时绎思,我徂维求定。"其六曰:"绥万邦,屡丰年。"

杜预《集解》:"其三,三篇。其六,六篇。此三、六之数与今《诗·颂》篇次不同,盖楚乐歌之次第。"杜预以楚乐歌弥逢古《诗》与《毛诗》之抵牾,然庄王所引诸诗皆见于《毛诗·周颂》,为周乐自明,故杜说罅漏百出。"载戢干戈"诸句乃《时迈》诗,"耆定尔功"乃《武》之末句,"铺时绎思,我徂维求定"乃《赉》之二句,"绥万邦,屡丰年"乃《桓》之首句。各篇次第均异于《毛诗》,而《毛诗》篇次显然可以视为孔子调整的结果。

《仪礼·乡饮酒礼》(《燕礼》略同):"乐正先升,立于西阶东。……工歌《鹿鸣》、《四牡》、《皇皇者华》。"此瑟奏且歌《小雅》首三篇。又云:"笙入堂下磬南,北面立,乐《南陔》、《白华》、《华黍》。"此笙奏三篇。又云:"乃间歌《鱼丽》,笙《由庚》;歌《南有嘉鱼》,笙《崇丘》;歌《南山有台》,笙《由仪》。"此歌、笙间起,所歌皆《小雅》之篇。又云:"乃合乐,《周南》:《关雎》、《葛覃》、《卷耳》;《召南》:《鹊巢》、《采蘩》、《采蘋》。工告于乐正曰:'正歌备。'乐正告于宾,乃降。"此合乡乐《国风》六篇。时大乐凡分四节,首升歌,《鹿鸣》之三

---

① 吕思勉:《经子解题》,华东师范大学出版社1996年版,第19页。

是；次笙奏，《南陔》之三是；又次间歌，《鱼丽》之三与《由庚》之三是，终合乡乐，《关雎》之三与《鹊巢》之三是。笙奏《南陔》、《白华》、《华黍》三诗，郑玄谓皆《小雅》篇，今亡，惜义未详。《毛诗序》次三篇于《鱼丽》之下，或本在《鱼丽》之前，如此则升歌、笙奏、间歌、合乐实皆依《诗》之次第。然《毛诗·召南》首三诗未有《采蘋》，其后《草虫》而位在第四。王应麟《困学纪闻》引曹粹中《诗说》云："《齐诗》先《采蘋》而后《草虫》。"陈乔枞《三家诗遗说考》："据《仪礼》，合乐歌《周南》，则《关雎》、《葛覃》、《卷耳》三篇同奏。歌《召南》，则《鹊巢》、《采蘩》、《采蘋》三篇同类。是知古《诗》篇次原以《采蘋》在《草虫》之前，三家次第容与毛异。曹说非无据也。"以今古文《诗》次第相异，而曹氏皆本《仪礼》为说，或即古《诗》原次，后经孔子正定之。

3. 章次之调整

上引《左传·宣公十二年》楚庄王引《武》诗而称"卒章"，明古《诗》此篇非止一章。《毛诗·周颂·武》："一章，七句。"与古《诗》不同。盖孔子正《诗》，于此篇章次有所合并。

《国语·鲁语下》记正考父校《商颂》之《那》曰："其辑之乱曰：'自古在昔，先民有作，温恭朝夕，执事有恪。'"韦昭《注》："辑，成也。凡作篇章，篇义既成，撮其大要为乱辞。诗者，歌也，所以节儛者也，如今三节儛矣。曲终乃更变章乱节，故谓之乱也。""乱"乃乐之卒章。《论语·泰伯》引孔子曰："师挚之始，《关雎》之乱，洋洋乎盈耳哉！"此"师挚之始"即《乡饮酒礼》之升歌，"《关雎》之乱"则合乐也，但言"始"、"乱"，则笙奏、间歌自在其中①。《毛诗·商颂·那》："一章，二十二句。"然顾颉刚先生依《鲁语》之文疑古本《那》自第十六句至末句为本诗之乱，似别析此六句为一章②。或古本如此，则《毛诗》乃为孔子所并。

《诗论》述《关雎》之教而云："……两矣，其四章则喻矣。以琴瑟

---

① 参见张尔岐《仪礼郑注句读》、凌廷堪《礼经释例》、刘台拱《论语骈枝》。
② 顾颉刚：《"师挚之始，关雎之乱"》，《史林杂识初编》，中华书局1963年版。

之悦疑好色之愿,以钟鼓之乐……。"此"四章"乃相对于首章的后四章而言,此诗二章至卒章皆述好色之愿及诚求之心,且二章、四章、卒章并以"参差荇菜,左右流之""左右采之""左右芼之"相喻,四章、卒章又以"琴瑟友之""钟鼓乐之"相喻,与《诗论》所论相符。故此言《关雎》实分五章①。《毛诗·周南·关雎》:"《关雎》五章,章四句。故言三章,一章章四句,二章章八句。"陆德明《释文》:"五章是郑所分,'故言'以下是毛公本意。"殊误。今据《诗论》,知五章所分正自孔子,而三章之别应为古《诗》章次。

4. 章句之调整

《左传·文公十三年》:"子家赋《载驰》之四章。"杜预《集解》:"《载驰》,《诗·鄘风》。四章以下义取小国有急,欲引大国以救助。"孔颖达《正义》:"其四章曰:'陟彼阿丘,言采其蝱。女子善怀,亦各有行。许人尤之,众穉且狂。'其五章曰:'我行其野,芃芃其麦。控于大邦,谁因谁极?大夫君子,无我有尤。百尔所思,不如我所之。'此义取小国有急,控告大国。文在五章,而《传》言四章,故云四章以下言其并五章。"说不足取。《毛诗·鄘风·载驰》:"《载驰》五章,一章六句,二章章四句,一章六句,一章八句。"孔颖达《正义》:"《左传》曰:许穆夫人赋《载驰》也。此实五章,故《左传》叔孙豹、郑子家赋《载驰》之四章,四犹未卒,明其五也。然彼赋《载驰》义取控于大国,今'控于大邦'乃在卒章。言赋四章者,杜预云并赋四章以下,赋诗虽意有所主,欲为首引之势,并上章而赋之也。《左传》服虔《注》:'《载驰》五章属《鄘风》,许夫人闵卫灭、戴公失国,欲驰驱而唁之,故作以自痛国小力不能救。在礼,妇人父母既没,不得宁兄弟,于是诗人不嘉,故赋二章,以喻思不远也。许人尤之,遂赋三章。以卒章非许人不听,遂赋四章,言我遂往,无我有尤也。'……服虔以《传》之所谓四章也,因以差次章数以当之。首章论归唁之事,表其所思之意。下四章为许人所尤而作之,置首章于外,以下别数为四章也。言许大夫不嘉,故赋二章,谓除首章而更有二章,即此二章、三章是也。凡《诗》之作,首尾接连,未有除去首章更

---

① 冯时:《战国楚竹书〈子羔·孔子诗论〉研究》,《考古学报》2004 年第 4 期。

为次第者也。服氏此言无所按据。"申杜抑服。刘文淇《春秋左氏传旧注疏证》:"服氏章次盖据《三家诗》,本作《载驰》四章,属《鄘风》。故为此辞。后人见《毛诗》五章,故改为五,谓服氏除去首章,殊失服意。"以服说本《三家诗》,本为四章。如此,则服说前云"《载驰》五章",后言"遂赋四章,言我遂往,无我有尤也",彼此矛盾。马瑞辰《毛诗传笺通释》以为"五"乃"四"字之讹,然也并非不存在后言之"四章"乃"五"字之讹的可能。古之称《诗》,末章俱言卒章,《诗论》:"《大田》之卒章。"知《左传》凡"卒章"之称俱为原笔。若《载驰》本止四章,则《传》称卒章不得言"四章",是其原本五章可明。如依杜说连赋四章及卒章,例也不符。《左传·襄公二十年》:"赋《常棣》之七章以卒。"王引之《经义述闻》:"以犹与也。言赋《常棣》之七章与卒章也。卒下无章字,蒙上而省。"知古人于每章俱分别言之,不兼该。故王先谦《诗三家义集疏》仍守五章之分,以为"一章六句,一章八句,一章六句,二章章四句"。此分章合于《左传》所称,却未必《三家诗》之章次,或为古《诗》之分章,则"控于大邦"为四章。《左传·襄公十九年》:"穆叔见叔向,赋《载驰》之四章。"杜预《集解》:"四章曰:'控于大邦,谁因谁极?'"与文公十三年注不一,是杜氏或见古本分章,故两存之。而古本与今之不同,或为孔子正定。

至四始之定,太史公以为古本如此。《诗》之四始,古有两说。《毛诗大序》:"是谓四始,《诗》之至也。"郑玄《笺》:"始者,王道兴衰之所由。"孔颖达《正义》:"四始者,郑答张逸云:《风》也,《小雅》也,《大雅》也,《颂》也,此四者人君行之则为兴,废之则为衰。然则此四者是人君兴废之始,故云之四始也。"此亦所谓四诗。古《诗》已分就四诗,即《邦风》、《小雅》、《大雅》及《颂》,孔子从之,未作调整,而其所做的工作则为调整四诗各篇的次序。事实上,孔子之前,先贤于古本已有必要的校订,正考父校《商颂》十二篇,以《那》为首,可明这些工作已包括厘清各诗次序,定出四诗中的启首之诗。至太史公作《孔子世家》,以"故曰"以下明出四始,实乃承古之说,非谓孔子所正四始矣。

古《诗》四始可稽飨燕诸礼用乐以作比较。《左传·襄公四年》云:

穆叔如晋，报知武子之聘也。晋侯享之，金奏《肆夏》之三，不拜。工歌《文王》之三，又不拜。歌《鹿鸣》之三，三拜。韩献子使行人子员问之，曰："子以君命辱于敝邑，先君之礼，藉之以乐，以辱吾子。吾子舍其大，而重拜其细。敢问何礼也？"对曰："三夏，天子所以享元侯也，使臣弗敢与闻。《文王》，两君相见之乐也，臣不敢及。《鹿鸣》，君所以嘉寡君也，敢不拜嘉？《四牡》，君所以劳使臣也，敢不重拜？《皇皇者华》，君教使臣曰：'必咨于周。'臣闻之：'访问于善为咨，咨亲为询，咨礼为度，咨事为诹，咨难为谋。'臣获五善，敢不重拜？"

又《国语·鲁语下》云：

叔孙穆子聘于晋，晋悼公飨之，乐及《鹿鸣》之三，而后拜乐三。……夫先乐金奏《肆夏》、《樊遏》、《渠》，天子所以飨元侯也。夫歌《文王》、《大明》、《緜》，则两君相见之乐也。皆昭令德以合好也，皆非使臣之所敢闻也。臣以为肄业及之，故不敢拜。令伶箫咏歌及《鹿鸣》之三，君之所以贶使臣，臣敢不拜贶。夫《鹿鸣》，君之所以嘉先君之好也，敢不拜嘉。《四牡》，君之所以章使臣之勤也，敢不拜章。《皇皇者华》，君教使臣曰"每怀靡及"，诹、谋、度、询，必咨于周，敢不拜教。臣闻之曰："怀和为每怀，咨才为诹，咨事为谋，咨义为度，咨亲为询，忠信为周。"君贶使臣以大礼，重之以六德，敢不重拜。

此歌《文王》之三即《文王》、《大明》、《緜》，《鹿鸣》之三即《鹿鸣》、《四牡》、《皇皇者华》，显然都是《大雅》、《小雅》之首三诗。知《小雅》以《鹿鸣》始，《大雅》以《文王》始，古本如此。而相对之《肆夏》之三虽言金奏不言歌，先儒则也以为《诗》。《周礼·春官·锺师》："锺师掌金奏。凡乐事，以锺鼓奏《九夏》：《王夏》、《肆夏》、《昭夏》、《纳夏》、《章夏》、《齐夏》、《族夏》、《祴夏》、《骜夏》。"郑玄《注》引杜子春云:"《肆夏》,诗也。……《肆夏》与《文王》、《鹿鸣》俱称三,谓之三章也。以此知《肆夏》诗也。"又引吕叔玉云:"《肆夏》、《繁遏》、《渠》皆《周颂》也。《肆夏》,《时迈》也。《繁遏》,《执竞》也。《渠》,《思文》。肆,遂也。夏,大也。言遂于大位,谓王位也,故《时迈》曰:'肆于时夏,允王保之。'繁,多也。遏,止也。言福禄止于周之多也,故《执竞》曰:'降福穰穰,降福简简,福禄来反。'渠,大也,言以后稷配天王道之大也,故《思文》曰:'思文后稷,克配彼天。'故《国语》谓之曰:'皆昭令德以合好也。'"郑玄曰:"以《文王》、《鹿鸣》言之,则《九夏》皆诗篇名,《颂》之族类也。此歌之大者,载在乐章,乐崩亦从而亡,是以《颂》不能具。"即以《肆夏》为《诗》,或直以为《颂》诗。孙希旦《礼记集解》:"《周礼》之《九夏》,《仪礼》之笙《诗》,刘原父谓皆有声而无辞,朱子以为笙《诗》盖如《投壶》'鲁鼓'、'薛鼓'之节。盖以《九夏》、笙《诗》曰'奏'曰'笙'曰'乐'而不曰'歌',以此决其无辞也。然《大射》、《燕礼》'管《新宫》',《文王世子》云'下管《象》',《象》,《周颂·维清》之诗也。《左传》宋公'赋《新宫》',则《新宫》亦诗也。此二诗用以管,与《南陔》等六诗用以笙者一也。《新宫》、《象》为诗,则《南陔》六篇之曰'笙'曰'乐'者,何害其为诗乎?《南陔》、《白华》等名,必取诗辞而名之者也。若但如曲谱,则其曰《南陔》、曰《白华》、曰《华黍》者,何所取以名之?《肆夏》与《采荠》同用,观《采荠》之名,亦必诗篇也。则《肆夏》亦诗,而《王夏》以下皆当为诗矣。"所论甚是。盖《南陔》之三与《由庚》之三等多用于礼乐之笙奏而不歌,久之则乐存而辞亡。郑玄《诗·小雅谱》:"其用于乐,国君以《小雅》,天子以《大雅》,然而飨宾或上取,燕或下就,何者?天子飨元侯,歌《肆夏》,合《文王》;诸侯歌《文王》,合《鹿鸣》。诸侯于邻国之君,与天子于诸侯同。天子诸侯燕群臣及聘问之宾,皆歌《鹿鸣》,合乡乐。"是郑氏以《九夏》为《颂》之类,可奏亦可歌,故《诗谱》以天子飨元侯,升歌《肆夏》。《春秋传》但言金奏《肆夏》,是徒奏其乐也。

《礼记·仲尼燕居》引孔子论飨礼云:"礼犹有九焉,大飨有四焉。……两君相见,揖让而入门,入门而縣兴,揖让而升堂,升堂而乐阕，下管《象》。《武》、《夏》籥序兴，陈其荐俎，序其礼乐，备其百官，如此而后，君子知仁焉。行中规，还中矩，和、鸾中《采齐》，客出以《雍》，彻以《振羽》，是故君子无物而不在礼矣。入门而金作，示情也。升歌《清庙》，示德也。下而管《象》，示事也。是故古之君子，不必亲相与言也，以礼乐相示而已。"孙希旦《集解》："大飨，谓诸侯相飨也。大飨有四者，金作示情，一也。升歌《清庙》示德，二也。下管《象》示事，三也。《武》、《夏》籥序兴，四也。"准此则古飨礼用乐，天子飨诸侯及两君相飨，皆升歌《颂》。然郑玄以升歌《肆夏》，则与文献金奏《肆夏》纳宾，而升歌《颂》之《清庙》不同。孙诒让《周礼正义》引江永云："乐有金奏，有升歌，《仪礼》及《仲尼燕居》、《左传》、《国语》所载甚分明。升歌为诗，金奏以钟鼓奏《九夏》，有篇名而无辞，即有辞亦不载于《颂》。金奏主器声，升歌主人声也。郑《诗谱》言'天子享元侯，升歌《肆夏》。'是升歌与金奏混合为一，误矣。《仲尼燕居》云：'入门而金作。'是奏《肆夏》也。升歌则用《清庙》。《文王世子》养老亦歌《清庙》，何尝升歌《肆夏》乎？"《仪礼·燕礼》："若以乐纳宾，则宾及庭，奏《肆夏》。宾拜酒，主人答拜而乐阕。"皆宾入门即奏《肆夏》。入门，金奏《肆夏》以纳宾，取金声之和以示其情之和，是飨礼之始。

《礼记·郊特牲》："宾入大门而奏《肆夏》，示易以敬也，卒爵而乐阕。孔子屡叹之。奠酬而工升歌，发德也。"孙希旦《集解》："工升歌者，升堂上而歌《清庙》之诗也。发德者，《清庙》之诗，所以发明文王之德也。"于金奏《肆夏》之后皆升歌《清庙》。是其礼早于孔子已经完备。《仪礼·燕礼》："工歌《鹿鸣》、《四牡》、《皇皇者华》。……笙入，……奏《南陔》、《白华》、《华黍》。……乃间歌《鱼丽》，笙《由庚》；歌《南有嘉鱼》，笙《崇丘》；歌《南山有台》，笙《由仪》。遂歌乡乐，《周南》：《关雎》、《葛覃》、《卷耳》；《召南》：《鹊巢》、《采蘩》、《采蘋》。大师告于乐正曰：'正歌备。'……升歌《鹿鸣》，下管《新宫》，笙入三成，遂合乡乐。"郑玄《注》："《新宫》，《小雅》逸篇也。乡乐，《周南》、《召南》六篇。"此六篇即《周南》与《召南》之首三诗。是升歌、合乐皆当用四诗之始。而升歌之《清庙》比之合歌《文王》

之三、《鹿鸣》之三及乡乐之《关雎》，其原分别为《颂》、《大雅》、《小雅》及《风》之始可明。是四诗之始，古本如此，非为孔子正定。

（四）比类论会

《性自命出》称孔子正四经"比其类而论会之"，"论"本作"仑"，学者或读为伦序之"伦"，以"伦会"解为会合伦次①，于史不符。前证已明，古《诗》最重要的整理工作如四诗之类次、四始之正定皆非出孔子，四诗各篇也有既定之次序，孔子于此只做了个别调整而已，而这些内容于孔子对《诗》的"逆顺"、"节文"等工作已足以体现，自与"论会"不类。因此"比其类而论会之"如果理解为孔子对《诗》的分类编次，事实上并没有相应的工作可供对应。况四经之中的《礼》、《乐》皆为实用之学，礼师各据自己所长为用，至汉依然如此②，故《仪礼》十七篇，大、小戴本与刘向《别录》本之次序各不相同，甚至武威磨咀子所出西汉竹简本《仪礼》，其次序也与他本迥异，然二戴之学同出后仓，但所传《仪礼》篇序却差异极大，这一事实也足可说明先秦《仪礼》各篇并没有既定的篇次，其冠昏丧祭各依类归属，形成专门，无需孔子重作伦次。因此根据《礼》、《乐》之编次足可推知，所谓伦次篇序的工作并不是简文"论会"的真正含义。或以"论"训择，谓以对《诗》之删选③，此说不仅与史不合，亦与简文所述"出纳"的工作重复。故此"论会"当以论述会通解之。据此可知，孔子于《诗》实际作了分类讲疏。

六经有作意，有诵意，《诗》亦如此。无作意则无以成《诗》，无诵意则无以教人。孔子的比类论会就是将具有相同教育意义的诗会合论诵，阐明由其作意而引发的德教作用，完成《诗》教的重建。古以《诗》为教，多断章取义，因此，孔子为重建《诗》教，必须将《诗》之诵意做一次系统的论会，以正教旨。显然，孔子于《诗》之比类论会是其正《诗》的最重要的工作。事实上，这种对于经义教旨的论会阐述不仅于

---

① 季旭昇主编，陈霖庆、郑玉珊、邹濬智合撰：《〈上海博物馆藏战国楚竹书（一）〉读本》，万卷楼图书股份有限公司2004年版，第169页。
② 高明：《据武威汉简谈郑注〈仪礼〉今古文》，《传统文化与现代化》1996年第1期。
③ 李天虹：《从〈性自命出〉谈孔子与诗、书、礼、乐》，《中国哲学史》2000年第4期。

《诗》,广及孔子藉六经的整理而重建六经之教,都是极重要且不可或缺的。孔子自称"述而不作,信而好古"(《论语·述而》),正是其尊重古典的忠实表白,其中当然也应包括对于古代典籍的尊重,而"述而不作"的"述"则恰恰反映了他对六经教义的"比类论会"。

竹书《诗论》即是孔子比类论《诗》的经典作品,为研究孔子阐发《诗》教的具体做法提供了重要资料。文中论诗均以比类的形式出现,与《性自命出》所记对孔子正《诗》方法的总结十分吻合。兹姑以孔子对《关雎》七诗之诵论之。竹书云:

> 《关雎》之改,《樛木》之时,《汉广》之知,《鹊巢》之归,《甘棠》之报,《绿衣》之思,《燕燕》之情,害?曰诵而皆贤于其初者也。
>
> 《关雎》以色喻于礼,……好,反纳于礼,不亦能改乎?《樛木》福斯在君子,不〔亦□□乎?《汉广》……不求不〕可得,不攻不可能,不亦知恒乎?《鹊巢》出以百两,不亦有离乎?《甘〔棠〕》……
>
> 《关雎》之改,则其思益矣。《樛木》之时,则以其禄也。《汉广》之知,则知不可得也。《鹊巢》之归,则离者□□〔也。《甘棠》之报,美〕召公也。《绿衣》之忧,思古人也。《燕燕》之情,以其独也。

孔子比类《周南》之《关雎》、《樛木》、《汉广》三诗,《召南》之《鹊巢》、《甘棠》二诗及《邶风》之《绿衣》、《燕燕》二诗共七诗,论述阐明《诗》教,其内容具有密切的联系。七诗之教由《关雎》引申而发展,益进有序。《诗论》以"慎独"为终,乃《关雎》之旨"改"而使思想进益的结果。而完成七诗之教,则可实现"诵皆贤于其初者"的德教作用。竹书"诵"即言《诗》之诵意,而"初"则言未受德教之前的人之本性[①]。由此可见,孔子比类七诗而论述《诗》教,其宗旨就是通过七诗之教旨教人由好色而最终懂得慎独的道理。

---

① 冯时:《战国楚竹书〈子羔·孔子诗论〉研究》,《考古学报》2004年第4期。

孔子论《诗》教，目的在于教人崇德明礼，而礼仪之生则源于民初本性。《孟子·告子上》："食、色，性也。"是以饮食男女为民性之本。《淮南子·泰族》："民有好色之性，故有大婚之礼；有饮食之性，故有大飨之礼。……故先王之制法也，因民之所好，而为之节文者也。"先民制礼必顺民性节制之，而食、色之中，好色关乎尤重，故孔子以《关雎》之改好色而明礼论《诗》教，可谓穷本溯源。

孔子以《关雎》强调其"改"，言人不独好色，而能改好色而好礼，如此则夫妇之道成，礼仪备。《毛诗大序》："先王以是经夫妇，成孝敬，厚人伦，美教化，移风俗。"即此之谓。教化始于夫妇之道。《易·序卦》："有天地，然后有夫妇。有夫妇，然后有父子。有父子，然后有君臣。有君臣，然后有上下。有上下，然后礼义有所错。"韩康伯《注》："人伦之道，莫大乎夫妇，故夫子殷勤深述其义，以崇人伦之始。"《诗论》载孔子比类七诗而论教，以《关雎》改好色而好礼，乃礼之始。《樛木》与《汉广》为对，《樛木》以妇顺助夫致家和福至，为妇德。《汉广》以知贤持恒，为夫德。《鹊巢》与《甘棠》为对，《鹊巢》以淑女附丽显名，明妇功；《甘棠》以君子功成名就而万世垂爱，明夫功；《绿衣》与《燕燕》为对，《绿衣》言思德，《燕燕》言慎独，明礼成皆本之夫妇之道。是孔子论《诗》教实自比类《关雎》七诗始，韩康伯以为"夫子殷勤深述其义，以崇人伦之始"，深得心旨。

孔子以《关雎》可使人"以色喻于礼"，此即所谓"改"矣。然而，人由好色而好礼并非人类好色本性的改变，而是思想的进益，这其实是顺应人性发展的结果。《孟子·告子上》："告子曰：'性犹杞柳也，义犹桮棬也。以人性为仁义，犹以杞柳为桮棬。'孟子曰：'子能顺杞柳之性而以为桮棬乎？将戕贼杞柳而后以为桮棬也？如将戕贼杞柳而以为桮棬，则亦将戕贼人以为仁义与？率天下之人而祸仁义者，必子之言夫！'"《礼记·丧服四制》："凡礼之大体，体天地，法四时，则阴阳，顺人情，故谓之礼。訾之者，是不知礼之所由生也。"所言甚明。《礼记·礼器》："礼也者，合于天时，设于地财，顺于鬼神，合于人心，理万物者也。是故天时有生也，地理有宜也，人官有能也，物曲有利也。故天不生，地不养，君子不以为礼，鬼神弗飨也。"足见儒家主张礼仪的制定必须顺乎人性。

人有好色之性，遂有大婚之礼，故婚礼向被视为人伦之始及礼义之本。《礼记·郊特牲》："天地合，而后万物兴焉。夫昏礼，万世之始也。"《白虎通义·嫁娶》："人道所以有嫁娶何？以为情性之大，莫若男女。男女之交，人伦之始，莫若夫妇。"《关雎》乃发好色之愿，正应此义。《风》诗皆述人欲，教化自此开始，故《诗》以二《南》为王化之基。而孔子论《诗》又以《关雎》作为礼义之源，阐明人由好色而知礼的思想进步过程，以明《诗》教。《毛诗·关雎序》："《关雎》，后妃之德也。风之始也，所以风天下而正夫妇也。故用之乡人焉，用之邦国焉。"《汉书·匡衡传》："臣又闻之师曰：'妃匹之际，生民之始，万福之源。'婚姻之礼正，然后品物遂而天命全。孔子论《诗》，以《关雎》为首。"皆此理也。

孔子重建《诗》教，以《关雎》作为教化的基础。《韩诗外传》卷五云：

> 子夏问曰："《关雎》何以为《国风》始也？"孔子曰："《关雎》至矣乎！夫《关雎》之人，仰则天，俯则地，幽幽冥冥，德之所藏，纷纷沸沸，道之所行，虽神龙化，斐斐文章。大哉《关雎》之道也，万物之所系，群生之所悬命也，河洛出书图，麟凤翔乎郊。不由《关雎》之道，则《关雎》之事将奚由至矣哉？夫六经之策，皆归论汲汲，盖取之乎《关雎》。《关雎》之事大矣哉！冯冯翊翊，自东自西，自南自北，无思不服。子其勉强之，思服之。天地之间，生民之属，王道之原，不外此矣。"子夏喟然叹曰："大哉《关雎》，乃天地之基也。"《诗》曰："鼓钟乐之。"

《关雎》教人改好色而崇德，所写好色，实乃德之藏也。而婚礼之成又为一切礼义人伦之根本，故《关雎》写贤女得配君子，遂为王道之原。《礼记·郊特牲》："男女有别，然后父子亲，父子亲，然后义生，义生然后礼作，礼作然后万物安。"《礼记·昏义》："敬慎重正，而后亲之，礼之大体，而所以成男女之别，而立夫妇之义也。男女有别，而后夫妇有义；夫妇有义，而后父子有亲；父子有亲，而后君臣有正。故曰：'昏礼者，礼之本也。'"《礼记·中庸》："君子之道，造端乎夫妇，及其至也，察乎天地。"俱道此理。人因好色之性而通君臣之义，由好色而知礼乐，遂与琴瑟钟鼓之音同志也，这便是《诗论》强调的因《关雎》之"改"而导致的思想进益。

《毛诗大序》："《周南》、《召南》，正始之道，王化之基。"《左传·襄公二十九年》载季札闻《周南》、《召南》而曰："美哉！始基之矣。"《关雎》作为《风》始，又是二《南》之首，在孔子看来，其改好色而好礼所取得的思想进益则应有其特定的内容，这便是作为《周南》的《樛木》所阐释的"时"，《汉广》所阐释的"知"，作为《召南》的《鹊巢》所阐释的"归"，《甘棠》所阐释的"报"，以及作为《邶风》的《绿衣》所阐释的"思"和《燕燕》所阐释的"情"。这六诗的诗旨构成了孔子论《诗》的基本内容，而这些内容都是对《关雎》教旨的提炼和发展。换句话说，六诗与《关雎》的这种教义上的内在联系，说明孔子所阐发的《关雎》教义非常丰富。

《毛诗大序》云："是以《关雎》乐得淑女以配君子，忧在进贤，不淫其色，哀窈窕，思贤才，而无伤善之心焉。是《关雎》之义也。"人因好色而婚，婚礼既成，男修男教，女修女顺。《樛木》之时，女顺也。古人以为，女顺则能相夫得禄。何言女顺？君子所求者淑女也。淑女者，贤女也，此即《大序》所谓"无伤善之心"。《列女传·汤妃有㜪传》："《诗》曰：'窈窕淑女，君子好仇。'言贤女能为君子和好众妾。"郑玄《毛诗笺》："言后妃之德和谐，则幽闲处深宫。贞专之善女，能为君子和好众妾之怨者，言皆化后妃之德，不嫉妒。"淑女顺贤，相夫和家，故君子得禄也。《易林·履之颐》："雎鸠淑女，圣贤配耦。宜家受福，吉善长久。"《易林·姤之无妄》："《关雎》淑女，贤妃圣耦。宜家寿母，福禄长久。"故《关雎》所言后妃之德，实际上通过《樛木》之"时"得到了进一步阐述。

与妇顺相对的则为男教，这是《汉广》所要表达的教旨。《汉广》之教言"知"，《诗论》更递述其意为"不求不可得，不攻不可能"，而郭店楚竹书《六德》言夫德云："知可为者，知不可为者，知行者，知不行者，谓之夫，以知率人多。知也者，夫德也。"与《汉广》言夫教恰相侔。知可为者，知行者，知贤也。知贤必求，得贤必恭，如此方可家道恒久,知不可为者意亦同此,是为《大序》所谓"乐得淑女以配君子,忧在进贤,不淫其色,哀窈窕,思贤才"。《礼记·缁衣》:"子曰:'唯君子能好其正,小人毒其正。故君子之朋友有向,其恶有方。是故迩者不惑,而远者不疑也。《诗》云:"君子好仇。"'"是言君子求贤也。《诗》云:"窈窕淑女,寤寐求之。"言求贤之坚决持久。又云:"求之不得,寤寐思服。悠哉悠哉,辗转反侧。"言不得淑女则为己忧。此即《盐铁论》之"有求如《关雎》"也,求之坚决持久,诚敬自在其中。为夫者恭敬其妇,家道即可长久,由此则可明恒久之道。故《关雎》所言之男教,事实上通过《汉广》之"知"得到了更准确的说明。

婚礼既成,遂可明父子之亲及君臣之正,故得立身扬名。然女子无爵,其显名需得附丽君子,故《鹊巢》言女子适人,以淑女得配君子而显名,实际是对《樛木》教旨的申论。女子既淑贤相夫而得福禄,故可附丽显名。如此,则《甘棠》言召公爱民,故功成名就。而爱民之本,则在于敬妻敬身,因此可视为对《汉广》教旨的申论。《礼记·哀公问》:"孔子遂言曰:'昔三代明王之政,必敬其妻子也有道。妻也者,亲之主也,敢不敬与?子也者,亲之后也,敢不敬与?君子无不敬也,敬身为大。身也者,亲之枝也,敢不敬与?不能敬其身,是伤其亲;伤其亲,是伤其本;伤其本,枝从而亡。三者,百姓之象也。身以及身,子以及子,妃以及妃,君行此三者,则忾乎天下矣,大王之道也。如此,则国家顺矣。'公曰:'敢问何谓敬身?'孔子对曰:'君子过言则民作辞,过动则民作则。君子言不过辞,动不过则,百姓不命而敬恭。如是,则能敬其身,能敬其身,则能成其亲矣。'公曰:'敢问何谓成亲?'孔子对曰:'君子也者,人之成名也。百姓归之名,谓之君子之子,是使其亲为君子也,是为成其亲之名也已。'孔子遂言曰:'古之为政,爱人为大。不能爱人,不能有其身;不能有其身,不能安土;不能安土,不能乐天;不能乐天,不能成其身。'"孙希旦《集解》引方悫曰:"三者,百姓之象,言身与妻、子者百姓之象也。盖能敬其身,则能敬百姓之身,以至妻也子也,亦莫不然。"郭店楚竹书《成之闻之》:"故君子所复之不多,所求之不远,察反诸己而可以知人。是故欲人之爱己也,则必先爱人;欲人之敬己也,则必先敬人。"又《尊德义》:"察诸出,所以知己,知己所以知人,知人所以知命,知命而后知道,知道而后知行。"古人以为，爱人必从敬妻开始，不能爱人，则不能自爱，不能自爱，虽有其身，若无有也。敬妻、敬子、敬身，则犹爱百姓也。故能敬身，敬于言而无过辞，敬于动而无过则，则百姓不命而敬恭矣。是先民褒赞召公，即以其敬身爱民，故不命而敬，名就而显。

五诗俱显，其教已成，故《绿衣》、《燕燕》实借诗来阐明七诗之教的核心。《绿衣》写妇人忧德而衰礼之废，故思古人定尊卑。而《诗》教的目的在于教民向德，这一思想通过《绿衣》教旨得到了准确说明。《论语·述而》引孔子曰："德之不修，学之不讲，闻义不能徙，不善不能改，是吾忧也。"故《绿衣》之忧实即孔子之忧，忧民不能改好色而好礼，不能修德尊义，不能学《诗》而向德，若此则《诗》教未成。《尊德义》："故率民向方者，唯德可。德之流，速乎置邮而传命。其载也无厚焉，交矣而弗知也，亡。德者，且莫大乎礼乐。"古人以《诗》教修德，故明于礼，宣于乐。

《燕燕》写寡妻专情自守，此虽妇德，但因之可明慎独恒久之道，这便是《诗》教的核心。古以《诗》教乃怀敬仁惠，守志不移，与《燕燕》教旨正合。《六德》："能与之齐，终身弗改之矣。是故夫死有主，终身不变，谓之妇，以信从人多也。信也者，妇德也。"《礼记·郊特牲》也有相同的内容。终身不改不变，则心如结而慎独专一。孔子以《燕燕》论会慎独之理，正是通过妇德对婚姻的专一而得以阐发。

《礼记·经解》引孔子云："入其国，其教可知也。其为人也，温柔敦厚，《诗》教也。疏通知远，《书》教也。广博易良，《乐》教也。絜静精微，《易》教也。恭俭庄敬，《礼》教也。属辞比事，《春秋》教也。……天子者，与天地参，故德配天地，兼利万物，与日月并明，明照四海而不遗微小。其在朝廷，则道仁圣礼义之序；燕处，则听《雅》、《颂》之音；行步，则有环佩之声；升车，则有鸾和之音。居处有礼，进退有度，百官得其宜，万事得其序。《诗》云：'淑人君子，其仪不忒。其仪不忒，正是四国。'此之谓也。"相似的内容又见《淮南子·泰族》，此言六艺之教及王德①，即以慎独为六艺教化之终。

---

① 孔颖达《正义》引郑氏《目录》："名曰《经解》者，以其记六艺政教之得失也。"视六艺之教与王德互为因果，前后一贯。孙希旦《集解》则以六艺之教与天子之德义不相蒙，不足取。

六艺之教以《诗》为首。《礼记·王制》以"乐正崇四术，立四教"。孔颖达《正义》："术者是道路之名，《诗》、《书》、《礼》、《乐》是先王之道路，谓之术。"故《诗》、《书》、《礼》、《乐》四教也为四术。《诗》作为四术之首，既为六艺之教的基础，也是王德的基础。

此四术与《性自命出》所言"道四术"意义不同。《性自命出》："凡道，心术为主。道四术，唯人道为可道也。其三术者，道之而已。《诗》、《书》、《礼》、《乐》，其始出皆生于人。……所为道者四，唯人道为可道也。"《尊德义》："圣人之治民，民之道也。禹之行水，水之道也。造父之御马，马之道也。后稷之艺地，地之道也。莫不有道焉，人道为近。是以君子，人道之取先。"学者或以"道四术"即此"民之道"、"水之道"、"马之道"及"地之道"①，甚是。四术之中，人道为可道者，而《诗》、《书》、《礼》、《乐》四教"皆生于人"，知人道之教即此四教也。

人道之教，心术为主，故心教为人道之教的根本。《性自命出》："凡人唯有性，心亡定志，待物而后作，待悦而后行，待习而后奠。……凡心有志也，亡与不〔可。心之不可〕独行，犹口之不可独言也。……凡学者，求其心为难，从其所为，近得之矣，不如以乐之速也。唯能其事，不能其心，不贵。求其心有伪也，弗得之矣。"明言以心教为贵。凡人心必有志，而诗则志之所之，未发于口而蕴藏于心为志，发见于言乃为诗，故诗为言志之作，也即心声，所以古以《诗》为六艺之教的根本。

《礼记·乐记》："人生而静，天之性也。感于物而动，性之欲也。"人心志意的确定需通过动性、逆性、养性的过程才能完成。《性自命出》："喜怒哀悲之气，性也。及其见于外，则物取之也。……好恶，性也。所好所恶，物也。……凡性为主，物取之也。金石之有声也，弗扣不鸣。人之唯有性，心弗取不出。……凡性，或动之，或逆之，或交之，或厉之，或绌之，或养之，或长之。凡动性者，物也；逆性者，悦也；交性者，故也；厉性者，义也；绌性者，势也；养性者，习也；长性者，道也。凡见者之谓物，快于己者之谓悦，物之势者之谓势，有为也者之谓故。义也

---

① 刘昕岚:《郭店楚简〈性自命出〉篇笺释》，《郭店楚简国际学术研讨会论文集》，湖北人民出版社2000年版。

者，群善之蕰也。习也者，有以习其性也。道者，群物之道。"由此可以清楚地看出，古以喜怒哀悲为人类本有之心性，但这些心性必须通过人对外在事物的感受才能表现出来，这便是所谓的以物取性。如人有好色之愿，是通过人见女色而感于喜性，喜性者，性也；女色者，物也。故人之心志必待物而作，作者，兴也，此即所谓"动性者，物也"。但是，心志虽生，若与心性不合，则不会去实行它，与心性合，则为悦。故人之心志若行必悦，此即所谓"逆性者，悦也"，逆者，迎合也。逆性即合于心性。人感物而有志，心悦而志行，如此则能久之，久之成习而志定矣，是谓定志或成志，此即所谓"养志者，习也"。人有定志便能心志专一，专一则可恒久。《尊德义》："因恒则固。"盖此之谓。这既是德的重要表现，也是《诗》教的核心。

《国语·楚语上》："教之《诗》，而为之导广显德，以耀明其志。"可见《诗》教的作用在于育德明志。而《礼记·经解》以"淑人君子，其仪不忒"为王德，实际正是《诗》教的内容。"其仪不忒"语出《诗·曹风·鸤鸠》，与"其仪一兮"互文，义训相同。毛《传》："忒，疑也。"郑玄《笺》："执事不疑。"孔颖达《正义》："执义如一，无疑贰之心。"故慎独而专一乃是君子的美德。淑人君子能慎独专一，方可恒其德，所以《樛木》言和则久，《汉广》言敬则久，均以夫妇之道久以晓喻恒久之道。而志意恒久，德长存焉，德唯长存，功名就矣。故《鹊巢》言女子适人而显名，《甘棠》以召公成其身则始于爱人，皆深谙持恒之道。《成之闻之》引君子曰："唯有其恒而可能，终之为难。'槁木三年，不必为邦旗'害？羕之也。是以君子贵诚之。"也强调恒久而终的艰难，而恒久守终才能有所成就，这是《诗》教阐发的根本道理。

《诗论》以夫妇之道设论而阐明《诗》教，是基于夫妇之道乃是一切人伦礼义的基础的认识，故孔子论《诗》教，自《关雎》改好色而好礼始，终致慎独而持恒，主题明确，论述丝丝入扣，层层递进，言简意深，入木三分。其比类各诗教旨，逻辑清晰，内蕴丰富，于《诗》教之主旨与作用阐发得淋漓尽致，透彻分明。《论语·述而》引孔子曰："述而不作，信而好古，窃比于我老彭。"孔子正定六经采取的正是这种态度，而于经文教旨之论会阐述则是其中最重要的工作。

孔子正《诗》并重建《诗》教，除上述诸细节之外，还有一项工作就是正乐。有关问题笔者已有论列①，此不赘述，而正乐的某些内容则关乎礼仪之节文。诗、乐密不可分，《诗论》以为"诗亡隐志，乐亡隐情"。《诗》教旨在治心，乐则辅之为治，故行于礼，体其德。《礼记·乐记》："是故君子反情以和其志，广乐以成其教，乐行而民向方，可以观德矣。德者，性之端也。乐者，德之华也。金石丝竹，乐之器也。诗，言其志也。歌，咏其声也。舞，动其容也。三者本于心，然后乐器从之。……乐者，心之动也。声者，乐之象也。文采节奏，声之饰也。君子动其本，乐其象，然后治其饰。……是故情见而义立，乐终而德尊。……致乐以治心，则易直子谅之心油然生矣。易直子谅之心生则乐，乐则安，安则久，久则天，天则神。天则不言而信，神则不怒而威，致乐以治心者也。"郑玄《注》："善心生则寡于利欲，寡于利欲则乐矣。志明行成，不言而见信如天地，不怒而见威如神也。乐由中出，故治心。"朱彬《训纂》引朱子曰："《韩诗外传》'子谅'作'慈良'。"孙希旦《集解》："易、直、慈、良之心，人之善心也。"《尊德义》："尊仁，亲忠，敬庄，归礼，行矣而无违，养心于慈良，忠信日益而不自知也。""慈良"，简文作"子俍"。此"易直慈良之心"即《诗》教之所谓温柔敦厚（《礼记·经解》）或温惠柔良（《淮南子·泰族》）。人心致慈良则乐，由乐而安而久，则得恒久之道，人能守志恒久，故信而有德如天。人既有信，便可终受天命，这是孔子论《诗》的终极目的，其例可由文王受天命而见之。是故《性自命出》以"君子身以为主心"，《诗》教之意义在矣。

《成之闻之》："天征大常，以理人伦，制为君臣之义，著为父子之亲，分为夫妇之辨。是故小人乱天常以逆大道，君子治人伦以顺天德。《大禹》曰：'舍兹宅天心。'害此言也？言舍之此而宅于天心也。"古以君子治人伦以顺天德，而婚礼为人伦之始，亦德之始，故治夫妇人伦之道，便可终顺天德。"天德"者，配天之德也。《庄子·天地》："君原于德而成于天。"故以德配天方能神化。《诗》以文王之德配天，故死后升天，伴帝

---

① 冯时：《论〈诗〉德与〈诗〉乐——读〈子羔·孔子诗论〉章札记之三》，《上海博物馆藏战国楚竹书研究续编》，上海书店出版社 2004 年版。

左右,乃修德之故。《诗论》以德论《诗》,《邦风》唯重利而乏德,乃教化之始;《小雅》为小德,《大雅》为盛德,乃教化之进;《颂》为平德,乃教化之终。故孔子重建《诗》教,比类论会诗之教义,殊异于先秦引《诗》断章取义之风,其具体做法于《诗论》可见一斑。

三　结语

通过对近年出土战国儒家文献的分析研究,我们可以清楚地了解孔子于《诗》整理正定的具体工作,这当然是孔子借六经重建合于儒学思想的《诗》教体系的基础。事实上,孔子正《诗》并重建《诗》教的做法也就反映着其正定六艺经典以及重建六艺之教的工作。很明显,如果说早期文献的阙如长期影响着人们对于孔子整理六经并重建六经之教的完整理解的话,那么新见战国竹书的发现对这些问题的解决便具有着重要的价值,这无疑有助于有关孔子以六经设教及儒家学说形成的研究。

2005 年 10 月初稿,2014 年 10 月修订于尚朴堂

(原载《中原文化研究》2015 年第 1 期)

《郑子家丧》与《铎氏微》

《上海博物馆藏战国楚竹书》第七册刊布竹书《郑子家丧》①，为战国《春秋》学的重要文献。今就其文本释读及竹书性质略为考述。

一 《郑子家丧》释文

竹书《郑子家丧》共具甲、乙二本，每本七简，内容相同，少有异文。今在整理者研究的基础上，依甲本重做释文，甲本文字漫漶残缺者，据乙本补足。释文如下。

奠（鄭）子豪（家）丧，鄩（邊）人埜（來）告。臧（莊）王臺（就）夫=（大夫）而與之言，曰："奠（鄭）子豪（家）殺丌（其）君，不穀（穀）日欲目（以）告夫=（大夫），目（以）邦之悷（悸）目（已）急於含（今），而逡（後）楚邦凶（使）為者（諸）厌（侯）正，含（今）奠（鄭）子豪（家）殺丌（其）君，牺（將）保丌（其）憳（恭）炎（儉），目（以）及內（入）堲（地），女（如）上帝鬾（鬼）神目（以）為蕊（怒），虐（吾）牺（將）可（何）目（以）含（答）？唯邦之悷（悸），牺（將）必為市（師）。"乃记（起）市（師），回（圍）奠（鄭）三月。奠（鄭）人昏（問）亓（其）古（故），王命含（答）之，曰："奠（鄭）子豪（家）遺（顛）逡（覆）天下之豊（禮），弗恨（畏）鬾（鬼）神之不羕

---

① 陈佩芬：《郑子家丧（甲本、乙本）》，马承源主编《上海博物馆藏战国楚竹书》（七），上海古籍出版社2008年版。

（祥），憗（憎）恻亓（其）君，我牀（將）必囟（使）子豪（家）毋吕（以）城（成）名立（位）於上而戭（戴）鼎於下。"奠（鄭）人命吕（以）子良为執（質），命思（使）子豪（家）利木三䱇（寸），絼（疏）索吕（以）絥（媾），毋敢巳（犯）門而出，數（贍）之城至（基）。王許之。帀（師）未還，晉人涉，牀（將）救奠（鄭）。王牀（將）還，夫=（大夫）皆進曰："君王之记（起）此帀（師），吕（以）子豪（家）之古（故）。含（今）晉人牀（將）救子豪（家），君王必進帀（師）吕（以）迈之。"王安還軍吕（以）迈之，與之戰於兩棠，大敗晉帀（師）安（焉）。

二 《郑子家丧》考释

邊人来告。

"邊"字从复旦大学出土文献与古文字研究中心研究生读书会释（以下简称"复旦读书会"）①。《左传·昭公二十四年》："吴人踵楚，而邊人不备，遂灭巢及锺离而还。"《国语·鲁语上》："晋人杀厉公，邊人以告。"韦昭《注》："邊人，疆场之司也。"

庄王就大夫而与之言。

"就"，会也。《逸周书·谥法》："就，会也。"俞樾《群经平议》："就与集一声之转，盖即读就为集，故训会耳。"或读为"集"。《三家诗异文疏证·韩诗·小旻》："是用不就。"冯登府按："就，毛作集。"

以邦之恟已急於今。

"以"，因也。《左传·僖公十五年》："以此不和。" "邦"，国也。"恟"，本作"悟"，整理者读为"恟"，训忧，是。"邦之恟"即子家弑君之事。

"已"，本作"目"，读为"已"。《大戴礼记·虞戴德》："君以闻

---

① 文见《〈上博七·郑子家丧〉校读》，《出土文献与古文字研究》第三辑，复旦大学出版社2010年版。又参见陈伟《新出楚简研读》，武汉大学出版社2010年版，第306页。

之。"王聘珍《解诂》："以，读曰已。"《战国策·魏策一》："张仪以合秦、魏矣。"姚宏《注》："一作已。"是其证。

"急"，整理者释为"忢"，二者为一字，可以通行之体写出。《论语·雍也》："君子周急不继富。"朱熹《集注》："急，穷迫也。"是"急"乃急迫意。"已急於今"，已如今日之急迫也。

而後楚邦使为诸侯正。

"使"，本作"囟"，读为"使"①，假使也。《助字辨略》卷三："《论语》：'使骄且吝。'刘淇按：'使，假使之辞也。'"

"诸侯正"，诸侯之长，即诸侯霸主。《吕氏春秋·君守》："可以为天下正。"高诱《注》："正者，主也。"《国语·楚语下》："乃命南正重司天以属神。"韦昭《注》："正，长也。"《汉书·五行志下之下》："伯正越职。"师古《注》："正者，长帅之称。"时楚庄王与晋争霸，故此句为庄王假设日后作为诸侯霸主之语。

将保其恭俭。

"将"，本作"牆"，读为"将"，犹也，尚也。《左传·隐公十一年》："邪而诅之，将何益矣？"《礼记·儒行》："犹将不忘百姓之病也。"

"恭俭"，本作"懻炎"，乙本作"慵炎"，读为"恭俭"。"懻"、"慵"皆"恭"之异体。"龏"、"共"同音可通，文献不乏其证，不赘举。《诗·小雅·巧言》："乱是用餤。"《礼记·表记》陆德明《释文》："餤，徐本作鹽。""鹽"从"監"声。《说文·厂部》："厱，读若籃。"是"炎"、"俭"互用之证。楚竹书《慎子曰恭俭》："恭俭以立身。""恭俭"本作"共鐱"。

伪《古文尚书·周官》："恭俭惟德，无载尔伪。"伪孔《传》："言当恭俭惟以立德，无行奸伪。"《礼记·乐记》："恭俭而好礼者，宜歌《小雅》。"孔颖达《正义》："恭谓以礼自持，俭谓以约自处。若好礼而动，不越法也。"《礼记·经解》："恭俭庄敬，《礼》教也。"《论语·学而》："夫子温良恭俭让以得之。"皇侃《疏》："和从不逆谓之恭，去奢从约谓

---

① 陈斯鹏：《论周原甲骨和楚系简帛中的"囟"与"思"——兼论卜辞命辞的性质》，《第四届国际中国古文字学研讨会论文集》，香港中文大学中国语言及文学系，2003年。

之俭。"《孟子·离娄上》:"恭者不侮人,俭者不夺人。侮夺人之君,惟恐不顺焉,恶得为恭俭。"赵岐《章句》:"为恭敬者,不侮慢人;为廉俭者,不夺取人。有好侮夺人之君,有贪陵之性,恐人不顺从其所欲,安得为恭俭之行也。"郑子家弑其君,事见《左传·宣公四年》,是无恭俭之德。

以及入地。

"以"、"及"同用,若或也。《韩非子·难二》:"以事遇于法则行,不遇于法则止。"《老子》第四十八章:"取天下常以无事;及其有事,不足以取天下。""入地",安葬也。辞言若或安葬子家。

唯邦之恓,将必为师。

"将必",必也。《墨子·非命下》:"则我以为天下将必不足矣。""将必"为复语,或作"必将"。《左传·僖公二十四年》:"天未绝晋,必将有主。"《荀子·性恶》:"今人之性恶,必将待师法然后正。"

"为师",整理者解为用兵,是。邦有如弑君之忧,必出兵以伐之。

乃起师,围郑三月。郑人问其故。

"围",本作"回",整理者读为"围",是。《左传·宣公十一年》:"十一年春,楚子伐郑,及栎。"《左传·宣公十二年》:"十二年春,楚子围郑,旬有七日。……楚子退师。郑人修城。进复围之,三月,克之。"竹书仅省记最后之伐郑事。

"问",本作"昏",读为"问"。乙本作"请"。

郑子家颠覆天下之礼。

"颠覆"本作"䫉返",整理者读为"颠覆",是。

弗畏鬼神之不祥。

整理者释,可从。《左传·成公十三年》:"君又不祥。"杜预《集解》:"祥,善也。"鬼神不祥意即鬼神为祟。

怆恻其君。

"怆",本作"䜋",从"心""臧"声,读为"怆"。"䜋"、"怆"双声叠韵,同音可通。《易·小过》:"从或戕之。"汉帛书本"戕"作"臧"。《易·丰》:"自藏之。"陆德明《释文》:"藏,众家作戕。"《庄子·在宥》:"乃始脔卷怆囊。"陆德明《释文》:"怆,崔本作戕。"是

"憾"、"怆"相通之证。"怆恻"，联绵词。《文选·潘岳寡妇赋》："思缠绵以督乱兮，心摧伤以怆恻。"吕向《注》："怆恻，悲伤也。""怆恻其君"意即使其君悲伤。

　　我将必使子家毋以成名位於上而戢鼎于下。

　　"将必"，必也。"成名位於上"，语应前文"将保其恭俭"，谓于世间保其恭俭名德。"戢鼎于下"与"上"对文，语应前文"以及入地"，则言子家死后入葬于地。

　　郑子家即公子归生，穆公庶弟。《左传·文公十三年》："郑伯与公宴于棐，子家赋《鸿雁》。季文子曰：'寡君未免于此。'文子赋《四月》。子家赋《载驰》之四章。文子赋《采薇》之四章。郑伯拜。公答拜。"《左传·文公十七年》："于是，晋侯不见郑伯，以为贰于楚也。郑子家使执讯而与之书，以告赵宣子。"其作《郑子家与赵宣子书》，力辞为郑辩护，乃传世名文。由此观之，子家实为辅佐穆公之贤臣，这是其可"成名位"于世的资本。然于鲁宣公四年（公元前605年），子家从公子宋杀郑灵公，却落得了弑君的恶名。《左传·宣公四年》："楚人献鼋于郑灵公。公子宋与子家得见，子公之食指动，以示子家，曰：'他日我如此，必尝异味。'及入，宰夫将解鼋，相视而笑。公问之，子家以告。及食大夫鼋，召子公而勿与也。子公怒，染指于鼎，尝之而出。公怒，欲杀子公。子公与子家谋先。子家曰：'畜老，犹惮杀之，而况君乎？'反谮子家。子家惧而从之。夏，杀灵公。书曰：'郑公子归生弑其君夷。'权不足也。"杜预《集解》："子家权不足以御乱，惧谮而从弑君，故书以首恶。"子家既已颠覆礼制，故楚王发誓不仅不可使其享有以往之名位，更不得令其享受拥有随葬品的合乎礼制的安葬，或即不使其享有安葬之礼。

　　"戢"，本作"𢦏"，从"戈""必"声。《说文·八部》："必，分极也。从八弋，弋亦声。"小徐本作"弋声"。段玉裁《注》改为"八亦声"，然许慎以字入"八部"，知"八"非声。古音"弋"在职部，"戢"在缉部，同为入声，旁转可通。且古音学家或拟"弋"音 iək，"戢"音 iəp，读音极近。故"𢦏"或即"戢"字异体，唯声符互换而已。《说文·戈部》："戢，藏兵也。从戈咠声。《诗》曰：'载戢干戈。'"《孟子·梁惠王下》："思戢用光。"朱熹《集注》："戢，安集也。"《文选·陆士衡弔魏武帝文》："戢弥天乎一棺。"李善《注》引毛苌《诗传》："戢,聚也。"《文选·陆士衡答贾长渊》："俎豆载戢。"刘良《注》："戢,藏也。"故"戢鼎"意即聚集鼎彝等随葬之器。据前文"以及入地,如上帝鬼神以为怒,吾将何以答",知楚王誓在不使子家安葬,因人行葬礼,才可与上帝鬼神相通。此可明子家并未入葬。是简文乃言必不能使弑君之子家于世享有名德,而死后又可入土为安。

郑人命以子良为质。

"质",本作"埶",即"执"之本字,读为"质"①。《左传·成公十二年》："交贽往来。"《后汉书·彭宠传》李贤《注》引"贽"作"质"。《左传·昭公十七年》："少皥挚。"《逸周书·尝麦》"挚"作"质"。是二字通用之证。《左传·宣公十二年》载楚克郑云："子良出质。"竹书即言此事。

命使子家利木三寸。

"利木",意即斲棺。《说文·刀部》："利,铦也。""利"本作以刀断禾之形,固有斲木之义。《慧琳音义》卷八十五"斲木"注："斲,今之犁也。"《释名·释用器》："犁,利也,利发土绝草根也。"斲木即言断木。《韩非子·五蠹》："采椽不斲。"王先慎《集解》："《御览》一百八十八引斲作刮。"《汉书·食货志上》："斲木为耜。"师古《注》："斲,斫也。"斲子家之棺,事见《左传·宣公十年》。文云："郑子家卒。郑人讨幽公之乱,斲子家之棺,而逐其族。"杜预《集解》："斲薄其棺,不使从卿礼。"沈钦韩《补注》、刘文淇《旧注疏证》皆以"斲棺"即剖棺见尸。《晋书·刘牢之传》："将吏共殡敛牢之,丧归丹徒,桓玄令斲棺斩首,暴尸于市。"又据《魏书·韩子熙传》载:元叉害清河王怿,子熙等上书,谓成祸之末,良由刘腾。"腾合斲棺斩骸,沉其五族。……后遂剖腾棺。"知魏晋六朝皆以斲棺为剖棺。今以竹书证之,两说皆合,而此"利木"则当依杜注为斲棺,暴尸则见下文。

"三寸",本作"三㪷","㪷"乃从"斧"得声之字,复旦读书会读

---

① 陈伟先生也有相同的意见,参见氏著《新出楚简研读》,武汉大学出版社2010年版,第308页。

为"寸"①,是。《礼记·檀弓上》:"天子之棺四重,水、兕革棺被之,其厚三寸,杝棺一,梓棺二。四者皆周。"郑玄《注》:"杝棺,所谓椑棺也。……梓棺二,所谓属与大棺。"孔颖达《正义》:"梓棺二者,杝棺之外又有属棺,属棺之外又有大棺,大棺与属棺并用梓,故云二也。"孙希旦《集解》:"水、兕革棺,盖以木为干,以水牛、兕牛之皮为之表里,合之而其厚三寸也。被之者,言其最在内而被体也。二牛之皮,坚而耐湿,故用之以为亲身之棺。杝棺,即椑也,以杝木为之。梓棺,谓属与大棺,皆以梓木为之。四者皆周,言其皆并有底、盖也。"《礼记·丧大记》:"君大棺八寸,属六寸,椑四寸。上大夫大棺八寸,属六寸。下大夫大棺六寸,属四寸。士棺六寸。"知依礼而四棺之厚皆有定制。《左传·哀公二年》:"若其有罪,绞缢以戮,桐棺三寸,不设属辟,素车朴马,无入于兆,下卿之罚也。"洪亮吉《诂》引《荀卿子》曰:"罪人之葬,棺椁三寸,衣衾三领,不得饰棺。"知罪人只有一棺,棺薄三寸,且不入兆。子家乃弑君罪人,是竹书"利木三寸"即言斲薄子家之棺为三寸。

疏索以媾。

"疏",本作"綻",整理者释为"疏",甚是。"疏索",放松棺束而使尸见。《礼记·檀弓上》:"棺束缩二衡三,衽每束一。"孙希旦《集解》:"古棺无钉,用皮束之。缩,纵也。纵者二,以固棺之首、尾与底、盖之材也。横者三,以固棺之两旁与底、盖之材也。衽,小要也。其形两头广,中央小,似深衣之衽,故名焉。凿棺身与盖合际处作坎,内小要其中以连之。衽与束相值,每束之处用一衽,亦缩二横三也。此谓天子棺制也。诸侯亦然。"《礼记·丧大记》:"君盖用漆,三衽三束。大夫盖用漆,二衽二束。士盖不用漆,二衽二束。"孙希旦《集解》:"棺束有二,一是大敛加盖后之束,专属于棺者,此与《檀弓》所言者是也。一是葬时柩车既载后之束,以系棺于柩车者,《士丧礼》'乃载,踊无算,卒束,袭'是也。在棺之束有横有缩,柩车之束则但有横者耳。"竹书"疏索"即言解开棺束而使尸见也。《三国志·魏志·王凌传》:"朝议咸以为《春秋》之义,齐崔杼、郑归生皆加追戮,陈尸斲棺,载在方策,凌、愚罪宜如旧

---

① 刘国胜:《信阳长台关楚简〈遣策〉编联二题》,《江汉考古》2001年第3期。

典。乃发凌、愚冢，剖棺暴尸于所近市三日。"可明子家并未入葬，此也即竹书所称必不使子家"戬鼎于下"。

"媾"，本作"𥳑"，读为"媾"。古音"共"在见纽东部，"媾"在见纽侯部，声为双声，韵为对转，同音可通。《战国策·赵策三》："而制媾者在秦。"鲍彪《注》："媾，求和也。"《史记·樗里子甘茂列传》："樗里子与魏讲。"司马贞《索隐》引邹氏云："讲读曰媾。媾，犹和也。"此言郑人将子家之棺斲薄疏束，与楚求和。《左传·宣公十二年》："（楚）退三十里而许之平。"即言此事。既言"许之平"，亦知郑人曾有媾和之请。

毋敢犯门而出。

"犯"，本作"巳"，甲本漫漶，乙本清晰，读为"犯"。"犯门而出"意即逾城逃脱而叛楚。《礼记·檀弓下》："犯人之禾。"郑玄《注》："犯，躐也。"《礼记·坊记》："民犹犯齿。"郑玄《注》："犯，犹僭也。"《礼记·学记》："学不躐等也。"孔颖达《正义》："躐，踰越也。"城濮之战后，晋、楚争霸而于郑争相控制，鲁宣公三年以来，两国交兵伐郑，郑亲晋而楚怒，亲楚则晋怒，不得不周旋于两强之间，两面讨好。《左传·文公十七年》："于是，晋侯不见郑伯，以为贰于楚也。"郑子家遂书赵宣子谓："小国之事大国也，德，则其人也；不德，则其鹿也，铤而走险，急何能择？……居大国之间，而从于强令，岂其罪也？"以相争辩。《左传·宣公十一年》："十一年春，楚子伐郑，及栎。子良曰：'晋、楚不务德而兵争，与其来者可也。晋、楚无信，我焉得有信。'乃从楚。夏，楚盟于辰陵，陈、郑服也。……郑既受盟于辰陵，又徼事于晋。"《左传·宣公十二年》："楚君讨郑，怒其贰而哀其卑。叛而伐之，服而舍之，德刑成矣。"仍以郑怀二心为忌。郑于楚或服或叛，故此郑伯求和，自以不敢叛楚为誓。

在随后的晋、楚邲之战中，郑人果然利用其周旋于楚、晋的一贯做法助楚得胜。《左传·宣公十二年》："郑皇戌使如晋师曰：'郑之从楚，社稷之故也，未有贰心。楚师骤胜而骄，其师老矣，而不设备，子击之，郑师为承，楚师必败。'……是役也，郑石制实入楚师，将以分郑而立公子鱼臣。辛未，郑杀仆叔及子服。"《史记·郑世家》："郑反助楚，大破晋军于河上。十年，晋来伐郑，以其反晋而亲楚也。"《史记·晋世家》："三年，楚庄王围郑，郑告急晋。……楚与晋军大战。郑新附楚，畏之，反助楚攻晋。"

赡之城基。

"赡"，本作"欻"，字从"炎"声，读为"赡"。古音"炎"、"赡"并在定纽谈部，双声叠韵。《管子·侈靡》："山不童而用赡。"戴望《校正》："赡，宋人作掞。"是"炎"、"赡"通用之证，"欻"或即"掞"之异构。《孟子·公孙丑上》："力不赡也。"赵岐《章句》："赡，足也。"焦循《正义》："赡，古作澹。"《汉书·赵充国传》："倾我不虞之用以澹一隅。"师古《注》："澹，给也。"《玄应音义》卷二十二"供赡"注："赡，供足也。""之"，于也。《大戴礼记·曾子事父母》："养之内不养于外，则是越之也。养之外不养于内，则是疏之也。""城基"，城墙之下。《左传·宣公十一年》："略基趾。"杨伯峻《注》："城郭基趾亦是城郊之界。"是"赡之城基"即言郑伯自请不泯其社稷而苟活于城郊。《左传·宣公十二年》记楚灭郑而郑伯肉袒牵羊自请曰："孤不天，不能事君，使君怀怒以及敝邑，孤之罪也，敢不唯命是听。其俘诸江南以实海滨，亦唯命。其翦以赐诸侯，使臣妾之，亦唯命。若惠顾前好，徼福于厉、宣、桓、武，不泯其社稷，使改事君，夷于九县，君之惠也，孤之愿也，非所敢望也。敢布腹心，君实图之。"《公羊传·宣公十二年》记同事云："寡人无良，边垂之臣，以干天祸，是以使君王沛焉，辱到敝邑。君如矜此丧人，锡之不毛之地，使帅一二耋老而绥焉，请唯君王之命。"两记遣词稍异，但经义无差。是竹书"赡之城基"意即"夷于九县"或"锡之不毛之地，使帅一二耋老而绥焉"。杜注《左传》"夷于九县"谓"楚灭九国以为县，愿得比之"，未得的解。竹添光鸿《会笺》："夷，等也。夷于九县，言服事恭谨，如其县邑耳，不必以楚灭国计数。且郑方望其存而不灭之，而以灭国为比，与上文又不合矣。书传凡称九者，皆极言之也。"其说甚是。今可据竹书以证之。文献以"县"比之，竹书则云"城基"，皆有边远之义。《周礼·秋官·县士》郑玄《注》："地距王城三百里以外至四百里曰县。"又《地官·叙官》郑玄《注》："县、鄙、酂、里、邻，遂之别属也。"又《地官·遂人》郑玄《注》："邻、里、酂、鄙、县、遂，犹郊内比、闾、族、党、州、乡也。"《礼记·王制》："移之遂。"郑玄《注》："远郊之外曰遂。"是为明证。故《公羊传》以为郑乃"边垂之臣"。《史记·郑世家》裴骃《集解》引何休曰："境埆不生五谷曰不毛。谦不敢求肥饶。"其义与"赡之城基"尤近。

王许之。

楚王答应郑伯求和之请。《左传·宣公十二年》载郑伯肉袒自请之后云："左右曰：'不可许也，得国无赦。'王曰：'其君能下人，必能信用其民矣，庸可几乎！'退三十里而许之平。"竹书即言此事。"左右"，《公羊传》以为将军子重，《史记·郑世家》以为楚群臣。

师未还，晋人涉，将救郑。

《左传·宣公十二年》："夏六月，晋师救郑。……及河，闻郑既及楚平，桓子欲还，曰：'无及于郑而剿民，焉用之？楚归而动，不后。'……师遂济。"竹书即记此事。

王将还，大夫皆进曰。

《左传·宣公十二年》："楚子北，师次于郔。沈尹将中军，子重将左，子反将右，将饮马于河而归。闻晋师既济，王欲还，嬖人伍参欲战。"所述即此事。

君王必进师以卤之。

"卤"，复旦读书会释，是。"逎"之异构，字书本作"卥"。《说文·乃部》："卥，惊声也。从乃省，西声。……或曰：卥，往也。读若仍。"段玉裁《注》："《诗》、《书》、《史》、《汉》发语多用此字作迺，而流俗多改为乃。"王筠《句读》："卥、乃、迺三字一也。"《玉篇·乃部》："卥，往也。"《广韵·蒸韵》："迺，往也。"《集韵·蒸部》："迺，及也。卥，通作迺。"

王安还军以卤之。

从复旦读书会句读。"安"，于是。《管子·山国轨》："民衣食而繇下，安无怨咎。"

与之战於两棠，大败晋师焉。

《春秋经·宣公十二年》："夏六月乙卯，晋荀林父帅师及楚子战于邲，晋师败绩。"杨伯峻《注》："杜《注》：'邲，郑地。'《吕氏春秋·

至忠篇》云：'荆兴师，战于两棠，大胜晋。'《贾子·先醒篇》云：'庄王围宋，伐郑，乃与晋人战于两棠，大克晋人。'孙人和《左宦漫录·两棠考》云：'两棠即邲地也。'邲本为水名，即汴河，汴河亦曰汴渠。其上游为荥渎，又曰南济，首受黄河，在荥阳曰猿荡渠。两棠即猿荡，文异音同。又曰石门渠，顾祖禹《方舆纪要》四十七河阴县（河阴县在郑州北五十里，今已废）云：'石门渠，在县西二十里，荥渎受河之处，晋、楚之战，楚军于邲，即是水也。'王夫之《稗疏》亦云：'《传》称楚子次于管，在今郑州。晋师在敖、鄗之间，渡河而南，正在河阴，滨河之南岸，盖郑之北境也。'然则晋、楚交战处必在今郑州市之西北，荥阳之东北。自《元和郡县志》以郑州东六里之邲城当之，后世多沿其说，考之《传》文，实不合。杨守敬《春秋列国图》亦列邲于荥阳东北，可云有见。"所论甚详。此记晋、楚邲之战。

三 《郑子家丧》与《铎氏微》

《郑子家丧》之内容与《春秋左氏传》极为接近，显属战国时期的《春秋》学著作。据《汉书·艺文志》所载，其时与《左传》相关的著作尚有如下数种：

> 《邹氏传》十一卷
>
> 《夹氏传》十一卷 有录无书
>
> 《左氏微》二篇（师古《注》："微谓释其微指。"）
>
> 《铎氏微》三篇 楚太傅铎椒也
>
> 《张氏微》十篇
>
> 《虞氏微传》二篇 赵相虞卿

诸书皆已亡佚，详情不得而知。其中《邹氏》、《夹氏》二《传》亡于西汉末，时《邹氏》无师，《夹氏》无书。然据《史记·十二诸侯年表》所记，《铎氏微》与《虞氏微传》二书稍可寻其痕迹。文云：

> 是以孔子明王道，干七十馀君，莫能用，故西观周室，论史记旧闻，兴于鲁而次《春秋》，上记隐，下至哀之获麟，约其辞文，去其烦重，以制义法，王道备，人事浃。七十子之徒口受其传指，为有所刺讥褒讳挹损之文辞不可以书见也。鲁君子左丘明惧弟子人人异端，各安其意，失其真，故因孔子史记具论其语，成《左氏春秋》。铎椒为楚威王傅，为王不能尽观《春秋》，采取成败，卒四十章，为《铎氏微》。赵孝成王时，其相虞卿上采《春秋》，下观近势，亦著八篇，为《虞氏春秋》。吕不韦者，秦庄襄王相，亦上观尚古，删拾《春秋》，集六国时事，以为八览、六论、十二纪，为《吕氏春秋》。及如荀卿、孟子、公孙固、韩非之徒，各往往捃摭《春秋》之文以著书，不可胜纪。

又孔颖达《春秋经传集解正义》引刘向《别录》述《左传》流传云：

> 左丘明授曾申，申授吴起，起授其子期，期授楚人铎椒，铎椒作《抄撮》八卷授虞卿，虞卿作《抄撮》九卷授荀卿，荀卿授张苍。

知铎椒、虞卿于春秋学传授之外，别有所著。

二书篇数，《年表》与《汉志》所载不同，其中《铎氏微》本四十章，《别录》谓为八卷，似非《汉志》所载"三篇"可以容纳，而《虞氏春秋》本具九卷或八篇，《汉志》仅录"二篇"，知二书于刘歆入录前已有散佚。而据对《郑子家丧》内容之分析，《汉志》所载诸种《春秋》学著作中，唯《铎氏微》与其关系最为密切。楚威王于公元前339年至前329年在位，《铎氏微》之形成即在这一时期。此与竹书时代适相应。

《郑子家丧》系以楚人之视角及立场编写的著作，竹书称楚君为"王"，他国则只称"人"，如"郑人"、"晋人"，明撰作者当为楚人，此与铎椒为楚人之身份吻合。

《铎氏微》之取材原则为古代成败事迹，而《郑子家丧》全篇实写楚、晋邲之战，楚庄王通过是役而霸诸侯，为诸侯正，是楚国历史上值得大书特书的辉煌功烈，此与《铎氏微》所确定的取材原则密合。

铎椒虽据《左传》抄撮其要而成《铎氏微》，但并非在《传》文的基础上做简单的删削节录，而是以新的史观对《左传》的史料进行了重新组织，精写而成。作者的目的在于通过材料的取舍以阐述国家治乱成败之道理，并重建礼法，弘扬楚王功业。故以《郑子家丧》与《左传》对观，可明其编写具有以下三个特点。

其一，《郑子家丧》因由楚人撰作，又取弘扬楚王事迹之史料，故相关史观也必须随之而做相应的改变。

《史记·孔子世家》："故吴楚之君自称王，而《春秋》贬之曰'子'。"而竹书以楚称王，知据楚之立场书之。此证一。

关于楚、晋邲之战的原因，《春秋经》及《左传》仅于鲁宣公十二年简记"楚子围郑"，却未及伐郑之故，似乎楚人无由而伐郑，从而使楚人兴兵沦为不誉之举。而《郑子家丧》则详述楚人伐郑之由诚因郑子家弑其君而变乱礼制，楚王出兵的目的实在于重建礼法，即所谓"唯邦之祸，将必为师"，言国有无行必兴师以伐之。在这样的背景下，楚人用兵便成为正义之师。两种记述形式所呈现的楚人形象显然完全不同。《左传·宣公十二年》载栾武子云："先大夫子犯有言曰：'师直为壮，曲为老。'我则不德而徼怨于楚，我曲楚直，不可谓老。"楚之为"直"乃在于其师出有名，故栾武子之言也是对楚人用兵原因的暗示。此证二。

其二，为阐述楚王用兵的正义性，作者甚至补足了必要的史料，如"郑人问其故"而楚王答之一节，宗旨即在阐明楚王兴师之原因，相关内容则为《左传》所不载。

其三，为撮要撰作的需要，以致对相关史实之细节次序做了必要的调整。如《郑子家丧》有关郑人求和之内容，则将《左传》本载于鲁宣公十年及十二年的史实糅合叙述，以示简明。

这些特点或许即体现了《铎氏微》的撰述特色，由是观之，《郑子家丧》应即《铎氏微》之一章，其取《左传》而改略之，反映了楚人的史观。《铎氏微》久佚，今借出土竹书以见其一斑，可明《郑子家丧》之文献学价值。而上海博物馆所藏战国楚竹书中的其他《春秋》学著作，也不应排除其中部分文献同属《铎氏微》，值得进一步研究。

附记：近出《清华大学藏战国竹简（贰）》（李学勤主编，中西书局2011年版）刊发所谓《系年》竹书，其中亦有与本文讨论相关之内容。所谓《系年》，实与编年体史书如《春秋》、《竹书纪年》不同，而采用分章叙事的著述形式，共存二十三章，约作于楚肃王、宣王时期。可知以分章的形式叙史乃是当时流行的史书体例，而《铎氏微》卒四十章以述作，也正因袭了这种形式。故所谓《系年》与《铎氏微》当属同类形式的史书。

2009 年 10 月 15 日写讫于台北东吴大学
（原载《考古》2012 年第 2 期）

天文考古学与上古宇宙观

文化源自先民对于人与天的关系的理解，或者更明确地说，人类观测天文的活动以及他们依据自己的理念建立起的天与地或天与人的关系，实际构筑了文化的基石。因此，原始人类的天文活动以及原始的天文学不仅是古代科学的渊薮，同时也是古代文明的渊薮，人们对待科学的态度也就决定着他们对待文明的态度，这是我们研究早期科学史时必须同时加以关注的两个问题。

中国古代文明是天文学发端最早的古老文明之一，因此我们可以认为，文明的起源与天文学的起源大致处于同一时期，这意味着一种有效的天文学研究提供了从根本上探索人类文明起源的可能。事实上我们并不怀疑，如果我们懂得了古代人类的宇宙观，其实我们就已经在一定程度上把握了文明诞生和发展的脉络，而天文考古学研究则为实现上述探索提供了可行的手段。

一　天文考古学概述

天文考古学是一门通过对古代人类的天文观测活动或受某种传统天文观所支配而留弃的遗迹遗物和文献的天文学研究，进而探究人类历史的学科。考古资料是天文考古学研究利用的主要史料，对考古资料的天文学研究则是这一研究的主要方法，这两方面建构了天文考古学的基础。

如果说考古学的研究目的并不满足于对古代物质文化的阐释，那么这一特点于天文考古学则表现得尤为突出。事实上，天文考古学比之考古学更侧重古代精神领域的探索，更着力揭示古代天文学的发展水平以及影响这种发展水平的思想背景与科学背景，更有意识地究辨天文与人文的相互关系。

尽管利用古代遗迹的天文学研究并不是很晚才为人所关注,但天文考古学作为一门学科,它的建立却是近百年的事情。十九世纪末,英国学者洛克耶(Joseph Norman Lockyer,1836—1920年)先后完成了他对埃及、希腊古代建筑遗迹以及英国索尔兹伯里巨石阵(Stonehenge)的考察,并出版《天文学的黎明》和《巨石阵及英国其它巨石遗迹的天文学考察》[①],成为天文考古学的开山经典。1965年,美国学者霍金斯(Gerald S. Hawkins)在他关于巨石阵的论著中首次提出"天文考古学"的概念[②]。从此,由洛克耶创立的这一学科终于作为一个独立的分支正式诞生。

天文考古学包括史前天文考古学和历史天文考古学两大分支。由于文字乃是人类文明发展到一定阶段的产物,而原始史料的阙如使得考古发掘的遗迹和遗物成为探讨此前人类活动唯一可以依凭的资料,因而天文考古学更多地关注史前期,其研究价值自非此后的天文考古学研究所能比拟。当然,这并不等于我们可以忽略历史天文考古学的研究,即使我们认为晚期历史天文考古学研究只是将考古资料作为文献不足的必要补充,这一研究也不是无足轻重,它在解决天文学与历史学的某些具体问题方面,作用仍不可替代。

天文考古学是考古学与天文学相互结合的产物,因此它的研究必须同时兼顾考古学与天文学两个学科的理论和方法。首先,天文考古学的时空框架必须借助考古学的地层学、类型学以及考古学得以利用的其他有益手段来建立;其次,由于古代先民的礼天活动异常丰富,因而天文考古学所关注的考古资料不应有所局限,人们不仅要研究古人有意识地创造加工的人工遗存,甚至也需要关注曾为先民利用的自然遗存。由于天文考古学研究是以利用考古资料为前提,这意味着真正的天文考古学的探索过程必须是在对古代遗迹和遗物充分的考古学研究的基础上完成的。因此,天文考古学事实上同考古学一样重视古代遗迹和遗物的年代、各遗迹之间的相互

---

① J. Norman Lockyer, *The Dawn of Astronomy: A Study of the Temple Worship and Mythology of the Ancient Egyptians*, London, 1894; *Stonehenge and Other British Monuments Astronomically Considered*, London, 1906.

② Gerald S. Hawkinds, *Stonehenge Decoded* (in collaboration with John B. White), Delta, 1965, Souvenir Press Lth., 1966; *Astro-Archaeology*, Smithsonian Astrophysical Observatory Special Report 226, Cambridge, Mass, 28th October 1966.

关系、文化属性及特征等因素，而不能脱离这些因素进行所谓纯天文学的考证。换句话说，天文考古学研究不是运用天文学知识对考古遗迹的再造，而是基于客观的考古学研究之上的天文学阐释。没有正确的考古学研究作为基础，一切天文学的探索都将失去意义。

诚然，由于天文考古学属于人文科学中的历史科学，因此天文考古学不能简单地等同于利用考古资料的天文学研究。或者准确地说，它不能以解决古代天文学问题作为这一学科研究的终结，而是要通过对古代先民各种天文活动的研究，探索和解决历史问题，从而以一种新的天文学视角把握文明发展的一般规律。这要求天文考古学研究必须要以人文科学的观点看待古代的天文学问题，而不能脱离社会的因素，仅将天文学简单地纳入纯自然科学的范畴。事实上，天文学在天文考古学研究中严格地说只能起到揭示某种历史发展规律的手段作用，而并不是这一学科研究的终极目标。天文考古学并不仅仅关心天文学本身，尽管这是这一学科研究的主要内容，而更注意钩沉古代天文学的社会背景、社会心理和思想意识，注意探赜古代天文学产生和发展的动因，注意研究天文与人文的相互关系，它其实是要通过一种有效的天文学研究这样一条特殊途径，揭示古代文明起源与天文学起源之间的关系，这是天文考古学诞生之初就已确定了的这一学科的最终目的。

中国天文学的历史虽然悠久，古代天文学文献虽然丰富，但长期以来，中国天文学的研究却只停留于利用文献的科学史研究，而并不存在真正意义上的天文考古学，尤其是史前天文考古学研究，这种状况直至近几十年才有所改变。事实上，中国天文考古学是以中国天文学史的研究为背景独立发展起来的，作为一门新兴的学科，中国天文考古学逐渐形成了自己一套独特的理论和方法[①]。

中国天文考古学滥觞于对古代天文仪器的研究。二十世纪初，汤金铸与周暻首先就内蒙古托克托城出土的秦汉时期日晷展开讨论[②]，其后，

---

① 冯时：《中国天文考古学》，社会科学文献出版社2001年版。
② 端方：《陶斋藏石记》卷一，清宣统元年（1909年）十月石印本。

刘复则使这一研究渐趋系统①。二十世纪六七十年代，江苏仪征东汉墓出土铜圭表②，河北满城西汉墓、陕西兴平西汉墓和内蒙古伊克昭盟杭锦旗则陆续发现西汉铜质漏壶③，为古代计时仪器的研究提供了重要资料。安徽阜阳双古堆西汉汝阴侯墓出土汉初标有二十八宿古度的漆制圆仪④，从而使对久已失传的汉以前赤道坐标体系的起源和发展的研究获得了直接的证据。当然，由于天文仪器并不同于广泛使用的生活用器，因此它的发现自然不会很多，而古代天文学文献的出土，则使中国天文考古学研究可资利用的资料大为充实。十九世纪末以后于殷墟陆续出土的商代卜辞，因为记录了丰富的天文历法内容而备受学人关注，有关商代历法、交食等问题引发了长期论辩⑤。而西周金文及西汉简牍所反映的西周及汉初历法问题也由于新资料的不断涌现而渐致清晰⑥。湖南长沙马王堆西汉墓出土帛书《五星占》和《天文气象杂占》等一批罕见的天文写本，使诸如秦汉时期的五星会合周期、公转周期及彗星观测水平

---

① 刘复：《西汉时代的日晷》，国立北京大学《国学季刊》第3卷第4期，1932年。
② 南京博物院：《江苏仪征石碑村汉代木椁墓》，《考古》1966年第1期；《东汉铜圭表》，《考古》1977年第6期；车一雄、徐振韬、尤振尧：《仪征东汉墓出土铜圭表的初步研究》，收入中国社会科学院考古研究所编《中国古代天文文物论集》，文物出版社1989年版。
③ 中国科学院考古研究所满城发掘队：《满城汉墓发掘纪要》，《考古》1972年第1期；中国社会科学院考古研究所、河北省文物管理处：《满城汉墓发掘报告》，文物出版社1980年版；兴平县文化馆、茂陵文管所：《陕西兴平汉墓出土的铜漏壶》，《考古》1978年第1期；内蒙古自治区伊克昭盟文物工作站：《内蒙伊克昭盟发现的西汉铜漏》，《考古》1978年第5期；陈美东：《试论西汉漏壶的若干问题》，收入中国社会科学院考古研究所编《中国古代天文文物论集》，文物出版社1989年版。
④ 殷涤非：《西汉汝阴侯墓的占盘和天文仪器》，《考古》1978年第5期；严敦杰：《关于西汉初期的式盘和占盘》，《考古》1978年第5期；王健民、刘金沂：《西汉汝阴侯墓出土圆盘上二十八宿古距度的研究》，收入中国社会科学院考古研究所编《中国古代天文文物论集》，文物出版社1989年版。
⑤ 董作宾：《殷历谱》，中央研究院历史语言研究所，1945年；《殷代月食考》，《历史语言研究所集刊》第二十二本，1950年；《卜辞中八月乙酉月食考》，《大陆杂志特刊》第一辑下册，1952年；刘朝阳：《殷末周初日月食初考》，《中国文化研究汇刊》第4卷上册，1944年；《殷历质疑》，《燕京学报》第13期，1933年；《殷历馀论》，《宇宙》第16卷，1946年；冯时：《殷历岁首研究》，《考古学报》1990年第1期；《殷卜辞乙巳日食的初步研究》，《自然科学史研究》第11卷第2期，1992年；《殷代纪时制度研究》，《考古学集刊》第16集，2006年；张培瑜：《甲骨文日月食与商王武丁的年代》，《文物》1999年第3期。
⑥ 冯时：《晋侯稣钟与西周历法》，《考古学报》1997年第4期；陈久金、陈美东：《临沂出土汉初古历初探》，《文物》1974年第3期；黄一农：《汉初百年朔闰析究——兼订〈史记〉和〈汉书〉纪日干支讹误》，《历史语言研究所集刊》第七十二本第四分，2001年；《秦汉之际（前220—前202年）朔闰考》，《文物》2001年第5期；《江陵张家山出土汉初历谱考》，《考古》2002年第1期。

等过去难以探讨的问题有了全新的认识①。事实上，传统的天文文献是以文字与图像兼而重之，这使为适应"事死如事生"的丧葬礼俗而于墓室或随葬品中出现的天文星图成为天文考古学研究所关注的对象。湖北随州曾侯乙墓二十八宿漆箱的出土，证明至迟于公元前五世纪初，中国二十八宿体系已经相当完整②。而西汉以降墓室及敦煌卷子等各种天文星图的不断发现，不仅使二十八宿宿名古义和四象演变的研究日臻深入③，同时对于探讨古代的恒星观测传统、星图的绘制历史与方法、西方天文学体系的影响等问题也具有积极的意义④。很明显，这些研究极大地丰富了中国天文学史的研究内容，补充了传世文献记载的不足，使我们更完整地理解了古代天文学的科学价值和人文价值，成为中国天文考古学研究的重要部分。

如果说明确的天文遗物和相关文献可以提供古代天文活动的直接证据的话，那么利用考古遗迹探索先民的天文实践则要困难得多。二十世纪中叶，石璋如即通过对殷墟发现的殷代墓葬和建筑方向的研究试图阐释殷人辨方正位的独特理念和方法⑤。这种探索后来则被延伸至对新石器时代墓葬方向的研究⑥。尽管这些尝试对于重建久已湮灭的古代时空观还显得很薄弱，但却足以将一部先民天文观测的历史推向史前时代。

历史天文考古学的研究无疑为我们追溯中国天文考古学的渊源奠定了坚实基础，从而使史前天文考古学研究可以从容探讨远古先民的科学成就

---

① 刘云友：《中国天文史上的一个重要发现——马王堆汉墓帛书中的〈五星占〉》，《文物》1974年第11期；席泽宗：《马王堆帛书中的彗星图》，《文物》1978年第2期。

② 王健民、梁柱、王胜利：《曾侯乙墓出土的二十八宿青龙白虎图像》，《文物》1979年第7期。

③ 雒启坤：《西安交通大学西汉墓葬壁画二十八宿星图考释》，《自然科学史研究》第10卷第3期，1991年；冯时：《洛阳尹屯西汉壁画墓星象图研究》，《考古》2005年第1期。

④ 夏鼐：《洛阳西汉壁画墓中的星象图》，《考古》1965年第2期；《从宣化辽墓的星图论二十八宿和黄道十二宫》，《考古学报》1976年第2期；《另一件敦煌星图写本——〈敦煌星图乙本〉》，《中国科技史探索》，上海古籍出版社1982年版；王车、陈徐：《洛阳北魏元乂墓的星象图》，《文物》1974年第12期；席泽宗：《敦煌星图》，《文物》1966年第3期；伊世同：《临安晚唐钱宽墓天文图简析》，《文物》1979年第12期；《最古的石刻星图——杭州吴越墓石刻星图评价》，《考古》1975年第3期；《河北宣化辽金墓天文图简析——兼及邢台铁钟黄道十二宫图像》，《文物》1990年第10期。

⑤ 石璋如：《河南安阳后冈的殷墓》，《六同别录》上册，中央研究院历史语言研究所，1945年。

⑥ 卢央、邵望平：《考古遗存中所反映的史前天文知识》，收入中国社会科学院考古研究所编《中国古代天文文物论集》，文物出版社1989年版。

以及与此相应的古代宇宙观。事实上在这方面，考古学所提供的崭新材料一直不断地冲击着人们对于原始文明的保守认识，以至于人们总在不自觉地以一种自古史辨运动以来长期形成的对待古史的怀疑态度去审视考古资料本身，刻意回避那些与传统古史观相悖的敏感问题，这当然会使我们丧失掉许多寻找古代文明与科学的契机。河南濮阳西水坡以45号墓为核心的仰韶时代宗教遗迹的发现大开了我们的眼界，对其天文学意义的全面阐释不仅重建了古人基于朴素时空观的观象授时传统和宇宙观念，将中国天文学有确证可考的历史提前至公元前五千纪的中叶①，甚至直接涉及到对天文学起源与文明起源的相互关系的思考②。很明显，如果说西水坡宗教遗迹天文学意义的揭示只是使我们有机会重睹史前先民的天文观测水平和其具体内涵的话，这当然很不够，更重要的是它所显示的科学史和文化史价值为我们建立了重新看待古代社会的认知背景，进而构建起基于考古资料的全新历史观。这意味着如果我们遵从考古学的证据，那么我们就必须以一种新的历史视角去调整已为我们习惯了的历史观点，从而更客观地思考一个古老文明的发展进程。

西水坡宗教遗迹所体现的科学史价值与文化史价值同等重要，在这样的背景下，我们其实可以放心地探求上古的科学成就，并通过这种有效的科学史研究，从本质上究寻古人对于宇宙及生命本原的思考。事实上，史前天文考古学研究大大突破了科学史研究的局限，对天文遗迹和遗物的考证已经从单纯的技术层面跃升为对古代宇宙思想的关注③，相关的个案研究不仅建立了中国天文考古学体系④，而且可使人们在客观完整地了解远古天文学成就的同时，系统地探索这种科学实践活动所蕴含的人文内涵，从而直探原始文明的初基。

---

① 冯时：《河南濮阳西水坡45号墓的天文学研究》，《文物》1990年第3期。
② 冯时：《星汉流年——中国天文考古录》，四川教育出版社1996年版；《古代天文与古史传说》，《中华第一龙》，中州古籍出版社2000年版；《中国天文考古学》，社会科学文献出版社2001年版；《中国古代的天文与人文》，中国社会科学出版社2006年版。
③ 冯时：《红山文化三环石坛的天文学研究——兼论中国最早的圜丘与方丘》，《北方文物》1993年第1期。
④ 冯时：《中国天文考古学》，社会科学文献出版社2001年版。

二　天文学的起源与文明的起源

　　天文考古学把古代天文学视为人类早期文明的重要组成部分。由于原始的农业生产对于时间的需要以及宗教祭祀活动对于星占的需要，天文学实际已成为人类最早获得的严格意义上的科学知识，因此，天文学的发祥与文明的诞生便有着密不可分的关系。事实上，文明与科学是难以切割的，天文学的创造不仅是指天文技术以及由此导致的观象手段和计算方法，更重要的则是支持这些技术的天文思想以及一种以天人关系为思考主题的人文理解。显然，科学的发展进程便体现着文明的发展进程，古人创造科学的活动也就是他们创造文明的活动。

　　中国的天文学到底古老到多久？这个问题当我们和其他文化现象联系起来考虑的时候似乎更有意义。众所周知，农业文明不仅标志着一种新的生产方式，同时也标志着新的文明形式，有关它的起源的探索，考古学的证据已足以上溯到距今万年以前。或许人们并不以为农业的起源与天文有什么关系，其实不然，人工栽培农业的目的是为人们的食物来源提供保障，这意味着它将首先出现在季节变化分明的纬度地区，而当地的气候条件使一年中真正适合播种和收获的时间非常有限，致使贻误农时便会造成一年的绝收。因此，农业的起源必须要以精确的时间服务作为保证，没有古人对时间的掌握，就不可能有农业的出现。显然，中国农业起源年代所给予的天文学起源的暗示是清楚的。

　　尽管目前的天文考古学研究已为这个问题的判断预留了广阔空间，然而我们似乎仍没有机会从中国古老文明的源头讲起，因为迄今为止的任何一项天文考古学个案研究，其所揭示的古代思想史和文明史的内涵都是综合性的，这意味着即使相关的考古资料的年代可以早至公元前第五千纪以前——这个年代其实已足以使传统的历史学与考古学深感惊诧，但那充其量也只是文明与科学发展到相当成熟阶段后的精神成果，因为这些基于古代时空观而建立的天人思想不仅非常系统，而且也相当完整。

　　对于印证这个事实，恐怕再没有比对发现于河南濮阳西水坡的仰韶时代蚌塑宗教遗迹的研究更能说明问题。遗迹包括彼此关联的四个部分①，四处遗迹自北而南等间距地沿一条子午线分布（图1），而且异常准确。遗迹北部是一座编号 M45 的墓葬，墓穴南边圆曲，北边方正，东西两侧呈凸出的弧形，一位老年男性墓主头南足北仰卧其中，周围还葬有三位少年。在墓主骨架旁边摆放有三组图像，东为蚌龙，西为蚌虎，蚌虎腹下尚有一堆散乱的蚌壳，北边则是蚌塑三角图形，三角形的东边特意配置了两根人的胫骨（图2）。位于45号墓南端20米处分布着第二组遗迹，由蚌壳堆塑的龙、虎、鹿、鸟和蜘蛛组成，其中蚌塑的龙、虎蝉连为一体，虎向北，龙向南，蚌鹿卧于虎背，鹿的后方则为蚌鸟，鸟与龙头之间则是蚌塑蜘蛛，蜘蛛前方放置一件磨制精细的石斧（图3）。距第二组遗迹南端20米分布着第三组遗迹，包括由蚌壳摆塑的人骑龙、虎、鸟的图像以及圆形和各种显然不是随意丢弃的散乱蚌壳。蚌虎居北，蚌人骑龙居南，作奔走状，形态逼真。第二组和第三组蚌塑图像与第一组直接摆放于黄土之上的做法不同，而是堆塑于人们特意铺就的灰土之上（图4）。在这南北分布的三处遗迹的南端20米处，则有编号 M31 的墓葬。墓主为少年，头南仰卧，两腿的胫骨在入葬前已被截去（图5）。这处规模宏大的宗教遗迹，无论考古学的研究还是碳同位素的测定，都把它的年代限定在公元前五千纪的中叶，准确时间约为距今6500年。遗迹所蕴含的科学与文明的精神以及先民对于天文与人文的思考是深刻的，在今天我们近乎艰难地读懂了这些作品之后，更能体会到一种心灵的震撼！

图1　河南濮阳西水坡仰韶时代遗迹分布示意图（各遗迹间距为20—25米）

---

① 濮阳市博物馆、濮阳市文物工作队：《河南濮阳西水坡遗址发掘简报》，《文物》1988年第3期；濮阳西水坡遗址考古队：《1988年河南濮阳西水坡遗址发掘简报》，《考古》1989年第12期。

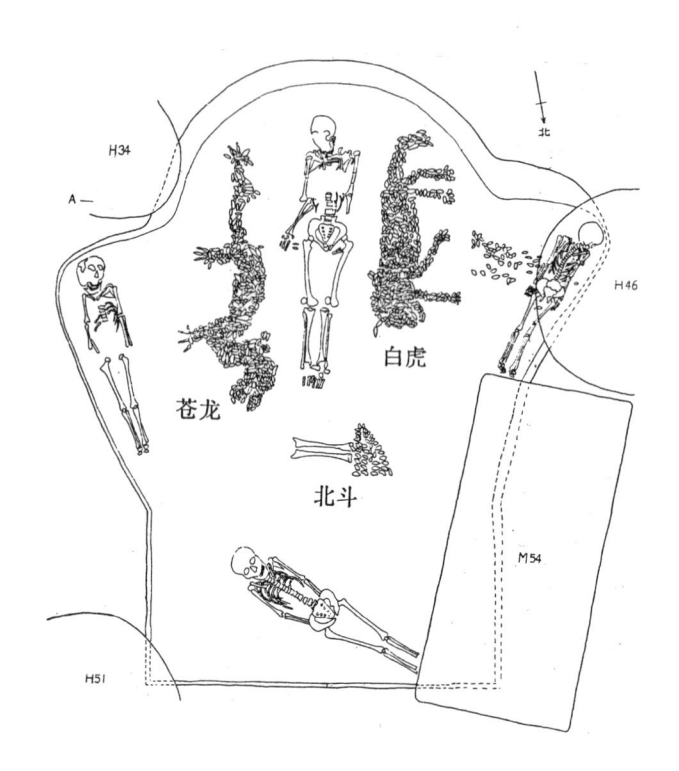

图 2　河南濮阳西水坡 45 号墓平面图

图 3　河南濮阳西水坡第二组蚌塑遗迹

图 4　河南濮阳西水坡第三组蚌塑遗迹

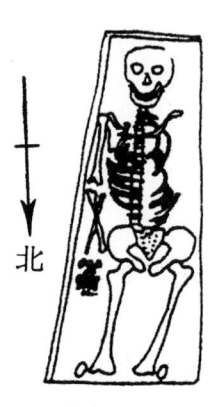

图 5　河南濮阳西水坡 31 号墓平面图

(一) 早期天官体系的建立

西水坡蚌塑宗教遗存的核心便是葬有这座遗迹主人的 45 号墓，墓中的蚌塑遗迹构成了一幅完整的星象图，其中墓主脚端由蚌塑三角形和两根人的胫骨组成的图像即是明确可识的北斗图像，蚌塑三角形表示斗魁，东侧横置的胫骨表示斗杓，构图十分完整。

尽管星象图确定的关键在于对北斗的考认，但仅从象形上认证北斗显然不够，事实上，斗杓不用蚌壳堆塑却特意选配人骨来表示，这本身就已显示出与其他蚌塑图像的差异。如果说这种耐人寻味的做法能够帮助我们从本质上了解北斗的含义的话，那么这正是我们渴望找到的线索。

中国天文学由于受观测者所处地理位置的局限而有着鲜明特点，其中重要的一点就是重视观测北斗及其周围的拱极星。因为在黄河流域的纬度，北斗位居恒显圈，而且由于岁差的缘故，数千年前它的位置较今日更接近北天极，所以终年常显不隐，观测十分容易。随着地球的自转，斗杓呈围绕北天极做周日旋转，在没有任何计时设备的古代，可以指示夜间时间的早晚；又由于地球的公转，斗杓呈围绕北天极做周年旋转，人们根据斗杓的指向可以掌握寒暑季候的更迭变化。古人正是利用了北斗的这种终年可见的特点，建立起了最早的时间系统。但是，北斗只有在夜晚才能看到，如果人们需要了解白天时间的早晚，或者更准确地掌握时令的变化，那就必须创立一种新的计时方法，这就是立表测影。众所周知，日影在一天中会不断地改变方向，如果观察每天正午时刻的日影，一年中又会不断地改变长度。因此，古人一旦掌握了日影的这种变化规律，决定时间便不再会是困难的工作。

原始的表叫"髀"，它实际是一根直立于平地上的杆子，杆子的投影随着一天中时间的变化而游移，这一点似乎并不难理解。然而追寻"髀"的古义，却对古人如何创造立表测影的方法颇有启发。《周髀算经》："周髀，长八尺。髀者，股也。髀者，表也。"这个线索使我们有机会直探 45 号墓中北斗那种特殊造型的真义。事实上，古代文献对于早期圭表的记载有两点很值得注意，首先，"髀"的本义既是人的腿骨，同时也是测量日影的表；其次，早期圭表的高度都规定为八尺，这恰好等于人的身长①。这两个特点不能不具有某种联系，它表明早期的圭表一定是由人骨转变而来。联系《史记·夏本纪》有关大禹治水以身为度的故事，以及殷商甲骨文表示日中而昃的"昃"字即象太阳西斜而俯映的人影，都可以视为古人利用人体测影的古老做法的孑遗。甚至"夸父追日"的神话也并不仅仅反映的是古人立表测影的实践②，而更再现了测影工作源于人体测影的历史③。然而我们不可能想象古人为完成测影工作会永远停留在以人体测影的原始阶段，这种做法不仅不可能长期坚持，而且测量的精度也远远不够，于是古人为完善测影工作，就必须发明一种能够取代人体的天文仪器，这就是表。表的原始名称之所以叫"髀"，原因就在于"髀"的本义为人的腿骨，而腿骨则是使人得以直立而完成测影工作的关键所在。因此我们似乎可以相信这样一个事实，人类乃是通过长期的生产实践，通过不断观察自身影子的变化而最终学会了测度日影，最早的测影工具其实就是人体本身。显然，从人身测影向圭表测影的转变，不仅会使古人自觉地将早期圭表模仿人的高度来设计，同时也沿袭了得以完成这项工作的人体的名称。这种做法不仅古老，而且被先民们一代代地传承了下来。

毫无疑问，45 号墓中的北斗形象完美地体现了圭表测影与北斗建时这两种计时法的精蕴。事实上，"髀"所具有的双重含义——腿骨和表——已经表明，人体在作为一个生物体的同时，还曾充当过最早的测影工具，而墓中决定时间的斗杓恰恰选用人腿骨来表示，正是先民创造出利用太阳和北斗决定时间的方法的结果。这种创造在今天看来似乎很平常，但却是极富智慧的。

墓中的龙、虎形象虽然比北斗更为直观，但它的天文学意义却并不像北斗那样广为人知。中国天文学的传统星象体系为四象二十八宿，宿与象的形成反映了古人对于星官的独特理解。古人观测恒星的方法非常奇特，他们并不把恒星看作彼此毫无关系的孤立星辰，而是将由不同恒星组成的图像作为观测和识别的对象。因此，象其实就是古人对恒星自然形成的图

---

① 伊世同：《量天尺考》，《文物》1978 年第 2 期。
② 郑文光：《中国天文学源流》，科学出版社 1979 年版，第 38 页。
③ 冯时：《中国天文考古学》，中国社会科学出版社 2007 年版，第 67 页。

像的特意规定，他们根据这些图像所呈现的形象，以相应的事物加以命名，并将其称为"天文"。这里"文"即是"纹"字的古写，意思便是天上的图像。显然，四象二十八宿不仅构成了中国天文学最古老的星官体系，同时也展现着最古老的星象。

四象与二十八宿的关系随着早期天文学的发展出现过一些变化。尽管古老的天官体系将天球黄道和赤道附近的恒星划分为四区，并以四象分主四方，作为各区的象征，形成了东宫苍龙、西宫白虎、南宫朱雀、北宫玄武，每宫各辖二十八宿中七座星宿的严整体制，但这种形式并不是从一开始就这样完整。证据表明，四象虽然确是通过古人所认识的一种特定的恒星组合而最终形成的，但它们与二十八宿的关系却并不具有对等的意义。准确地说，四象的形象最初来源于二十八宿各宫授时主宿的形象，而它们作为四个象限宫的象征，则是对于各宫授时主宿意义的提升。即使晚在西汉的星象图上，这种观念依然体现得十分鲜明（图6）。显然，这为45号墓中的蚌塑龙、虎找到了归宿。

天文学所提供的答案是令人信服的。北斗既已认定，我们还能对蚌塑龙、虎的含义做出有悖于天文学的解释吗？显然不能。原因很简单，墓中的全部蚌塑遗迹必须被视为一个整体，这个整体由于北斗的存在而被自然地联系了起来。换句话说，除北斗之外，墓中蚌龙、蚌虎的方位与中国天文学体系二十八宿主配四象的东、西两象完全一致。两象与北斗拴系在一起，直接决定了蚌塑龙虎图像的星象意义。将蚌塑图像与真实星图比较（图7），可以看出其所反映的星象的位置关系与真实天象若合符契。

相同的星象作品亦见于战国初年曾侯乙墓出土的二十八宿漆箱（图8，1），将其与西水坡45号墓的蚌塑遗迹对比，先民以蚌壳堆塑的方式表现星象的做法或许看得更清楚。漆箱盖面星图的中央特别书写着大大的"斗"字，表示北斗，"斗"字周围书写二十八宿宿名，而二十八宿之外的左、右两侧则分别绘有象征四象的龙、虎，显然，北斗与龙、虎共存作为星象图的核心内容的事实相当明确，而这与西水坡45号墓蚌塑遗迹所表现的星象内容完全相同。不仅如此，两幅星象图的细节部分也毫无差异。我们注意到，西水坡45号墓蚌虎的腹下尚有一堆蚌壳，只是因为散乱，已看不出它的原有形状，而曾侯乙漆箱星图的虎腹下方也恰好绘有一

图 6　西安交通大学西汉壁画墓星象图

个火形图像①，它的含义当然象征古人观象授时的主星——大火星（心宿二，天蝎座 α）。很明显，由于有曾侯乙二十八宿漆箱星象图的印证，西水坡 45 号墓蚌塑遗迹组成了一幅与之内容相同的星象图的事实已没有任何可怀疑的馀地了，而且直至公元前五世纪初，这种以北斗和龙、虎为主要特征的星象作品，在四千年的时间里几乎没有任何改变。

我们知道，随着地球的自转，北斗虽然为黄河流域的先民所恒见，但是位居天球赤道附近的星宿却时见时伏，于是古人巧妙地在北斗与二十八宿之间建立起了一种有效的联系。他们充分利用北斗可以终年观测的特点，将它与赤道星官相互拴系，以便寻找二十八宿中那些伏没于地平的星宿。这种固定的联

---

① 庞朴：《火历钩沉》，《中国文化》创刊号，1989 年。

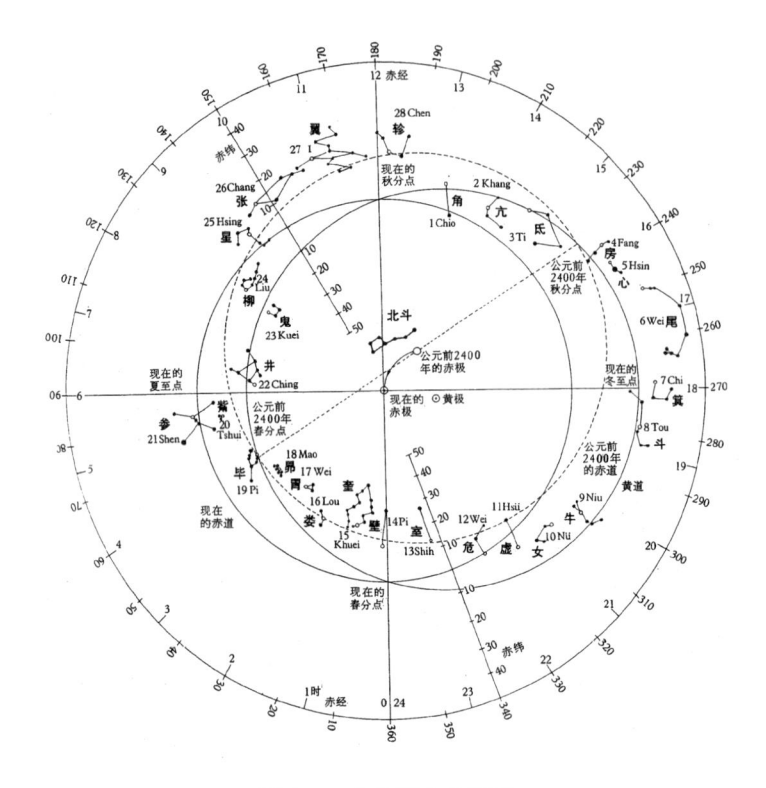

图 7　二十八宿北斗星图

系表现为，角宿的位置依靠斗柄的最后二星定出，实际顺着斗杓的指向，可以很容易找到龙角。同样，从北斗第五星引出的直线正指南斗，而斗魁口端二星的延长线与作为虎首的觜宿又恰好相遇①。尽管北斗与二十八宿的这种关系在战国时代以前应该更为完善②，但北斗与龙、虎关系的确立事实上已足以构建起一个古老的天官体系。古人把北斗想象为天帝的乘车（图9），它运于天极中央，决定着时间，指示着二十八宿的方位③。过去我们把中国天文学这一特点的形成时代追溯到公元前五世纪的战国初年，因为曾侯乙漆

---

① 《史记·天官书》："北斗七星，所谓'旋玑玉衡，以齐七政。'杓携龙角，衡殷南斗，魁枕参首。"
② 冯时：《中国天文考古学》，社会科学文献出版社2001年版，第275—277页。
③ 《史记·天官书》："斗为帝车，运于中央，临制四乡，分阴阳，建四时，均五行，移节度，定诸纪，皆系于斗。"

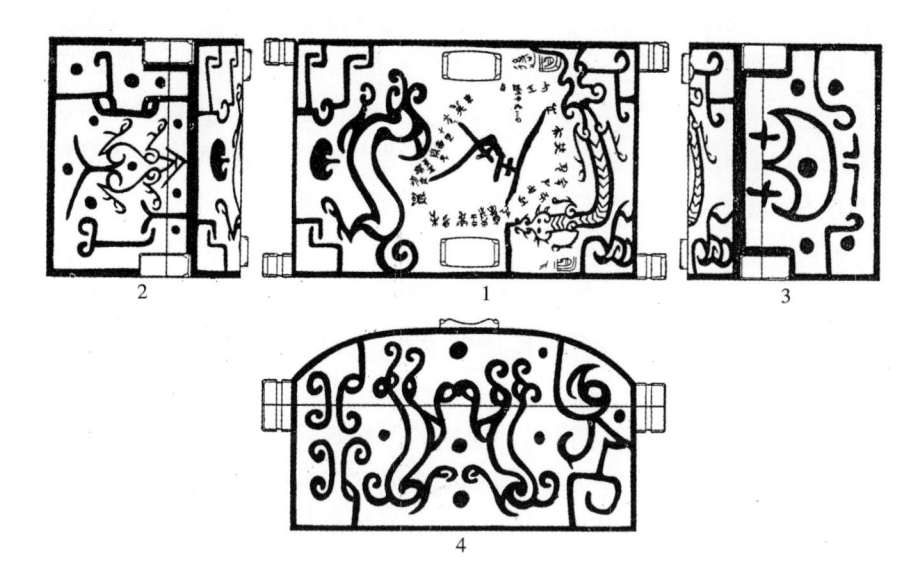

图8　战国曾侯乙漆箱星象图（湖北随州出土）
1. 盖面　2. 西立面　3. 东立面　4. 北立面

箱星图完整地体现了这些思想。然而现在我们知道，曾侯乙星图所反映的思想其实并不古老，它不过是西水坡星图的再现而已！

图9　东汉北斗帝车石刻画像（山东嘉祥武梁祠）

在二十八宿形成的过程中，由于古人观象授时的需要，东宫与西宫的部分星象曾经受到过特别的关注。上古文献凡涉及星象起源的内容，几乎都无法回避这一点。东宫苍龙七宿在其形成的过程中恐怕至少有六宿是一次选定的，从宿名的古义分析，角、亢、氐、房、心、尾皆得于龙体①，从而构成了《周易·乾卦》所称的"龙"②，也就是《象传》所指的"六龙"。而西宫白虎七宿的核心则在于觜、参两宿，甚至到汉代，文献及星图中还保留着以觜、参及其附座伐为白虎形象的朴素观念（图6）③。当然，西水坡45号墓所呈现的蚌塑龙虎并不意味着当时的人们尚只懂得识别与这两象相关的个别星宿，因为第二组蚌塑遗迹中与龙、虎并存的鸟和鹿正展现了早期四象体系中的另外两象，其中鸟象来源于二十八宿南宫七宿中张、翼两宿所组成的形象，而鹿则反映了二十八宿北宫七宿中危宿及其附座的形象④。在北宫的形象由玄武取代鹿之前，早期的四象体系一直是以龙、虎、鹿、鸟作为四宫的授时主星，这个传统至少在春秋时期仍未改变（图10），而它的影响甚至比一个新的四象体系的建立更为深远。显然，西水坡蚌塑遗迹中四象的出现不仅表明作为各宫主宿的四象星官成为先民观象授时和观测二十八宿的基础星官，而且以北斗和二十八宿等重要星官建构的古老的五宫体系也已形成。

  东宫龙象中的大火星与西宫虎象中的参宿作为授时主星的事实，文献学与考古学的证据已相当充分⑤。公元前五千纪的中叶，大火星与参宿处于二分点，这种特殊天象与观象授时的关系恰好通过西水坡45号墓蚌塑龙、虎二象的布列和北斗杓柄的特意安排十分巧妙而准确地表现了出来。很明显，为再现古人观象授时的工作，西水坡45号墓的蚌塑星象展现了当时的实际星空，这种授时传统不仅古老，甚至到数千年后的曾侯乙时代，仍然能感受到它的深刻影响。

---

  ① 冯时：《中国早期星象图研究》，《自然科学史研究》第9卷第2期，1990年；《中国天文考古学》，社会科学文献出版社2001年版，第306—307页。

  ② 闻一多：《璞堂杂识·龙》，《闻一多全集》册二，生活·读书·新知三联书店1982年版；夏含夷：《〈周易〉乾卦六龙新解》，《文史》第24期，1986年；陈久金：《〈周易·乾卦〉六龙与季节的关系》，《自然科学史研究》第6卷第3期，1987年；冯时：《中国早期星象图研究》，《自然科学史研究》第9卷第2期，1990年。

  ③ 《史记·天官书》："参为白虎。三星直者，是为衡石。下有三星，兑，曰罚，为斩艾事。其外四星，左右肩股也。小三星隅置，曰觜觿，为虎首。"张守节《正义》"觜三星，参三星，外四星为实沈，……为白虎形也。"

  ④ 冯时：《中国天文考古学》第六章第五节，社会科学文献出版社2001年版。

  ⑤ 参见《左传·襄公九年》、《昭公元年》及《国语·晋语四》。又见庞朴《火历钩沉》，《中国文化》创刊号，1989年；冯时《中国早期星象图研究》，《自然科学史研究》第9卷第2期，1990年。

图 10 四象铜镜（公元前九世纪初至前七世纪中）

北斗与心、参两宿作为中国传统的授时主星，它的起源显然就是心、参两宿与太阳相会于二分点的时代。《公羊传·昭公十七年》："大辰者何？大火也。大火为大辰，伐为大辰，北辰亦为大辰。"何休的解释是："大火谓心，伐谓参伐也。大火与伐，天所以示民时早晚，天下所取正，故谓之大辰。辰，时也。"这里的"北辰"过去一直以为是北极，其实由于古人对于天极与极星认识的不同，早期的极星正是北斗[①]。显然，鉴于北斗与心、参两宿可以为先民提供准确的时间服务，因而对这三个星官的观测便形成了最古老的三辰思想。

以立表测影与观候星象为基础而建构的授时系统在仰韶文化时代已经相当完善，由此决定的空间的测量工作当然需要首先完成。西水坡的四处遗迹准确无误地分布于一条南北子午线上，这个事实足以证明先民们对于空间方位的把握程度。接下来的工作便是对于时间的划分，而圭表致日与恒星观测其实已使时间的计量并不困难，而且由于龙、虎、鹿、鸟四象的出现，分至

[①] 冯时：《中国天文考古学》第三章第二节，社会科学文献出版社 2001 年版。

四气的校定显然已经非常准确，这甚至直接影响了《尚书·尧典》记载的以四仲中星验证四气的古老方法。正如四气的确定便意味着历年的确立一样，四象的形成也意味着古人对于黄道和赤道带星官的认识。由于四象最初只是四方星象中最重要的授时主星的形象，而它们作为四宫的象征也只是这些授时主星地位的提升，但是我们不能想象古人在以四象校验作为时间标记点的四气的情况下，竟对黄道和赤道带的其他星官视若无睹，而未能建立起与这个时间体系相对应的识星系统，这意味着二十八宿体系在当时也已基本形成，当然这个早期的朴素体系后来经过了反复的调整。事实上，古人识星体系的完整性不仅体现在对具体星象的缜密观测，同时还在于对全天星象的整体把握。《史记·天官书》以五宫分配天官，其中东、西、南、北四宫分配二十八宿，中宫天极星括辖北斗。尽管西水坡 45 号墓蚌塑星图中北斗与二十八宿的对应关系呈现了比《天官书》更为简略的模式，斗杓东指，会于龙角；斗魁在西，枕于参首。但第二组蚌塑遗迹作为四象的鹿、鸟的出现已经涉及了南、北两宫，这种四象与四宫的固定关系不仅可以获得《天官书》的印证，更可以获得曾侯乙星图的印证。因此，以北斗与四象星象为代表的五宫体系在当时已经建构起基本的雏形，它表明至少在公元前五千纪的中叶，中国传统天文学的主体部分已经形成。

（二）盖天宇宙观的形成

中国古代的宇宙理论大致包括三种学说，即盖天说、浑天说和宣夜说。盖天家认为，天像圆盖扣在方形平坦的大地上，这种认识至少部分地来源于人们的直观感受，因而天圆地方的宇宙模式成为起源最早的宇宙思想。

正像早期星图作为描述星象位置及再现观象授时工作的作品一样，先民对于宇宙模式的描述也创造了相应的图解。由于不同季节太阳在天穹上的高度并不一致，夏至时太阳从东北方升起，于西北方落下，在天穹上的视位置偏北；冬至时太阳从东南方升起，于西南方落下，在天穹上的视位置偏南；而春分和秋分时太阳从正东方升起，于正西方落下，在天穹上的视位置居中。于是古人将二分二至时太阳因视运动而形成的三个同心圆记录下来，创造出了盖天家解释星象运动和不同季节昼夜变化的基本图形——盖图（图11）。盖图的核心部分为表现太阳于一年十二个中气日行轨迹的"七衡六间图"（图12）。据《周髀算经》及赵爽的注释，七衡六间的内衡为夏至日道，中衡（第四衡）为春分和秋分日道，外衡为冬至日道。显然，由于二分二至乃是古人建立严格记时制的基础，因此"七衡六间图"的核心实际就是三衡图。

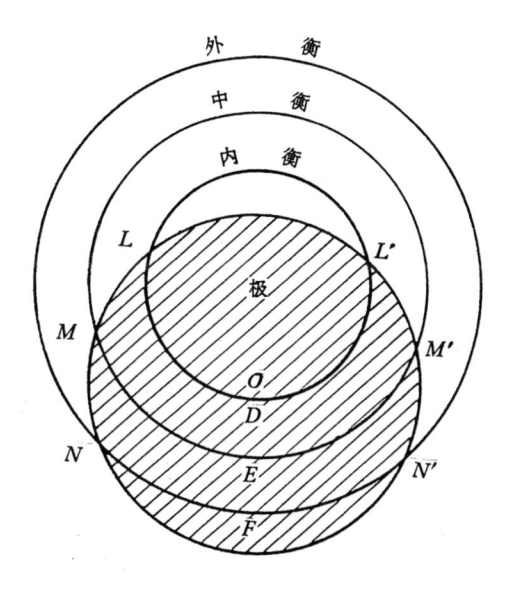

图11 盖图

盖天家对于盖图（图11）持有这样的认识，"七衡六间图"也就是所谓的"黄图画"，它实际是一幅以北极为中心的星图，而叠压在黄图画上的部分则为"青图画"，表示人的目视范围。按照盖天家的理解，太阳在天穹这个曲面内运行并不是东升西落，而是像磨盘一样回环运转，太阳被视为拱极星，凡日光所能照耀的范围便是人的目力所及，太阳转入"青图画"内是白天，转出青图画外则是黑夜。如果以图11表述盖天家的天文理念，O点则为观测者的位置，由于三衡分别以内衡象征夏至日道，中衡象征春秋二分日道，外衡象征冬至日道，所以L点即为夏至日的日出位置，L'点为其时的日入位置，太阳转入"青图画"内在LDL'弧上运行是白天，在相反的弧上运行则是黑夜。M点为春秋二分日的日出位置，M'点为其时的日入位置，太阳在MEM'弧上运行是白天，在相反的弧

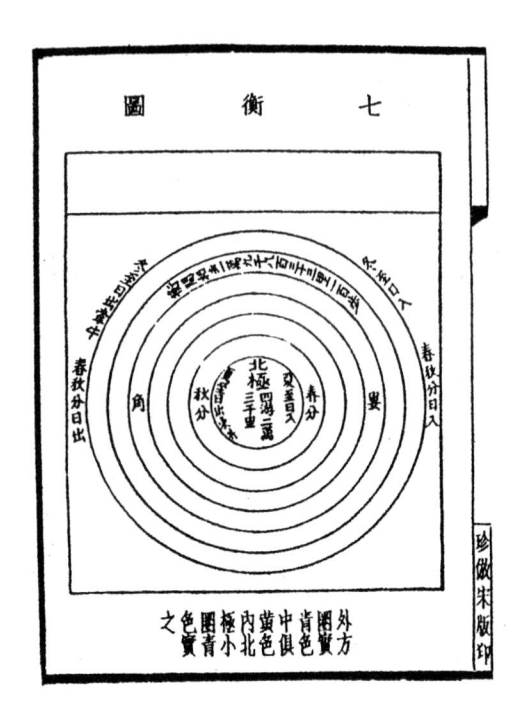

图 12　七衡六间图

上运行是黑夜。N 点为冬至日的日出位置，N' 点为其时的日入位置，太阳在 NFN' 弧上运行是白天，在相反的弧上运行是黑夜。"青图画"和"黄图画"各有一个"极"，贯穿两个"极"点，不仅可以看到黄图画上的七衡六间和二十八宿等星象，而且能够很容易了解一年中任何季节日出日入的方向和夜晚的可见星象。同时，"青图画"所分割的三衡象征昼夜的两部分弧长之比理应随着季节的变化而不同，这种差异则为盖天家用来说明分至四气昼夜长短的变化。譬如，春秋二分日的昼夜等长，那么盖图的中衡表示昼夜的弧长就应该相等；冬至夜长于昼，夏至昼长于夜，比例相反，则外衡与内衡表示冬至与夏至的昼夜两弧之比也应相反，这些特点至少在属于公元前四千纪的早期盖图中已经表现得相当准确[1]。

---

[1] 冯时：《红山文化三环石坛的天文学研究——兼论中国最早的圜丘与方丘》，《北方文物》1993 年第 1 期；《中国天文考古学》第七章第二节，社会科学文献出版社 2001 年版。

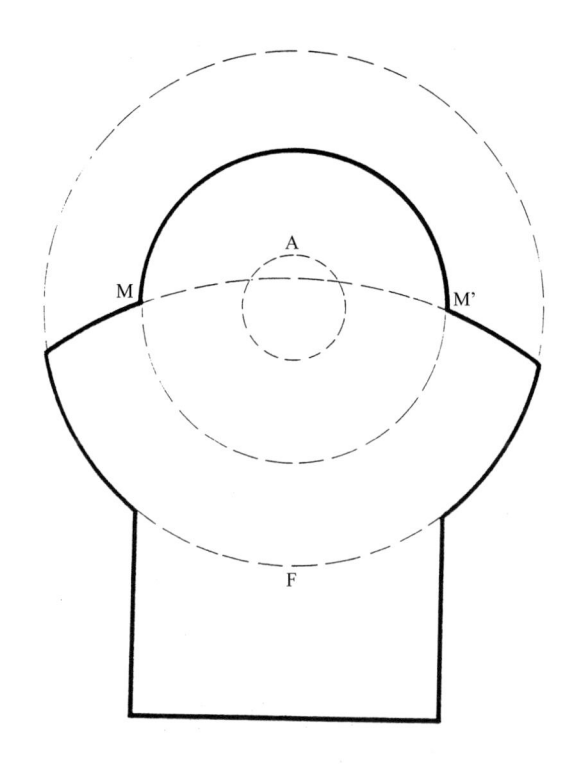

图 13　西水坡 45 号墓盖图复原

当我们以这种朴素的盖天理论重新看待西水坡 45 号墓的墓穴形状的时候，我们在获得天圆地方的直观印象的同时，显然可以将墓穴的奇异形状理解为盖图的简化形式，因为如果我们以墓穴南边的弧形墓边作为盖图的中衡，也就是春分和秋分的日道看待，就可以完好地复原盖图（图13）。其实，墓穴的形状正是截取了盖图的内衡、外衡和"青图画"的部分内容，构图十分巧妙！因此，西水坡 45 号墓不仅以其蚌塑遗迹构成了中国目前所见最古老的天文星图，而且墓葬的特殊形制也表现了最原始的盖图，这种设计当然符合中国古代星图必以盖图为基础的传统。

中国古人始终持有一种以南象天的观念，与天相对的北方才是地的位置，这个传统几乎同时影响着早期天文图和地图的方位系统，因此，以南为天的图像表述便是以上为天，这个方位又恰好符合古人以圆首象天、方足象地的朴素思维①。事实上，西水坡 45 号墓的墓穴形状不仅以盖图的"黄图画"作为南方墓廓，同时将墓穴的北边处理为方形，其刻意表现天圆地方的宇宙思想已相当清楚。墓穴又以盖图表示二分日夜空的部分作为主廓，这种设计与墓中布列龙虎星象及北斗的做法彼此呼应，准确体现了大火星与参星在二分日的授时意义。这些思想在《周髀算经》中都或多或少地留有痕迹。很明显，西水坡 45 号墓的墓穴形制选取盖图的春秋分日道、冬至日道和阳光照射界线，同时附加方形的大地，一幅完整的盖天宇宙图形便构成了。它向人们展示了天圆地方的宇宙模式、寒暑季节的变化特点、昼夜长短的交替更迭、春秋分日的标准天象以及太阳的周日和周年视运动特点等一整套古老的宇宙思想，表现了南天北地的空间观念和天地人三才的人文精神。或许这些答案的象征意义十分强烈，但它所反映的古老的科学思想与文化观念却很清晰。

中国古代的丧葬制度孕育着一种根深蒂固的传统，死者再现生者世界的做法通过墓葬形制得到了充分的表现，其中最显著的特点就是使墓穴呈现出宇宙的模式并布列星图。这种待遇恐怕最初仅限于王侯，显然它缘起于中国天文学所固有的官营性质。不过随着礼制被践踏，这种象征地位和权力的制度多少失去了原有的意义。尽管如此，西水坡 45 号墓作为这种传统的鼻祖应当之无愧，而后世那些因夯筑而得以残留的封冢遗迹以及更晚的穹窿顶墓室结构，显然都是天圆地方观念的直观反映。《史记·秦始皇本纪》描述其陵冢"上具天文，下具地理"，再造了一幅真实的宇宙景象。而晚期的墓室星图几乎一致地绘于穹窿顶中央，证明半球形的封冢和墓顶象征着天穹。与此对应的是，曾侯乙墓的棺侧绘出门窗和卫士，表示墓主永居的家室，又证明方形的墓穴象征着大地。事实表明，传统的封树制度及穹窿式墓顶结构与方形墓穴的配合，正可以视为盖天宇宙论的立体表现。很明显，这种由西水坡 45 号墓盖天理论的平面图解到后世立体模式的转变，反映了同一宇宙思想的不同表现形式。

---

① 《淮南子·精神》："头之圆也象天，足之方也象地。"

(三) 灵魂升天思想的再现

西水坡 45 号墓中埋葬的主人不仅是这座墓穴的主人，同时也是包括第二组、第三组蚌塑遗迹和 31 号墓在内的完整祭祀遗迹的主人。事实上，45 号墓主拥有的这座宏大遗迹所展示的内涵是清楚的，如果我们将第三组蚌塑遗迹中骑龙遨游的蚌人视为 45 号墓主灵魂的再现的话，那么这个具有原始宗教意义的壮丽场景岂不体现了古老的灵魂升天的观念！很明显，三组蚌塑遗迹等间距分布于子午线上，45 号墓居北，人骑龙的遗迹居南，形成一条次序井然的升天路线。45 号墓主头南足北，墓穴的形状又呈南圆北方，都一致地表达着一种南方为天、北方为地的理念，墓主头枕南方，也正指明了升天灵魂的归途。显然，如果位居这条升天通道北南两端的 45 号墓和人骑龙的蚌塑遗迹分别表现了墓主生前及死后所在的两界——人间与天宫，那么第二组蚌塑遗迹就毫无疑问应该反映着墓主灵魂的升天过程。理由很简单，古代先民常以龙、虎和鹿作为引领灵魂升天的灵蹻①，而灵蹻之所以能升腾，则正是由于鸟的负载。商周时代的铜器和玉器纹样，仍忠实地反映着这种朴素思想（图 14）②。有趣的是，这些思想恰好就是第二组蚌塑遗迹作为四象的龙、虎、鹿、鸟所要表现的主题。

鸟载负着三蹻而驰送灵魂升天的观念看来是相当古老的，在这个意义上，作为星象本质

图 14　商代飞鸟负龙玉饰
（殷墟妇好墓 354）

---

① 张光直：《濮阳三蹻与中国古代美术上的人兽母题》，《文物》1989 年第 11 期。
② 中国社会科学院考古研究所：《殷虚妇好墓》，科学出版社 1980 年版，第 159 页。类似的图像还见于李学勤、艾兰《欧洲所藏中国青铜器遗珠》，图 99，文物出版社 1995 年版；中国社会科学院考古研究所《张家坡西周墓地》，图 208：1—3，中国大百科全书出版社 1999 年版。商周时期的青铜鸟尊或于羽翅饰有龙纹，同样反映了这一思想。

的四象又从纯粹的天文回归到人文的层面，重现了科学最终服务于人类的根本目的。人死之后，灵魂离开躯壳而逐渐升腾，无论是在升天的途中，还是最后升入天国，周围的环境显然已经与人间不同。所以古人在象征升天通途的第二组蚌塑遗迹和象征天国世界的第三组蚌塑遗迹的下面，都人为地特意铺就了象征玄天的灰土，从而严格区分于象征人间的 45 号墓埋葬于黄土之上的做法。这种刻意安排除了表明朴素的天地玄黄的思想之外，恐怕不可能有其他的解释。不仅如此，第三组蚌塑遗迹在为象征玄色的夜空而特意铺就的灰土之上，又于蚌龙与蚌虎周围有规律地点缀了无数的蚌壳，宛如灿烂的银汉天杭。墓主升入天国后御龙遨游，使整个图景俨然一幅天宫世界，寓意分明。其实，这种展示灵魂升天的场面我们在马王堆西汉墓出土的非衣上也可以看到。画面下层绘有墓主生前的生活场景，中层描绘了二龙载负墓主的升天过程，而上层则为天门内的天上世界（图 15），含义及表现手法与西水坡蚌塑遗迹所展示的宗教内容一脉相承。

人的头象天，中国的早期文字已非常形象地表达了这种思想。天的位置在南方，这个观念又可以从古代君王观象授时的活动中自然地发展出来。显然，头枕南方的姿态当然指明了灵魂归所的方向。亡人与天的联系首先就需要表现在其灵魂与天的沟通，红山文化先民将上下贯通的箍形

图 15　马王堆西汉墓出土非衣

礼玉枕于死者的头下①，而西汉侯王用以敛尸的玉衣也要在亡人的头顶部分嵌有中空设孔的玉璧②，这些象征天地交通的礼玉被置于死者的头部，其用意都是要为亡者实现灵魂升天的目的。事实上自商周以降，中国古代的墓葬形制存在着一种普遍的现象，这便是或有一条墓道而多居墓穴南方（或东方），如有多条墓道，则唯南（或东）墓道最宽最长，甚至有时在南墓道内还摆放有引领灵魂升天的灵蹻③。西水坡宗教遗迹证明，这些观念的产生年代显然是相当久远的。

祖先的灵魂在天上，并且恭敬地侍奉于天帝周围，这些思想尽管在甲骨文、金文及传世文献中记载得足够详细，但早期的考古学证据却很难再有比西水坡的壮丽遗迹更能说明问题。事实上，灵魂升天并不是每个人都可以享有的特权，只有那些以观象授时为其权力基础的人才能获得这样的资格，这意味着天文知识不仅作为科学的滥觞，同时也是王权政治的滥觞。

（四）王权政治与天命思想

中国古代天文学与王权政治的密切联系造就了一种根深蒂固的观念，这便是君权神授、君权天授的朴素认知。天的威严当然通过水旱雷霆等各种灾害直接地为人们所感受，然而古人并不认为这种威严不可以通过作为天威的人格化的王权来体现，这个代表天神意旨的政治人物便是天子。

当人们摆脱原始的狩猎采集经济而进入农业文明的时候，掌握天文学知识则是必须的前提。换句话说，我们不可能想象一个没有任何天文知识、一个不能了解并掌握季候变化的民族能够创造出发达的农业文明。因此，天文学不仅与农业的起源息息相关，而且由于先民观象授时的需要，这门学科理所当然地成为一切科学中最古老的一种。

---

① 冯时：《天地交泰观的考古学研究》，《出土文献研究方法论文集初集》，台湾大学出版社2005年版。
② 邓淑苹：《中国新石器时代玉器上的神秘符号》，《故宫学术季刊》第10卷第3期，1993年。
③ 梁思永、高去寻：《侯家庄》第七本，1500号大墓，第40—42页，历史语言研究所，1974年；刘一曼：《略论甲骨文与殷墟文物中的龙》，《21世纪中国考古学与世界考古学》，中国社会科学出版社2002年版。

中国早期天文学在描述一般天体运动的同时还具有强烈的政治倾向，这种倾向事实上体现了一种最原始的天命观。我们知道，天文学对于人类生活的作用首先表现在它能为农业生产提供准确的时间服务，在没有任何计时设备的古代，观测天象便成为决定时间的唯一标志，这就是观象授时。《尚书·尧典》以帝命羲、和"敬授人时"，这里的羲、和便是战国楚帛书所讲的伏羲和女娲①，二人分执规、矩以规划天地，同时又以人类始祖的面目出现，显然，这种掌握了时间便意味着掌握了天地的朴素观念将王权、人祖与天文授时巧妙地联系了起来。

观象授时虽然从表面上看只是一种天文活动，其实不然，它从一开始就具有强烈的政治意义。很明显，在生产力水平相当低下的远古社会，如果有人能够通过自己的智慧与实践逐渐了解了在多数人看来神秘莫测的天象规律，这本身就是了不起的成就。因此，天文知识在当时其实就是最先进的知识，这当然只能为极少数的人所掌握。《周髀算经》所谓"知地者智，知天者圣"，讲的就是这个道理。而一旦有人掌握了这些知识，他便可以通过观象授时的特权实现对氏族的统治，这就是王权的雏形。理由很简单，观象授时是影响作物丰歉的关键因素，对远古先民而言，一年的歉收将会决定整个氏族的命运。显然，天文学事实上是古代政教合一的帝王所掌握的神秘知识②，对于农业社会来说，作为历法准则的天文学知识具有首要的意义，谁能把历法授予人民，谁就有可能成为人民的领袖③。因此在远古社会，掌握天时的人便被认为是了解天意的人，或者是可以与天沟通的人，谁掌握了天文学，谁就获得了统治的资格。《论语·尧曰》："尧曰：'咨！尔舜！天之历数在尔躬，允执其中。'……舜亦以命禹。"这种天文与权力的联系，古人理解得相当深刻。事实造就了中国天文学官营的传统，从而使统治者不择手段地垄断天文占验，禁止民间私习天文。很明显，由于古代政治权力的基础来源于人们对天象规律的掌握程度和正确的观象授时的活动，因此，天文学作为最早的政治统治术便成为君王得

---

① 李零：《长沙子弹库战国楚帛书研究》，中华书局 1985 年版，第 67 页。
② Hellmut Wilhelm, *Chinas Geschichte*, zehn einführende Vorträge, Vetch, Peijing, 1942.
③ Joseph Needham, *Science and Civilisation in China*, Vol. III, The Sciences of the Heavens, Cambridge University Press, 1959.

以实现其政治权力的唯一工具，这不仅体现了初始的文明对于愚昧的征服，而且由此发展出君权神授、君权天授的传统政治观，甚至直接影响着西周乃至儒家的天命思想与诚信思想①。

如果王权的获取只能通过对天的掌握来实现的话，那么授予王权的天也便自然成为获得天命的君王灵魂的归所，这意味着这种朴素的政治观直接导致了以祖配天的宗教观念的形成。毫无疑问，掌握天象规律是正确授时的前提，而在大多数不明天文的民众看来，正确的授时工作其实已经逐渐被神化为了解天命并传达天意的工作，从而使其具有了沟通天地的特殊作用，这种认识逻辑当然符合原始思维的特点。在这样的文化背景下考察西水坡的原始宗教遗迹，我们甚至可以揭示一些更为深刻的思想内蕴。毋庸置疑，西水坡45号墓不仅形制特殊，规模宏大，而且随葬星宿北斗，墓主与其说葬身于一方墓穴，倒不如说云游于宇宙星空，这种特别安排显然是其生前权力特征的再现，有鉴于此，不将45号墓的主人视为一位司掌天文的部落首领恐怕已没有其他的解释。事实上，在漫长的史前时代，由于神秘的天文知识只为极少数巫觋所垄断，因而这些拥有所谓通天本领的巫觋理所当然地被尊奉为氏族的领袖，当然也只有他们的亡灵可以被天帝所接纳，成为伴于天帝的帝廷成员。因此，天文学在为人类提供时间服务的同时，作为王权观、天命观与宗教观的形成基础其实是其具有的更显著的特点。

（五）四子神话的产生

中国古代四子神话的出现年代，文献学的证据至少可以追溯到春秋以前。殷人显然还保留着天帝的四方使臣即是四气之神的观念，甲骨文的四方风名明确显示了四方神名来源于古人对于二分二至实际天象的描述（图16），这意味着四方神名其实就是司掌分至四气的四神之名②，因此，以分至四气分配四方的观念是古老而质朴的。

---

① 冯时：《儒家道德思想渊源考》，《中国文化研究》2003年第3期；《西周金文所见"信"、"义"思想考》，《文与哲》2005年第6期。

② 冯时：《殷卜辞四方风研究》，《考古学报》1994年第2期。

图 16 商代甲骨文四方风名（《甲骨文合集》14249）

分至四神的本质源于四鸟，之后演化为天帝的四子，进而在《尧典》中又规范为司掌天文的羲、和之官。《尧典》的文字颇为系统，所以值得引述在这里。

> 乃命羲、和，钦若昊天，历象日月星辰，敬授人时。
> 分命羲仲，宅嵎夷，曰旸谷。寅宾出日，平秩东作。日中，星鸟，以殷仲春。厥民析，鸟兽孳尾。
> 申命羲叔，宅南交。平秩南讹，敬致。日永，星火，以正仲夏。厥民因，鸟兽希革。
> 分命和仲，宅西，曰昧谷。寅饯纳日，平秩西成。宵中，星虚，以殷仲秋。厥民夷，鸟兽毛毨。
> 申命和叔，宅朔方，曰幽都。平在朔易。日短，星昴，以正仲

冬。厥民隩，鸟兽氄毛。
　　帝曰："咨，汝羲暨和！期三百有六旬有六日，以闰月定四时成岁。"

文中的"日中"、"日永"、"宵中"、"日短"分指春分、夏至、秋分和冬至，而帝尧命羲仲、羲叔、和仲与和叔分居四极以殷正四气，其为司分司至之神自明。

尽管《尧典》的羲、和四官作为司理分至的神祇的事实已相当清楚，但除此之外还保留了四神作为析、因、夷、隩的更为古老的名称系统，这些名号在《山海经》中则作折、因、夷、鹓，显然直接来源于甲骨文所记的四方神名——析、因、彝、夗①。因此，《尧典》同时记载的另一套与羲、和名义相关的羲仲、羲叔、和仲、和叔不仅反映了四神名称的演变，更重要的则是将四神与羲、和拉上了关系。

四神与羲、和相关联的思想在稍后的文献中有着更明确的表述。长沙子弹库出土的战国楚帛书以为，分至四神其实就是伏羲娶女娲所生的四子，这个记载为《尧典》反映的分至四神名由原本表现分至的天象特征而向羲、和子嗣的演变提供了证据。当然，古代文献文本的早晚并不等同于其所记载的观念的早晚。事实上，《尧典》将羲仲、羲叔、和仲、和叔四神与羲、和的联系如果说还仅仅停留在名号上的话，那么楚帛书的记载已明确将四神视为伏羲和女娲的后嗣了，由于伏羲、女娲的原型就是羲、和，因此，古老的四子神话其实就是司理分至的四神的神话，四神曾被人们认为只是伏羲和女娲的四个孩子，实际也就是羲、和的子嗣。

四神本为四鸟，这个观念当然来源于金乌负日的朴素思想②，相关的考古遗物不乏其证（图17）。其实，从四鸟到四子的转变体现着一种神灵拟人化的倾向，这实际反映了先民自然崇拜的人文规范。由于至上神天帝

---

① 胡厚宣：《甲骨文四方风名考证》，《甲骨学商史论丛初集》册二，成都齐鲁大学国学研究所石印本，1944年；《释殷代求年于四方和四方风的祭祀》，《复旦学报》（人文科学版）1956年第1期。

② 冯时：《中国天文考古学》，社会科学文献出版社2001年版，第154—160页；《中国古代的天文与人文》第二章第二节之二，中国社会科学出版社2006年版。

图17　四川成都金沙遗址出土太阳四鸟金箔饰

的人格化，一切自然神祇便相应地被赋予了人性的特征，而四子神话的演进过程也应体现着这种精神。

四神因分主四气而分居四方，他们的居所在《尧典》中有着明确记载。羲仲司春分，宅嵎夷，居旸谷。旸谷又名汤谷，为东方日出之地。和仲司秋分，宅西，居昧谷。昧谷又名柳谷，为西方日入之地。羲叔司夏至，宅南交而未详居所，为南方极远之地。和叔司冬至，宅朔方，居幽都，为北方极远之地。古人以为，春秋二分神分居东极、西极，敬司日出、日入，冬夏二至神则分居北极、南极，以定冬至、夏至日行极南、极北。事实上，古史传说中分至四神的居所虽然极富神话色彩，但它们在盖图上却是可以明确表示的，这一点显然可以通过西水坡45号墓墓穴形状所呈现的盖图得到具体的说明。盖图的中衡为春分和秋分日道，那么中衡与青图画的交点M显然就是春秋分的日出位置，交点M'则为其时的日入位置。外衡为冬至日道，根据墓穴的实际方位，则外衡的顶点F为极北点。中衡之内又应有内衡，只是因与墓主的位置重叠而略去。内衡为夏至日道，则内衡的顶点A为极南点（图13）。诚然，如果仅从天文学角度思考，这四个位置的确定不过只是在盖图中准确地标示出四个点而已，但是在文化史上，这些点的确定便具有了更广泛的意义。因为日出的位置正是古人理解的旸谷，而日入的位置实际也就是昧谷，这两个文化地理概念在盖图上恰恰可以通过 M 点和 M' 点来象征。沿着这样的思路，我们便能很容易地确定外衡极北 F 点乃为幽都的象征，而内衡极南 A 点则象征着南交。显然，根据盖天理论，将四子所居之位在盖图上作这样的设定是没有问题的。

西水坡 45 号墓的墓穴形状呈现了原始的盖图，由于作为盖图核心部分的黄图画的主体即是象征二分二至的日行轨迹，因此，对于分至四气的认识显然已是西水坡先民应有的知识，而盖图四极位置的确定，实际已使借此探讨四子神话的产生成为可能，因为在墓中象征春秋分日道和冬至日道的外侧恰好分别摆放着三具殉人。三具殉人摆放的位置很特别，他们并非被集中安排在墓穴北部相对空旷的地带，而是分别放置于东、西、北三面。如果结合盖图相应位置所暗寓的文化含义考虑，那么这些摆放于象征四极位置的殉人就显然与司掌分至的四神有关。准确地说，盖图中衡外侧的两具殉人分别置于 M 点和 M' 点，M 点为旸谷之象征，M' 点为昧谷之象征，因此，位居 M 点及 M' 点外侧的二人所体现的神话学意义正可与司分二神分居旸谷、昧谷以司日出、日入的内涵暗合，应该分别象征春分神和秋分神。而盖图外衡外侧的殉人居于 F 点，F 点为幽都之象征，从而暗示了此人与冬至神的联系。况且这具殉人摆放的位置与东、西殉人顺墓势摆放的情况不同，而是头向东南呈东偏南 40 度，这当然是一个极有意义的角度。以濮阳的地理纬度计算，当地所见冬至日出的地平方位角约为东偏南 31 度。西水坡先民认识的方位体系只能是基于太阳视运动的地理方位，而与今日所测的地磁方位存在磁偏角的误差。如果我们充分考虑到这些因素，或者以墓穴北部方边作为西水坡先民测得的东西标准线度量殉人方向，便会发现居于象征幽都位置的殉人，他的头向正指冬至时的日出位置，而且相当准确。显然，这具殉人具有象征冬至神的意义是相当清楚的。

春秋二分神与冬至神的存在意味着人们有理由在同一座遗迹中找到夏至神。我们曾经指出，西水坡 45 号墓中作为北斗杓柄的两根人的胫骨很可能是自 31 号墓特意移入的，因为不仅同一遗址中 31 号墓的主人恰恰缺少胫骨，而且根据对墓葬形制的分析，可以肯定地说，墓主的两根胫骨在入葬之前就已被取走了①，这当然加强了31号墓与45号墓的联系。在西水坡诸遗迹近乎严格地沿子午线作南北等距分布的设计理念中，31号墓正是以这样的特点位于这条子午线的南端。很明显，这些线索已不能不使我们将31号墓的主人与45号墓中缺失的夏至之神加以联系，即使从他处于正南方的位置考虑，其所表现的夏至神的特点也十分鲜明。

南方象天当然是古人恪守的传统观念，古制又仅于夏至测影，这应是西水坡先民独取位居南方的夏至神的胫骨表现北斗杓柄以象征测影髀表的首要考虑。而夏至神的头向正南，不同于象征冬至的神祇头指其时的日出方向，这种做法无疑显示了古人对于夏至神的独特文化理解。《淮南子·天文》："日冬至，日出东南维，入西南维。至春秋分，日出东中，入西中。夏至，出东北维，入西北维，至则正南。"其中独云夏至"至则正南"，则是对夏至测影以正南方之位的具体说明，这些方法在《周髀算经》中尚有完整的留存，而《尧典》唯于夏至之时以言"敬致"，即夏至致日之事，更明证此俗渊源甚古。夏至日出东北寅位而入西北戌位，所以表影指向东南辰位与西南申位，辰、申的连线即为正东西，自表南指东西连线的中折处，则为正南方向。显然，正南方位的最终测定与校验，唯在夏至之时，这便是所谓"至则正南"的深意，而墓中象征夏至的神祇头向正南，似乎正是这一古老思想的形象表述。

夏至神安排在整座遗迹的南端，这个事实无疑反映了古人对于这一原始宗教场景的巧妙布置。很明显，由于45号墓的主人已经占据了夏至神原有的位置，而墓主头向正南，南方又是灵魂升天的通道，所以45号墓以南方的圆形墓边象征天位，墓主的灵魂由此升腾，经过第二组遗迹所表现的灵蹻的载负，升入第三组遗迹所展现的天国世界。这样一个完整的升天理念使灵魂升天的通途上已不可能再有容纳夏至神的位置，因而夏至神只能远离他本应在的位置而被置于极南，这一方面可以保持整座遗迹宗教意义的完整，另一方面也不违背古人以夏至神居处极南之地的传统认识。

---

① 冯时：《河南濮阳西水坡45号墓的天文学研究》，《文物》1990年第3期；《中国天文考古学》，社会科学文献出版社2001年版，第280页。

事实上，夏至神居所的这种变动与不确定性似乎体现着一种渊源有自的人文理解，《尧典》经文独于夏至神羲叔仅言宅南交而未细名居地，正可视为这种观念的反映。这个传统在曾侯乙时代仍然保持着，曾侯乙二十八宿漆箱立面星图唯缺南宫的图像，时人并将南立面涂黑①，意在以玄色的画面象征玄色的天空②。这种做法当然缘于南方一向被视为死者灵魂的升天通途，因而四神中唯以夏至之神脱离盖图而远置南端，正是要为避让墓主灵魂的升天路径。显然，西水坡宗教遗迹中四神的布处不仅可以追溯出《尧典》独于南方夏至之神只泛言居所而不具名其地的原因，而且可以使我们领略《尧典》四神思想的古老与完整。

也许在注意这些安排的同时，我们也不应忽略殉人的年龄。经过鉴定（31 号墓未报导），他们都是 12 至 16 岁的男女少年，而且均属非正常死亡。这些现象显然又与四子的神话暗合，因为古代文献不仅以为四神乃是司分司至之神，甚至这四位神人本来一直被认为是羲、和的孩子。

西水坡遗迹既然表现了 45 号墓主灵魂的升天仪式，那么其中特意安排的四子就不能不与这一主题没有关系。四子作为天帝的四位佐臣，当然也有佐助天帝接纳升入天界的灵魂的职能，因为四子既为四方之神，其实就是掌管四方和四时的四巫。四巫可以陟降天地，这在甲骨文、金文和楚帛书中记述得非常清楚。所以人祖的灵魂升天，也必由四子相辅而护送，当然，有资格享受这种礼遇的人祖必须具有崇高的地位。

古代神话的天文考古学研究，这样的契机或许并不很多。通过梳理，四子神话的发展与演变似乎已廓清了大致的脉络。四子的原型为四鸟，这当然来源于古老的敬日传统，并且根植于古代天文学的进步。但是随着神祇的人格化，四神由负日而行的四鸟转变为太阳的四子，而日神则由朴素的帝俊而羲和，其后又二分为羲与和，更渐变为伏羲和女娲。于是四子也就被视为羲、和或伏羲、女娲的后嗣。现在我们似乎有理由相信，这样一套完整的神话体系的建立，至迟在公元前五千纪的中叶已经完成。

如果说英国索尔兹伯里巨石阵的研究最终孕育了天文考古学这一崭新学

---

① 湖北省博物馆：《曾侯乙墓》上册，文物出版社 1989 年版，第 354—356 页。
② 冯时：《中国天文考古学》，社会科学文献出版社 2001 年版，第 329—330 页。

科的话，那么西水坡仰韶时代蚌塑遗迹对于中国天文考古学的构建便具有着同样的意义。正因为如此，我们对于古代文明与科学的探索才有了新的有效方法。必须强调的是，西水坡宗教遗迹所展示的科学史与文明史价值固然杰出，但它所构建起的重新审视古代社会的知识背景不仅系统，而且也更显重要，事实上，这种背景将成为我们客观分析古代文明的认识基础。

三　天文考古学与上古宇宙观

西水坡宗教遗迹虽然涉及了古代思想的重要方面，但显然不是上古思想的全部。由于先民对天地神明的景仰，他们的精神活动是丰富而奇特的。这些思想既构成了中国传统文化的主干，也形成了传统文化的特色。

上古的天文思想与人文观念显然都建立在古人对于时空的认知之上，这一点通过西水坡的宗教遗迹已经反映得相当清楚。时空观的形成不仅成就了系统的天文科学，同时也成为描述阴阳思辨的理想形式，而人们对于天地本质的探索则为交泰思想的产生奠定了基础。这些观念逐渐发展丰富，构成了上古宇宙观的核心。

（一）时空观

中国古代的空间观与时间观密不可分，传统时间体系的建立必须通过对空间的测定而完成，因此，古人如何决定时间，实际取决于他们如何决定空间，当然，表是辨方正位的基本工具。事实上，我们没有理由把古人对于方位的认定看成是很晚的事情，众多的考古资料显示，新石器时代的房屋、墓穴和郭邑的方向常常都很端正，因此可以相信，只要古人愿意把他们的生居或死穴摆在一条正南正北的端线上，他们就有能力做到这一点。这证明当时的人们显然已经掌握了用表确定方位的方法。

将表立于平整的地面上测影定向并不是一件困难的事情，古人通过长期实践，可以使这一工作日益精密。《诗经》以及稍晚的文献中有关这一工作的记载已很明确[①]，方法虽然简质，但颇有效。公元前五千纪，古人

[①] 参见《诗·鄘风·定之方中》、《考工记·匠人》、《周髀算经》、《淮南子·天文》。

对于表的运用显然已经相当成熟，西水坡宗教遗迹的发现充分印证了这一点，而表的实物甚至在夏代的遗址中也已发现，至于殷卜辞常见的"立中"之贞，意即立表正位定时①，这个意义当然体现了建旗聚众与立表计时的综合思想②。显然，以表决定空间和时间的传统是相当古老的。

由"中"字所表现的立表测影而获得的空间观念通过甲骨文作为天干之首的"甲"和作为大地象征的"亚"字得到了具体体现。"甲"字本作"十"形，象东、西、南、北、中五方，而"亚"字作"䆞"，乃是"甲"字所表现的四方中央观念的平面化，象征五位。四方五位作为空间方位的基础，它的建立无疑暗示了商代先民已经完成由四方五位到八方九宫的一整套空间观念的发展。

古人最早确定的方位当然只有东、西、南、北四正方位，因为不论这四个方位中两个任意相对方位的确定，都将意味着另外两个方位可以同时得到建立。尽管一年中只有春分和秋分时太阳的出没方向位于正东和正西，但测定东、西方位却并不一定非要在这两天进行。相反，只有当方位体系——至少是四方——建立完备之后，人们才可能根据已经确定的方位标准确定四气——春分、秋分、夏至和冬至。因此，方位体系作为原始记时体系的基础这一点应该没有疑问。

早期先民对太阳的崇拜使他们很早就懂得了如何利用太阳运动来解决自己在方位和时间上所遇到的麻烦，这当然得益于立表测影。因此，在人们尚不能用文字表达方位概念的时代，四方的概念，特别是象征太阳出升与没落的东、西两方往往是通过太阳表示的。生活在公元前第六千纪至前第五千纪的河姆渡文化先民已经掌握了这些知识，出土的属于这一时期的骨匕、象牙雕片和陶豆盘上不仅绘有太阳与分居左右的两鸟合璧的图像，甚至还有太阳与分居四方的四鸟合璧的图像③。如果说鸟象征着太阳而居四方，那么居于四方的鸟不仅表现了古人通过立表测影所懂得的东、西、

---

① 萧良琼：《卜辞中的"立中"与商代的圭表测量》，《科技史文集》第 10 辑，上海科学技术出版社 1983 年版。
② 冯时：《中国古代的天文与人文》，中国社会科学出版社 2006 年版，第 9—10 页。
③ 浙江省文物管理委员会、浙江省博物馆：《河姆渡遗址第一期发掘报告》，《考古学报》1978 年第 1 期；河姆渡遗址考古队：《浙江河姆渡遗址第二期发掘的主要收获》，《文物》1980 年第 5 期。

南、北四个方位，而且也恰好反映了先民以鸟作为太阳象征的传统观念。不过由于河姆渡文化已经具有了高度发达的稻作农业，这在古人对于时间蒙昧无知的时代是不能想象的，因此，鸟作为太阳的象征而指建方位的寓意显然已具有指建时间的意义，这意味着真正的方位体系和原始记时体系的起源年代比河姆渡文化要古老得多。

古人用比太阳或鸟更抽象的符号表示五方则是"甲"字。"甲"字本象二绳交午之状，这个形构不仅体现了盖天家对大地的理解，而且相关的理论和思想在《淮南子》和《说文解字》中也有完整的存留①。二绳中的"一"（卯酉）表示东、西，"｜"（子午）表示南、北，二绳的交午处则为中央。很明显，"甲"字作为二绳交午的字形来源于古人观测日影而决定四方的写实，而四方既是计时的基础，同时又是四气的象征，于是"甲"字便自然地移用于记时文字，并成为十天干中首要的符号。

对于方位的古老表示方法，河姆渡先民似乎已完成了从太阳或鸟向"十"形的抽象工作。当时的遗物上已普遍见有这类符号，尽管它们的天文学含义尚不十分明确，但在时代更晚的礼制建筑或遗物中，类似的设计则相当广泛。河南杞县鹿台岗龙山文化的一座礼制建筑呈外方内圆②，颇具明堂之风，其中居中的圆室之内则有一正向的"十"形遗迹（图18）。这个传统在西汉景帝阳陵陵园的设计中，仍以"罗经石"的形式保持着③，而二里头文化青铜钺与圆仪上的"十"形符号不仅由于这两件遗物本身就是象征王权的仪仗和天文仪具（图19），而且更重要的是，"十"形符号的设计方式明确反映了古人对于原始律历的理解以及与此相关的一整套数术思想，从而使位于十干之首的"甲"字本身的记时功能通过"十"形图像所展示的作为记时基础的空间概念的强化得到了彻底的体现④。

---

① 冯时：《古代时空观与五方观念》，*Actes des Symposiums Internationaux Le Monde Visuel Chinois*, Centre de Recherches Linguistiques sur l'Asie Orientale, École des Hautes Études en Sciences Sociales, Paris, 2005。
② 郑州大学文博学院、开封市文物工作队：《豫东杞县发掘报告》，科学出版社2000年版。
③ 冯时：《中国古代的天文与人文》第一章，中国社会科学出版社2006年版。
④ 冯时：《〈尧典〉历法体系的考古学研究》，《文物世界》1999年第1期；《中国天文考古学》第三章第三节，社会科学文献出版社2001年版。

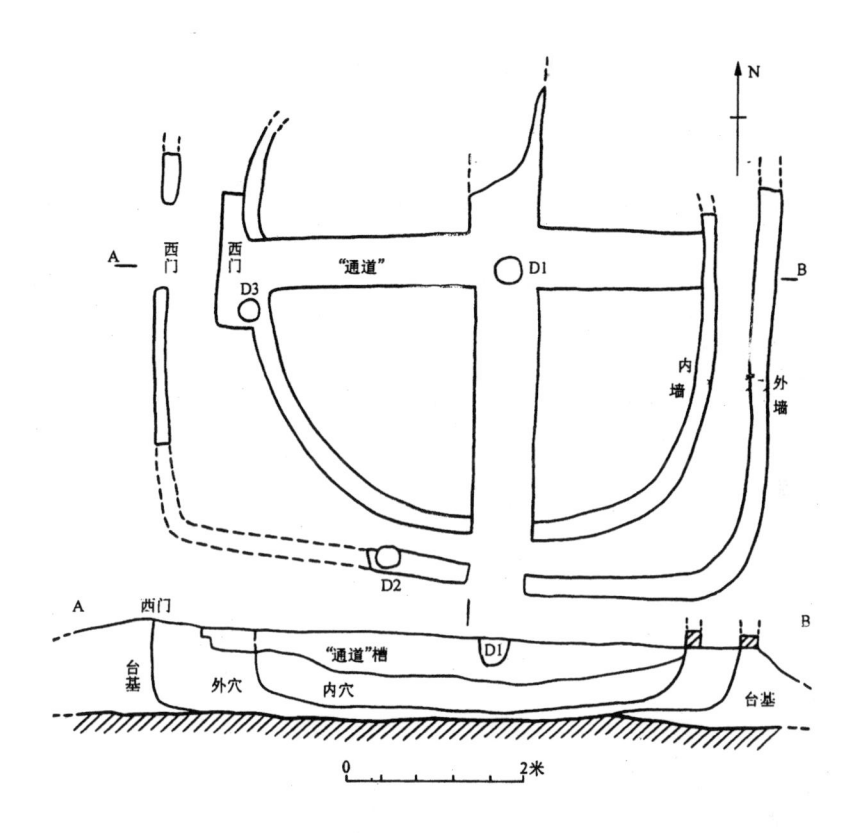

图 18　河南杞县鹿台岗龙山文化礼制建筑平、剖面图

　　四方的建立显然只是更为复杂的方位体系得以建构的基础而已。学者认为，人立足于大地，他会怎样看待宇宙呢？二元对应显然不够，因为东的出现则意味着有西，而东、西的建立又意味着有南、北，人只有立于环形的轴心，或者说是四方的中央，才容易获得和谐的感觉①。这种人类共有的心理感受造就了一连串相互递进的方位概念，即四方、五位、八方和九宫。从四方到五位反映了古人空间观念由点及面的延伸，商代的"亚"字完全可以视为"甲"字的平面化（图20），而且有些"亚"形甚至呈现出五位空间的内涵乃由居于其中的作为五方的"十"形逐渐扩张的结果

---

① 艾兰：《"亚"形与殷人的宇宙观》，《中国文化》第 4 期，1991 年。

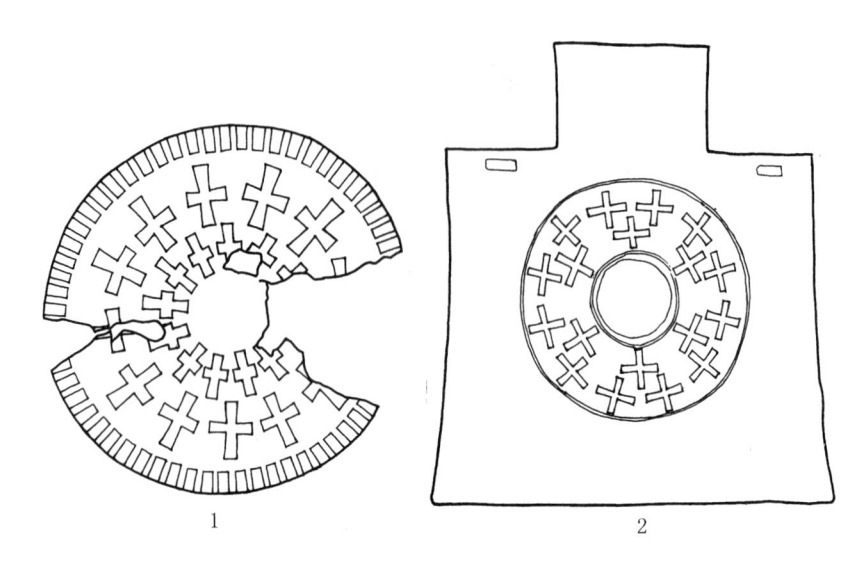

图 19　雕饰记时"甲"字的二里头文化遗物
1. 青铜圆仪　2. 青铜钺

图 20　刻有"亚雀"文字的商代骨器

（图21），从而形成盖天家所承认的四钩。如果并入最终认识的四维，则形成九宫。这些观念直至西汉时期仍然没有任何改变，安徽阜阳双古堆西汉汝

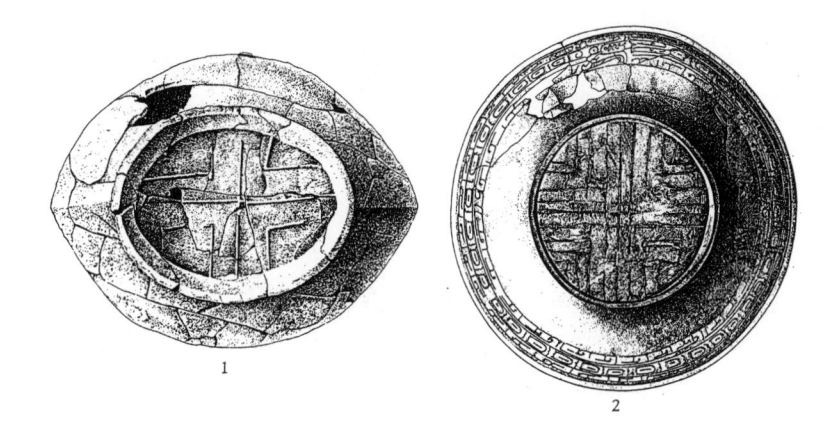

图 21　商代青铜器底部装饰的"亚"（殷墟侯家庄 1400 号墓出土）
1. 铜壶　2. 铜盘

阴侯墓出土太一九宫式盘的地盘背面①，其由五方递进而成的九宫图像与殷器的思想一脉相承（图 22）。当然，方位的表示方法可以有很多，点与面所表现的空间差异并不意味着两种概念具有本质的不同②。事实上，古人既可以用"十"表示四方和四气，并且进而通过两个"十"形图像的转位叠交表示八方和九宫，也可以用更为复杂的"亚"形表示四方五位，甚至通过由两个"亚"形的转位叠交所构成的指向四正方向的特殊八角图形表示从四方到九宫的一切空间概念，显然这其中也兼含了八节。自公元前六千纪以降，中国东部新石器时代先民表示方位与时间普遍采用的正是这样一种方法③。

空间观念的形成不仅决定了时间体系的建立，同时也完善着先民朴素的宇宙观。古人对于宇宙的感知肇端于他们对天地形状的描述，这种探索逐渐形成了一种以天圆地方的宇宙模式为基本内涵的古老盖天

---

① 安徽省文物工作队、阜阳地区博物馆、阜阳县文化局：《阜阳双古堆西汉汝阴侯墓发掘简报》，《文物》1978 年第 8 期。
② 民族学资料也可助证这一点。参见王尧《藏历图略说》，《中国古代天文文物论集》，文物出版社 1989 年版。
③ 冯时：《史前八角纹与上古天数观》，《考古求知集》，中国社会科学出版社 1997 年版；《中国天文考古学》第三章第三节之四、第八章第二节，社会科学文献出版社 2001 年版。

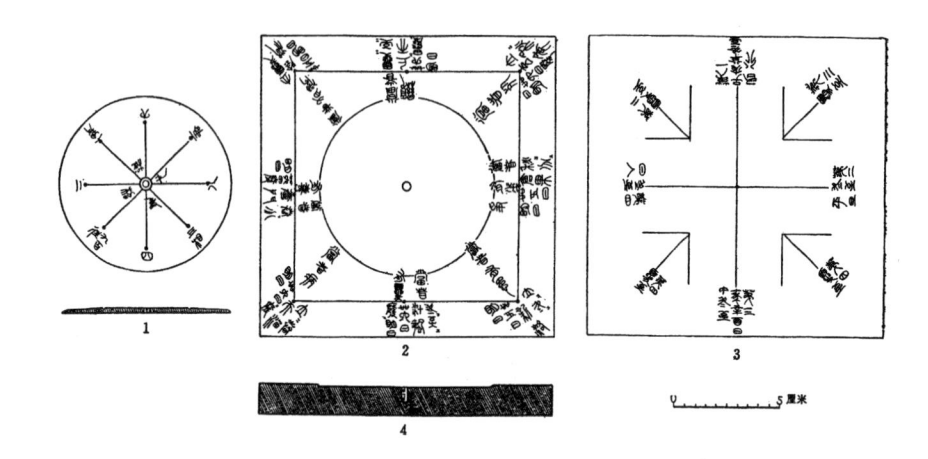

图 22　西汉太一九宫式盘（安徽阜阳双古堆汝阴侯墓出土）
1. 天盘　2. 地盘正面　3. 地盘背面　4. 地盘剖面

观。在这个朴素理论中，虽然圆形的天更接近人们的直观感受，但方形的地却并不是一件容易认识的事情。如果人们仅仅满足于对大地形状的探索，其实根本得不出方形大地的结论。既然如此，古人缘何会以方形的地去配伍圆形的天？事实上，这种观念并非出自人们对于自然世界的感知，而来源于辨方正位所建立的五方观念。我们知道，古人以五方的平面化而构成五位，进而形成八方和九宫，因此，九宫所体现的空间观念实际则反映了九方的平面结构，或者从五位的角度讲，九宫也仅仅是将其所缺的四角补齐。这样，方形的大地便终于由立表定位所建立的五方结构扩充完善而成。殷代遗物上由直线交午组成的五方"十"形逐渐扩展成平面的"亚"形（图21），形象地再现了这种空间观念的发展过程。

如果说由二绳交午的"十"形构成的五方含有自此及彼的方向观念的话，那么这种观念显然是由方位的观念衍生出来的。商代甲骨文的"巫"字写作"㊉"，乃象在二绳交午的五方的基础上特别强调了距中央最远的四极，这便是四方观念的本质。当然，巫不仅居于四极，而且充当着司理分至四气的四神，这使甲骨文的"巫"字可以顺理成章地移用于"方"。这些思想甚至与相对于四方的"中"一起，直接发展出三代独特的政治地理观念①。

(二) 天帝观

中国先民的偶像崇拜首先来自于对天的景仰，从而创造出作为万物主宰的至上神——帝。帝的出现当然基于人们对于天威的敬畏，这也决定了帝实际享有着至高无上的地位与权能。商周两代的人王若与天帝沟通，必须由作为帝使的巫亲自传达②，这个事实便清楚地反映了这一点。很明显，天以其威严及所具有的超自然力量而被赋予了至上神的神格，因而天神上帝成为原始宗教中享受礼祭最隆重的至尊神祇。

帝的居所在天的中央，这既关系到古人对于天神的认识，也关系到他们对于天极和极星的理解。北极是北天中的不动点，它附近的重要星官当然是北斗。由于岁差的原因，北斗的位置在数千年前比今日更接近北天极，这使它围绕北极的运动非常明显，从而在北天的中央规划出一片神秘天区，这个由北斗的绕极运动所规划的以北极为中心的天区就是璇玑③。

古人赋予璇玑的想象显然没有我们理解的那么简单，在先民看来，璇玑的形状其实并不仅是人们从地面上望见的那样一个平面，由于位居璇玑中央的太一星亮度太低，以至于使人认为，璇玑的中央如果与环绕其周缘的明亮的北斗相比，实际则呈高耸而入的圆锥之状。璇玑的这种独特造型不仅在《周髀算经》中有着系统的描述④，甚至自新石器时代以降的各种礼天器物之上，凡对天盖的描写，几乎都一致地表现了这种中央凸耸的璇玑（图 23，1；图 24；图 25）⑤。

先民对于天极的独特理解如果认为只出于直观的天学感受，这当然很不够，事实上，诱发古人这种感受的更主要的动因则是至上神观念的建

---

① 冯时：《中国古代的天文与人文》第一章第二节，中国社会科学出版社 2006 年版。
② 胡厚宣：《殷卜辞中的上帝和王帝》，《历史研究》1959 年第 9、10 期。
③ 冯时：《中国天文考古学》第三章第二节，社会科学文献出版社 2001 年版。
④ 江晓原：《〈周髀算经〉盖天宇宙结构》，《自然科学史研究》第 15 卷第 3 期，1996 年。
⑤ 冯时：《中国天文考古学》第三章第二节，社会科学文献出版社 2001 年版。

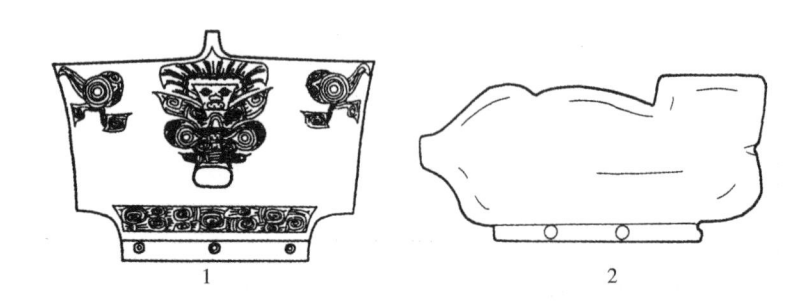

图 23　良渚文化斗魁形礼玉

1. 斗魁形礼玉（浙江瑶山出土）　2. 猪与斗魁合璧礼玉（日本东京国立博物馆藏）

图 24　良渚文化玉琮上的天帝御斗图

立。天帝作为至上神祇居于天之中央，这样才能体现出众星拱极的至尊地位，犹如人王居于地之中央一样威严。但是，天盖的中央如果不做层次的区分，天帝便与帝臣处在了同一层面，这样的空间结构当然无法体现出上帝的至上地位。很明显，只有当璇玑所呈现的朴素天极观形成之后，上帝与帝臣才能具有真正意义上的空间的划分。上帝居于璇玑的顶端，帝臣则分居于天盖五方，就像人王高居万民之上一样。权能的至高无上必须通过地位的至高无上得到表现，显然，璇玑的创造使得至上神的至上地位再也无法被僭越。

北斗既是规划天极的星，同时又是指示时间的星，这两项内容与上帝作为主宰万物的至上神祇的地位都很吻合，于是北斗自然充当了最古老的

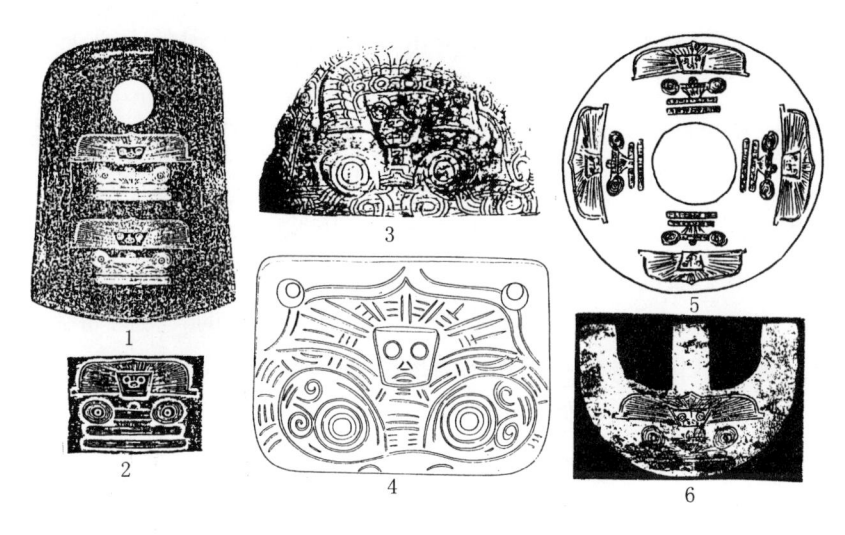

图 25　良渚文化玉器雕饰的天帝御斗图
1. 上海博物馆藏石钺　2. 上海博物馆藏玉镯　3. 纽约古董展销会
4. 王震球《中国古玉》　5. 台湾私人收藏玉璧　6. 佛利尔美术馆藏山字形器

帝星。直到汉代，人们仍把北斗想象为天帝的乘车（图9），并作为指建万物的重要星官。这些思想可以从新石器时代的天文遗存中一步步追溯出来，我们不仅可以从中看到一个由极星与天极构建的古老天文传统，更能领略由天帝和帝星为底蕴的人文精神。

北斗充当了帝星，帝星的形象也就体现着天帝的形象。中国古人以猪比附北斗的观念在新石器时代已很流行，甚至到西汉时期，仍随处可见这种古老观念的孑遗[①]。猪的形象常以生具獠牙和不具獠牙的特征成对出现，反映了北斗雄雌的古老思想。而北斗作为帝车为天帝所御，因此北斗的形象其实也就表现着天帝。自公元前六千纪以降，海岱先民将这些思想刻画得淋漓尽致，他们或将象征北斗的猪雕饰于礼天的玉璧，或将这些形象雕饰于沟通天地的玉琮，有时则径直配绘于象征斗魁的斗形礼玉（图23，1），而这种礼玉甚至还会制作成猪斗合璧的形象（图23，2）。尽管表现手法丰富多样，但都围绕着一个永恒的主

---

① 冯时：《中国天文考古学》第三章第二节之四，社会科学文献出版社2001年版；《洛阳尹屯西汉壁画墓星象图研究》，《考古》2005年第1期。

题，这就是通过象征帝星的猪以及由斗魁四星所表现的北斗形象再现天帝。

良渚文化先民创造的天帝形象已经至善至美（图24），这种形象普遍见于玉琮、玉璧和玉钺之上。天帝的形象由上下两部分内容组成，下面是生具獠牙的猪首，猪首的上方则为一张斗形方脸，方脸头罩象征天盖及天极璇玑的羽冠。通过某些简化的图像可以看出，斗形方脸与天盖的形象实已合为一体（图25）。这类形象所展示的含义是清楚的，被天帝御使的猪乃是先民观念中北斗的化身，而天盖璇玑之下的斗魁图像则显然描写了形象化的斗魁，二者合为一体，构成了天帝的原始形象。天帝御猪，这种观念正可以为东汉北斗帝车画像的设计理念找到渊源。

天神的人格化是造成新石器时代晚期以猪为母题的北斗图像普遍拟人化的重要原因，良渚文化礼玉上的天帝形象则将这种拟人化倾向推向了极致。天帝既为至上神，那么以帝为首的帝廷就不会没有臣僚，于是人们便模拟人王的宫廷组织，对人祖之外的自然神世界进行了复制，构建起具有无上神权的帝廷。

帝臣虽然包括日月雷云等自然神祇，但最重要的臣僚则只有五位，殷人称其为"帝五臣"或"帝五介臣"，这里的"介臣"指为旁庶，显然时人已将帝与帝臣作了嫡庶的区分。商代的帝五臣实际就是司掌五方的神祇，也就是后世五方帝的原始。五方神包括四方和中央，这当然是古人具有的五方五位的空间观念的体现。殷人以为，四方各有神祇主司，这便是司理分至的四方之神。而四方神如果与五方相配，就必须补足缺失的中央神祇，这当然和天帝的位置并不冲突。理由很简单，在先民的观念中，上帝的位置虽然居于中央，但四方神与中央帝的关系与其说表现为方位的不同，倒不如说更注重层次的区别，古人只有创造出比上帝次一层面的神祇，才能使上帝具有的高居众神之上的至尊地位凸显出来。正像我们曾经对天极的讨论那样，先民看待天宇世界是将北天极视为中央凸耸的璇玑，而璇玑的顶点则是上帝的居所，这种观念恰好印合了上帝具有的高居于四方的至尊形象。显然，当四方神确立了位处上帝之下的臣僚地位的时候，与之处于同一层面的中央方位便空缺了出来，于是古人为建立起与五方观念相适应的完整的神祇体系，就必须在中央天帝之下创造出一个与四方神

图26 河姆渡文化绘于陶盆两侧的太一与社神图像（T29-4∶46）

具有同等地位的神祇，这个别造的神祇由于与天帝同处中央，因而必须具有与天帝同样的化育万物的权能，这就是社神。

帝五臣虽然同属上帝的臣僚，但身份却不尽相同。其中四方神为分至四神，殷人视其为上帝建授时间的使者，因而称为帝使。而社神位居上帝之下的中央，殷人则以其为帝工。帝使与帝工的区别似乎还含有五臣距上帝远近的意味，帝工社神直隶于帝下，但并非嫡系的帝子，而为帝臣，故以工官名之；帝使四神分居帝下四极，远离帝廷中心，故以帝使名之。这种结构如果以平面的形式表现，那么同居中央的天帝与社神显然是重叠的，而至少自公元前六千纪开始，无论河姆渡文化陶盆上的帝星与社神重叠绘制的图像（图26），还是马王堆西汉墓所出帛画太一与社神合二为一的处理方式（图27），都忠实地恪守着这一思想，甚至帛画所绘太一居于众神中央并高于众神的地位，也正是古老天极观与帝廷思想的形象表现。

图 27　马王堆西汉墓出土帛画

天帝与社神显然已成为郊祀的对象①，而这种独特的天帝与帝廷观念不仅反映了古人对于地载天赐的朴素理解，而且直接发展出尊天亲地的古老传统。

（三）阴阳观

中国古代的阴阳思想几乎影响着传统文化的各个层面。人类的繁衍与生命的诞生当然使他们产生了最原始的阴阳判断，而由对生命诞生的了解扩大到对万物生养的带有普遍性的认识，则必须要求古人完成一种具有一

---

① 冯时：《中国古代的天文与人文》第二章第二节之一，中国社会科学出版社 2006 年版。

般意义的阴阳思辨。当然，观象授时的经验可以使他们很容易认识到生命与时间的关系，而决定时间的天以及神明化的帝便自然成为表述这种关系的最理想的终极对象。事实上，天帝虽然作为生育万物的主宰，但天帝对于万物的化育也需要有着地社的负载，于是天与地的对应便形成了一种具有基本形式的阴阳关系。因此，古人对于阴阳的认识其实并不在于阴阳本身，其根本目的则是为探索万物生养寻求一种具有普遍意义的哲学解释。

农作物的生长得益于观象授时的正确，所以时间体系不仅是阴阳相生的基本要素，同时也成为阴阳描述的基本形式。中国古代的历法为阴阳合历，所谓阴阳合历即是一种以太阳年和朔望月共行为原则的历制，其中气表现阳的属性，朔表现阴的属性，气朔的结合当然体现着阴阳的结合。而古人对于作为历法基本记时单位的日的记录方法，又是通过天干与地支配伍的形式来完成，其中天干属阳，地支属阴。显然，作为万物生长基础的古老记时制本身，无处不渗透着阴阳的观念。

在世界文明史中，先民们创制的古代历法大致有三类，即太阳历、太阴历和阴阳合历。前两种历法由于只以太阳或月亮作为记时的标志，其编算方法都相对简单。而阴阳合历由于要同时关注太阳和月亮的运行周期，因此历法的编算也最为复杂。人们或许要问，是什么原因促使中国古人舍简求繁地独取阴阳合历作为自己的传统历制？答案当然只能向选择这种历法制度的传统观念寻找。学者认为，中国古代曾经行用过以十月为基本特征的太阳历[①]，这当然不符合先民的一贯思想。事实上，三代甚至更早的历法都是阴阳合历，这显然乃由人们具有的根深蒂固的传统阴阳观所决定。

古以律历一体，十二律以六律属阳，六吕为阴，律历相应，历月也便有了阴阳的区分。二里头文化的青铜钺与圆仪分别以十二和十三个记时的"甲"字象征历月，而且"甲"字的设计均呈双层分布，何况铜钺的"甲"字更以六"甲"与十二月相配合，显然含有律历阴阳的寓意。这些阐释历月阴阳的物证即使不是最古老的，至少也最完整。而在比二里头文化更早的时代，律吕阴阳摄辖历月的制度似乎已经建立了基本的雏形。河南舞阳贾湖发现的新石器

---

① 陈久金：《论〈夏小正〉是十月太阳历》，《自然科学史研究》第 1 卷第 4 期，1982 年。

时代骨律①，凡出自同一墓葬的两支律管，其宫调皆呈大二度音差，证明当时的律管确已具有雌雄的分别②。这些思想深奥而质实，它将历法、乐律与阴阳彼此联系，酝酿并形成了意蕴独特的文化观念。

　　以时间服务于生产与生活的观象授时活动当然视恒星为主要的观测对象，而二十八宿各宫授时主星的形象则建构起原始的四象体系。四象的形象虽然早晚略有不同，但这充其量也仅表现在人们对于北宫形象的选择。然而不论早期四象体系中作为北宫之象的鹿或麒麟，还是晚期四象体系中构成玄武的龟蛇，都区别于其他三宫而以成对的动物表现，这当然反映着某种传统的阴阳观念。战国曾侯乙墓出土二十八宿漆箱的北立面星图即绘有成对的麒麟（图8，4），古人又以雄曰麒，雌为麟，因此，北宫星图以麒麟暗喻阴阳的思想是鲜明的，这个传统直至西汉时期仍然保持着③。尽管北宫之象后来发展为玄武，但这个新形象所体现的阳龟阴蛇的观念依旧很明显。所以，北宫之象的选择不仅反映着授时主星的形象，同时也体现着古人对于阴阳的认知。

　　四象中独以北宫的形象表现阴阳，这种做法当然源于古人对于北方作为方位与时间起点的认识。由于观象授时乃是古代帝王最重要的工作，而中国传统的观象方法又是重点观测恒星的南中天，于是坐北朝南便逐渐成为古代君王习惯的为政方向。显然，在这种由观象授时所决定的人文传统中，君王所处的北方完全可以应合天上北斗所象征的天帝的方位，因而理所当然地成为方位的起点。方位体系由于是时间计量的基础，这意味着方位的起点其实也就是时间的起点，而这些起点的人文理解则是化生万物的开始。传统以万数之始"一"、十二支之始"子"、五行之始"水"与四气之始"冬至"配伍北方，都是这一人文思想的体现，而后世历法以冬至所在之月作为岁首，又是将方位的起点运用于历法的发展。所有这些做法，目的当然只有一个，那就是表现阴阳相合而致生养万物的哲学理念。

---

① 河南省文物考古研究所：《舞阳贾湖》，科学出版社1999年版。
② 吴钊：《贾湖龟铃骨笛与中国音乐文明之源》，《文物》1991年第3期。
③ 孙作云：《洛阳西汉卜千秋墓壁画考释》，《文物》1977年第6期；冯时：《中国天文考古学》，社会科学文献出版社2001年版，第317页。

中国古代天数不分，天文观测必须要以相应的计算作为支持，因此数学的发展历史与天文学的历史一样悠久①。古人对于数的玩味非常纯熟，他们既懂得如何满足一种古老进位制的需要而创立生成数体系，也已思辨出数字属性的不同而建立了阴阳数体系，而对数字的阴阳划分，不仅影响着古人对于物质阴阳的理解与表达，而且直接发展出易变的思想。

数字不仅可以通过对"一"的积累而至无穷，而且随着"一"的叠加，其性质也会随之重复性地发生改变，这便是奇偶的交替变化。如果用阴阳的观念去审视奇偶，则奇阳偶阴的选择便成就了对阴阳的抽象描述。事实上，将数字赋予阴阳的属性正可以使古人通过数字的衍生过程去理解万物的化生。不仅如此，"一"所具有的万数之本的性质甚至直接导致了道家思辨哲学的产生②。

奇数为阳、偶数为阴的思想是精妙而古老的，如果说殷周时期的数字卦资料尚不足以说明这种观念的古老程度的话，那么公元前四千纪洛书玉版的发现③，则使人们对这个问题的所有疑虑都涣然冰释。洛书的主体为一长方形的拱形玉版，玉版中心圆区内绘有九宫，九宫呈八角五位的结构，体现着四方、五位、八方和九宫的一系列方位概念。九宫之外的圆区均分八份，每区内各以一枚矢状标指向八方，这既是八方与八节的表示，同时八区又与中央的内圆组成了新九宫。八区之外的四维各为一标所指，强调了四维四门与中央区域的关系。而四维之外的四缘则分别列有四组数字，不论左旋或右旋判读，都是4—5—9—5。玉版夹放于玉龟之中，看来后人指称洛书为龟书也不是徒逞悬想（图28）④。显然，洛书图式不仅为后世的式盘所继承，甚至4—5—9—5的数字所反映的太一行九宫的理论⑤，直至汉代的人们仍然记忆犹新⑥。

---

① 冯时：《中国古代的天文与人文》第五章，中国社会科学出版社2006年版。
② 冯时：《出土古代天文学文献研究》第二章，台湾古籍出版有限公司2001年版。
③ 安徽省文物考古研究所：《安徽含山凌家滩新石器时代墓地发掘简报》，《文物》1989年第4期。
④ 冯时：《史前八角纹与上古天数观》，《考古求知集》，中国社会科学出版社1997年版；《中国天文考古学》第八章第二节，社会科学文献出版社2001年版。
⑤ 陈久金、张敬国：《含山出土玉片图形试考》，《文物》1989年第4期。
⑥ 参见《易纬乾凿度》及郑玄《注》。

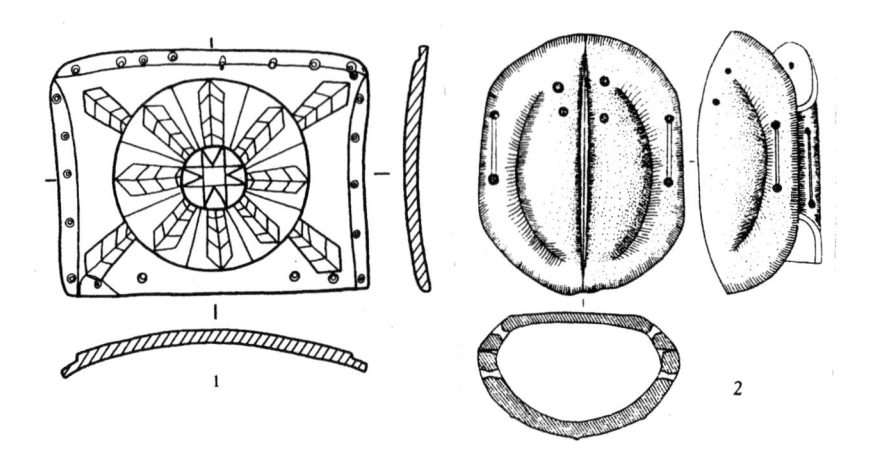

图 28　新石器时代洛书（安徽含山凌家滩出土）
1. 洛书玉版（M4：30）　　2. 玉龟（M4：35、29）

九宫方位需要与数字配合，这便是《黄帝九宫经》所说的"戴九履一，左三右七，二四为肩，六八为足，五居中央，总御得失"，这个方位当然就是洛书的方位。相关的数字其实早在《大戴礼记·明堂》中就已有记载，可见其来源的古老。数字奇偶所表现的阴阳虽然在九宫图中表现为太一运行的次序，而且这些观念与晚世以黑白圆点象征阴阳的做法也稍有不同，但它所表达的阴阳思想却已足够清晰。

方位所体现的阴阳思想同样悠久，依传统的后天八卦方位，乾、坎、艮、震为四阳卦，分配西北、北、东北、东四方，巽、离、坤、兑为四阴卦，分配东南、南、西南、西四方，同时根据《说卦》的理论，东方震为长男，北方坎为仲男，南方离为仲女，西方兑为少女。这些观念到底是后人的附会，还是他们对于一种古老思想的承传？天文考古学研究也同样提供了可贵的线索。西水坡宗教遗迹所表现的四子神话或许传达了某种信息，尽管象征南方夏至神祇的孩子的性别鉴定结果没有报导，但葬于45号墓中的三子的性别却似乎与四时及四方存在着某种特别的联系，其中象征东方春分神和北方冬至神的两个孩子皆为男性，而象征西方秋分神的孩子则为女性，与《易传》的思想正好吻合！

天与地所象征的南北方向显然表现了古老的观象授时的方位，但当天地与阴阳配伍的时候,天阳地阴的思想最初却是通过震阳兑阴的东西方位表达的。公元前四千纪的中叶,红山文化先民已经建造了祭天礼地的圜丘和方丘(图29)①,圆形的圜丘和方形的方丘当然模仿了盖天家所理解的天地的形状②,而圜丘居东,方丘居西,则又分明体现着天阳地阴的独特观念。可以相信,古人对于阴阳的思辨,伴随着他们对天地的认识早就完成了。

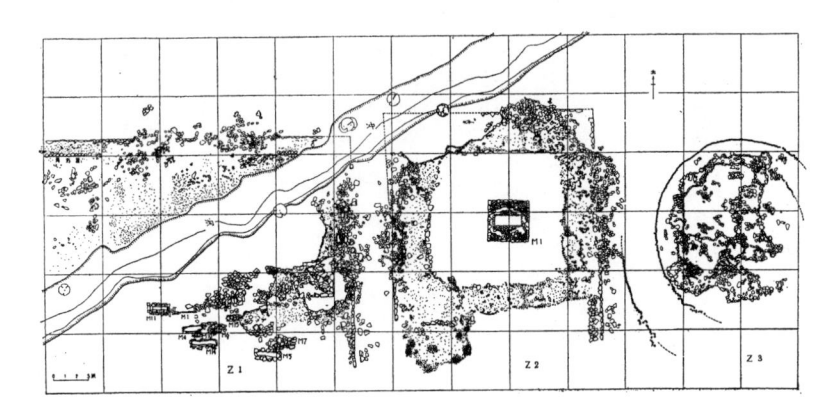

图29 红山文化圜丘与方丘(辽宁建平牛河梁发现)

天与地的哲学描述,方式之一就是乾、坤,其所体现的阴阳思想通过对龙与马的强调而在《周易》的乾、坤两卦中得到了高度概括。乾卦的爻辞虽然阐释六龙,但六龙的本质却来源于星象③,而坤卦几乎也以同样的形式表达了相同的意义,这意味着古人对于龙显然有着阴阳的区分④。阳性的龙当然升在天上,这就是二十八宿东宫星宿所组成的形象⑤;而阴性的龙则降在地下,这便是社神。夏代的社神名为句龙,它的遗迹我们已有幸找到⑥,

---

① 发掘资料见辽宁省文物考古研究所《辽宁牛河梁红山文化"女神庙"与积石冢群发掘简报》,《文物》1986年第8期。
② 冯时:《红山文化三环石坛的天文学研究——兼论中国最早的圜丘与方丘》,《北方文物》1993年第1期;《中国天文考古学》第七章第二节,社会科学文献出版社2001年版。
③ 闻一多:《璞堂杂识·龙》,《闻一多全集》册二,生活·读书·新知三联书店1982年版。
④ 冯时:《殷周遗物龙纹样的图像学诠释》(未刊稿)。
⑤ 冯时:《中国早期星象图研究》,《自然科学史研究》第9卷第2期,1990年;《中国天文考古学》,社会科学文献出版社2001年版,第305—311页。
⑥ 冯时:《夏社考》,《21世纪中国考古学与世界考古学》,中国社会科学出版社2002年版。

图 30　陶寺文化陶盘内绘制的夏社句龙图（M3076:6）

龙的口中不仅衔有社木，而且遍身通饰具有水物意义的鳞纹（图30），这当然显示了龙的阴性特征。而天龙的特点同样鲜明，通身的菱形纹饰构成了它与阴龙社神的重要区别（图14）①。事实上，龙的阴阳的区分来自古人对于龙星回天运行的观测与认知，龙自东方跃渊而升天，这当然显示了其阳的属性，而自天上西落沉潜，又应显示着其阴的属性。因此，作为社神的句龙，其实就是天龙入地的转化。坤卦虽主牝马之贞，但在二十八宿的东宫龙星之中，作为农祥的房星正称为天驷，这当然加强了龙与社神的联系。其实我们对坤卦卦爻辞的研究，也正可以揭示其所描述的房宿回天运动的特点，这个做法与乾卦爻辞乃对六龙之星回天运行特点的描述一样②。升龙在天上，与

---

①　冯时：《二里头文化"常旜"及相关诸问题》，《考古学集刊》第17集，科学出版社2010年版。二里头文化绿松石龙的资料见中国社会科学院考古研究所二里头工作队《河南偃师市二里头遗址中心区的考古新发现》，图版陆、图版柒，《考古》2005年第7期。可资比较的资料有殷代龙形铜觥，见谢青山、杨绍舜《山西吕梁石楼镇又发现铜器》，《文物》1960年第7期。

②　冯时：《〈周易〉乾坤卦爻辞研究》，《中国文化》第32期，2010年。

龙对应的行地之物则比配为马。龙马的形象可以一直追溯到红山文化时代①，而殷墟出土的车马器也常以龙首作为装饰②，这显然是受龙星之一的房宿同时兼寓马（至周而为天驷）观念的支配。商代遗物装饰菱纹和鳞纹的二龙成对并见的现象已非常普遍（图31）③，甚至这两种纹样有时更合饰于一龙的背、腹两面④，其所体现的阴阳思想意蕴深刻。

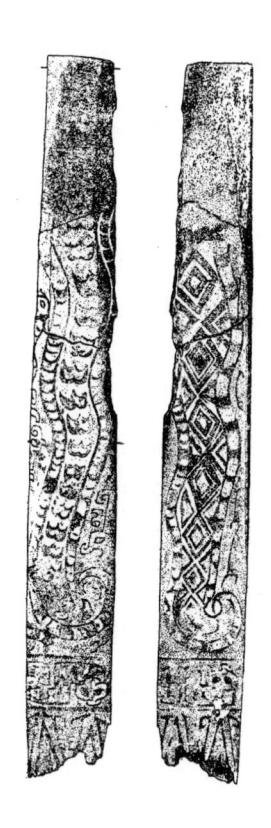

图31　商代骨柶正背面绘制的雌雄二龙
（殷墟侯家庄1001号大墓出土）

---

① 孙守道：《三星他拉红山文化玉龙考》，《文物》1984年第6期。
② 石璋如：《小屯》第一本，遗址的发现与发掘：丙编，殷虚墓葬之一，北组墓葬（下），图版伍贰，历史语言研究所，1970年。
③ 梁思永、高去寻：《侯家庄》第二本，1001号大墓（上），历史语言研究所，1962年。
④ 梁思永、高去寻：《侯家庄》第九本，1400号大墓，图版肆柒，历史语言研究所，1996年。类似的图像在殷周时代已普遍流行。

很明显，中国传统的天文历算体系承载了表达阴阳思想的最基本的手段，或者更准确地说，古人对于阴阳的描述，其实是以集中通过天文历算的形式完成的，这种做法当然源自观象授时作为生养万物的决定因素的感性认知。因此，先民的天文活动早已不是仅为满足生产需要的技术工作，他们对于生命本原的追索无疑体现着一种朴素的哲学思考。

（四）交泰观

独阴不生，独阳不生，独天不生，阴阳参合然后万物生，这种观念如同古人对于天地的感知一样根深蒂固。那么阴阳的本质又是什么？这关系到古人对于宇宙本质的探索。事实上，人类的呼吸，四时的风雨，都可以诱发古人对于宇宙间充满了气的认识。殷人有关四方风的记录证明，他们知道所谓四方之风实际就是分至四时的不同之气。这种思想甚至可以追溯到公元前七千纪的新石器时代，属于这一时期的先民已经学会利用律管候气的方法[1]，这意味着他们早已懂得分至四时的变化其实就是气的变化的一般道理。当然，候气的方法首先需要有律吕的知识作为支持，而发现于河南舞阳贾湖的新石器时代骨律已备八律[2]，八律当然只为适应候气八节的需要，显然，十二律在当时已经形成应是可以接受的事实。舞阳骨律已有雌雄的分别，而且律管的音孔设计涉及到较复杂的分数运算，表明中算学的发展同天文学的发展一样具有着相当的水平。这些事迹所呈现的先民的文明成就显然不应被理解为单纯的技术创新，它实际涵盖了古人对于天文历算的科学认识以及宇宙本质和阴阳相生的哲学思辨。

天地的本质是气，这个事实恐怕早已为古人所认识。战国到汉代的文献不仅充斥了这类思想，而且在当时人们用以礼天的玉璧之上，竟也雕绘着遍布礼玉的云气[3]，甚至新石器时代的某些墓葬也大量随葬玉璧[4]，似乎反映着人们试图通过以充盈着气的礼天玉璧再现现实世界的渴望。气有清

---

[1] 冯时：《中国天文考古学》第四章第一节，社会科学文献出版社 2001 年版。
[2] 吴钊：《贾湖龟铃骨笛与中国音乐文明之源》，《文物》1991 年第 3 期。
[3] 林巳奈夫：《中国古代の遗物に表はされた"气"の图像的表现》，《东方学报》第 61 册，1989 年。
[4] 浙江省考古研究所反山考古队：《浙江余杭反山良渚墓地发掘简报》，《文物》1988 年第 1 期。

浊,这当然直接影响到天地形成的次序。清气薄靡为天,浊气凝滞为地,天先成而地后定于是成为人们普遍认同的宇宙起源模式,而象征大地的"亚"字也便具有了亚次的含义。商代王陵于象征墓主居室的墓室平面常呈"亚"形设计,形象地表现了这种思想。显然,天地的离析必然导致天地之气的分别,以至于气也有了阴阳的区分。这种认为天地间充满着气的朴素的科学思想很可能直接得益于古老的候气法的启示,并一以贯之于中国传统文化的诸多方面。

《周易·泰卦》:"泰,小往大来。吉亨。""小往大来"似乎是说天地的换位,但又有谁真的见过天地的位移呢!《象传》以为:"天地交而万物通也,上下交而其志同也。内阳而外阴,内健而外顺,内君子而外小人,君子道长,小人道消也。"孔颖达的解释是:"所以得名为泰者也,正由天地气交而生养万物,物得大通,故云泰也。"已直探交泰思想的核心。因此,传统的天地交泰思想其实正反映了天地之气的交通[①]。天气下降,地气上腾,万物于是交融合和而生,很明显,这种交泰观念的思辨结果就是阴阳参合。至迟到公元前四千纪的中叶,先民们已用自己的方式准确地传达着这种思想。发现于辽宁建平牛河梁的红山文化遗址具有丰富的先民礼祀天地的遗迹[②],其中礼天的圜丘与祀地的方丘我们已有过专门讨论[③]。而方丘西侧墠旁分布的墓葬则与这两处天地祭坛有关,其中规模最大的一座墓葬M4尤为特别,墓主头向正东,仰身而葬,两腿膝部叠交,左腿在上,右腿居下,周身随葬三件礼玉,玉箍形器横枕于头下,两件猪形礼玉并排背对背倒置于胸前,吻部向外(图32)[④]。毫无疑问,这个发现为研究古老的天地交泰思想的起源提供了重要线索。

墓主的特别葬式很容易让人联想到古文字的"交",甲骨文和金文的"交"都形象地写作"𠆸",象人仰身而双胫叠交,这与《说文解字》的解

[①] 参见孔颖达《周易正义》。
[②] 发掘资料见辽宁省文物考古研究所《辽宁牛河梁红山文化"女神庙"与积石冢群发掘简报》,《文物》1986年第8期。
[③] 冯时:《红山文化三环石坛的天文学研究——兼论中国最早的圜丘与方丘》,《北方文物》1993年第1期;《中国天文考古学》第七章第二节,社会科学文献出版社2001年版。
[④] 辽宁省文物考古研究所:《辽宁牛河梁红山文化"女神庙"与积石冢群发掘简报》,《文物》1986年第8期。

图 32　辽宁建平牛河梁第二地点红山文化 4 号墓

释刚好相符。"交"字的字形与"大"字有着密切的关系,"大"字象人正面站立,这是区别于幼子的独立行为。而"大"、"太"、"泰"为古今字,所以交泰的思想其实恰可以通过使"大"独交其胫的"交"字很好地传达出来,显然,"交"字的字形本身即体现了交泰的思想。

古人缘何不以交臂为交,而独取交胫以喻交泰,其中当然蕴涵着先民对于天地之气交泰的独特理解。我们曾经指出,古人用以测定时间的表正是为模仿人体测影而设计,而直立的人体正是由腿骨所支撑,因此"髀"便具有了表与人腿骨的双重含义,西水坡遗址北斗杓柄的设计已完好地体现了这种思想。很明显,古人以人腿骨作为测度时间的髀表的象征,而时间体系的建立却要通过对分至四气这四个时间标志点的确定才能最终完成。换句话说,表是测定四时的工具,也是测定四气的工具,因此,象征髀表的腿骨的交泰也就暗寓了天地之气的交泰,这种腿骨对于气的象征意义直接决定了古人以腿骨的交叠象征天地之气交泰的做法。事实上,《淮南子·天文》对于古人以四肢比附四时的传统记述得相当明确,这使天地交泰的思想自然可以通过交胫这样一种特殊的姿态准确地传达出来。

仅以交胫的姿态传达交泰的思想当然还很不够，摆放于墓主胸前的两件猪形礼玉便是对这种思想的绝好诠释。猪形礼玉作为形象化的北斗已经再清楚不过，北斗由于规划着天极而成为帝星，为天帝的常居之所，同时发挥着指建四时的特殊作用，因而扮演着主气之神的重要角色，这个思想通过天帝神名的演变而代代传承。古人曾以太一为天帝的别名，但主气之神的本质特征却并没有改变。安徽阜阳双古堆西汉汝阴侯墓所出太一九宫式盘的天盘九宫图的中央，在本该书写北辰太一的位置却偏偏写上了"招摇"（图22，1），而《黄帝内经·灵枢》所载"合八风虚实邪正图"，于九宫图的中央也布列招摇，与阜阳太一式盘的布图完全一致。招摇当然就是北斗，这个星官在六壬式盘中则被径直地绘于天盘的中央。显然，在以北斗作为极星的时代，太一不仅为北辰神名，而且也是主气之神，这个意义当然来源于北斗的建时作用，这便是古人将北辰与太一视为一体的原因。因此，北斗既是决定阴阳四时的重要星官，同时又是主气之神，所以墓主以运斗为职，其交泰姿态便自然含有了融会天地之气的独特含义。

其实对于某些细节的关注对揭示一种古老思想的起源同样有益。我们发现，墓主胸前的猪形北斗并非一个，而是一大一小两件，况且摆放的方向恰好相反，其中大者居右，为青绿色；小者居左，为白色。甚至两件玉猪的面部造型也稍有差异。毋庸置疑，两件猪形北斗之所以选择不同大小、不同面貌、不同颜色，并以不同的方向并排摆放，其含义很可能体现着北斗雌雄阴阳的分别，这种观念在《淮南子·天文》中有着明确的记载。古人以为，北斗之神有雌雄，雄左行，雌右行。以这种理论衡量两件猪形北斗，其相合的程度确实令人不可思议。事实上，如果按照《周易·泰卦·象传》的解释，内属阳而外属阴，结合后天八卦方位去理解阴阳的关系，又正是右属阳而左属阴，因为墓主置北斗于胸前，正重现了其生前以观斗为职的特点，这当然要求他的观象方向必须呈现背南面北的形式。在这样的空间框架下审视墓中的安排，不难发现，猪形北斗以居右者体大，为雄，其色青而属东，其首居右而身左旋，正应雄左行；居左者体小，为雌，其色白而属西，其首居左而身右旋，正应雌右行。北斗之雌雄当然暗喻着天地之气的阴阳，而天之阳气与地之阴气的交合，也恰好通过墓主交胫的姿态得到了表现。

北斗既以居左居右分别阴阳，那么很明显，先民已经具有了阴阳的基本观念应该毫无问题。其实以这种观念检视墓主的交胫姿态也同样很有意义，我们发现，即使对于任何看似无足轻重的细节处理，古人也不会疏略或随意为之。具体地说，墓主的交胫姿态表现为左胫在上而叠压右胫的特殊姿势，这与《象传》所讲的内阳而外阴的关系吻合无间，墓主以右为阳而居内，以左为阴而居外，这种关系甚至通过阴阳北斗的摆放位置完整地表现了出来。古人对于祭祀的虔诚使他们在处理自己葬仪的时候绝不可掉以轻心，这意味着墓中为表现交泰思想的一切现象都应是古人有意识的设计结果。

不仅如此，枕于墓主头下的玉箍形器呈大端斜直、小端平齐的特殊造型，其阴阳喻义也十分鲜明，而大端居右、小端居左的摆放形式不仅与墓中所体现的右阳左阴的安排和谐一致，而且其器中空的设计也明显表现了阴阳二气的交通。

天地交泰的本质乃是天地之气的交通，这当然也是祷祈天地的目的之一。墓葬分布于礼天的圜丘与祀地的方丘旁侧，其试图通过交泰之姿以表达祈求天地之气交通的寓意极为鲜明。事实上，天地、方位与阴阳的关系仅仅通过墓主的葬式与圜丘方丘的布列形式就已经表现得相当清楚。古人以为，东方为阳位，当然也是天位；西方为阴位，其实就是地位。而礼天的圜丘居东，祀地的方丘居西，恰好体现着这些思想。古人又以人的首足以应天地，这使他们将墓主的葬卧方向特别呈现首东足西的处理，这种做法显然意在以人的首足位置应合天地与阴阳的方位，这至少在形式上已使天地交泰的基本诉求十分圆满。因此可以相信，天地交泰的观念以及作为这一观念的思想基础的阴阳观念，甚至五色配伍五方的观念，至少在公元前四千纪即已颇具系统。

最后需要强调的是，中国古人以五色分配五方的做法虽然很传统，但有关它的起源的探索，文献学的证据似乎很难上溯到战国以前[1]。然而天文考古学的研究显示，早在公元前四千纪的新石器时代，青、白、赤、黑、黄五色不仅已兼有了方位与阴阳的含义，甚至直接影响到五行

---

[1] 郭沫若：《金文所无考》，《金文丛考》，人民出版社1954年版。

观念的起源，这不能不说具有重要的意义。学者或据殷卜辞关于五方禘祭的内容讨论商代的五方观念①，其实在比殷人早得多的时代，以五方观念为基础的时空认知就已相当成熟，这当然为五行观念的形成准备了条件。事实上，古人如果能够完成以五色与五方相互配属的思考，那么我们就没有理由认为这种观念与五行的产生渺不相涉。显然，对于五行观念的起源，红山文化先民所留弃的以五色配伍五方的物证已提供了足够明确的暗示。

四 结语

尽管我们不得不忽略更多的细节内容而完成上古天文与思想的鸟瞰，但仅就这些关乎古代文明的主体部分而言，天文考古学为我们提供的对于古代科学与文明的认识已足够新奇，我们甚至无法通过其他的途径或方式完成类似的探索。依凭考古资料进行古典哲学以前的原始思维的重建，这个工作当然很困难，但却绝不是不可以实现的空想。事实上，科学与文明的传承使得后人留下了大量可供佐证先人劳绩的文献，只要我们有足够的细心，考古遗迹和遗物所反映的科学史与思想史内涵就可以得到正确的解读。

天文考古学研究带给人们的新的见识其实并不仅仅在于对古代科学成就的揭示，当然这些成就可以逐渐构建起我们重新审视文明历史的认识基础，更重要的是，它使我们真正懂得，每一项科学的发展都是作为文明发展进程中的一项元素而已，它由于直接服务于先民的生产和生活，因此无法摆脱固有思想的影响和传统观念的制约。换句话说，古代科学的发展历史也就是古代思想的发展历史。我们不可以抛弃对传统思想的究寻而片面地强调科学本身，事实上这种做法无助于古代科学史的研究。

新石器时代是中国天文学与传统思想体系形成的关键时期，这将在很

---

① 罗振玉：《增订殷虚书契考释》卷下，东方学会石印本，1927年；胡厚宣：《论殷代五方观念及中国称谓之起源》，《甲骨学商史论丛初集》，成都齐鲁大学国学研究所石印本，1944年。

大程度上改变人们对于古代文明与古代科学的习惯认识。诚然，中国古代天文学所具有的科学史及思想史意义已逐渐为人们所领悟，这当然可以为重新评判中国古代文明的发展历史提供依据。就天文学本身的成就而言，天文考古学所展示的科学史内涵在某些方面甚至比《史记·天官书》的传统还要丰富，而在科学思想、宗教思想乃至哲学思想方面，这些新资料不仅比传统文献所提供的答案更具说服力，而且也更为生动。毫无疑问，对于重建早期科学史与思想史，天文考古学研究已经展现了它独有的特点和可预见的前景。

2006 年 7 月 9 日晚写于尚朴堂

（原载祝平一主编《中国史新论——科技与中国社会分册》，联经出版事业股份有限公司 2010 年版）

殷历岁首研究

序文

《史记·历书》云："夏正以正月，殷正以十二月，周正以十一月。"若配以月建，则夏历岁首当建寅之月，殷历岁首当建丑之月，周历岁首当建子之月，这三朝历法的岁首便构成了中国古历中传统的三正[①]。千百年来，三正论虽已为人们所普遍接受，但也确曾有人在怀疑。唐司马贞著《史记索隐》时就明确提出："唯黄帝及殷、周、鲁并建子为正。"清人顾观光更备论其义，刊陈补苴，发扬此说[②]。这种独标新意的见识卓尔不群，开风气且省人思，我们自不该视之为古人偶发的悬断或奇想。

中国的先秦古历一直未能详知，以丑月为岁首的殷历乃是汉传古六历的一部分，依此研究甲骨文所反映的殷商历史，会在很多问题上难以深入，我们无权指摘甲骨文是错误的，它是出于时人之手、未经伪造的真实史料，那么，唯可怀疑的自然只有殷历本身。汉传的丑正殷历非时王之术，自晋杜预以来时有议论。《宋书·律历志中》云："考其远近，率皆六国及秦汉时人所造。"祖冲之亦云："古之六术，并同《四分》，《四分》之法，久则后天。以食验之，经三百年，辄差一日。古历课今，其甚疏者，朔后天过二日有余。以此推之，古术之作，皆在汉初周末，理不得远。且却校《春秋》，朔并先天，此则非三代以前之明证矣。"[③] 仅据古六历之一的殷历而言，其合天年代约在公元前五世纪，相当于中国的战国时期，本非时王之

[①] "三正"在文献中首见《尚书·甘誓》，云："威侮五行，怠弃三正。"陆德明《经典释文》卷三引东汉马融《注》云："建子、建丑、建寅，三正也。"
[②] 顾观光：《六历通考》，《武陵山人遗书》，重印光绪九年刊本。
[③] 《宋书·律历志下》，中华书局标点本，1974年10月。

历自可肯定。然而，真正的时王殷历又是怎样的一种面貌？

历法是年代学的重要内容，而年代学则是古史研究的框架和基础，历法不明，一切史实便无从附着，因此，正确地了解殷历对正确地研究商史无疑有着重要的意义。目前研究殷正，可寻的方法有两种：第一，利用卜辞记录的殷代气象和农事材料，同后世的气象及农事情况衡量比较，以求得二者相互符合的理想时段；第二，根据卜辞记录的殷代天文现象做天文学分析。结论的客观首先需要材料和方法的客观，本文拟依甲骨文提供的月食材料，运用天文学方法为复原殷正进行一次新尝试。

一　从武丁时期五次月食的推定证殷历岁首

目前所见殷卜辞中的月食刻辞共有八条，从卜辞断代的角度讲，都属于殷王武丁时的宾组刻辞，它们分别记述了武丁时期发生的五次月食，习惯上称为"乙酉月食"、"庚申月食"、"甲午月食"、"壬申月食"和"癸未月食"。五次月食中有一次月食明系殷历月份，有两次月食的殷历月份可以推得。

乙酉月食

癸未卜，争贞：旬亡祸？三日乙酉夕月有食，闻（昏）。八月。

《甲释》55

此次月食发生于殷历武丁某年八月望日。

庚申月食

（一）癸丑卜，贞：旬亡祸？王占曰："有祟"。七月己未盥，庚申月有食。

癸亥卜，贞：旬亡祸？

癸酉卜，贞：旬亡祸？

癸未卜，争贞：旬亡祸？王占曰："有祟。"三日乙酉夕盥，丙戌允有来入齿。十三月。　　　《库方》1595 正、反董作宾先生主张依（一）读，则庚申月食发生于殷历十二月望日①。陈梦家先生参考《金璋所藏甲骨卜辞》（Hopkins Collection of the Inscribed Oracle Bone）594（正、反）所记庚申月食卜辞，主张（二）读：

（二）癸亥。
　　癸未。十三月。
　　癸巳卜，贞：旬亡祸？
　　癸卯卜，贞：旬亡祸？
　　［癸丑卜，贞：旬亡祸？七日］已未夕皿，庚申月有食。

依（二）读，则庚申月食发生于殷历一月望日②。

最近，李学勤先生等编录的《英国所藏甲骨集》选收了两辞的拓本③。经过反复比较，我们更倾向于陈梦家先生的读法。两版卜辞同记"庚申月有食"，并同于癸未日系记"十三月"，所卜为一事当无疑问，其贞卜次序可整理如下：

《英国所藏甲骨集》885 正、反	《英国所藏甲骨集》886 正、反
	癸［卯］
	癸丑（十二月）
癸亥	癸亥
（癸酉）	（癸酉）
癸未　十三月	癸未　十三月
癸巳	［癸巳］
癸卯	［癸卯］
［癸丑］庚申月有食（一月）	［癸丑］庚申月有食（一月）
	［癸亥］
	癸酉

---

① 董作宾：《殷历谱》下编卷三《交食谱》，中央研究院历史语言研究所，1945年。
② 陈梦家：《殷虚卜辞综述》，科学出版社1956年版，第238—239页。
③ 李学勤、齐文心、艾兰：《英国所藏甲骨集》，中华书局1985年版。

圆括号内是原辞所无、按顺序拟补的干支或月份，方括号内是原辞残掉的干支。据此可知，庚申月食发生于殷历武丁某年一月望日。

甲午月食

[己]丑卜，宾贞：翌乙[未酚]，黍烝于祖乙？王占曰："有祟，不其雨。"六日[甲]午夕月有食。乙未酚，多工率条遣。

《缀合》230

此辞干支残缺，董作宾先生拟补为"甲午月食"是可信的①。卜辞命辞记"黍烝于祖乙"，"烝"当古之烝祭。《左传·桓公五年》："闭蛰而烝。"杜预《集解》："建亥之月，昆虫闭户，万物皆成，可荐者众，故烝祭宗庙。"《尔雅·释天》："冬祭曰烝。"郭璞《注》："进品物也。"《周礼·春官·大宗伯》："以烝冬享先王。"古代烝祭有两个特点：一，烝祭多行于夏历孟冬十月；二，烝祭的对象是先王先祖。卜辞所记烝祭用物有黍、稷、秫、米、鬯等，且皆祀先王，与文献契合。依殷礼，烝祭多行于殷历一月或十二月，卜辞云：

辛丑卜，于一月辛酉酚，稷烝？十二月。
辛丑卜，衍，稷烝，辛亥？十二月。　　《缀合》62
□□卜，王，弜今日烝？一月。　　　　《合集》4321

一辞卜在十二月辛丑日。古之卜祀，如郊之用辛②，乃"以十二月下辛卜正月上辛，如不从，则以正月下辛卜二月上辛"③，如此者数。殷制未必这样严格，但辛酉归属一月，从占卜时间看，应是首先考虑的日期。二辞卜在一月。以此比较"甲午月食"卜辞，其在一月的可能性要大些。因此可以初步确定，甲午月食发生于殷历武丁某年一月望日。

---

① 张秉权：《殷虚文字丙编》上辑（一），历史语言研究所，1957年，第90—95页。
② 《礼记·郊特牲》："郊之用辛。"
③ 《穀梁传·哀公元年》。

对这五次月食发生年代的推考，继董作宾先生之后又有很多学者有所涉及①。近年来，不少天文学者注意到古代月食的推算，并编制出一些精度较高的古代月食表。这里，我们以刘宝琳先生所制《公元前1500年至公元前1000年月食表》（以下简称《刘表》）②为基础推定这五次月食。

需要说明的是，《刘表》采用的记日法是现代通行的子夜零时制，这与殷人以鸡鸣为朔的记日法略有不同③。记有月食的卜辞有些详记"夕"字，"夕"在殷代是整个夜晚的通称④。所以，我们在实际考虑上述五次月食发生时间的时候，必须含括自同一干支的子夜零时至下一个干支日出之前的一段时间。

《刘表》所列公元前1500年至公元前1000年间安阳可见的庚申月食共十一次（表1）。

表1　　　　　　　　庚申月食表（表中所列为安阳时）

编号	儒略历	儒略周日	干支	初亏	食甚	复圆	食分
1	-1480.7.18	1180687	庚申	$02^h\ 48^m$	$04^h\ 31^m$	$06^h\ 14^m$	1.308
2	-1433.1.13	1197667	庚申	00　02	01　42	03　22	1.220
3	-1428.4.16	1199587	庚申	02　02	03　06	04　09	0.335
4	-1263.5.20	1259887	庚申	15　57	17　41	19　26	1.316
5	-1217.11.15—16	1276867—8	庚申、辛酉	22　36	23　49	01　02	0.395
6	-1191.12.27—28	1286406—7	己未、庚申	20　31	22　27	00　23	1.663
7	-1165.8.14	1295767	庚申	03　18	05　11	07　04	1.620
8	-1144.6.23—24	1303386—7	己未、庚申	21　06	22　37	00　09	0.841
9	-1113.5.12—13	1314666—7	己未、庚申	23　28	00　02	00　36	0.091
10	-1067.11.7	1331647	庚申	05　04	06　43	08　22	0.833
11	-1020.5.4—5	1348627—8	庚申、辛酉	22　17	00　07	01　56	1.307

---

① 主要的论文有张培瑜《甲骨文日月食纪事的整理研究》，《天文学报》第16卷第2期，1978年；范毓周《甲骨文月食纪事刻辞考辨》，《甲骨文与殷商史》第二辑，上海古籍出版社1986年版。
② 文见《天文集刊》第一号，1978年。
③ 冯时：《殷代纪时制度研究》，《考古学集刊》第16集，科学出版社2006年版。
④ 董作宾：《殷代的记日法》，《文史哲学报》第5卷，1953年12月。

这十一次月食的时间若按殷人记日法加以调整的话，则第1—3、6—10次均应排除，原因是这八次月食一般都发生在晚21时至次日凌晨6时之间，这在殷代基本上属于前一干支——己未的范围，而不能视为庚申月食。其馀的三次月食，第11次年代太晚，也应排除。至此，表1中可供选择的就只有第4、5两次月食了。

由于殷代记日法与今天不同，所以，发生在庚申次日，亦即辛酉凌晨的月食事实上也属于庚申月食。安阳可见的这类月食在《刘表》中共列有五次（表2）。

表2　　　　　　辛酉晨月食表（表中所列为安阳时）

编号	儒略历	儒略周日	干支	初亏	食甚	复圆	食分
1	-1310.11.24	1242908	辛酉	$01^h\ 15^m$	$03^h\ 00^m$	$04^h\ 44^m$	1.646
2	-1118.2.9	1312748	辛酉	03　32	05　29	07　27	1.792
3	-1072.8.6	1329728	辛酉	03　28	04　32	05　37	0.355
4	-1041.6.25	1341008	辛酉	03　28	04　52	06　16	0.672
5	-1025.2.1	1346708	辛酉	03　03	04　11	05　18	0.428

这五次月食只有第1次可与表1的第4、5两次月食相适应，其馀四次在年代上都嫌过晚，可以舍弃。经过这样的刊选，我们便得到了庚申月食可能发生的三个时间：

A组：
（1）-1310.11.24
（2）-1263.5.20
（3）-1217.11.15

依照这种方法，我们再去检查乙酉月食。《刘表》所录安阳可见的乙酉月食（含丙戌晨月食）共十三次，经殷人记日法加以调整后尚馀七次（表3）。

表3　　　　乙酉（含丙戌晨）月食表（表中所列为安阳时）

编号	儒略历	儒略周日	干支	初亏	食甚	复圆	食分
1	-1495.10.30	1175312	乙酉	$17^h\ 02^m$	$18^h\ 43^m$	$20^h\ 25^m$	1.175
2	-1417.3.16	1203573	丙戌	05　40	06　11	06　43	0.067
3	-1278.9.2	1254513	丙戌	00　16	01　36	02　57	0.629
4	-1226.5.31—6.1	1273412—3	乙酉、丙戌	22　29	00　10	01　52	1.339
5	-1180.11.25	1290392	乙酉	18　02	19　54	21　45	1.728
6	-1081.2.19	1326272	乙酉	18　30	20　02	21　34	0.698
7	-1035.8.17	1343253	丙戌	00　55	02　49	04　42	1.463

由于武丁王的在位时间目前比较一致地认为是五十九年，因此，如果我们以前面推得的庚申月食可能发生的三个时间作为年代基点，并将A组（1）与A组（3）分别加减五十九年的话，便可得到一个年代范围，即公元前1369年至公元前1158年，这是否可以被认为是武丁王在位的最大年限。用这个假设的年限去衡量表3中的月食，能够适应的只有第3、4、5三次。于是我们又推得了乙酉月食可能发生的三个时间：

　　　　　　（1）-1278.9.2
　　B组：（2）-1226.5.31
　　　　　　（3）-1180.11.25

现在，我们将A、B两组年代做一一对应的组合，共成九组，九组之中有七组年代与我们考虑的某些基本原则不符，需要排除。具体说明如次。

1. 其中的三组年代彼此相距八十年以上，已远远超出武丁王的在位年数五十九年，故舍。

2. 另有一组年代彼此相距六十一年，鉴于记有庚申、乙酉月食的卜辞均由贞人"争"所行占，而"争"供职的时间能够跨越六十一年的可能性又极小[1]，故亦舍。

---

[1] 张培瑜、卢央、徐振韬：《试论殷代历法的月与月相的关系》，《南京大学学报》1984年第1期。

3. 我们在尝试推步所馀五组年代的殷历岁首后发现，有三组年代的岁首误差在四个月以上。因此，如果我们承认殷人使用的是一种阴阳合历的话，那么这三组结果就必须舍弃。换言之，一旦我们允许殷历的岁首可以摆动在四个月之间，那就意味着这种历法实际已经失去了以闰月调节的阴阳历的性质了。

在排除了以上七组年代后，最终馀下的年代有两组：

C 组：$\begin{cases} -1310.11.24 & 庚申月食 \\ -1278.9.2 & 乙酉月食 \end{cases}$

D 组：$\begin{cases} -1217.11.15 & 庚申月食 \\ -1226.5.31 & 乙酉月食 \end{cases}$

推步岁首的结果是，C 组年代岁首误差两个月，D 组年代岁首误差在一个月内。这是仅存的可供选择的月食年代。

我们继续检查甲午月食。甲午月食卜辞所记贞人为"宾"，"宾"与庚申、乙酉月食卜辞的贞人"争"同属武丁时期的宾组贞人，而且两人在卜辞中又有同版互见的例子①，故其时间相隔不会太远。在《刘表》中，安阳可见的甲午月食（含乙未晨月食）共列有十二次，经殷人记日法调整后尚馀六次（表4）。

表 4　　　　甲午（含乙未晨）月食表（表中所列为安阳时）

编号	儒略历	儒略周日	干支	初亏	食甚	复圆	食分
1	-1465.4.5—6	1186061—2	甲午、乙未	$20^h\ 35^m$	$22^h\ 21^m$	$00^h\ 06^m$	1.548
2	-1228.12.17	1272882	乙未	00　00	01　30	03　00	0.755
3	-1197.11.4	1284161	甲午	20　31	21　56	23　21	0.724
4	-1150.5.2	1301142	乙未	00　51	02　38	04　26	1.126
5	-1129.3.12	1308761	甲午	14　43	16　31	18　18	1.738
6	-1052.7.25	1337021	甲午	19　08	20　42	22　16	0.718

---

① 陈梦家：《殷虚卜辞综述》，科学出版社1956年版，第174—175页。

上列 C 组年代彼此相去三十二年，将其早晚年代分别扩大二十七年，即是武丁王在位的最大年限。以此衡量表 4，没有一次甲午月食能够适应。上列 D 组年代彼此相去九年，将其早晚年代分别扩大五十年，亦即武丁王在位的最大年限。以此衡量表 4，则有第 2、3 两次甲午月食可得安排。至此可以确定，D 组年代是庚申月食和乙酉月食发生时间的唯一答案①。

D 组年代的正确与否，取决于壬申月食和癸未月食能否在此年代范围内得到合理的安排。

壬申月食

  ☐旬。壬申夕月有食。　　　《簠·天象》2

癸未月食

  ［癸］未卜，争贞：翌甲申易日？之夕月有食。甲阴，不雨。

《丙编》59

《刘表》所列安阳可见的壬申月食（含癸酉晨月食）共十次，经殷人记日法调整后，并符合上述年代范围的只有两次（表 5）。

表 5　　　　壬申（含癸酉晨）月食表（表中所列为安阳时）

编号	儒略历	儒略周日	干支	初亏	食甚	复圆	食分
1	-1188.10.25	1287439	壬申	$19^h\ 27^m$	$20^h\ 40^m$	$21^h\ 53^m$	0.507
2	-1182.1.28	1289360	癸酉	04　04	05　13	06　23	0.413

《刘表》所列安阳可见的癸未月食（含甲申晨月食）共十三次，经殷人记日法调整后，并符合上述年代范围的只有四次（表 6）。

---

① 张培瑜先生等也倾向于这种选择。见张培瑜、卢央、徐振韬《试论殷代历法的月与月相的关系》，《南京大学学报》1984 年第 1 期。

表 6　　　　癸未（含甲申晨）月食表（表中所列为安阳时）

编号	儒略历	儒略周日	干支	初亏	食甚	复圆	食分
1	-1231.8.23—24	1271670—1	癸未、甲申	$22^h\ 53^m$	$00^h\ 14^m$	$01^h\ 35^m$	0.612
2	-1200.7.11—12	1282950—1	癸未、甲申	22　24	23　39	00　54	0.508
3	-1184.2.18—19	1288650—1	癸未、甲申	22　31	23　53	01　15	0.692
4	-1179.5.22	1290570	癸未	17　22	19　08	20　54	1.172

范毓周同志通过对甲午、壬申、癸未三次月食及其刻辞的研究，主张选择表 4 第 3 次、表 5 第 1 次和表 6 第 2 次[①]，我们同意这种选择。

在今见的全部八条月食卜辞中有这样一种有趣的现象，即仅有乙酉月食的卜辞附记"闻"字，而其他四次月食的卜辞不记此字。我们且看另一版由贞人"古"所行占的卜辞：

[癸未卜]，古[贞：旬亡]祸？三日[乙]酉夕[月有]食，闻。[八月]。　　　《燕》632

与由贞人"争"所行占的乙酉月食卜辞一样，贞人"古"的卜辞也同样附记"闻"字。"闻"字的真正含义究竟是什么？澄清这个问题将有助于检验我们推定的五次月食的正确性。

董作宾先生曾经指出，"闻"意即方国报闻，因此乙酉月食安阳不可见[②]。这种意见已遭到一些学者的反驳。屈万里先生认为，"闻"于此当读为"昏"，言月食发生时月色昏暗[③]，乃真知灼见。我们认为，乙酉月食的卜辞独记"昏"字，证明乙酉月食是月全食。发生全食，月球被地影完全遮蔽，月面变暗，呈红铜色，所以记"昏"。相反，其馀四次月食的卜辞不记"昏"字，则反证了它们为月偏食。验之我们所推定的五次月

---

① 范毓周：《甲骨文月食纪事刻辞考辨》，《甲骨文与殷商史》第二辑，上海古籍出版社 1986 年版。

② 董作宾：《殷历谱》下编卷三《交食谱》，中央研究院历史语言研究所，1945 年。

③ 陈梦家：《殷虚卜辞综述》，科学出版社 1956 年版，第 237 页；屈万里：《殷虚文字甲编考释》上册，历史语言研究所，1961 年。

食，恰恰只有乙酉月食为全食，另外四次月食皆为偏食，而且除甲午月食外，其他三次偏食的食分都很小，即在发生月食时，月面的大部分仍很明亮。这应该不是偶然的巧合！

退一步说，假如我们把表4、表5和表6中所录的全部八次月食都作为武丁时期可能发生的月食来加以考查，结果只有表6第4次为月全食，其余七次皆为偏食，而这仅有的一次全食又正是年代最晚、被选择的可能性最小的一次。因此，即使这样也不能动摇我们上面的推论。或者我们也可以这样理解，因为无论做怎样的处理，除癸未月食以外的其他四次月食的类别都只能有一种选择，而这唯一的一种选择又与卜辞的记录完全吻合，那么，反过来也可以证明癸未月食必为一次月偏食。这种互证的方法应该是被允许的。

庚申月食卜辞位于两干支之间的"昱"字也需要讨论，它曾使学者认为此次月食应该发生在己未夜晚至庚申凌晨，而并不是庚申夕月食。白瑞华（Roswell S. Britton）认为卜辞可以读为"己未昱庚申"，"昱"具有连接两个历日的意义①。德效骞（Homer H. Dubs）也持有相同的看法，他推测此次月食的见食时刻跨越了子夜零时，所以"昱"应该描述了这次月食己未到庚申的见食过程②。其后学者或释"昱"字为"间"③，或释"皿"而读为"向"④，或释"至"⑤，都在迁就这种解释。但如此理解不仅有悖甲骨文"夕"字的实际含义，而且对甲骨文月食的实际选算及不同月食的相互配合⑥，以及甲骨文记时系统与祭祀系统的研究⑦，都不能支持

---

① 董作宾：《殷历谱的自我检讨》，《大陆杂志》第2卷第10期，1951年；《卜辞中八月乙酉月食考》，《大陆杂志特刊》第一辑下册，1952年。
② Homer H. Dubs, The Date of the Shang Period, *T'oung Pao*, XL, 4–5, 1951, pp. 322、335.
③ 郑慧生：《从"间"字之释说到商代的"间祀"》，《史学月刊》1987年第3期。
④ 裘锡圭：《释殷虚卜辞中的"昱""昱"等字》，《第二届国际中国古文字学研讨会论文集》，问学社有限公司1993年版，第73—94页。
⑤ 赵光贤：《说"至"》，《殷都学刊》1997年第3期。
⑥ 张培瑜：《殷商武丁世的月食和历法》，《中国古代天文文物论集》，文物出版社1989年版，第24—25页。
⑦ 范毓周：《甲骨文月食纪事刻辞考辨》，《甲骨文与殷商史》第二辑，上海古籍出版社1986年版，第316—319页；连劭名：《再论甲骨刻辞中的血祭》，《于省吾教授百年诞辰纪念文集》，吉林大学出版社1996年版。

这一看法①。换句话说，假如我们承认这次月食的发生时间确实是在商代的己未夕至庚申晨，那将意味着在卜辞所记的武丁时期五次月食的框架下，没有一次可以满足其条件的安阳可见的月食。

卜辞"昱"或释"堙"，解为祭名②；或以为指天气阴蔽③。饶宗颐先生释为"壹"，读为"瞖"，指天气阴沉④。其说可从。如此，则卜辞记己未日天气阴沉，一直持续到第二天庚申夜晚，殷人于阴晴之间偶见月食，并不能确知其准确时间，故卜辞仅记"庚申月有食"而夺"夕"字。

现在，我们把最后推定的发生在殷王武丁时期的五次月食制成表7。

表7　　　　　　　　　殷武丁时期月食表

儒略历	儒略周日	殷历历日干支	殷历月	贞人	食甚时刻（安时时）	食分
-1226.5.31	1273412	乙酉	八月	争、古	$00^h\ 10^m$	1.339
-1217.11.15	1276867	庚申	一月	争	23　49	0.395
-1200.7.11	1282950	癸未		争	23　39	0.508
-1197.11.4	1284161	甲午	一月	宾	21　56	0.724
-1188.10.25	1287439	壬申			20　40	0.507

表7中，乙酉、庚申、甲午三次月食所在的殷历历月，卜辞或已明记，或可推知。现在我们根据张培瑜先生编制的《冬至合朔时日表（公元前1500年至前105年)》⑤推步这三次月食所反映的殷历岁首。可以相信，该表是目前国内外精度最高的合朔表。

首先我们考虑庚申月食，此年闰十三月，置闰的目的在于正四时，显然次年的岁首已经过调查。

---

① 冯时：《中国天文考古学》第五章第一节，社会科学文献出版社2001年版；《百年来甲骨文天文历法研究》第三章第一节，中国社会科学出版社2011年版。
② 叶玉森：《殷契钩沉》乙卷，北平富晋书社1929年版，第5页。
③ 于省吾：《双剑誃殷契骈枝续编》，石印本，1941年，第27—30页。
④ 饶宗颐：《殷代贞卜人物通考》，香港大学出版社1959年版，第86页。
⑤ 张培瑜：《中国先秦史历表》，齐鲁书社1987年版。本表采用世界时，《刘表》采用历书时，两种计时系统因起算之年的不同而有一年之差。

一月庚申月食

表8

前	冬至	冬至月	二月	三月	四月	五月	六月	七月	八月	九月	十月	十一月	十二月	十三月
1218	辛丑	12 11 辛 巳 11 12	1 9 庚 戌 22 58	2 8 庚 辰 11 15	3 10 庚 戌 00 12	4 8 己 卯 14 09	5 8 己 酉 05 06	6 6 戊 寅 20 38	7 6 戊 申 11 55	8 5 戊 寅 02 15	9 3 丁 未 15 30	10 3 丁 丑 03 51	11 1 丙 午 15 38	12 1 丙 子 02 58
1217	丁未	12 30 乙 巳 13 37	1 28 甲 戌 23 45	2 27 甲 辰 09 41	3 27 癸 酉 20 15	4 26 癸 卯 08 06	5 25 壬 申 21 38	6 24 壬 寅 12 04	7 24 壬 申 04 29	8 22 辛 丑 20 38	9 21 辛 未 12 30	10 21 辛 丑 03 37	11 19 庚 午 17 24	

表8左起第二列是冬至日干支，上起第一行是周历，"冬至月"即冬至所在之月，"二月"即冬至月后一月，馀类推。第二行是儒略历，第三行是朔日干支，第四行是合朔时间。

查表8得：公元前1218年11月1日是丙午日，后推至11月15日正逢庚申日。由于月食只能发生在太阳和月球的地心黄经等于180°的时候，这实际就是朔望月的望日。所以，我们设此庚申日为殷历某年的一月十五日，则是年殷历一月朔即为丙午。此去冬至六十二日，若按中国农历的节气换算，则殷历某年一月朔丙午在霜降前二日。

一月甲午月食

表9

前	冬至	冬至月	二月	三月	四月	五月	六月	七月	八月	九月	十月	十一月	十二月
1198	丙戌	12 30 乙 酉 14 09	1 29 乙 卯 00 14	2 27 甲 申 08 51	3 28 癸 丑 16 59	4 27 癸 未 01 27	5 26 壬 子 11 05	6 24 辛 巳 22 24	7 24 辛 亥 11 57	8 23 辛 巳 03 57	9 21 庚 戌 21 53	10 21 庚 辰 16 39	11 20 庚 戌 10 30
1197	壬辰	12 20 庚 辰 02 11	1 18 己 酉 15 01	2 17 己 卯 01 17	3 17 戊 申 09 48	4 15 丁 丑 17 24	5 15 丁 未 00 48	6 13 丙 子 08 47	7 12 乙 巳 18 15	8 11 乙 亥 06 25	9 9 甲 辰 21 50	10 9 甲 戌 16 09	11 8 甲 辰 11 49

查表 9 得：公元前 1198 年 10 月 21 日是庚辰日，后推至 11 月 4 日得甲午日。我们设此甲午日为殷历某年的一月十五日，则是年殷历一月朔即为庚辰。此去冬至七十二日，若按节气换算，则殷历某年一月朔庚辰在霜降前十二日。

八月乙酉月食

表 10

前	冬至	冬至月	二月	三月	四月	五月	六月	七月	八月	九月	十月	十一月	十二月
1228	己酉	12 31 己 酉 02 02	1 29 戊 寅 17 47	2 28 戊 申 10 04	3 30 戊 寅 02 13	4 28 丁 未 17 39	5 28 丁 丑 07 56	6 26 丙 午 20 45	7 26 丙 子 08 06	8 24 乙 巳 18 20	9 23 乙 亥 04 09	10 22 甲 辰 14 15	11 21 甲 戌 01 04
1227	甲寅	12 20 癸 卯 12 41	1 19 癸 酉 00 56	2 17 壬 寅 13 49	3 19 壬 申 03 33	4 17 辛 丑 18 12	5 17 辛 未 09 38	6 16 辛 丑 01 04	7 15 庚 午 15 44	8 14 庚 子 05 12	9 12 己 巳 17 39	10 12 己 亥 05 29	11 10 戊 辰 16 53

查表 10 得：公元前 1227 年 5 月 17 日是辛未日，后推至 5 月 31 日得乙酉日。我们设此乙酉日为殷历某年的八月十五日，前推七个半月，则是年殷历一月朔为甲辰，相当于公元前 1228 年 10 月 22 日。此去冬至七十一日，若按节气换算，则殷历某年一月朔甲辰在霜降前十一日。

我们将依此三次月食推定的殷历岁首时间列表如下（表 11）：

表 11

月　食	殷历一月朔日干支	儒略历（B.C.）	儒略周日	农历节气
一月庚申月食	丙午	1218.11.1	1276853	霜降前 2 日
八月乙酉月食	甲辰	1228.10.22	1273191	霜降前 11 日
一月甲午月食	庚辰	1198.10.21	1284147	霜降前 12 日

甲午和庚申两次月食所反映的殷历岁首时间，可以认为是表 11 中三个时间的上、下限。据此我们初步认为，殷历的一月朔日摆动在儒略历的 10 月下旬至 11 月上旬，当中国农历节气的寒露至霜降间。殷人测定合朔不很

精确，所以，真实的殷历正月月首可以允许较真朔出现±1日的误差。

二　殷历岁首的天文学依据

古代的时间周期虽依观测星象而定，但原始历法岁首的确定却不能不服从于古人生产和生活的需要，其中最重要的标志就是农事活动。

甲骨文所反映的商代农作周期与历年的周期，其终点是重合的，准确地说，农业周期的结束也就标志着历年的结束①，这甚至体现了原始民族农年与历年关系的共同特征②。这当然是使表现农作丰收的"年"字最终用指历年的重要原因。

通过对甲骨文所反映的商代农作季节与历年的关系的研究我们知道，当时的农事活动于全年只集中在殷历的九月至年终进行，殷人于殷历九月播种，年终十二月或十三月收获，显然，农事活动的结束意味着历年也同时结束，因此，丰收祭事实上是作为最原始的年节存在的，当作物收获，人们喜庆丰稔的时候，新的一年就开始了。相关问题我们已有专文讨论③，此不赘述。

诚然，以农作周期的结束作为标准规划历年只能落实其大概的时段，其精确的时间将很难获得，因此，殷历岁首的确定必然有其天文学的标准，这是我们必须探讨的问题。

历法的发展大致经历了自原始物候历、观象授时到推步历法三大时期。殷历无疑已摆脱了物候历的原始状态，但又尚未达到推步的水平，所以它应该处在观象制历向推步历法的过渡阶段。

观象授时在中国古代关涉到两个重要方面，即测日晷和观候星象。这些对于长期从事户外生产活动的古代先民是十分容易掌握的事情，现存民族志材料也清楚地反映了这一点④。因此，殷历岁首的天文学依据也不可

---

① 冯时：《殷代农季与殷历历年》，《中国农史》第12卷第1期，1993年。
② 管东贵：《中国古代的丰收祭及其与"历年"的关系》，《历史语言研究所集刊》第三十一本，1960年。
③ 冯时：《殷代农季与殷历历年》，《中国农史》第12卷第1期，1993年。
④ 卢央、邵望平：《云南四个少数民族天文历法情况调查报告》，《中国天文学史文集》第二辑，科学出版社1981年版。

能超越这两项内容。

(一) 节气标准

《周礼·地官·大司徒》:"以土圭之法测土深,正日景,以求地中。日南则景短,多暑;日北则景长,多寒;日东则景夕,多风;日西则景朝,多阴。"很多学者认为,殷人已知测定二至,因为度量日晷不仅可以确定季节,同时也可以确定时间和方向,而这些内容在卜辞和考古发掘中都有所反映。在此基础上,经过一段时间的观测以求得二至,恐怕并不是件困难的事。但是,问题在于我们已限定了殷历岁首的时间范围,其正月朔日摆动于儒略历的 10 月下旬至 11 月上旬,相当于农历节气的寒露至霜降间,这无论从哪一个角度看都与冬、夏至日存在一定的距离。因此,殷人观测暑影以决定二至的活动对于确定岁首并没有直接的意义。

中国古代的时间体系以分至四气作为标准时点建立回归年周期,《尚书·尧典》的明确记载以及天文考古学的研究都明确显示,古人对于分至四气的认识至少已有六千年的历史①,这意味着殷历岁首的确定必以分至四气为准则。事实上,既然二至日的测量与决定岁首的工作无关,那么根据殷历正月朔日出现在寒露至霜降间的事实,可知秋分的测量实与确定岁首有着直接的关系。

卜辞所记之五次月食,庚申与甲午两次月食都发生在殷历一月,乙酉月食也可倒求其岁首时刻,以此检核张培瑜先生《前 1500 年至公元 2050 年分至八节表》②,可清楚地了解秋分与殷历岁首的关系,现表列于下:

  一月庚申月食
  公元前 1218 年 10 月 4 日戊寅 22^h16^m 秋分
  公元前 1218 年 11 月 1 日殷历正月朔丙午
  一月甲午月食
  公元前 1198 年 10 月 4 日癸亥 18^h47^m 秋分

---

① 冯时:《河南濮阳西水坡 45 号墓的天文学研究》,《文物》1990 年第 3 期。
② 张培瑜:《三千五百年历日天象》,河南教育出版社 1990 年版。

公元前 1198 年 10 月 21 日殷历正月朔庚辰

八月乙酉月食

公元前 1228 年 10 月 4 日丙戌 11^h46^m 秋分

公元前 1228 年 10 月 22 日殷历正月朔甲辰

事实很清楚，殷历岁首都出现在秋分所在之月的次月，这暗示了殷人测定秋分的目的之一就是为了确定历法的岁首。众所周知，在观象制历的条件下，任何天象或时间标志都只能为未来时间的规划提供依据。秋分出现在殷历年终十二月或十三月，其在月中的位置并不固定，人们无法以测量秋分的当月建立纪时标准，而只能在测到秋分之后，据以决定其次一月为新的时间周期的开始[①]。

古代文献对于这一历法岁首标志也有着充分的反映。《周易·乾卦》之爻辞叙述古之观象以秋分始又以秋分终，其重视秋分的传统不仅体现了原始农作周期的特点，也应出于决定岁首的需要。而《坤卦》之爻辞叙述上古用事制度，则以霜降始又以秋分终，显然是对原始历法以秋分决定岁首，而岁首始于秋分所在之次月的真实记录，这与卜辞反映的殷商历法岁首始于霜降的事实若合符节[②]。

（二）星象标准

事实上在承认测度秋分对于殷人确定岁首的作用之后，我们还可以在观候星象方面寻找答案，而中国古文献恰恰在这方面有明确的记载。

《左传·昭公元年》：

> 昔高辛氏有二子，伯曰阏伯，季曰实沈，居于旷林，不相能也，日寻干戈，以相征讨。后帝不臧，迁阏伯于商丘，主辰。商人是因，故辰为商星。

---

① 冯时：《中国天文年代学研究的新拓展》，《考古》1993 年第 6 期。
② 冯时：《〈周易〉乾坤卦爻辞研究》，《中国文化》第 32 期，2010 年。

《左传·襄公九年》：

> 陶唐氏之火正阏伯居商丘，祀大火，而火纪时焉。相土因之，故商主大火。商人阅其祸败之衅，必始于火，是以日知其有天道也。

《国语·晋语四》：

> 吾闻晋之始封也，岁在大火，阏伯之星也，实纪商人。

大火也叫大辰，即中国二十八宿东宫苍龙七宿的心宿二，西名天蝎座α星（Antares α Scorpius）。上引文献说明了两个问题：一，殷人主祀大火星；二，殷人以观测大火星的周天视运动作为纪时的标志。

大火之谓大辰，前人有过很好的解释。《左传·昭公十七年》孔颖达《正义》："大火谓之大辰。李巡云：'大辰，苍龙宿之心，以候四时，故曰辰。'孙炎曰：'龙星明者以为时候，故曰大辰。大火，心也，在中最明，故时候主焉。'"《公羊传·昭公十七年》："大辰者何？大火也。大火为大辰，伐为大辰，北辰亦为大辰。"何休《注》："大火谓心，伐谓参伐也。大火与伐，天所以示民时早晚，天下所取正，故谓之大辰。辰，时也。"① 何休的解释尤其透彻！所谓"天下所取正"，指的就是标准时间。辰以纪时，确实充当着"天上的标记点"②。

古人以大火为授时的标准星，对其周天变化自然有着详密的观测。现在，我们根据先秦文献提供的材料，将大火星的周天变化情况揭示如次。

《国语·周语中》：

> 火朝觌矣，道茀不可行。……驷见而陨霜，火见而清风戒

---

① 《尔雅·释天》云："大火谓之大辰。"郭璞《注》："大火，心也。在中最明，故时候主焉。"均以大火为授时的标准星。

② J. Needham, *Science and Civilisation in China*, Vol. III, The Sciences of the Heavens, Cambridge University Press, 1959.

寒。……火之初见，期于司里。

韦昭《注》：" 火，心星也。觌，见也。……朝见，谓夏正十月，晨见于辰也。……霜降以后，清风先至，所以戒人为寒备也。"

《左传·庄公二十九年》：

火见而致用。

杜预《集解》："大火，心星，次角、亢见者。"孔颖达《正义》："十月之初，心星次角、亢之后而晨见东方也。"这是记大火的偕日出，此周之天象。

《礼记·月令》：

季冬之月，日在婺女，昏娄中，旦氐中。

孔颖达《正义》引《三统历》："大寒，日在危初度，昏昴二度中，去日八十度，旦心五度中。"这是记大火的旦中天。此战国之天象。

《左传·昭公四年》：

火出而毕赋。

杜预《集解》："火星昏见东方，谓三月、四月中。"杨伯峻《注》："则夏正三月，天蝎座 α 星于黄昏时出现，于是食肉者皆可以得冰。"

《左传·昭公六年》：

火见，郑其火乎！

《左传·昭公十七年》：

火出，于夏为三月，于商为四月，于周为五月。

《左传·昭公十八年》：

> 夏五月，火始昏见。

这是记大火的昏见，时值夏历三月。校之岁差，殷代大火星昏见于清明、谷雨间，此统言三月，若以较殷商晚十日计算，则相差约七百馀年。此战国以前之天象。

《尚书·尧典》：

> 日永星火，以正仲夏。

《夏小正》：

> 五月，……初昏大火中。

这是记大火的昏中天。竺可桢先生定《尧典》之"日永"为夏至日，此则殷末周初之天象[①]。《夏小正》所记当亦如之[②]。

《左传·昭公三年》：

> 火中，寒暑乃退。

杜预《集解》："心以季夏昏中而暑退，季冬旦中而寒退。"孔颖达《诗经正义》引服虔云："火，大火，心也。季冬十二月平旦正中在南方，大寒退；季夏六月黄昏火星中，大暑退。"这是记大火的昏、旦中天，古人视此可知寒来暑往。服虔、杜预不知岁差，他们所测大火昏、旦中天的时间，比《左传》的记载要晚得多，《左传》反映的天象应属战国。

---

① 竺可桢：《论以岁差定〈尚书·尧典〉四仲中星之年代》，《竺可桢文集》，科学出版社1979年版。

② 赵庄愚：《从星位岁差论证几部古典著作的星象年代及成书年代》，《科技史文集》第10辑，上海科学技术出版社1983年版。

《诗·豳风·七月》

　　七月流火。

郑玄《笺》："大火者，寒暑之候也。火星中而寒暑退，故将言寒，先著火所在。"王先谦《集疏》："流火，火下也。火向西下，暑退将寒之候也。"这是记大火的西流。此周之天象。

《夏小正》：

　　八月，……辰则伏。

卢辩《传》："辰也者，心也。伏也者，入而不见也。"这是记大火的昏伏。

《夏小传》：

　　九月，内火。……辰系于日。

王聘珍《解诂》："九月日躔心、尾，故大火入而不见也。"这是记大火的伏没。此皆殷末周初之天象。

　　古文献所提供的材料应该说是充分的，几乎对大火的每一次记录，都涉及了它的授时作用。同时我们也看到，古人所测大火所在的天球视位置俱十分完美，这使我们领略了先民对大火星周天变化规律的精审认识。庞朴先生曾经指出，中国古代确曾存在过一部以火纪时的历法，它的滥觞约当大火处于秋分点的公元前 2800 年左右，即传说的所谓尧舜时代[①]。当然，这个时间或可能更早。古人通过长期的辛勤观测，对大火星运行规律的认识在逐渐深化，尽管随着时代的发展和人类文明的进步，人类具备的有关各种天象的知识在日益丰富，但是，这种以火纪时的古老方法却长时

---

① 庞朴：《"火历"初探》，《社会科学战线》1978 年第 4 期；《"火历"续探》，《中国文化研究集刊》第一辑，复旦大学出版社 1984 年版。

间地为人们所沿用。"商主大火"并"火纪时焉"这两条文献明确地向我们表示，殷人仍以大火星的周天变化作为其授时的标志，这同样在我们推定的殷历岁首期间有着充分的反映。

在表 11 中，我们据卜辞所记的殷王武丁时期三次月食发生的时间，得到了三个殷历岁首时间，他们的正月朔日摆动于儒略历的 10 月下旬至 11 月上旬，所以，此三年的正月均摆动于儒略历的 10 月下旬至 11 月，约当中国农历节气的霜降前至立冬后。这样，我们便可以检验大火星在此时间范围内的变化特点。

由于岁差的缘故，春分点在黄道上约每 71.6 年西移 1°。我们以公元 1950.0 年为今之历元，则今日春分点在室 7°13′。表 7 中，我们推定的武丁王时期最早的一次月食发生在公元前 1227 年，据此推算，则今之春分点已较殷商西移 44°。我们将依此推得的公元前 1200 年前后的日躔和昏、旦中星情况列成表 12。

查表 12 "殷"栏得，寒露、霜降间日躔房、心两宿，此时天空中大火星伏而不见。经过二十天左右的时间，当太阳走到心宿以东 15°以外的地方时，火始晨见，即太阳将出之前，大火星朝觐于东方，时间约当霜降后九日。如果我们将这一现象同前节推定的殷历岁首时间联系起来考虑，则大火星的偕日出都发生在殷历一月，准确时间约相当：

　　　　一月十一至十二日（依庚申月食推算）
　　　　一月二十至二十一日（依乙酉月食推算）
　　　　一月二十一至二十二日（依甲午月食推算）

我们再检查与大火星相关的参星的变化情况。查表 12 "殷"栏得，处暑日躔轸 3°.4，且参 2°中，时过约两个半月，即至霜降与立冬间，参伏。

据此我们认为，殷人以大火星的偕日出作为确定岁首的标志，即将大火星朝觐，同时参星伏没之月定为殷历的一月。《国语·晋语四》："大火，阏伯之星也，是谓大辰。……且以辰出而以参入，……而天之大纪也。"韦昭《注》："所以大纪天时。"上面的分析与《晋语》的记载正相吻合。

表 12

节气	今（A.D.1950.0年）		殷（B.C.1200年）					
	日躔		日躔		昏中星		旦中星	
	黄经	约古宿度	约古宿度		约古宿度		约古宿度	
立春	315°	女宿 4°00′	室宿	6°	参宿	2°	箕宿	6°
雨水	330	虚 7°18′	壁	5.1	井	12	斗	4
惊蛰	345	危 12°20′	奎	7.8	井	32	斗	16
春分	0	室 7°13′	娄	10.4	柳	14	牛	3
清明	15	壁 6°32′.5	胃	12.35	张	12	女	3
谷雨	30	奎 9°43′	毕	5.95	翼	13	虚	2
立夏	45	娄 11°44′	参	4.7	轸	15	危	2
小满	60	昴 1°17′	井	9.03	亢	6	危	12
芒种	75	毕 7°14′	井	24.03	氐	15	室	9
夏至	90	参 6°01′	柳	3.9	尾	4	翼	9
小暑	105	井 10°24′	星	1.9	箕	1	奎	15
大暑	120	井 25°24′	张	8.5	斗	2	胃	5
立秋	135	柳 5°24′	翼	5.05	斗	13	昴	10
处暑	150	星 3°25′	轸	3.4	斗	25	参	2
白露	165	张 10°00′	角	5.5	女	2	井	11
秋分	180	翼 7°00′	亢	9.8	虚	1	鬼	1
寒露	195	轸 4°58′	氐	14.4	危	1	星	6
霜降	210	角 6°51′	心	6.5	危	11	张	17
立冬	225	氐 0°37′	尾	13	室	7	翼	16
小雪	240	房 2°16′	斗	4.2	壁	1	角	2
大雪	255	尾 0°00′	斗	19.2	奎	7	亢	1
冬至	270	箕 0°00′	女	2.6	娄	5	氐	7
小寒	285	斗 5°31′	虚	5.9	胃	11	心	1
大寒	300	斗 20°31′	危	10.9	毕	1	尾	11

李约瑟先生指出，以一颗恒星的偕日出或偕日没确定季节，相差不会超过很少几天①。我们推得的结果符合这一看法。毫无疑问，这种历法较

---

① J. Needham, *Science and Civilisation in China*, Vol. III, The Sciences of the Heavens, Cambridge university Press, 1959.

之推步是疏阔的。殷人通过对大火星两次晨见的观测得到的是恒星年，但它与真实的恒星年必然存在着一定误差。当然，恒星年与回归年之间存在的微小差别，古人就更无法感受了。

　　古人以恒星定季节，碍于太阳过于明亮，因此只有偕日法和冲日法两种方法可行①。传统的观点认为，中国素以冲日法观测恒星而自成体系，因为，诸如《吕览》十二月纪、《礼记·月令》、《淮南子·时则》一类的古籍，每月都非常系统地列出了日躔和昏、旦中星的情况。但是，这些书籍的年代最早不能超过公元前四世纪。当然，《尧典》四仲中星的记载可以把中国古人以冲日法观测恒星的传统上溯到殷末周初甚至更远，但问题是，古人习惯于冲日法观测可能并不意味着他们同时排斥偕日法，事实上这正是我们感兴趣的问题。

　　对于古人，运用偕日法观测恒星实际上比之冲日法更为简单易行。"进行这种观测并不需要天极、子午线或赤道等的知识，也不需要任何计时制度"②。冲日法则不同，它起码需要有比较精确的记时制度和子午线的概念。从《吕览》上推一千年的殷人甚至更早的先民尽管已经很好地掌握了这两点，但这并不能成为他们摒弃偕日法的理由。

　　德莎素（de Saussure）认为，以偕日法观测恒星会受到地平线上的雾和其他大气现象的影响，所以时间很难准确确定③。客观地讲，在文明时代的初期，人类的活动非常有限，这一方面表现为当时大气的透明度远胜于今日，另一方面则可以完全不必考虑光害的干扰。基于这些因素而形成的优越的观测条件，使得古人对恒星的观测远较今人为易。因此对于古人，相对简易的偕日法似更为实用。同时我们也注意到，以偕日法观测恒星在世界其他文明古国中均得到了广泛采用，古埃及人以天狼星（Sirius α Canis Major）的偕日升为一年之始，这一天约当公历的7月19日；古巴比伦以五车二（Capella α Auriga）之晨见为岁首；古印度人则以观测阿耆尼

---

① J. Needham, *Science and Civilisation in China*, Vol. Ⅲ, The Sciences of the Heavens, Cambridge university Press, 1959.

② J. Needham, *Science and Civilisation in China*, Vol. Ⅲ, The Sciences of the Heavens, Cambridge university Press, 1959.

③ de Saussure, L., Le Zodiaque Lunaire Asiatique, *Archives des Sciences physiques et naturelles*, 1919.

（Agni，即昴星团，西名 Pleiades）的朝觌确定岁首；古希腊人、古罗马人以及古墨西哥的阿芝特克人也都以恒星的偕日升作为确定岁首的标志①。世界上几乎所有文明古国的这种以观测恒星的偕日出或偕日没确定岁首的方法，不仅反映了人类早期文明史的发展规律，同时也为殷人以观测大火星的偕日升确定岁首的分析提供了有力的佐证。

不容否认，古代中国人对于某些恒星的偕日出和偕日没的观测同样给予了高度重视，古文献的详确记载清楚地反映了这一点。除我们前面征引的有关大火朝觌的文献外，还有大量这方面的例证。

《夏小正》：

> 正月，……鞠则见。

王聘珍《解诂》："《小正》凡星言'则见'者，皆谓旦见东方。"

《夏小正》：

> 四月，昴则见。初昏，南门正。

卢辩《传》："南门者，星也。岁再见，壹正。"王聘珍《解诂》："《传》云：'岁再见壹正'者，亢宿四月正于中，九月旦见东方，六月昏见西方也。"

《夏小正》：

> 五月，参则见。

这是以危、昴、参星的偕日出定季节②。

《左传·昭公四年》：

---

① 古墨西哥阿芝特克人的授时星象为休脱库特里（Xiuhtecutli），它同古印度的阿耆尼一样，都是代表火神的星，这与中国古人以大火星授时有着相同的意义。

② 《夏小正》正月"鞠则见"之"鞠"，旧注或以为柳，或以为匏瓜，或以为司禄，不能一定。我们根据岁差推算，认为应是危宿。"危"与"居"古文字相近，传写之中极易讹舛，"居"与"鞠"古音双声可通。

西陆朝觌而出之。

孔颖达《正义》引郑玄《答其弟子孙皓问》云："西陆朝觌，谓四月立夏之时。《周礼》'夏颁冰'是也。"这是以昴星的偕日出定季节①。

《国语·周语中》：

夫辰角见而雨毕，天根见而水涸，本见而草木节解，驷见而陨霜，火见而清风戒寒。

这是以角、亢、氐、房、心星的偕日出定季节②。

《楚辞·天问》：

角宿未旦，曜灵安藏？

王逸《章句》："角、亢，东方星。曜灵，日也。言东方未明旦之时，日安所藏其精光乎？"这是观测角宿的偕日出。

所有这些记载表明，观测恒星的偕日出以确定季节与观测昏、旦中星一样，也是古代中国人常用的方法，甚至在早期人类社会中，这还应该是更为主要的方法。

值得注意的是，《夏小正》一书在全部有关星象的记录中，仅一条记录了日躔。

《夏小正》：

九月，内火。……辰系于日。

---

① 杜预《集解》以为夏历三月，《诗疏》引服虔以为夏历二月，皆据奎星朝见而言。《尔雅·释天》："西陆，昴也。"此郑意所本。

② 韦昭《注》："天根，亢、氐之间也。……本，氐也。"王引之据《尔雅·释天》以天根为氐，又疑本、亢二字形近而讹，以本为亢，且上下互易。依星见之前后次第，当云"亢见而水涸，天根见而草木节解"。说见《经义述闻》卷二十。

不能说这个记录毫无意义，也不能认为它的意义仅与《月令》所记的日躔一样，旨在指明一个月的天象。我们认为，这一记录的实际作用在于定岁首，对一部历法而言，岁首的确定有着第一位的重要性。

测度日躔有两种方法，一是观测恒星的偕日没和偕日出，一是以可见天体的位置来推断不可见天体的位置。从《夏小正》原文分析，当以偕日法的可能性为大。查表12"殷"栏知，秋分后日躔氐宿，此时当太阳西落之后，大火星昏见西方，不久便伏没不见了。这个时间会一天短于一天，终于当有一天大火星完全看不到的时候，人们便领悟到这是大火与太阳俱出俱入的时刻。

可以设想，殷人一旦看到了这种天象，于是知道再过二十几天，大火星将于凌晨重新朝觌于东方。所以，人们可根据大火星偕日没的日期，确定此年是平年还是闰年，当然另一项更重要的置闰标准则是殷人对于分至的测定。换言之，由于殷人以大火晨见之月为岁首，因此，如果在前一年的十二月，大火星没有走到它应该走到的位置，那么无疑就需要置闰以调整年岁的误差。《左传·哀公十二年》："冬十二月，螽。季孙问诸仲尼，仲尼曰：'丘闻之，火伏而后蛰者闭。今火犹西流，司历过矣。'"孔子的观测同殷人确定岁首的方法该有多么相似！

《夏小正》的这一记载，反映了早期历法的特点。出于确定岁首的需要，人们通过长期观测得到了九月的日躔，而他月无记，原因不言而喻。更为有趣的是，表12表明，殷代日躔心宿时值寒露至霜降，正合夏历九月。《夏小正》的这一内容恐怕是抄录了更古老的历书。

三 卜辞与殷历岁首的对证

以卜辞对殷历岁首的检讨可以在两方面审慎展开，即在理论上，卜辞的记录是否存在我们论证的殷历岁首的天文学依据；同时在时间上，卜辞的记事又是否符合我们所排定的殷历。由于第二点涉及的问题相当广泛，所以，这里仅就第一点试做探索。

我们既已论定，殷人主祀大火星，并以此作为其授时的标志，殷历岁首确定在大火星偕日而升的一月。这些推论于卜辞可在如下三方面得到证实。

(一) 祭火

应该说明，卜辞"火"、"山"二字字形酷肖，常混淆不能辨识。两字都作平底或圆底三凸形，其中"火"或加点以饰火焰，但大多并无点饰，而"山"却绝不应有点饰。这种字形如与卜辞中已释定的燎、焚、熹、赤、烄诸字所从的"火"符比较，都能找到相同的字例。陈梦家先生曾主张将无点之字统释为"山"①，但那样又势必会误释很多无点的火字。孙海波先生《甲骨文编》和高明先生《古文字类编》均将此类字归释于"火"②，而将"山"字条空置，应该有其一定的道理。当然，这是在目前尚不易区分"火"、"山"二字的前提下所采取的一种权宜之计。

一些主要的火祭卜辞见如下录。

1. 七日己巳夕㞢，业（有）新大星並火。　　《后编》2.9.1

董作宾先生认为，"火"即大火星，"並"训近，"新大星"即新星之大星。辞意是有大星傍近大火星③。董先生赋予"火"字的含义确凿无误，但对全辞我们则更倾向于另一种读法。胡厚宣先生认为，"业"、"新"、"並"俱为祭名④，可谓的解。准此，应将上辞释写为：

七日己巳夕㞢，[庚午]侑、新，大星，並火。

这是一条卜辞的验辞。"㞢"读为"曀"，乃天气荫蔽之意⑤。"大星"即

---

① 陈梦家：《殷虚卜辞综述》，科学出版社1956年版，第342页。
② "火"字入《甲骨文编》卷十·七，哈佛燕京学社石印本，1934年10月，中国科学院考古研究所改订本，中华书局1965年版；入《古文字类编》，中华书局1980年版，第504页。
③ 董作宾：《殷历谱》下编卷三《交食谱》，中央研究院历史语言研究所，1945年。
④ 胡厚宣：《殷代之天神崇拜》，《甲骨学商史论丛初集》第二册，成都齐鲁大学国学研究所石印本，1944年。
⑤ 旧以"㞢"为祭名，见叶玉森《殷契钩沉》乙卷，北平富晋书社1929年版；龙宇纯《释甲骨文㞢字兼解牺尊》，《沈刚伯先生八秩荣庆论文集》，联经出版社1976年版。兹从饶宗颐先生说（见《殷代贞卜人物通考》，香港大学出版社1959年版，第86页）。

大晴①，卜辞以昼晴为"启"，以夜晴为"星"②。辞意是：（癸亥）后第七天己巳晚上天阴星蔽，故于庚午之晨行"侑"、"新"二祭，于是天大晴，大火星见于夜空，卜官赓行"並"祭祀大火。这是殷人主祀大火星的珍贵史料。

  2. 癸酉卜，扶，侑火？   《缀合》391

"火"字从石璋如先生释③。"侑"，原辞作"又"，祭名。辞记侑祭大火星。

  3. 丙寅卜，㱿贞：其侑火？
   丁卯卜，㱿贞：今日夕侑于兄丁，小牢？   《甲编》3083

此为武丁卜辞。"侑"，原辞作"㞢"，祭名。"火"，屈万里先生所释，其谓："卜辞祭山，皆举山之专名，无泛言祭山者。则此当是火字无疑。疑此乃《诗》'七月流火'之火，星名。"④说甚谛。"兄丁"盖即武丁，此以武丁配祭大火星。

  4. 乙亥卜，宾贞：勿㞢用火，羌？ 《后编》2.37.8

"火"字从《甲骨文编》所释。"用"，祭名。"勿㞢"，继续之意⑤。"羌"，人牲。辞记继续用羌奴致祭大火星。

  5. ☒［于］火燎？ 《乙编》2463

---

① 李学勤：《论殷墟卜辞的"星"》，《郑州大学学报》1981年第4期。
② 陈梦家：《殷虚卜辞综述》，科学出版社1956年版，第244、246页。
③ 石璋如："扶片"的考古学分析》，《历史语言研究所集刊》第五十六本第三分，1985年。
④ 屈万里：《殷虚文字甲编考释》下册，历史语言研究所，1961年。
⑤ 张政烺：《殷契㞢字说》，《古文字研究》第十辑，中华书局1983年版。

"火"字从《甲骨文编》所释。"燎",本作"尞",祭名。《说文·火部》:"尞,柴祭天也。"段玉裁《注》:"《示部》祡下曰:'烧柴尞祭天也。'"《周礼·春官·大宗伯》:"以实柴祀日月星辰。"辞记燎祭大火星。

      6. 丙,燎岳、夰、火、稷?　　　　《戬》21.8

"火",李孝定先生所释①,兹从之。"燎",祭名。"岳"、"夰"、"稷"为神祇,学者多有异说。"火"与上三神并举,亦当为神祇。李孝定先生谓即星名②,是。辞记燎祭诸自然神。

      7. 壬申卜,王,陟火,黄,癸酉易日?　　　　《珠》922

"陟",祭名③。《说文·𨸏部》:"陟,登也。"《尔雅·释诂下》:"陟,升也。"《尚书·君奭》:"殷礼陟配天。"孔颖达《正义》:"故殷有安上治民之礼升配于天。""黄"即"尪",用为人牲④。"易日"即"锡日"⑤,意即上天赐以日照⑥。辞言赐日曝尪,祭献于大火。《左传·僖公二十一年》:"夏大旱,公欲焚巫尪。"《礼记·檀弓下》:"岁旱,穆公召縣子而问然,曰:'天久不雨,吾欲暴尪而奚若?'"知古代祈雨用尪有焚、曝两法。今观卜辞,两法当殷皆有之,但目的却并不限于求雨。

      8. 辛,裁于火?　　　　《京津》2522

---

① 李孝定:《甲骨文字集释》卷十,历史语言研究所,1965年。
② 李孝定:《甲骨文字集释》卷十,历史语言研究所,1965年。
③ 陈梦家:《殷虚卜辞综述》,科学出版社1956年版,第580页。
④ 裘锡圭:《说卜辞的焚巫尪与作土龙》,《甲骨文与殷商史》,上海古籍出版社1983年版,第580页。
⑤ 罗振玉:《增订殷虚书契考释》卷中,东方学社石印本,1914年。
⑥ 卜辞云:"乙未卜,王,翌丁酉酚、伐,易日?丁明阴,大食易日。"(《续编》6.11.3)又云:"丙申卜,翌丁酉酚、伐,启?丁明阴,大食日启。一月。"(《库方》209)两辞所卜为一事,"易日"与"启"互称,是二者同义之证。

"戠",祭名①。辞记戠祭大火星。

  9. 其鬱火？　　　　《戩》39.8

"火"王国维所释②,兹从之。"鬱",原辞作从"臼"从"鬯","臼"亦声,今暂释鬱。字于《说文》本从"臼"而不从"林",云:"一曰鬱鬯,百草之花,远方鬱人所贡芳草,合酿之以降神。"《周礼·春官·鬱人》:"凡祭祀,宾客之祼事,和鬱鬯,以实彝而陈之。"故字于卜辞当为祭名。李旦丘先生云:"其字从鬯,必有以鬯降神之意,而下一字必其所降之神号。"③辞记鬱祭大火星。
  除此之外,卜辞中还有一些祭祀大火星祷雨的内容。

  10. 丁酉卜,扶,燎火,羊子、豭,雨？　　　　《乙编》9103

"燎",祭名。"羊子"即羔羊。"豭",唐兰先生所释④,兹从之。《说文·豕部》:"豭,牡豕也。"辞记用羔羊和牡猪为牺牲燎祭大火以祈雨。

  11. 壬午卜,扶,奏火,日南雨？　　　　《乙编》9067

"奏",祭名。卜辞屡见"日雨"、"夕雨"二辞,与此相类。"日"指白昼⑤,则"南"应指殷王庭之南。此于夜间卜问白天殷王邑之南是否降雨,为奏祭大火祈雨之辞。

  12. 甲子卜,其祓雨于东方？

---

 ① 陈梦家:《殷虚卜辞综述》,科学出版社1956年,第587页。
 ② 王国维:《戩寿堂所藏殷虚文字考释》,艺术丛编石印本,1917年。
 ③ 李旦丘:《铁云藏龟零拾考释》,第40页,孔德图书馆丛书第二种,上海中法文化出版委员会,1939年。
 ④ 唐兰:《天壤阁甲骨文存考释》,第35页,北平辅仁大学,1939年。
 ⑤ 屈万里:《殷虚文字甲编考释》上册,历史语言研究所,1961年。

庚午卜，其祓雨于火？　　　　《邺三》38.4

"祓"，除恶求福之祭①。"东方"，殷之方神，与"火"并举，知"火"当为星名，辞记祈雨于大火、东方。此以大火配属东方，与二十八宿之大火配属东宫相同，这种观念的形成应该很早，而殷人确定岁首也正是观测朝觌东方的大火星。

13. 癸巳贞：其燎丰火，雨？　　　《甲编》3462

"燎"，祭名。"丰"旧释玉，误。卜辞别有玉字，形与此异②。字于此当为祭品。卜辞云：

其贞：用三丰、犬、羊？　　　《佚》783

可证。《说文·丰部》："丰，艸蔡也，象艸生之散乱也。读如介。"字用于祭品当假为"韭"，"韭"、"丰"古音同属见纽，双声可通。或可径释为"韭"。《诗·豳风·七月》："献羔祭韭。"《礼记·王制》："庶人春荐韭。"是古以韭为祭品之证。辞记荐韭燎祭大火以祈雨。

14. 取火，廼有［大雨］？　　　《后编》2.23.10

"取"读为"橻"，祭名③。《说文·木部》："橻，积木燎之也。"《诗·大雅·棫朴》："薪之橻之。"孔颖达《正义》："豫砍以为薪，至祭皇天上帝及三辰。"此橻祭大火祈雨之辞。

以上诸条祷雨卜辞中的"火"字或可释"山"，在此不做定论。

---

① 胡厚宣：《殷代婚姻家族宗法生育制度考》，《甲骨学商史论丛初集》第一册，成都齐鲁大学国学研究所石印本，1944年；龙宇纯：《甲骨文金文䆒字及相关问题》，《历史语言研究所集刊》第三十四本下册，1963年。
② 连劭名：《甲骨文"玉"及相关问题》，《出土文献研究》，文物出版社1985年版。
③ 陈梦家：《殷虚卜辞综述》，科学出版社1956年版，第355页。

殷人主祀大火星，遍行侑、燎、陟、並、用、鬱、祓、奏、戠、櫨等多种祭祀，用牲有羔羊、牡猪乃至人牲，足见祭礼之隆重。既然殷人对大火星如此重视，也就必然设有专以司掌大火为职的火正。

（二）火正

15. 贞：唯阜火令？
    贞：允唯阜火令？　　　　《佚》67

"唯"，虚词，意在强调宾语，"唯阜火令"即令阜火。"火"，商承祚先生谓为火正[①]，暂从。"阜"于卜辞中用作人名或地名，在此应以人名解之。卜辞中人名冠于官职之前的辞例并不鲜见，卜辞云：

丙寅卜，子效臣田，获羌？　　《铁》175.1
呼雀臣正？　　《卢》
己亥卜，贞：令先小藉臣？　　《前编》6.17.6

诸辞之"臣"、"臣正"、"小藉臣"皆为官职名，此前之"子效"、"雀"、"先"皆为人名。胡厚宣先生认为，卜辞中"子某"之人与殷王有着亲族关系[②]，则"子效"应是贵族子弟，这是殷代小臣的来源之一[③]。"雀"、"先"同样是武丁时期显赫一时的重要人物，他们都曾充任过小臣之职。"阜火"辞例与此相同，所以"阜"当是火正的私名。

依卜辞通例，殷代官职的名称很多采自该官所司之职项，如司犬之官名"犬"、司马之官名"马"、司卜之官名"卜"[④]、司牧畜之官名"牧"、

[①] 商承祚《殷契佚存考释》，金陵大学中国文化研究所影印本，1933年。
[②] 胡厚宣：《殷代婚姻家族宗法生育制度考》，《甲骨学商史论丛初集》第一册，成都齐鲁大学国学研究所石印本，1944年。
[③] 张永山：《殷契小臣辨正》，《甲骨文与殷商史》，上海古籍出版社1983年版。
[④] 陈梦家：《殷虚卜辞综述》，科学出版社1956年版，第514、519页。

司郊甸之官名"奠"等①。卜辞中还有一些火字用作人名,能否将其理解为官职名,尚不能确定。

(三) 以火纪时

这类卜辞多系月份,因此对验证我们所推定的殷历岁首更显得重要。

16. 丁未卜,今者火来母? 　　　《缀合》27

"者"字从郭沫若先生释②,学者或以为"今者"即今时③,愚意"者"应即"睹"之本字。《说文·日部》:"睹,旦明也。"今作"曙",意为将明之晨。"来"训还归、反归。《易·杂卦》:"而升不来也。"孔颖达《正义》:"来,还也,"《诗·小雅·采薇》:"我行不来。"郑玄《笺》:"来,犹反也。"《左传·文公七年》:"其谁来之。"杜预《集解》:"来,犹归也。""母",假为"悔",意训赐予④,故"来悔"意即星回于天。《夏小正》云:"八月辰则伏。"夏历八月,约合殷历十一月至十二月。查表 12 "殷"栏知,夏历八月节,日躔角 5°.5,去大火约 38°。设日没地平线 15° 时火始见,则时过约一小时半大火始没。八月中,日躔亢 9°.8,此时日落约半小时后大火伏没。所以,殷历年终正是大火星伏而不见之时。当太阳再次运行到心宿以东 15°以外的地方时,大火星才在凌晨日出之前重新升现于东方。此辞贞问:今晨大火星会重新出现吗?显然,这是在注意观测大火的偕日出。卜辞虽未系月,但据殷代大火星朝觌的时间推知,此辞卜在年末或年初。

17. 辛酉卜,火以?一〔月〕。　　　《甲编》1074

---

① 张亚初:《商代职官研究》,《古文字研究》第十三辑,中华书局1986年版。
② 郭沫若:《卜辞通纂考释》,三十六片眉批,《郭沫若全集·考古编》卷二,科学出版社1982年版。
③ 陈梦家:《殷虚卜辞综述》,科学出版社1956年版,第228页。
④ 郭沫若:《殷契粹编考释》,一五四三片,科学出版社1965年版。

"火"字从《甲骨文编》所释。"以",予也。《广雅·释诂三》:"以,予也。"《诗·召南·江有汜》:"不我以。"郑玄《笺》:"以,犹与也。"意训遗赠。大火星伏没之后重新于日出之前晨见东方,犹天神之遗赠,这种观念与殷人表述久阴初晴而谓"锡日"一样。时系"一月"。这是记观测大火的偕日出。

  18. 壬寅卜,宾贞:以?
    己巳卜,争[贞]:火,今一月其雨?
    火,今一月其雨?
    火,今一[月]不其雨?　　　《缀合》209

"火"字从严一萍先生释①。此辞亦记"以",即观测大火星之偕日升,日在壬寅,己巳再卜,时大火已见。两次行占相隔二十八天,知殷人观测大火星之偕日出应有固定日期,大约从前一年的十二月下旬即已开始。辞问一月雨否,意在降雨则影响观测。此卜于一月。

  19. 火?一月。　　《林》2.21.3

"火"字从《甲骨文编》所释。此辞系贞问大火星的偕日出。卜在一月。

  20. 王于□御火?一月。　　《京津》2537

"御",祭名。辞记王于某地御祭大火星。时记"一月",正当大火朝觌之际。
  卜辞中有关大火星的材料,凡系记历月者多集中在年末和年初,时间齐整,并无参差,这反映了大火星对于确定殷历岁首的意义。

  21. 贞:唯火?五月。　　《后编》2.37.4

---

① 严一萍:《殷商天文志》,《中国文字》新二期,艺文印书馆1980年版。

"火"字从李亚农先生释①。卜辞仅此一条时记"五月"。殷历之五月约当夏历二月,二月的中气是春分。殷人以五月观测大火星,想必与确定春分有关。殷人已能准确地认识分至,这使我们不禁想起殷人祭祀出入日的情况。据宋镇豪先生研究,祭日的时间当殷历二、三月之交②,正合夏历十一月,中气冬至,这表明祭日与确定冬至密切相关。或也可推定于六、七月之交,中气春分。可以相信,殷人对分至的认识已经具备,那么,我们承认殷人于春分之时观测大火,甚至祭祀出日、入日、便能获得一种和谐而统一的授时关系。

值得注意的是,在"祭火"和"以火纪时"两项内容的全部二十条卜辞中,有八条是记有贞人的卜辞,其中由殷王亲自行占的有两条,另外六条则分别属于贞人扶、瞉、宾、争的卜辞。王是商族的领袖,扶、瞉、宾、争同为武丁时期的重要贞人,而且扶的地位在某种意义上甚至比殷王更为重要③。这清楚地显示了祭祀和观测大火星的活动在殷代是一项"国之大事"。

最后指出,我们所推定的殷历岁首约当夏历十月,用后世的月建法去安排,约合所谓的"建亥"说。战国时期的楚历和秦朝汉初的历法都以此月为岁首④。当然,月建的产生是相对晚近的事情,因而我们自然不能同意"殷正建亥"的说法。

通过以上讨论,我们论定的殷主大火并以大火的偕日出确定岁首这两方面内容,都获得了卜辞的印证。讨论卜辞的记事内容,即有关殷代气象和农事活动的卜辞,对校验我们所推定的殷历同样十分重要。限于篇幅,容另文论之。

四 主要结论

综观全文的论述,我们可以得到若干重要认识,现厘定其要点如次。

---

① 李亚农:《李亚农史论集》上册,上海人民出版社1978年版,第528页。
② 宋镇豪:《甲骨文"出日"、"入日"考》,《出土文献研究》,文物出版社1985年版。
③ 丁骕先生云:"余读各贞占辞后,似卜贞人物皆不赞一辞,而以王判兆之吉凶解释其意,由王作最后之决断于占辞。卜贞人中惟扶一人有在王占之后而仍发言者,曰'扶曰'。"见《殷贞卜之格式与贞辞允辞之解释》,《中国文字》新二期,艺文印书馆1980年版。
④ 因古历法疏阔,《春秋》纪年亦时有建亥。见王应麟《困学纪闻》卷九。

（一）我们考定了殷王武丁卜辞中记录的五次月食，准确时间分别当儒略历：公元前 1227 年 5 月 31 日，乙酉月食；公元前 1218 年 11 月 15 日，庚申月食；公元前 1201 年 7 月 11 日，癸未月食；公元前 1198 年 11 月 4 日，甲午月食；公元前 1189 年 10 月 25 日，壬申月食。

（二）根据已考定的武丁时期五次月食的时间推步了殷历岁首，结论是：殷历正月朔日摆动于儒略历的 10 月下旬至 11 月上旬，大致相当于中国农历节气的寒露至霜降间，则殷历正月当在儒略历的 10 月下旬至 11 月，也即中国农历节气的霜降至立冬前后，相当于夏历的九月至十月。这个结论否定了汉传的丑正殷历为殷代时王历的传统观点。

（三）殷代农季与殷历历年的终点重合，农年的结束也就是历年的结束。

（四）殷历以秋分定岁首，秋分为年终十二月之气，当月不见秋分，则闰十三月，秋分之次月为殷历正月。这是殷人决定岁首的节气标准。

（五）中国古文献中明确记载，殷人主祀大火星，即中国二十八宿东宫七宿的心宿二。据岁差校正的计算结果表明，大火星于殷正期间正呈偕日升，授时标志十分理想，从而论定，殷人以大火星的朝觌作为确定岁首的标志。

（六）观测恒星的可行方法有两种，即偕日法和冲日法。传统的观点认为，中国素以冲日法观测恒星而自成体系。我们通过冲日、偕日两法的比较，古代埃及等文明古国所采用的观测恒星的方法及中国古文献中大量有关以偕日法观测恒星的记述，证明对于古人，运用偕日法事实上比冲日法更为简易，同时说明，偕日法应该是殷人观测恒星所普遍采用的方法。

（七）通过研究殷人祭祀、司掌大火星和以火纪时的卜辞，印证了以上相关推论。

1987 年 2 月

（原载《考古学报》1990 年第 1 期，收入本集时有所修订）

西周金文月相与宣王纪年

西周宣王纪年的确定是重建西周年代的基础，研究这一课题，文献学的梳理甄别固然重要，但通过对明确的宣王纪年铜器的研究则可获得更为客观的结论。随着相关史料的积累，特别是新近出土的陕西眉县杨家村西周窖藏虞逑诸器①，我们对西周年代学及其所涉及的诸多问题有了愈来愈清楚的认识，本文拟就这些问题略作探索。

一 金文月相与宣王纪年

利用金文资料重建西周王年，首要工作便是考定金文月相语词的准确含义，这是无论如何都无法回避的问题。事实上，尽管学者对金文诸月相语词的具体理解分歧甚大，但这并不意味着我们不可能找到某种解决这一难题的可行方法。问题的关键是如何使这一研究过程得以尽可能避免受到研究者主观倾向的影响，具体地说，我们可以首先以诸月相语词中分歧最小的既生霸作为讨论基础，并最大限度地放宽既生霸所辖时段的范围，然后以铭记既生霸的宣王标准纪年铜器校核传统的宣王纪年。假如在这种宽泛标准的前提下，传统的宣王年历仍不能与相关铜器所记的既生霸月相符合，那么显然我们必须承认一个事实，即传统的宣王纪年并不是真实的历史纪年。当然，接下来的工作便是以上述标准重新找出与既生霸相合的新的年份，然后再依这个假设的宣王纪年重新检讨铭记其他不同月相语词的宣王标准纪年铜器，以便推定诸月相语词的准确含义。毫无疑问，这个新

---

① 陕西省文物局、宝鸡市文物局、中华世纪坛艺术馆：《盛世吉金》，北京出版社出版集团、北京出版社 2003 年版；陕西省考古研究所、宝鸡市考古工作队、眉县文化馆杨家村联合考古队：《陕西眉县杨家村西周青铜器窖藏发掘简报》，《文物》2003 年第 6 期。

的宣王纪年必须获得文献学研究的支持。很明显，这种方法不仅可以客观地考定金文月相语词的准确含义，而且可以同时客观地求得真实的宣王纪年。

眉县杨家村所出四十二年和四十三年两虞逑鼎铭文的发现，为解决这一问题提供了重要资料。根据对两种鼎铭的研究，并结合与其他同时期彝铭的比较结果，我们已有可能利用金文资料完成对西周金文月相语词含义及宣王纪年的共同阐释。四十二年虞逑鼎铭云：

> 唯卅又二年五月既生霸乙卯，王在周康穆宫。旦，王格大室，即位。司空散右虞逑入门，立中廷，北向。尹氏受王釐书，王呼史淢册釐逑。

四十三年虞逑鼎铭云：

> 唯卅又三年六月既生霸丁亥，王在周康宫穆宫。旦，王格周庙，即位。司马寿右虞逑入门，立中廷，北向。史淢受王命书，王呼尹氏册命逑。

由于有逑盘铭文代述单氏先世辅弼文王至宣王事迹的佐证，以及四十二年虞逑鼎铭所记册封宣王子长（尚）父为杨侯之事①，两虞逑鼎乃宣王标准器甚明。然依传统之宣王纪年，两鼎纪年与宣王历朔均不能合。

传统认为，周宣王元年为公元前 827 年，宣王四十二年则当公元前 786 年。据张培瑜先生《合朔满月表（前 1500 年—公元 2050 年）》（以下简称《合朔满月表》）②，是年正月建子癸亥朔，五月壬戌朔，当月无乙

---

① 陕西省文物局、宝鸡市文物局、中华世纪坛艺术馆：《盛世吉金》，北京出版社出版集团、北京出版社 2003 年版；陕西省考古研究所、宝鸡市考古工作队、眉县文化馆杨家村联合考古队：《陕西眉县杨家村西周青铜器窖藏发掘简报》，《文物》2003 年第 6 期；董珊：《略论西周单氏家族窖藏青铜器铭文》，《中国历史文献》2003 年第 4 期；王辉：《四十二年逑鼎铭文笺释》，《第四届国际中国古文字学研讨会论文集》，香港中文大学中国语言及文学系，2003 年。

② 张培瑜：《三千五百年历日天象》，河南教育出版社 1990 年版。下文凡引此表，不复注。

卯，历朔不合。若设正月建丑壬辰朔，五月辛卯朔，则乙卯当五月二十五日，历朔仍不能合。即使我们考虑到当时因历法粗疏而常有的历法先天后天因素，同样无法解释这种结果。宣王四十三年当公元前785年，据《合朔满月表》，是年正月建子丁亥朔，六月乙卯朔，当月无丁亥，历朔不合。若设正月建丑丙辰朔，则六月甲申朔，丁亥当六月初四日，合于既生霸。由于四十二年与四十三年两虞逨鼎同属宣王器，而历谱显示的既生霸纪时却一在月初，一在月末，这意味着无论我们对既生霸这种月相语词的含义做出怎样的解释，都将使这一历日结果无法调和。换句话说，我们不可能接受既生霸时段可以同时出现于月初和月末的双重选择。显然，两虞逨鼎铭所记西周历日不合传统的宣王纪年是确定无疑的。

这样的检讨结果其实并不宜简单地归咎于铭文的误刻，因为在接受这种无奈的选择之前，无论对西周金文月相语词的阐释抑或西周王年的讨论都还留有广阔的馀地。首先对西周王年而言，假如传统的宣王纪年不合两虞逨鼎纪年，那么宣王纪年是否存在其他的标准，或者传统的宣王纪年可能并不是真实的历史纪年的问题就必须被考虑。事实上，将正统的宣王元年后移一年或两年重加讨论仍然是允许的。很明显，我们在后文的讨论中将会看到，传世文献对于西周厉、宣二王纪年记载的混乱为这种讨论提供了可能。

通过对明确无误的宣王标准纪年铜器的研究重新检讨我们给定的假设的宣王纪年，其关键并不仅仅在于究明哪些铜器与某个年代符合的程度，更在于分辨它们与被检讨年代的不合程度。只有这样，才能使其中不合史实的假定年代得以汰除。

西周历法已行推步术应是可以接受的事实，这一点可以通过对殷商历法的研究获得支持①。众所周知，推步术的发展必然经历一个由疏而精的完善过程，而早期推步术的实施除去使布历更为方便之外，其历算的精度甚至比观象授时的布历结果更差，因此即使到秦汉以后，朔晦月见的现象仍然经常发生。显然，与合天历数偶尔出现二日的误差在实行推步历法的

---

① 冯时：《殷卜辞乙巳日食的初步研究》，《自然科学史研究》第11卷第2期，1992年；《殷历武丁期闰法初考》，《中国历史文物》2004年第2期。

初期是可以允许的。本文的历朔校核即以此误差范围作为被检对象是否合历的标准。

(一) 年代一讨论

设宣王元年为公元前825年，比正统宣王纪年后移两年。查《合朔满月表》，检之两虞逨鼎，宣王四十二年当公元前784年，是年正月建子辛巳朔，五月己卯朔，当月无乙卯。若设正月建丑辛亥朔，五月己酉朔，则既生霸乙卯当五月初七日，合于历朔。宣王四十三年当公元前783年，是年正月建子丙子朔，六月癸卯朔，当月无丁亥。若设正月建丑乙巳朔，六月癸酉朔，则既生霸丁亥当六月十六日。是月定望戊子，既生霸丁亥当望前一日，合于历朔。

这个假定年代虽然合于两虞逨鼎纪年，但是否合于其他宣王纪年铜器，则是该年代能否成立的重要条件。我们据以检讨的宣王标准纪年铜器是指那些具有明确内证的宣王铜器，而并非仅凭某些铜器的纪年与宣王的历朔相合。原因很简单，许多并不属于宣王的铜器也可能合于宣王历朔，因此在建立起合理的西周历朔之前，不加任何限制而仅仅依据合历与否显然不是判定铜器王世的可行标准。

首先以此年代检讨虞虎鼎纪年。虞虎鼎乃宣王标准器[①]，铭记："唯十又八年十又三月既生霸丙戌。"查《合朔满月表》，宣王十八年当公元前808年，是年正月建子辛未朔，十三月乙丑朔，则既生霸丙戌当十三月二十二日，历朔不合。

其次以此年代检讨晋侯稣钟纪年。我们曾经论定，晋侯稣钟乃宣王标准器[②]。学者或以铭辞所记之事为后代对前王事迹的追述而将此器归属厉王[③]。由于墙盘、逨盘铭文均系追叙西周先王及时王事迹，且生称与谥称分别有序，而晋侯稣钟铭文如果追载前代事迹，却于先王并未谥称"厉王"，这一现象已足以表明我们没有任何理由将钟铭解释为后世对前代史

---

① 冯时：《晋侯稣钟与西周历法》，《考古学报》1997年第4期。
② 冯时：《晋侯稣钟与西周历法》，《考古学报》1997年第4期。
③ 李学勤：《晋侯苏编钟的时、地、人》，《中国文物报》1996年12月1日；仇士华、张长寿：《晋侯墓地M8的碳十四年代测定和晋侯稣钟》，《考古》1999年第5期。

实的追述，而只能将其视为对宣王当朝事迹的实录，否则钟铭所称之"王"则不明所指。学者已从谥法的角度指出晋侯稣钟年代属于宣王的必然性[①]。晋侯稣钟铭记："唯王卅又三年……正月既生霸戊午，……二月既望癸卯，……二月既死霸壬寅。"我们曾据金文纪年惯例论定，铭文两"二月"必不在同年。首"二月"属宣王三十三年，后"二月"应在其后[②]。查《合朔满月表》，宣王三十三年当公元前793年，是年正月建子癸卯朔，则既生霸戊午当正月十六日。是月定望己未，既生霸戊午当望前一日，合于历朔。二月癸酉朔，当月无癸卯。若设当年闰正月，则二月壬寅朔，既望癸卯当二月初二日，与既生霸所辖时段抵牾，历朔不合。次"二月"或属宣王三十四年，即公元前792年，是年正月建子戊戌朔，二月丁卯朔，当月无壬寅。若设是年正月建丑丁卯朔，二月丁酉朔，则既死霸壬寅当二月初六日，同样与既生霸所辖时段抵牾，历朔不合。若以次"二月"属宣王三十五年，即公元前791年，则是年正月建子癸巳朔，二月壬戌朔，当月无壬寅。若设是年正月建丑壬戌朔，二月壬辰朔，则既死霸壬寅当二月十一日，仍与既生霸所辖时段抵牾，不合历朔。

最后以此年代检讨兮甲盘纪年。兮甲盘乃宣王标准器，铭记："唯五年三月既死霸庚寅。"查《合朔满月表》，宣王五年当公元前821年，是年正月建子丙辰朔，三月乙卯朔，当月无庚寅。若设是年正月建丑丙戌朔，三月乙酉朔，则既死霸庚寅当三月初六日，与既生霸所辖时段抵牾，不合历朔。

毋庸置疑，年代一既与除虞逑鼎之外的宣王纪年铜器普遍不合，其显然并非西周宣王的真实纪年。

（二）年代二讨论

设宣王元年即公元前826年，较正统宣王纪年后移一年。查《合朔满月表》，检之两虞逑鼎，宣王四十二年当公元前785年，是年正月建子丁亥朔，五月乙酉朔，当月无乙卯。若设是年正月建丑丙辰朔，五月乙卯

---

① 李伯谦：《陕西眉县出土窖藏青铜器笔谈》，《文物》2003年第6期。
② 冯时：《晋侯稣钟与西周历法》，《考古学报》1997年第4期。

朔，定朔时刻 7 时 33 分，前日甲寅不可见月。先天一日甲寅朔，则既生霸乙卯当五月初二日，合于历朔。若设是年五月癸丑朔乃实际布历的结果，则既生霸乙卯当五月初三日，历法先天二日，符合允许的误差范围。宣王四十三年当公元前 784 年，是年正月建子辛巳朔，六月己酉朔，当月无丁亥。若设是年正月建丑辛亥朔，六月戊寅朔，则既生霸丁亥当六月初十日，合于历朔。

我们重以其他宣王标准纪年铜器检讨这个年代。其一，讨论虞虎鼎纪年。查《合朔满月表》，宣王十八年当公元前 809 年，是年正月建子丁丑朔，十三月辛未朔，则既生霸丙戌当十三月十六日。是月定望乙酉，定望时刻 17 时 53 分，次日丙戌仍见满月，合于历朔。

其二，讨论伯克壶纪年。伯克壶乃宣王标准器，铭记："唯十又六年七月既生霸乙未。"同人于同年所作之器克钟铭记："唯十又六年九月初吉庚寅，王在周康剌（厉）宫。"同铭者尚有克镈①。"康剌宫"即康王庙中之厉王庙②，其为宣王标准器自明。查《合朔满月表》，宣王十六年当公元前 811 年，是年正月建子戊午朔，七月乙卯朔，当月无乙未。若设是年正月建丑丁亥朔，七月乙酉朔，则既生霸乙未当七月十一日，合于历朔。

其三，讨论此器纪年。此器乃宣王标准器③，其中此鼎铭记："唯十又七年十又二月既生霸乙卯。"查《合朔满月表》，宣王十七年当公元前 810 年，是年正月建子癸丑朔，十二月戊寅朔，当月无乙卯。若设是年正月建丑壬午朔，十二月丁未朔，则既生霸乙卯当十二月初九日，合于历朔。

其四，讨论趞鼎纪年。趞鼎乃宣王标准器④，铭记："唯十又九年四月既望辛卯。"查《合朔满月表》，宣王十九年当公元前 808 年，是年正月建子辛未朔，四月庚子朔，当月无辛卯。若设是年正月建丑辛丑朔，四月己

---

① 与克钟（六件）、克镈（一件）同出之器尚有大克鼎一件、小克鼎七件和克盨二件，后者皆曰膳夫克，且大克鼎又重申册命之辞，时当在十八年克盨之前，故膳夫克诸器时代当在宣王之前之厉世，克与膳夫克虽为一人，但时代不同，克供职于厉、宣两朝。
② 唐兰：《西周铜器断代中的"康宫"问题》，《考古学报》1962 年第 1 期。
③ 冯时：《晋侯稣钟与西周历法》，《考古学报》1997 年第 4 期。
④ 冯时：《晋侯稣钟与西周历法》，《考古学报》1997 年第 4 期。

巳朔，则既望辛卯当四月二十三日。是月定望甲申，既望辛卯当望后七日，合于历朔。

其五，讨论袁盘纪年。袁盘乃宣王标准器，铭记："唯廿又八年五月既望庚寅，王在周康穆宫。旦，王格大室，即位。宰颙右袁入门，立中廷，北向。史耤受王命书，王呼史減册锡袁……。"史減也见于四十二年虞逑鼎，故两器时代相同。查《合朔满月表》，宣王二十八年当公元前799年，是年正月建子己酉朔，五月丁未朔，当月无庚寅。若设是年正月建丑己卯朔，五月丙子朔，则既望庚寅当五月十五日。是月定望辛卯，历法先天二日，合于历朔。

既望统辖望以后的下半月，与静方鼎铭文反映的西周历朔情况一致①。静方鼎铭云："八月初吉庚申至□于成周。月既望丁丑，王在成周大室。"既望丁丑去初吉庚申已十八日，因此，即使我们设定初吉庚申恰值朔日，既望丁丑也显在望日以后。假如西周历法的月首可能像某些学者认为的那样始于新月始见之朏日，则既望丁丑至少已在望后四日。很明显，金文资料显示，将既望视为满月之时的望日是没有根据的。事实上，"既望"与"望"构词的不同已足以证明二者含义的差异②。

其六，讨论晋侯稣钟纪年。查《合朔满月表》，宣王三十三年当公元前794年，是年正月建子己卯朔，当月无戊午。若设是年正月建丑己酉朔，则既生霸戊午当正月初十日，合于历朔。二月戊寅朔，既望癸卯当二月二十六日。是月定望甲午，既望癸卯当望后九日，亦合于历朔。次"二月"或于宣王三十四年，即公元前793年。是年正月建子癸卯朔，二月癸酉朔，当月无壬寅。若设是年正月建丑癸酉朔，二月壬寅朔，则既死霸壬寅恰为二月朔日，合于历朔。

其七，讨论兮甲盘纪年。查《合朔满月表》，宣王五年当公元前822年，是年正月建子壬戌朔，三月辛酉朔，既死霸庚寅当三月三十日。尽管学者或仍坚持相信既死霸时段只能与既生霸相对应而统辖自望日之后的下

---

① 冯时：《晋侯稣钟与西周历法》，《考古学报》1997年第4期。
② 冯时：《晋侯稣钟与西周历法》，《考古学报》1997年第4期。

半月①，但问题是，如果我们承认趞鼎与晋侯稣钟属于宣王标准器，那么趞鼎与晋侯稣钟铭文所显示的既望对应于既生霸而统辖朔望月下半月的设想就无法与兮甲盘的历日相调和，矛盾是显而易见的。而两组结果相比，趞鼎之既望辛卯值望后七日，晋侯稣钟之既望癸卯则当望后九日，已没有任何可调整的余地，相反，兮甲盘之既死霸庚寅在晦日，显然存在调整的可能。事实上，不仅"既望"、"既死霸"由于有"既"字的限定一定分别是指望以后及死霸以后的时段或时日②，而且晋侯稣钟历日已明确显示了既死霸当为朔日，准此则可重新检讨兮甲盘历日。设宣王五年正月建子壬戌朔，三月前有闰，则三月辛卯朔，合朔时刻10时42分，前日晦日庚寅不可见月，先天一日为三月朔，恰合历朔。王国维曾据传统认定的宣王纪年，定此器之庚寅为三月二十六日，从而认为金文既死霸当指下弦至晦日，遂有月相四分之论③。显然，假如西周宣王纪年得以重建，则既死霸的含义以及所谓的四分月相说也必须得到修正。

基于上述讨论，全部明确的宣王标准器皆合于历朔，因此可以肯定，公元前826年作为周宣王元年应为西周历史的真实纪年。准此，可将宣王诸纪年铜器所反映的西周历法及月相情况整理如下：

公元前822年	兮甲盘	五年三月既死霸庚寅	建子	三月初一
公元前811年	伯克壶	十六年七月既生霸乙未	建丑	七月十一
公元前810年	此器	十七年十二既生霸乙卯	建丑	十二月初九
公元前809年	虞虎鼎	十八年十三月既生霸丙戌	建子	十三月十六
公元前808年	趞鼎	十九年四月既望辛卯	建丑	四月二十三
公元前799年	裘盘	二十八年五月既望庚寅	建丑	五月十五（先天二日）
公元前794年	晋侯稣钟	三十三年正月既生霸戊午	建丑	正月初十
		二月既望癸卯		二月二十六
公元前793年		（三十四年）二月既死霸壬寅	建丑	二月初一
公元前785年	虞逨鼎（一）	四十二年五月既生霸乙卯	建丑	五月初三
公元前784年	虞逨鼎（二）	四十三年六月既生霸丁亥	建丑	六月初十

---

① 张培瑜：《逨鼎的月相纪日和西周年代》，《文物》2003年第6期；《逨鼎的王世与西周晚期历法月相纪日》，《中国历史文物》2003年第3期。
② 冯时：《晋侯稣钟与西周历法》，《考古学报》1997年第4期。
③ 王国维：《生霸死霸考》，《观堂集林》卷一，《王国维遗书》，上海古籍书店1983年版。

我们曾经根据晋侯稣钟及相关纪年铜器，从不同角度详细阐释了西周金文月相语词的含义，提出吉日系统与月相系统两系说，其中初吉属诹日用事之吉日系统，与月相无涉，初吉意即第一个吉日，它可以出现在一个朔望月中的任何位置。而既死霸、旁死霸、哉死霸、既生霸、旁生霸、生霸和既望则属月相系统，其构词形式均以月相的变化为特征，而诸月相语词的具体含义则是：既死霸为朔日，旁死霸为晦前一日，哉死霸为晦日，旁生霸为大月之初二日，生霸也即《尚书·康诰》、《顾命》之哉生霸，时当朏日，既生霸辖朏日以后至望的上半月，既望则辖望日以后至旁死霸的下半月①。以此结论验之两虞遂鼎及其他明确的宣王纪年铜器，均吻合无间。很明显，以明确的宣王纪年铜器为基础检讨宣王纪年的工作，事实上可以使宣王纪年、金文月相及西周历法诸问题同时获得解决，这种讨论所具有的相互助证的作用是显而易见的。

由于真实的宣王纪年已较传统认为的宣王纪年后移，或许重新检讨明确的宣王纪年铜器的吉日系统，对印证我们关于西周月相系统的阐释及西周历法相关问题的认识仍然很有必要。兹逐器检讨如下。

1. 师獣簋

簋铭云：

> 唯王元年正月初吉丁亥，伯龢父若曰。

伯龢父即共伯和②。据遂盘铭文可知，西周共和时期并未另行纪年，而仍依从厉王纪年。又据簋铭"伯龢父若曰"分析，其地位颇显，当符合摄行王政的特殊身份。故铭文"唯王元年"应即宣王元年。今定宣王元年为公元前826年，查《合朔满月表》，是年正月建子乙卯朔，当月无丁亥。若设是年正月建亥丙戌朔，即公元前827年11月28日，合朔时刻8时57分，则初吉丁亥当正月初二日，恰值朏日。

---

① 冯时：《中国古文字学概论》第七章第五节之三，中国社会科学出版社2016年版。
② 郭沫若：《两周金文辞大系图录考释》第七册，科学出版社1957年版。

2. 师兑器
元年师兑簋铭云：

> 唯元年五月初吉甲寅，王在周，格康庙，即位。同仲右师兑入门，立中廷。王呼内史尹册命师兑：疋师龢父司左右走马、五邑走马。

三年师兑簋铭云：

> 唯三年二月初吉丁亥，王在周，格大庙，即位。𰓙伯右师兑入门，立中廷。王呼内史尹册命师兑：余既命汝疋师龢父司左右走马，今余唯申就乃命，命汝㪍司走马。

师龢父即师𤯍簋铭之伯龢父[①]。两器铭记同一位周王前后两次册命师兑佐助师龢父，且事相递补，知其必属同王之器，而时代亦必在宣王。宣王元年为公元前826年，查《合朔满月表》，由于师𤯍簋铭历日的限定，是年正月建亥丙戌朔，五月甲申朔，当月无甲寅。若设五月前有闰，则五月癸丑朔，合朔时刻10时9分，初吉甲寅当五月初二日，恰值朏日。

宣王三年当公元前824年，查《合朔满月表》，由于宣王元年亥正且有闰，则是年必为正月建子甲辰朔，二月甲戌朔，初吉丁亥当二月十四日。是月望日戊子，定望时刻7时55分，初吉丁亥恰值望前一日，与既生霸所辖时段重叠。因定望时刻早，十四日丁亥实见满月而成望。

3. 师𠭰簋
簋铭云：

> 师龢父殁（殂），𠭰叔市恐告于王。唯十又一年九月初吉丁亥，王在周，格于大室，即位。宰琱生入右师𠭰，王呼尹氏册命师𠭰。王若曰：师𠭰，在昔先王小学（敩）汝，汝敏可事，既命汝更乃祖考司小

---

① 郭沫若：《两周金文辞大系图录考释》第七册，科学出版社1957年版。

辅。今余唯申就乃命，命汝司乃祖旧官小辅眔（暨）鼓钟。

此器与辅师嫠簋乃同人所作，但分别二王，所述册命事则相递补①。辅师嫠簋铭见荣伯为宾佑，此荣伯即师询簋、康鼎、同鼎诸器铭所记作为宾佑之荣或荣伯，也即宰兽簋铭所记作为宾佑之司徒荣伯，此荣伯于卯簋铭则记为册命之主，于敔簋铭又记可代王受俘，知其地位甚高，应即厉王重臣荣夷公，故属厉王之世。而师嫠簋铭记师龢父亡故之事，师嫠素绂讣告王知，也明师龢父与共伯和其位相符。况宾佑宰琱生又见于三件琱生簋和琱生虘，且铭记时王重申先王（厉王）之命而册命师嫠事，故此器年代必在宣王。宣王十一年为公元前816年，查《合朔满月表》，是年正月建子戊子朔，九月癸未朔，初吉丁亥当九月初五日，与既生霸所辖时段重叠。

4. 虢季子白盘

盘铭云：

> 唯十又二年正月初吉丁亥，虢季子白作宝盘。丕显子白，壮武于戎工（功），经缵（蔑）四方，薄伐猃狁于洛之阳。折首五百，执讯五十，是以先行。趠趠子白，献馘于王，王孔嘉子白义。

此为宣王标准器。器主虢季子白即不其簋铭所载之白氏②，而不其簋之器主，学者或考为秦庄公其③，甚是。秦庄公即位于周宣王时，年纪尚轻，在位四十四年，卒于周幽王前期，由此可明虢季子白盘年代。宣王十二年为公元前815年，查《合朔满月表》，是年正月建子辛亥朔，当月无丁亥。由于师嫠簋铭历日的限定，是年或可正月建亥壬午朔，则初吉丁亥当正月初六日，与既生霸所辖时段重叠。

5. 不其簋

簋铭云：

---

① 郭沫若：《辅师嫠簋考释》，《考古学报》1958年第2期。
② 郭沫若：《两周金文辞大系图录考释》第七册，科学出版社1957年版。
③ 李学勤：《秦国文物的新认识》，《文物》1980年第9期。

唯九月初吉戊申，白氏曰：不嬰（其）驭方，玁狁广伐西俞，王命我羞追于西，余来归献禽。余命汝御追于畧（洛）。

铭述"王命我羞追于西，余来归献禽"即指虢季子白盘铭所记"薄伐玁狁于洛之阳。折首五百，执讯五十，是以先行。趩趩子白，献馘于王"。是子白先行，不其后殿①。故簋铭"九月"当与虢季子白盘所载之事同在宣王十二年。查《合朔满月表》，由于虢季子白盘铭历日的限定，是年正月建亥壬午朔，九月戊寅朔，当月无戊申。若设是年九月之前有闰，则九月丁未朔，合朔时刻9时4分，初吉戊申当九月初二日，恰值朏日。

6. 克钟
钟铭云：

唯十又六年九月初吉庚寅，王在周康剌（厉）宫。王呼士曶召克，王亲命克遹泾东至于京师。

铭见"周康剌（厉）宫"，为宣王标准器甚明。宣王十六年为公元前811年，查《合朔满月表》，是年正月建子戊午朔，九月乙卯朔，当月无庚寅。若设是年正月建丑丁亥朔，九月甲申朔，则初吉庚寅当九月初七日，恰值上弦，与既生霸所辖时段重叠。

7. 晋侯稣钟
钟铭云：

唯王卅又三年，王亲遹省东国、南国。正月既生霸戊午，王步自宗周。二月既望癸卯，王入格成周。二月既死霸壬寅，王賨（貳）往东。三月方（旁）死霸，王至于薫，分行。王亲命晋侯稣率乃师左洀瀇北洀□伐夙夷，晋侯稣折首百又廿，执讯廿又三夫。王至于匎城，王亲远省师，王至晋侯稣师，王降自车，位南向，亲命晋侯稣自西北

---

① 郭沫若：《两周金文辞大系图录考释》第七册，科学出版社1957年版。

隅敦伐䣡城。晋侯率厥亚旅、小子、彧人先陷入，折首百，执讯十又一夫。王至，淖淖列列（烈烈）夷出奔。王命晋侯稣率大室、小臣、车仆从逋逐之，晋侯折首百又一十，执讯廿夫，大室、小臣、车仆折首百又五十，执讯六十夫。王唯返，归在成周。公族整师，宫。六月初吉戊寅，旦，王格大室，即位。王呼膳夫曰：召晋侯稣入门，立中廷。王亲锡驹四匹。稣拜稽首，受驹以出，返入，拜稽首。丁亥，旦，王鄩于邑伐宫。庚寅，旦，王格大室。司空扬父入右晋侯稣。

钟铭七记历日，叙述了周宣王前后三个阶段的活动。一记宣王三十三年亲通省东国、南国，并于同年正月既生霸戊午（初十）始自宗周出发；二记宣王历经一月有半，于同年二月既望癸卯（二十六日）自宗周东抵成周。这是第一阶段。此后宣王于一年之后，即宣王三十四年二月既死霸壬寅（朔日）与晋献侯稣一并敕戒镇抚东方，并于一月之后的三月旁死霸（晦前）到达菜地，伐夙夷。铭文"䝿"为从"𠂤"声之字，当读为甲骨文习见之"迖"。《说文·自部》："𠂤，危高也。从自，中声。读若㚖。"又《中部》："中，读若徹。"《周礼·考工记·匠人》："置埶以县。"郑玄《注》："埶，古文㚖假借字。故书埶作弋。杜子春云：'埶当作弋。'"是"𠂤"、"弋"相通之证。厚趠方鼎铭云："唯王来格于成周年，厚趠又（有）䝿于溓公。""䝿"则读为"弋"。《尚书·多士》："非我小国敢弋殷命。"伪孔《传》："弋，取也。"故"有弋于溓公"意即有取于溓公，言溓公有锡也，文从字顺。西周早期商尊铭云："唯五月辰在丁亥，帝司（姒）赏庚姬贝卅朋，迖（弋）丝廿锊。""迖"即读为厚趠方鼎铭之"䝿"，亦弋取之意。是"迖"、"䝿"通用之明证。甲骨文"迖"有振旅之意。卜辞云：

丁丑王卜，贞：其𨓘（振）旅，延迖于盂，往来亡灾？王占曰："吉。"在七[月]。　　《合集》36426

丙子卜，贞：翌日丁丑王其𨓘（振）旅，延迖，不遘大雨？兹节。　　《合集》38177

卜辞言达而振旅，故裘锡圭先生以为"达"乃敕戒镇抚之意，而对某一对象加以敕戒镇抚，则往往需要到那一对象的所在地去。《尚书·洛诰》："俨来毖殷。"卜辞则云："戊往达沚"（《宁》1.52）。都反映了这一点①。上古音"毖"在月部，"达"在职部，"毖"在质部，皆为入声字，旁转可通。钟铭"王达往东"遣词即同《洛诰》"俨来毖殷"及卜辞"戊往达沚"，当言宣王东征而敕戒镇抚东方，此与后述伐夙夷事恰好符合。

据铭文可知，作为周晋联军之一的晋侯军队与夙夷的战斗前后共有三次，首战于葉，次战于𩵦城，终遄逐之。而铭文所记"王至于𩵦城，王亲远省师，王至晋侯穌师"，则明其间转战艰难，路途遥远，故战争时间自不在短。此外，尽管钟铭并未详细叙述宣王遹省南国的活动，然而根据铭文"王亲遹省东国、南国"的内容，知遹省南国的活动不仅存在，而且应该就在镇抚东夷的战争之后，否则晋侯没有必要在作器时特别点明此事，况于旨在称颂自己勋庸的铜器上提及本不存在的宣王事迹更属反常。事实上，钟铭所记宣王遹省南国之事盖即文献所载宣王丧南国之师事。因此，倘若考虑这些因素，则此次与夙夷的战争以及其后发生的宣王遹省南国的活动便不可能仅在短短三个月左右即告结束，这个时间如果除去战争转战及宣王返归成周的行程，显然无法满足一场与夙夷的战争以及其后宣王南巡所花费的时间。很明显，铭文所记王返成周之后的六月初吉戊寅当更在宣王三十四年之后。换句话说，周晋联军对于夙夷的战争以及宣王继续遹省南国的活动应该持续了一年左右，这是铭文所记第二阶段的内容。

第三阶段乃述宣王返归成周以后之事，铭文"王唯返，归在成周"是指宣王遹省东国和南国的全部活动结束之后回到成周，而并非仅指镇抚东夷之后的行动。宣王东征虽胜，然南巡则败。《国语·周语上》："宣王既丧南国之师，乃料民于大原。"韦昭《注》："丧，亡也，败于姜氏戎时所亡也。南国，江、汉之间也。故《诗》云：'滔滔江汉，南国之纪。'"裴骃《史记集解》引唐固曰："南国，南阳也。"汪远孙《国语发正》："南国之师绝非姜氏之戎。《括地志》以千亩为近大原，误本于此。而韦解亦以此致误。"吴增祺《国语韦解补正》："据《内传》曰：'我诸戎，四岳

---

① 裘锡圭：《释祕》，《古文字研究》第三辑，中华书局1980年版。

之胄裔。'又：'允姓之奸居于瓜州。'则姜戎即西戎也。与江汉无涉。"甚是。故此宣王丧南国之师当非败于姜氏之戎，据晋侯稣钟铭文，似宣王遹省南国时败于江汉之戎，即金文习见之南淮夷。禹鼎铭："亦唯噩侯驭方率南淮夷、东夷广伐南国、东国。"虢仲盨铭："虢仲以王南征，伐南淮夷。"皆可见南淮夷之势强。周师既败，故钟铭讳之，《周语》"宣王既丧南国之师"盖言其事。是钟铭最终阶段的史实显已迟至宣王三十五年。由于周人之铸器纪年传统但记始发事件之年，其后则省略不书，如静方鼎铭首记十月事，次记八月事；乖伯簋铭首记九年九月事，次记二月事。前后所述必不在同年可知①。以此例彼，则据晋侯稣钟铭文分析，六月赏赐晋侯之事当在东伐夙夷战争之次年，即宣王三十五年。

宣王三十五年为公元前792年，查《合朔满月表》，由于晋侯稣钟铭所记宣王三十四年历日的限定，知宣王三十五年必为正月建丑丁卯朔，六月乙未朔，当月无戊寅。若设是年六月前有闰，则六月甲子朔，初吉戊寅当六月十五日。是月望日己卯，定望时刻16时51分，戊寅恰值望前一日，与既生霸所辖时段重叠。而丁亥与庚寅则分别当六月二十四和二十七日，合于历朔。

8. 膳夫山鼎

鼎铭云：

> 唯卅又七年正月初吉庚戌，王在周，格图室。南宫乎入右膳夫山入门，立中廷，北向。王呼史桒册命山曰。

此乃宣王标准器②。宣王三十七年为公元前790年，查《合朔满月表》，由于晋侯稣钟铭历日的限定，知是年必为正月建丑丙戌朔，则初吉庚戌当正月二十五日，与既望所辖时段重叠。

基于上述讨论，可将金文初吉的记日情况整理如下：

---

① 冯时：《晋侯稣钟与西周历法》，《考古学报》1997年第4期。
② 冯时：《晋侯稣钟与西周历法》，《考古学报》1997年第4期。

公元前826年	师𩵀簋	元年正月初吉丁亥	建亥	初二（朏）
	元年师兑簋	元年五月初吉甲寅	建亥	初二（朏）
公元前824年	三年师兑簋	三年二月初吉丁亥	建子	十四（望）
公元前816年	师𩰫簋	十一年九月初吉丁亥	建子	初五
公元前815年	虢季子白盘	十二年正月初吉丁亥	建亥	初六
	不其簋	（十二年）九月初吉戊申	建亥	初二（朏）
公元前811年	克钟	十六年九月初吉庚寅	建丑	初七（上弦）
公元前792年	晋侯稣钟	（三十五年）六月初吉戊寅	建丑	十五（望前一日）
公元前790年	膳夫山鼎	三十七年正月初吉庚戌	建丑	二十五

对明确的宣王纪年铜器的研究表明，作为吉日的初吉可以游移于一个朔望月中的任何位置，春秋初年子犯编钟铭记五月初吉丁未，时在望后，也可助证这一点①。事实上，由于旁死霸、哉死霸、既死霸、旁生霸、生霸、既生霸、既望七个月相已经统辖了整个朔望月，这意味着初吉如果作为月相，实际已没有了其存在的位置，很明显，视初吉为月相而构成的所谓四分月相体系其实并不存在。诚然，如果承认初吉乃是古人诹日用事所选择的吉日，那么我们便没有任何理由对这些吉日在朔望月中的位置加以限定。古人对于吉日的确定除去我们曾经讨论过的用事性质与干支的阴阳属性等标准之外②，或许与月相的变化也有某些联系。我们发现，初吉在朔望月中出现的位置有相当一部分集中于朏日、上弦日或望日附近，似乎体现了用事择吉的某种原则。

综上所论，我们可以获得三方面认识。

（1）关于宣王纪年。由于有西周宣王纪年铜器的论证基础，从而推定公元前826年为真实的宣王元年，该年代较传统认为的宣王元年——公元前827年，后移一年。事实上，铜器排历的结果表明，尽管宣王元年的主体部分已经晚至公元前826年，但因当年以建亥之月为岁首，正月朔日相当于公元前827年11月28日，故正月全月及二月的一部分仍在公元前827年。

---

① 冯时：《春秋子犯编钟纪年研究——晋重耳归国考》，《文物季刊》1997年第4期。
② 冯时：《晋侯稣钟与西周历法》，《考古学报》1997年第4期。

（2）关于西周金文月相语词的含义。在真实的西周宣王历史纪年的体系下重新检讨金文月相，结果仍然表明，除初吉、月吉、既吉之外的旁死霸、哉死霸、既死霸、旁生霸、生霸、既生霸、既望属月相纪时语词，其中既死霸为朔日；旁死霸见于晋侯稣钟铭文，与其他月相语词的使用不同，旁死霸不附书纪日干支，证明其在朔望月中的位置当依哉死霸而固定，为晦前一日，故哉死霸为晦日；而旁生霸当依生霸而定，生霸为朏，则旁生霸自为大月之初二日；既生霸辖朏日以后的上半月；既望辖望日以后的下半月。这个体系符合我们曾经根据晋侯稣钟及相关纪年铜器的研究结果①，而初吉、月吉、既吉则属月相系统之外的吉日系统。

（3）关于西周历法的岁首与闰法。以金文排历的结果显示，宣王早期，西周历法的岁首以建亥为主，间因闰月的调节而行建子，宣王中晚期则以建丑为主。这种变化与春秋早期历法多行丑正，而中晚期历法多行子正的情况十分相似。而西周闰法则见设置于年中和年终的两种闰月形式。宣王早期历法以建亥之月为岁首的原则以及年中闰月与年终闰月并存的做法显然继承了殷商历法的传统②，而宣王早中期历法所表现的岁首由建亥向建丑的转变，则似乎反映了当时可能存在的历法改革，这种改革首先表现在确定岁首的标准由过去的秋分转变为冬至。事实上，春秋历法由丑正向子正的转变如果视为推步历法实施后步算冬至逐渐精确的结果的话，那么显然，西周晚期历法与春秋早期历法的衔接就是相当圆满的。

值得注意的是，既死霸作为朔日乃是西周历法的重要时点。我们曾经论定，殷商历法已以朔日为月首③，因为对于夜间更多地依赖月光照明的古人来说，不见月光的朔日在朔望月中比月见之后的任何圆缺变化都更具有标志性的意义，当然也更容易引起人们的重视。事实上，中国发达的早期天文学不仅使新石器时代的人们具有了丰富的天文知识④，而且这些知识为商周先民认识朔日奠定了坚实的基础。既然殷人已经以朔日作为朔望月的月首，这意味

---

① 冯时：《晋侯稣钟与西周历法》，《考古学报》1997 年第 4 期。
② 冯时：《殷历岁首研究》，《考古学报》1990 年第 1 期；《殷历武丁期闰法初考》，《中国历史文物》2004 年第 2 期。
③ 冯时：《殷历月首研究》，《考古》1990 年第 2 期。
④ 冯时：《中国天文考古学》，社会科学文献出版社 2001 年版。

着周人建立的以朔为月首的历法体系只能是相对于殷商历法更趋精密而已。

二 宣王纪年的文献学研究

关于西周宣王的历史纪年，传统认为以公元前 827 年为宣王元年，然而并非没有学者对这一成说提出异议。美国学者认为，宣王可能实行两种纪元体系①。但这种认识对于如何合理地解释两种纪元制度并行的原因以及金文合历两方面尚存在一定困难。日本学者平势隆郎则提出宣王元年当以正统的宣王元年后移一年为准，时即公元前 826 年②。现在我们根据宣王标准器推定宣王元年为公元前 826 年，从而印证了这个观点。诚然，这一结论能否获得文献学的支持至为关键。事实上，司马迁《史记》在如何处理西周共和至宣王一段纪年分歧的问题时保留了可资充分研究的史料，这为重新检讨宣王纪年提供了可能。

《史记·周本纪》：

> 召公、周公二相行政，号曰"共和"。共和十四年，厉王死于彘。太子静长于召公家，二相乃共立之为王，是为宣王。……十二年，鲁武公来朝。

司马贞《索隐》引《汲冢纪年》："共伯和干王位。"张守节《正义》引《鲁连子》："卫州共城县本周共伯之国也。共伯名和，好行仁义，诸侯贤之。周厉王无道，国人作难，王奔于彘，诸侯奉和以行天子事，号曰'共和'元年。十四年，厉王死于彘，共伯使诸侯奉王子靖为宣王，而共伯复归国于卫也。"《太平御览》卷八七九引《史记》："共和十四年，大旱，

---

① 夏含夷：《此鼎铭文与西周晚期年代考》，《大陆杂志》第八十卷第四期，1990 年；《西周诸王年代》，《西周史资料》附录三，加州大学出版社 1991 年版；倪德卫：《克商以后西周诸王之年历》，《西周诸王年代研究》，贵族人民出版社 1998 年版；北京师范大学国学研究所：《西周之年历》，《武王克商之年代研究》，北京师范大学出版社 1997 年版；倪德卫、夏含夷：《晋侯的世系及其对中国古代纪年的意义》，《中国史研究》2001 年第 1 期。

② 平势隆郎：《新编史记东周年表》，东京大学东洋文化研究所，1995 年。

火焚其屋。伯和篡立，故有大旱。其年，周厉王奔彘而死，立宣王。"西周师獸簋、师兑二簋及师嫠簋诸铭文皆记伯龢父或师龢父，即此共伯和①。《左传·昭公二十六年》："至于厉王，王心戾虐，万民弗忍。居王于彘。诸侯释位，以间王政。宣王有志，而后效官。"杜预《集解》："去其位，与治王之政事。"顾炎武《日知录》即以"诸侯释位，以间王政"指共伯干王位事。朱右曾《诗地理征》："周、召王朝卿士，不得为诸侯。卿士摄政不可谓释位。……迨厉王薨，宣王长，然后返其政，而消摇乎邱首，所谓'宣王有志，而后效官'也。"《庄子·让王》："而共伯得乎共首。"陆德明《释文》引司马彪云："共伯名和，修其行，好贤人，诸侯皆以为贤。周厉王之难，天子旷绝，诸侯皆请以为天子，共伯不听，弗获免，即干王位。十四年，大旱屋焚，卜于大阳，兆曰：'厉王为祟。'召公乃立宣王，共伯复归于宗，逍遥得意共山之首。"文又见《吕氏春秋·慎人》。又《开春》云："共伯和修其行，好贤仁，而海内皆来稽矣。周厉之难，天子旷绝，而天下皆来谓矣。"毕沅《吕氏春秋新校正》引梁伯子云："共伯值厉王之难，摄政十四年，乃率诸侯会二相而立宣王。"《汉书·古今人表》有共伯和，师古《注》："共，国名也。伯，爵也。和，共伯之名也。共音恭。而迁史以为周、召二公行政，号曰共和，无所据也。"皆以共伯和干王位，合于金文，知史所记谬矣②。沈钦韩《春秋左传补注》：

---

① 郭沫若：《两周金文辞大系图录考释》第七册，科学出版社 1957 年版；陈直：《史记新证》，天津人民出版社 1979 年版。

② 《诗·小雅》有《小明》一篇，《鲁诗》以为大夫悲厉王流彘所作。申培公《诗说》："《小明》，厉王流于彘，大夫之从行者，历时既久，悲伤而作。"（《汉魏丛书》本）学者于此或有辨析。俞樾《群经賸义》："申培《鲁诗说》以《小明》为厉王流彘后大夫从行者所作。按此伪书也，不足信。夫厉王流彘，则大夫从行者亦宜在彘，今乃云至于艽野，此何地也？将谓即彘之异名欤？彘属汉河东郡，自周京至彘，徂东而非徂西，今乃云'我征徂西'何也？惟诗中屡言共人，窃疑此篇乃厉王流彘之后，其大夫有先时奉使西征者，闻变之后，不敢归国，故作此诗。共人者，共国之人也。《汲冢纪年》：厉王十二年出奔彘，十三年共伯和摄行天子事，二十六年王陟于彘，周定公、召穆公立太子靖为王，共伯和归其国。夫伯既摄天子，则其时朝廷之上必多共国之人。《诗》云'念彼共人'，即谓共国之人入而执王朝之政者也。其曰'岂不怀归？畏此罪罟'、'岂不怀归？畏此谴怒'、'岂不怀归？畏此反覆'，盖厉王既得罪于众，其大夫亦人人自危，欲归而不得矣。而共国之人方且居中用事，故念之而至于出涕也。又曰'嗟尔君子，无恒安处'、'嗟尔君子，无恒安息'，尔君子亦指共人，盖讽共伯以早归政也。以此意读之，诗中辞意是颇似有合。其后太子靖即位，共伯归国。《庄子》云：'许由娱于颍阳，而共伯得乎共首。'其即此诗所谓'神之听之，介尔景福'者乎。"（《南菁书院丛书》第七种）虽斥《诗说》为伪，然申《鲁诗》之义。如此说确实，也可证史公之谬。

"效官,致天子之位于宣王也。"足明宣王即位于厉王卒后。《史记·齐太公世家》:

> 武公九年,周厉王出奔,居彘。十年,王室乱,大臣行政,号曰"共和"。二十四年,周宣王初立。

据《周本纪》和《齐太公世家》,厉王出奔之次年共和行政①,共和十四年厉王死于彘,宣王立。《史记·十二诸侯年表》亦载共和行政十四年,宣王于共和十四年即天子位,次年改元,在位四十六年。以此推之,则厉王奔彘当公元前842年,共和行政始于公元前841年,十四年宣王即位,次年改元,则宣王元年当公元前827年。

但是,这一纪年在《鲁周公世家》中则有着不同的说法。《史记·鲁周公世家》:

> 真公十四年,周厉王无道,出奔彘,共和行政。二十九年,周宣公即位。三十年,真公卒,弟敖立,是为武公。武公九年春,武公与长子括,少子戏,西朝周宣王。……宣王爱戏,欲立戏为鲁太子。……卒立戏为鲁太子。夏,武公归而卒,戏立,是为懿公。懿公九年,懿公兄括之子伯御与鲁人攻弑懿公,而立伯御为君。伯御即位十一年,周宣王伐鲁,杀其君伯御,……乃立称于夷宫,是为孝公。……孝公二十五年,诸侯畔周,犬戎杀幽王。

《世家》以鲁真公十四年并述二事,然据《齐太公世家》,厉王奔彘与共和行政分明两年,故依理推之,这种兼及两事的纪年只能是针对发生较晚

---

① 今本《竹书纪年》:"十二年,王亡奔彘。十三年,王在彘,共伯和摄天子事。二十六年,大旱,王陟于彘。周定公、召穆公立太子靖为王。共伯和归其国,遂大雨。"也以共和行政在厉王出奔次年。后人于此书真伪多有怀疑,洪颐煊《校正竹书纪年》以《路史》曾引"今本",故是书之成至少应在南宋以前。学者认为,因"今本"出现的时代较早,其所辑"古本"佚文可能比今日为多,故仍具一定史料价值(方诗铭、王修龄:《古本竹书纪年辑证·前言》,上海古籍出版社1981年版),乃中肯之论。又《史记·秦本纪》、《楚世家》、《宋微子世家》、《曹世家》所载厉王出奔俱较《年表》提前一年。

的事件的纪年，而附记之事一般都旨在说明后发之事的原因，这几乎是太史公纪年的一贯做法①。据此可知，鲁真公十四年共和行政，时当公元前841年，真公二十九年周宣王即位，时值公元前826年。与此不同，《年表》则以鲁真公十五年共和行政，而以鲁武公在位十年，时当周宣王十二年。但以《周本纪》所载宣王十二年鲁武公来朝衡之，若依正统之宣王纪年，真公十四年始行共和，则武公九年适为周宣王十二年，故《年表》似不必改为"十年"。然若以鲁武公十年当周宣王十二年，则共和行政只能始于鲁真公十五年，而非十四年，反与《世家》抵牾。故知《年表》作"十年"必有所本②。梁玉绳《史记志疑》以"十年"为是，"九年"当误，而《史记会注考证》又以鲁武公朝见周宣王乃于宣王十二年别有所据。造成这些混乱的原因盖即鲁室废长立幼的十年之乱③，其事已见于《世家》。《国语·周语上》：

> 鲁武公以括与戏见王，王立戏。……鲁侯归而卒，及鲁人杀懿公而立伯御。三十二年春，宣王伐鲁，立孝公，诸侯从是而不睦。

准此，则周鲁数项纪年可以并植。其一，鲁武公十年西朝周宣王，时当宣王十二年；其二，鲁伯御十一年周宣王伐鲁，诛伯御而立孝公，时当宣王三十二年；其三，鲁孝公二十五年西周灭，时当周幽王十一年。正是由于这些年代的限制，遂《年表》不得不将共和始年定为鲁真公十五年，致与

---

① 《史记·鲁周公世家》于犬戎杀幽王之后补述"秦始列为诸侯"，相同内容多见于其他各《世家》，或厕于周室东徙之后。《十二诸侯年表》以秦始列为诸侯与犬戎杀幽王同年。《秦本纪》："西戎犬戎与申侯伐周，杀幽王郦山下。而秦襄公将兵救周，战甚力，有功。周避犬戎难，东徙雒邑，襄公以兵送周平王。平王封襄公为诸侯，赐之岐以西之地。"知事在平王元年。盖《世家》补述之意重在记事，无关纪年。

② 裴骃《史记集解》解"武公归而卒"引徐广曰："刘歆云立二年。"

③ 张以仁先生云："《年表》鲁武公十年下未载朝王之事。《国语》但作'鲁武公以括与戏见王'，未纪年。又《周本纪》云：'十二年，鲁武公来朝。'宣王十二年，当鲁武公十年。《周语》谓宣王伐鲁在三十二年。从鲁懿公戏即位（即朝王之年）至伯御被杀，前后共二十年（戏在位九年，为伯御所弑。伯御在位十一年，为宣王所诛），则朝王之年，正宣王十二年。此当据《本纪》改为'十年'。"或疑"九年"本作"十年"，与《周本纪》、《年表》并合。"十"之作"九"，涉上文"九年"字而误。并见王叔岷《史记斠证》第五册，历史语言研究所专刊之七十八，1982年。

《世家》不合。实史公于《世家》所著为实录，而以鲁真公十五年方行共和则属误载。及宣王三十二年伐鲁，诛伯御以立孝公，皆在同年，故又致乱。《年表》以宣王二十二年为鲁孝公元年，并云："伯御立为君，称为诸公子云。"复于十一年后之宣王三十二年载："周宣王诛伯御，立其弟称，是为孝公。"梁玉绳《史记志疑》云："是年（宣王二十二年）为伯御元年，非孝公元年也。考《世家》及《汉津历志》，俱云伯御十一年，孝公二十七年。乃《表》并伯御之年于孝公，通作三十八年，何哉？或谓当改书'鲁伯御元年'，移书'鲁孝公称元年'于后，而衍去'伯御立为君'十一字方得。余谓宣王诛伯御兼黜其年，遂以伯御十一年系之孝公，以孝公元年为十二年。如陈惠公探续先君卒年为元之例，故史公于《世家》著其实。而于《年表》是年注曰'伯御立为君，称为诸公子云'，于十一年注曰'宣王诛伯御立其弟称'，非误也。是以《世家》云鲁起周公至顷公凡三十四世，明系不数伯御矣。"如此则知孝公当存两种纪年，一如《世家》以伯御十一年为孝公元年。鲁系既不承认伯御一世，所以没有理由认为《世家》所述的孝公元年应自伯御被杀的次年算起。一如《年表》以伯御为君之元年为孝公元年。因《世家》实以伯御十一年为孝公元年，故计入伯御之年，孝公总年实为三十七年，而非三十八年。太史公不明孝公称元于伯御十一年，又以周鲁纪年对照，遂于《年表》改共和行政为鲁真公十五年，造成周宣王纪年的一年之差。今正周宣王元年当鲁真公二十九年，即公元前826年。真公在位三十年，又武公十年，时当周宣王十二年。经鲁懿公九年，伯御十一年，时在周宣王三十二年。同年鲁孝公即位，经二十五年西周灭，恰为周幽王十一年，年代正合。

今本《年表》云："真公濞十五年，一云十四年。"梁玉绳《史记志疑》："再《史》无疑年之例，不应两存其年，当是古本《史记》有谬作'十四年'者，后人遂附注之，今所传诸本皆连刻不别，多认为此表原文矣。"然郑玄《诗谱序》孔颖达《正义》云："《十二诸侯年表》起自共和元年，是岁鲁真公十四年。"知孔据之本仍以共和元年当鲁真公十四年，而非十五年。则真公十五年以系共和元年当属讹误或后人妄改，实非史公原笔。

宣王元年既较正统纪年后移一年，而幽王在位十一年为犬戎所杀，平王元年东徙洛邑又确不可移，其间减少的一年只能是因幽王即位即于当年改元所致，而未恪守即位逾年改元的做法。事实上，当时似乎尚未实行严格的即位逾年改元的制度，或者更准确地说，这种制度或许并未建立。古代文献对于印证这一点同样十分充分。《史记·晋世家》：

> 靖侯十七年，周厉王迷惑暴虐，国人作乱，厉王出奔于彘，大臣行政，故曰"共和"。十八年，靖侯卒，子釐侯司徒立。釐侯十四年，周宣王初立。十八年，釐侯卒，子献侯籍立。献侯十一年卒，子穆侯费王立。……二十七年，穆侯卒，弟殇叔自立，太子仇出奔。殇叔三年，周宣王崩。四年，穆侯太子仇率其徒袭殇叔而立，是为文侯。文侯十年，周幽王无道，犬戎杀幽王，周东徙。

文献显示，晋靖侯十七年共和行政，当公元前 841 年。靖侯十八年卒，釐侯司徒即位十四年，周宣王即位，时值公元前 826 年，较正统之宣王元年后移一年。晋釐侯在位十八年，献侯在位十一年，穆侯在位二十七年，至殇叔三年周宣王崩，时当公元前 781 年，亦即周幽王元年。至文候十年又去宣王卒年十一年，时即公元前 770 年，恰为周室东徙之年。据《晋世家》可明，周幽王于宣王卒年即位，当年改元，故公元前 781 年既为宣王四十六年，也为幽王元年。尽管西周晋侯铜器的发现已明确证明《晋世家》有关晋世纪年可能因为对献侯与穆侯在位年数的混乱而存在错误，但晋世系之总年则基本不误。《年表》以靖侯十八年共和行政，与《世家》不同，意在迁就宣王纪年，当误。

我们还可以讨论《史记·卫康叔世家》的相关纪年。文云：

> 釐侯十三年，周厉王出奔于彘，共和行政焉。二十八年，周宣王立。四十二年，太子共伯余立为君。共伯弟和有宠于釐侯，……而立和为卫侯，是为武公。武公……四十二年，犬戎杀周幽王，武公将兵往佐周平戎，甚有功，周平王命武公为公。

文献显示，卫釐侯十三年共和行政，当公元前 841 年。釐侯二十八年周宣王即位，时值公元前826年，也较正统之宣王纪年后移一年。釐侯四十二年卒，共伯余立为君，当年自杀而武公立，四十二年犬戎杀周幽王，时当公元前771年。若武公于釐侯四十二年即位，次年改元，则武公四十二年当公元前770年，较幽王卒年后延一年，不合。显然，釐侯卒年、共伯余立及武公即位均在同年，且武公即位即于当年改元。《年表》以釐侯十四年共和行政，与《世家》不同，也为迁就宣王纪年，当误。

我们再讨论《史记·燕召公世家》的相关纪年。文云：

> 自召公已下九世至惠侯。燕惠侯当周厉王奔彘，共和之时。
> 惠侯卒，子釐侯立。是岁，周宣王初即位。釐侯二十一年，郑桓公初封于郑。三十六年，釐侯卒，子顷侯立。顷侯二十年，周幽王淫乱，为犬戎所弑。

依此记载，则燕顷侯二十年当周幽王十一年，即公元前771年。其上经釐侯三十六年，则釐侯元年当公元前826年。据《世家》，燕釐侯与周宣王同元年，故宣王元年亦当为公元前826年，较正统之宣王纪年后移一年。燕君自釐侯以上纪年莫能考，至釐侯以下可明，则燕釐侯与周宣王同元年当为其时燕世纪年的重要标志，似不致有误。《年表》又以宣王元年前釐侯元年一年，则为迁就周郑纪年。《史记·郑世家》：

> 郑桓公友者，周厉王少子而宣王庶弟也。宣王立二十二年，友初封于郑。封三十三岁，百姓皆便爱之。幽王以为司徒。……为司徒一岁，幽王以褒后故，王室治多邪，诸侯或畔之。……二岁，犬戎杀幽王于骊山下，并杀桓公。

据此，则郑桓公友为周幽王司徒二年与幽王并为犬戎所杀，时当公元前771年。"二岁"非谓为司徒以后二年，而为前句"为司徒一岁"的并列省略形式，故郑桓公在位实三十五年。如此推算，则周宣王元年也当公元前826年，较正统之宣王纪年后移一年。准此，则《世家》"釐侯二十一年，郑桓公初封于郑"之"二十一年"似为"二十二年"之误。而《年表》以为郑桓公在位三十六年，则是史公将其所依据原始史料中的"二岁"误以为桓公友为幽王司徒之后的第三年所致，并由此误排周宣王元年比燕釐侯元年提前一年，从而与《世家》抵牾。

《史记·管蔡世家》应该反映了同样的纪年情况。文云：

> 武侯之时，周厉王失国奔彘，共和行政，诸侯多叛周。武侯卒，子夷侯立。夷侯十一年，周宣王即位。二十八年，夷侯卒，子釐侯所事立。釐侯三十九年，周幽王为犬戎所杀，周室卑而东徙。

据此可明，釐侯三十九年周室东徙，时为周平王元年，即公元前770年。逆推釐侯三十九年，夷侯十八年，至夷侯十一年周宣王即位，恰值公元前826年，较正统之宣王纪年后移一年。

《史记·陈杞世家》的相关记载对于说明这个问题同样十分有力。文云：

> 幽公十二年，周厉王奔于彘。二十三年，幽公卒，子釐公孝立。釐公六年，周宣王即位。三十六年，釐公卒，子武公灵立。武公十五年卒，子夷公说立。是年，周幽王即位。夷公三年卒，弟平公燮立。平公七年，周幽王为犬戎所杀，周东徙。

纪年似显混乱。依此并以陈君逾年改元为定制，则陈幽公十二年周厉王奔彘，当公元前842年。幽公二十三年卒，子釐公立，当公元前830年。釐公六年周宣王即位，时即公元前825年。学者或据此以为宣王实行两种纪年①。但如此推算，则经釐公三十六年、武公十五年，至夷公即位，最早也得迟至周幽王二年，与《世家》陈夷公与周幽王同元年之记载明显不

---

① 夏含夷：《此鼎铭文与西周晚期年代考》，《大陆杂志》第八十卷第四期，1990年；《西周诸王年代》，《西周史资料》附录三，加州大学出版社1991年版；倪德卫：《克商以后西周诸王之年历》，《西周诸王年代研究》，贵族人民出版社1998年版；北京师范大学国学研究所：《西周之年历》，《武王克商之年代研究》，北京师范大学出版社1997年版；倪德卫、夏含夷：《晋侯的世系及其对中国古代纪年的意义》，《中国史研究》2001年第1期。

合。如果依即位次年改元及平公七年周室东徙的限制，则夷公元年已在周幽王三年，所差更远。故《年表》改以陈幽公十四年共和行政，釐公五年周宣王即位，皆为迁就宣王纪年，致与《世家》抵牾。学者或以《年表》所列共和十四年宣王即位正值陈釐公四年为是，而疑《世家》"六年"实"四年"之误①。但即使如此，夷公纪年与周幽王纪年仍难诉合，故只得两存。梁玉绳《史记志疑》即据《年表》而疑《世家》，但于夷公纪年与周幽王纪年之矛盾竟也无法调和，只能独破逾年改元之旧轨，定夷公即位于周幽王二年，将二君元年尽量靠拢。显然，这种权宜之计对于解释《世家》何以确载陈夷公即位于周幽王元年的事实仍无所助补。

我们以为《世家》所载虽然有误，但误记却不在《年表》所擅改的周幽王以前的部分，而幽王之前周陈纪年不合的主要原因则在于对当时君主即位究竟于当年改元还是次年改元的认识不一。很明显，如果认为陈君世系显示的这种看似矛盾的现象只是当时君主即位即行改元的结果，或者说君主于即位当年改元仍是一种惯行的古制，而逾年改元只是因先君卒于年终而不得不如此的话，那么《世家》所载陈世系便可与周或其他诸侯纪年基本吻合。如此，则陈幽公十二年周厉王奔彘，时当公元前842年。次年共和行政，为公元前841年。幽公在位二十三年卒，当年釐公即位改元，时当公元前831年。釐公六年周宣王即位，时值公元前826年，较正统的宣王纪年后移一年。釐公在位三十六年卒，时当公元前796年。釐公或卒于年终，故武公即位于次年改元，在位十五年卒，夷公即位②，恰当周幽王元年。夷公在位三年卒，平公于当年即位改元，时为公元前779年。《世家》以平公七年周东徙，时在公元前773年，与史不合，相差三年。即使认为平公逾年改元，则平公七年也当公元前772年，仍然不合。故疑史公所据之原始史料于所谓"平公七年"本当"平公十年"之误记，战国文字"七"、"十"同形易讹。《史记·陈杞世家》："十年陈火。""十年"，各本并作"七年"，而《年表》则在惠公十年，与《春秋经传》

---

① 王叔岷：《史记斠证》第五册，历史语言研究所专刊之七十八，1982年。
② 或以武公即位改元，夷公即位于次年改元，年代亦合。

合①，是"七年"讹误，此乃"七"、"十"互讹之明证。准此，若以平公十年周东徙，则时间恰值公元前770年，年代正合。

《史记·周本纪》、《齐太公世家》及《十二诸侯年表》等皆以共和行政十四年，然据鲁、卫、陈、晋诸《世家》，共和行政实是十五年，且《齐太公世家》所记"周宣王初立"若指其即位而非改元之年，则共和行政亦为十五年。《周本纪》以为共和十四年厉王死于彘，宣王即位，显指即位年，而非改元年，其间之不同盖在于厉王亡卒的时间可能早至共和十五年年初，其后因宣王曾行历法改革，岁首由建亥后移至建丑，后人不明真相，遂以丑正历法为标准计算共和总年，致使《本纪》于共和行政误夺一年。具体地说，我们依金文资料重建的宣王元年为公元前826年，是年正月建亥，故宣王元年年初实已前至公元前827年年终。由于宣王早期历法施行亥正，故厉王末年也当同行亥正，如此，则共和十五年的岁首应在公元前828年年终，厉王于新岁丑月之前卒于彘，恰值共和行政十五年。宣王于此年即位，逾年改元。今见宣王标准器有纪于元年正月者，亦知宣王行逾年改元之法。后人以其时行用之丑正历法计算共和总年，遂为十四年。

《史记》所依据的不同史料看似彼此矛盾，但是如果充分考虑到先秦时期诸多足以影响后人正确判断及鉴别史料的因素，譬如君主即位后于同年改元抑或逾年改元的做法不一，岁首的挪移可能造成的纪年差异等，这些看似矛盾的史料便容易协调。事实上，太史公对上述诸因素的忽略致使他的《十二诸侯年表》虽然建立了一套整齐划一的纪年体系，但其中为迁就其他史料的矛盾编排则使其可靠程度大为降低。《史记·太史公自序》："幽厉之后，周室衰微，诸侯专政，《春秋》有所不纪；而谱牒经略，五霸更盛衰。欲睹周世相先后之意，作《十二诸侯年表》第二。"《史记会注考证》引冈白驹曰："谱牒经略，案谱牒所载之经略也。"已清楚道明其时之史料已不足以使太史公于《年表》做准确的编年，而史公作此表唯重补充事例，梳理次第，至于系年多少，则仅大略相合而已。与此不同，各《世家》则多据原始史料做客观实录，由于不必像《年表》那样必须

---

① 张文虎：《校刊史记集解、索隐、正义札记》下册，中华书局1977年版。

以各诸侯世次彼此照应，因而所载史实反而相对比较真实。

三　馀论

本文通过对西周宣王纪年铜器的综合研究，并结合对相关文献的甄别缕析，重新讨论了宣王纪年问题，考定西周宣王真实的历史纪年当比传统认为的宣王纪年后移一年。与此同时，本文在真实的宣王纪年的基础上分析了金文月相语词的含义，印证了我们曾经提出的西周月相点段结合的体系。至于学者主张的宣王元年可于共和元年起算的观点，我们曾有详细讨论①，此不赘述。事实上，根据金文及文献史料，可知西周共和时期并没有实行独立的纪年。换句话说，共和纪年其实只是依附于当时仍然在世的厉王的纪年。这种做法无论衡之于古代礼法或制度，都是合情合理的。古本《竹书纪年》以"共伯和干王位"，《左传》则谓其"以间王政"，显然，史家既以共伯干王位或间王政，于周宗室视之则必非正统，故西周世系便不可能有"共和"的位置。其时厉王居彘尚在，宣王未临天子位。《国语·周语上》："彘之乱，宣王在邵公之宫，国人围之。邵公曰：'昔吾骤谏王，王不从，是以及此难。今杀王子，王其以我为怼而怒乎！夫事君者险而不怼，怨而不怒，况事王乎？'乃以其子代宣王，宣王长而立之。"知国人围诛太子靖，而召公命而杀之，并以己子代靖受诛。太子于时避祸唯恐不及，匿于召公宫，更何谈践位天子？而召公既顺民愿命诛太子，又岂能漠视国人之怒，于转瞬之间引太子而立之？故共和行政延续厉王纪年自明。逨盘铭文祖述西周文武至宣王各世而独无"共和"，即是对这一史实的绝好证明。

准上，可将本文要点厘定如次。

（一）西周宣王元年当公元前 826 年，宣王在位四十六年，幽王则于宣王四十六年即位，并于同年改元。

（二）西周共和行政乃延续厉王纪年，并未实行独立的纪年。

（三）西周历法以朔为月首，月相则为点段结合的体系。旁死霸、哉

---

① 冯时：《晋侯稣钟与西周历法》，《考古学报》1997 年第 4 期。

死霸、既死霸、旁生霸、生霸、既生霸、既望七个月相语词中有三个与死霸有关，三个与生霸有关，时间都集中在朔日前后，反映了古人对于朔日的确定投入了极大精力。

（四）西周历法于宣王前期以亥正为主，历法改革后，于宣王中晚期则以丑正为主。前期亥正已是殷商历法确定岁首标准的孑遗，中晚期丑正则与春秋前期以丑正为主的周王正朔一脉相承。

（五）西周历法实行年中闰月与年终闰月并置的闰法，这种闰制与殷商历法的闰制完全相同。

2004 年 2 月 10 日写于尚朴堂

（原载北京大学考古文博学院编《考古学研究》六，科学出版社 2006 年版。收入本集时有所修订）